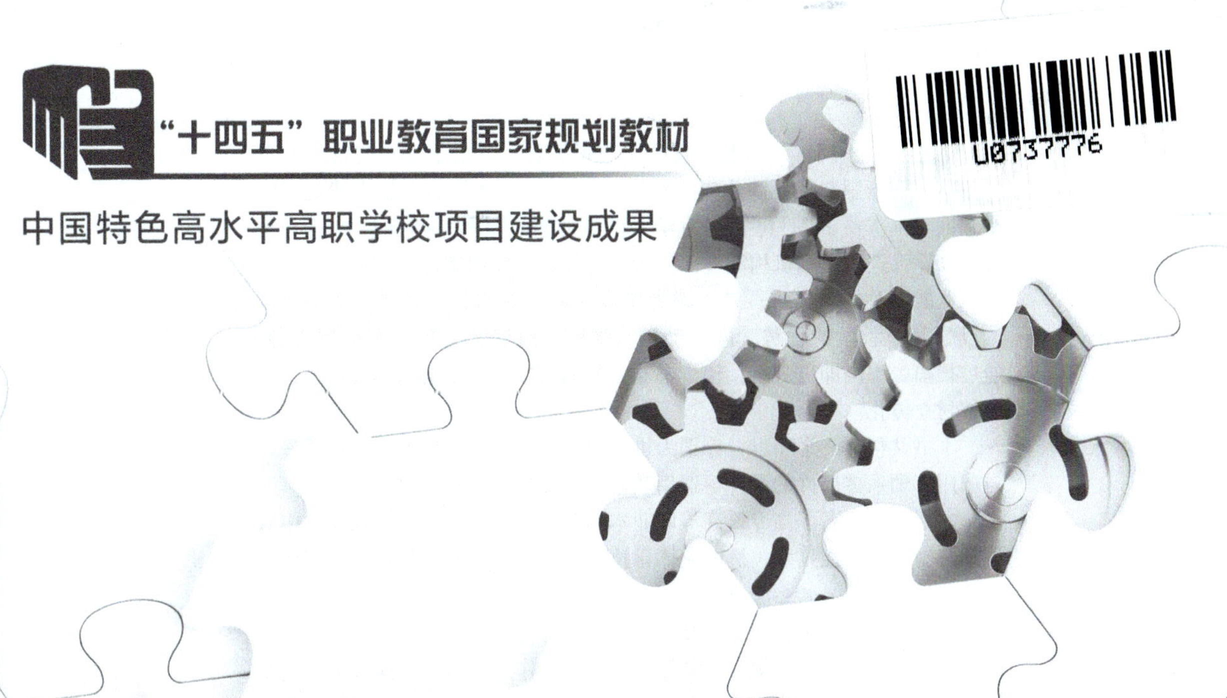

Fundamentals of Mechanical Design

第2版

机械设计基础

主　编　李　敏
副主编　郝双双　杨　红
参　编　王海静　王微微　王志学　闵　军
主　审　宋奇慧

机械工业出版社
CHINA MACHINE PRESS

本书为“十四五”职业教育国家规划教材。本书依据教育部“高等职业学校机械制造及自动化专业教学标准”及“高职高专教育机械设计基础教学基本要求”，将工程力学、机械原理、机械零件等内容进行融合，以设计选用常用机构和零部件为学习任务，突出培养机械分析、设计的职业能力及创新思维；融入课程思政元素，提高育人效果。本书发挥“互联网+”教学的优势，嵌入动画、视频、微课、工程图等数字资源，通过扫描二维码即可观看，使读者能方便地获取所需了解的延展内容，实现教材立体化。

本书共包含4个项目：分别为机构的设计与选用、传动零部件的设计与选用、轴系零部件的设计与选用和常用连接件的设计与选用。

本书可作为高职高专、高等职业本科院校的机械制造及自动化、模具设计与制造、数控技术、机电一体化技术等机电类专业的教材，也可作为企业工程技术人员的参考书。

本书采用大量现场图片，并配有教学资源包，包括电子课件、电子教案、习题库、试卷库、学习指导等，使用本书作为教材的授课教师可登录机械工业出版社教育服务网（http：//www.cmpedu.com），注册后免费下载。咨询电话：010-88379375。

图书在版编目（CIP）数据

机械设计基础/李敏主编．—2版．—北京：机械工业出版社，2022.3（2025.7重印）

中国特色高水平高职学校项目建设成果

ISBN 978-7-111-70395-2

Ⅰ．①机… Ⅱ．①李… Ⅲ．①机械设计-高等职业教育-教材 Ⅳ．①TH122

中国版本图书馆CIP数据核字（2022）第046883号

机械工业出版社（北京市百万庄大街22号 邮政编码100037）
策划编辑：王海峰 责任编辑：王海峰 陈 宾
责任校对：郑 婕 刘雅娜 封面设计：张 静
责任印制：张 博
北京建宏印刷有限公司印刷
2025年7月第2版第7次印刷
184mm×260mm·20.5印张·465千字
标准书号：ISBN 978-7-111-70395-2
定价：65.00元

电话服务	网络服务
客服电话：010-88361066	机 工 官 网：www.cmpbook.com
010-88379833	机 工 官 博：weibo.com/cmp1952
010-68326294	金 书 网：www.golden-book.com
封底无防伪标均为盗版	机工教育服务网：www.cmpedu.com

关于“十四五”职业教育
国家规划教材的出版说明

为贯彻落实《中共中央关于认真学习宣传贯彻党的二十大精神的决定》《习近平新时代中国特色社会主义思想进课程教材指南》《职业院校教材管理办法》等文件精神，机械工业出版社与教材编写团队一道，认真执行思政内容进教材、进课堂、进头脑要求，尊重教育规律，遵循学科特点，对教材内容进行了更新，着力落实以下要求：

1. 提升教材铸魂育人功能，培育、践行社会主义核心价值观，教育引导学生树立共产主义远大理想和中国特色社会主义共同理想，坚定“四个自信”，厚植爱国主义情怀，把爱国情、强国志、报国行自觉融入建设社会主义现代化强国、实现中华民族伟大复兴的奋斗之中。同时，弘扬中华优秀传统文化，深入开展宪法法治教育。

2. 注重科学思维方法训练和科学伦理教育，培养学生探索未知、追求真理、勇攀科学高峰的责任感和使命感；强化学生工程伦理教育，培养学生精益求精的大国工匠精神，激发学生科技报国的家国情怀和使命担当。加快构建中国特色哲学社会科学学科体系、学术体系、话语体系。帮助学生了解相关专业和行业领域的国家战略、法律法规和相关政策，引导学生深入社会实践、关注现实问题，培育学生经世济民、诚信服务、德法兼修的职业素养。

3. 教育引导学生深刻理解并自觉实践各行业的职业精神、职业规范，增强职业责任感，培养遵纪守法、爱岗敬业、无私奉献、诚实守信、公道办事、开拓创新的职业品格和行为习惯。

在此基础上，及时更新教材知识内容，体现产业发展的新技术、新工艺、新规范、新标准。加强教材数字化建设，丰富配套资源，形成可听、可视、可练、可互动的融媒体教材。

教材建设需要各方的共同努力，也欢迎相关教材使用院校的师生及时反馈意见和建议，我们将认真组织力量进行研究，在后续重印及再版时吸纳改进，不断推动高质量教材出版。

机械工业出版社

中国特色高水平高职学校
项目建设系列教材编审委员会

中国特色高水平高职学校和专业建设计划（简称“双高计划”）是我国为建设一批引领改革、支撑发展、中国特色、世界水平的高等职业学校和骨干专业（群）而推出的重大决策建设工程。哈尔滨职业技术大学入选“双高计划”建设单位，对学院中国特色高水平学校建设进行顶层设计，编制了站位高端、理念领先的建设方案和任务书，并扎实开展了人才培养高地、特色专业群、高水平师资队伍与校企合作等项目建设，借鉴国际先进的教育教学理念，开发中国特色、国际标准的专业标准与规范，深入推动“三教改革”，组建模块化教学创新团队，实施“课程思政”，开展“课堂革命”，校企双元开发活页式、工作手册式、新形态教材。为适应智能时代先进教学手段应用需求，学校加大优质在线资源的建设，丰富教材的载体，为开发以工作过程为导向的优质特色教材奠定基础。

按照教育部印发的《职业院校教材管理办法》要求，教材编写总体思路是：依据学校双高建设方案中教材建设规划、国家相关专业教学标准、专业相关职业标准及职业技能等级标准，服务学生成长成才和就业创业，以立德树人为根本任务，融入课程思政，对接相关产业发展需求，将企业应用的新技术、新工艺和新规范融入教材之中，教材编写遵循技术技能人才成长规律和学生认知特点，适应相关专业人才培养模式创新和优化课程体系的需要，注重以真实生产项目、典型工作任务、生产流程及典型工作案例等为载体开发教材内容体系，理论与实践有机融合，满足“做中学、做中教”的需要。

本套教材是哈尔滨职业技术大学中国特色高水平高职学校项目建设的重要成果之一，也是哈尔滨职业技术大学教材改革和教法改革成效的集中体现，教材体例新颖，具有以下特色：

第一，教材研发团队组建创新。按照学校教材建设统一要求，遴选教学经验丰富、课程改革成效突出的专业教师担任主编，确定了相关企业作为联合建设单位，形成了一支学校、行业、企业和教育领域高水平专业人才参与的开发团队，共同参与教材编写。

第二，教材内容整体构建创新。教材内容体系精准对接国家专业教学标准、职业标准和职业技能等级标准，参照行业企业标准，有机融入新技术、新工艺、新规范，构建基于职业岗位工作需要的体现真实工作任务和流程的内容体系。

第三，教材编写模式形式创新。与课程改革相配套，按照“工作过程系统化”“项目+任务式”“任务驱动式”“CDIO 式”四类课程改革需要设计教材编写模式，创新新形态、活页式和工作手册式教材三大编写形式。

第四，教材编写实施载体创新。依据本相关专业教学标准和人才培养方案要求，在深入企业调研、岗位工作任务和职业能力分析基础上，按照“做中学、做中教”的编写思路，以企业典型工作任务为载体进行教学内容设计，将企业真实工作任务、业务流程、生产过程融入教材之中，同时开发了与教学内容配套的教学资源，以满足教师线上、线下混合式教学的需要。教材配套资源同时在相关教学平台上线，可随时进行下载，也可以满足学生在线自主学习的需要。

第五，教材评价体系构建创新。从培养学生良好的职业道德、综合职业能力与创新创业能力出发，设计并构建评价体系，注重过程考核以及由学生、教师、企业、行业、社会参与的多元评价，在学生技能评价上借助社会评价组织的“1+X”技能考核评价标准和成绩认定结果进行学分认定，每种教材根据专业特点设计了综合评价标准。

为确保教材质量，组建了中国特色高水平高职学校项目建设系列教材编审委员会。教材编审委员会由职业教育专家组成，同时聘请企业技术专家指导。组织了专业与课程专题研究组，建立了常态化质量监控机制，为提升教材的品质提供稳定支持，确保教材的质量。

本套教材是在学校骨干院校教材开发的基础上，经过几轮修改，融入课程思政内容和课堂革命理念，既具积累之深厚，又具改革之创新，凝聚了校企合作编写团队的集体智慧。本套教材由机械工业出版社出版，充分展示了课程改革成果，为更好地推进中国特色高水平高职学校和专业建设及课程改革做出积极贡献！

哈尔滨职业技术大学

中国特色高水平高职学校项目建设系列教材编审委员会

前言

近年来，随着高职教育内涵建设和教学改革的不断深入，高职教育的三教改革、课程思政、课堂革命也在不断推进，并取得了一定的成果。高职教材是教学资源建设的重要组成部分，更是深入推动三教改革，实施课程思政，开展课堂革命的关键。为此编者结合多年课程改革与课程思政建设的实践，编写了本书。本书工学结合特色明显，展示了课程改革与课程思政的成果，体现了“互联网+”教育背景下的教材建设的特色，为更好地推进高职教材建设做出积极贡献。

本书第 1 版获得黑龙江省首届职业教育优秀教材建设奖一等奖，第 2 版为首批“十四五”职业教育国家规划教材。本书在本次动态修订过程中，深入贯彻党的二十大精神，以党的二十大报告中加快建设制造强国、推进教育数字化、落实立德树人根本任务的精神为指引，校企紧密对接，丰富了课程资源类型和体系，培养学习者机械设计创新意识和思维，助力推进数字化教育教学改革；将工匠精神、标准化意识、安全责任意识、劳动创新精神和民族自豪感等育人元素融入每个项目中，更加体现三教改革背景下的高职教材建设和育人特色。

本书具有以下创新和特色。

1. 遵循校企合作、以学生为主体、智能教学、多元考核的编写理念

建立校企合作的教材开发队伍，按照机械制造类专业职业岗位群的工作过程和技能要求，与企业技术人员共同制订课程标准，共同编写教材。以学生为主体，通过完成相应的学习任务，实现学生机械设计职业能力和创新思维的培养，学习的内容就是工作的内容，实现学校和企业的紧密结合。体现智能教学，教材与线上、线下课堂内容进行一体化设计，构成课堂教学的整体，通过二维码、网址链接实现从教材到线上课堂的跳转，通过参考资料、公告、论坛发帖等实现从在线开放课程到教材的引流。融合职业资格证书要求，实现过程和多元考核相结合。

2. 基于工作过程导向、岗课赛证融通的教材内容和创新编写模式

按照机械设计工作过程要求，以机械行业典型机器——压力机为载体，确定机构的设计与选用、传动零部件的设计与选用、轴系零部件的设计与选用、常用连接件的设计与选用 4 个学习项目。将机械创新设计大赛的内容和机械产品设计师职业资格取证的内容融入教材，实现岗课赛证融通，体现高职教育特色。根据机械设计制造类专业职业岗

位群的工作任务要求和技能要求，按照任务驱动教学模式编写教材，每一任务按照任务目标、任务描述、任务分析、相关知识、任务实施、实践中常见问题解析、小结、习题与训练的顺序来进行。

3. 过程性评价和终结性评价相结合、线上和线下学习成绩相结合的评价形式

注重过程性评价，将过程性评价和终结性评价相结合，学生每完成一个任务后给出本任务考评成绩，学生在完成全部学习任务后，形成学习全过程的过程性考评成绩。在过程性考核中，将线上和线下学习成绩相结合。过程性评价和终结性评价各占一定比例，以给出学生本课程的最终评价。

4. 创新教材表现形式，实现教材立体化

本书图文并茂，直观易懂，学有所乐。在工作过程知识模块中，采用直观性强的结构图、实物照片、工程图、原理图和一目了然的汇总表格、真实的技能操作，使学生在学习过程中易于理解和接受，激发学生主动学习的积极性和创新精神。本书配有教学资源包，包括电子课件、电子教案、图片库、动画库、视频库、案例库、习题库、试卷库、设计资料、学习指导等，充分发挥网络教学资源指导学生学习的作用和优势。

5. 应用二维码技术，体现“互联网+”课堂特色

应用二维码技术，将课程的相关动画、视频、微课、工程图等嵌入教材中，读者除了通过扫码二维码浏览和观看对应的内容外，还可以直接进入课程网站的资源共享平台，进行网络课堂学习。

6. 融入近年来机械设计与制造的新技术、新工艺、新方法、新材料

本书融入了近年来国内外机械设计的新理论、新方法、新工艺、新结构、新技术，融入了创新设计、绿色设计、和谐设计与系统化设计的内容，贯彻执行现行的国家标准。

7. 融入思政元素，提升育人效果

优选机械设计制造领域的发展史、人物、事件等，融入典型任务的学习中，进而培养学生良好的专业素养、工匠精神和爱国情怀。

8. 适应面宽，适用性强

为满足高等职业教育多层次教学的需要，本书在编写过程中尽力做到知识面和内容深度兼顾，使其有较广的适应性。本书既可以用于“二合一”（机械原理和机械零件，项目1可作为择需选用的内容）内容的教学，也可以用于“四合一”（静力学、材料力学、机械原理和机械零件）内容的教学。

本书的编写分工如下：哈尔滨职业技术大学李敏编写项目1中的任务1.2、1.3、1.4，项目2，项目3，全部思考与练习；哈尔滨职业技术大学郝双双编写项目4中的任务4.2；湖南工业职业技术学院杨红编写项目4中的任务4.1；包头轻工职业技术学院王海静编写项目1和项目2中的拓展实训；哈尔滨职业技术大学王微微编写项目4中的任务4.3；哈尔滨职业技术大学王志学编写项目1中的任务1.1；哈尔滨东大环宇机械制造有限公司闵军编写项目3和项目4中的拓展实训。本书由李敏任主编并统稿，黑龙江农业工程职业学院宋奇慧任主审。

教学实施建议：教学参考学时为50~80学时，教学模式建议采用“教、学、做”一体化教学模式，教学方法建议采用引导文法、头脑风暴法、小组讨论法等行动导向教学法。

本书在编写过程中，与有关企业进行合作，得到了企业专家和专业技术人员的大力支持。哈尔滨东大环宇机械制造有限公司闵军对本书编写提出了许多宝贵意见和建议，在此特向上述人员表示衷心的感谢。

课程改革和教材建设是一个不断探索完善的过程，由于编者水平所限，书中不妥之处在所难免，恳请广大读者提出宝贵意见。

在线课程学习网站：https://www.zhihuishu.com/，“机械设计与应用”。

课程资料下载网站：http://www.cmpedu.com/index.htm。

意见和建议请发往邮箱：1500743478@qq.com。

编 者

名称	图形	页码	名称	图形	页码
动画：压力机工作过程		2	微课 1-8　平面机构运动简图绘制		41
微课 1-1　压力机传动系统工作分析		6	动画：颚式破碎机主体运动机构		41
微课 1-2　电动机的选择及传动系统运动和动力参数确定		7	动画：牛头刨床主体运动机构		42
微课 1-3　构件受力图的绘制		16	主题讨论：机构自由度		43
微课 1-4　平面汇交力系的解算		19	微课 1-9　平面机构的自由度和机构具有确定运动的条件		46
微课 1-5　力矩和力偶		24	动画：机器人行走机构		46
微课 1-6　平面一般力系的解算		27	主题讨论：机构类型		46
微课 1-7　空间力系平衡的平面解法		31	动画：雷达天线俯仰角调整机构		47

（续）

名称	图形	页码	名称	图形	页码
动画：缝纫机踏板机构		47	动画：刨床主运动机构		52
动画：惯性筛机构		48	动画：手摇抽水唧筒机构		53
动画：机车驱动轮联动机构		49	微课 1-12　平面四杆机构的急回特性		54
动画：汽车车门启闭机构		49	主题讨论：死点位置		55
动画：门座起重机的机构		49	微课 1-13　平面四杆机构的传力性能		55
微课 1-10　平面连杆机构的类型和应用		49	微课 1-14　平面四杆机构的死点位置		55
微课 1-11　铰链四杆机构类型的判断		50	微课 1-15　曲柄摇杆机构的设计		57
动画：内燃机曲柄滑块机构		51	微课 1-16　曲柄滑块机构的设计		57
动画：偏心轮机构		51	动画：炉门启闭机构		58
动画：转动导杆机构和摆动导杆机构		52	综合作业：连杆机构的设计		58

（续）

名称	图形	页码	名称	图形	页码
动画：内燃机的配气机构		67	微课 1-21　间歇运动机构		84
动画：自动车床中的凸轮机构		67	动画：带传动		90
动画：等宽凸轮机构		70	微课 2-1　带传动的类型和应用		91
微课 1-17　凸轮机构的类型和应用		70	微课 2-2　带转动的受力和传动能力分析		96
微课 1-18　凸轮机构从动件的常用运动规律		73	微课 2-3　带传动的应力分析		97
动画：凸轮机构设计反转法原理		73	微课 2-4　带传动的弹性滑动和打滑		97
微课 1-19　凸轮轮廓曲线的设计		74	微课 2-5　V 带传动的设计		102
微课 1-20　凸轮机构设计中的问题		77	动画：采用滑轨和调节螺钉的张紧方法		104
动画：间歇运动机构		79	动画：采用摆动架和调节螺栓的张紧方法		104
动画：不完全齿轮机构		84	动画：采用浮动架的张紧方法		104

（续）

名称	图形	页码	名称	图形	页码
动画：采用张紧轮的张紧方法		104	微课 2-12　渐开线齿轮的正确啮合条件与连续传动条件		123
微课 2-6　带传动的张紧、安装和维护		105	动画：仿形法切齿		126
动画：滚子链		109	微课 2-13　渐开线齿轮的切齿原理		127
微课 2-7　齿轮传动的类型和特点		116	微课 2-14　齿轮根切现象与变位齿轮传动		129
动画：渐开线的形成		117	微课 2-15　齿轮的失效形式与设计准则		132
微课 2-8　渐开线的形成和性质		117	微课 2-16　直齿圆柱齿轮传动的受力分析		135
微课 2-9　渐开线齿廓的啮合特性		118	微课 2-17　标准直齿圆柱齿轮传动的设计		139
微课 2-10　渐开线标准直齿圆柱齿轮的基本参数和几何尺寸计算		121	动画：斜齿圆柱齿轮传动		145
微课 2-11　渐开线标准直齿圆柱齿轮的公法线长度和分度圆弦齿厚测量		122	微课 2-18　斜齿圆柱齿轮的啮合特点、参数和几何尺寸计算		148
动画：渐开线齿廓的啮合过程		122	微课 2-19　斜齿圆柱齿轮的正确啮合条件和连续传动条件		149

（续）

名称	图形	页码	名称	图形	页码
微课 2-20　斜齿圆柱齿轮的当量齿轮和当量齿数		150	动画：混合轮系		174
微课 2-21　斜齿圆柱齿轮传动的受力分析		151	微课 2-27　轮系的类型和应用		174
微课 2-22　斜齿圆柱齿轮传动的设计		153	动画：空间定轴轮系运动		174
动画：直齿锥齿轮传动		156	微课 2-28　定轴轮系传动比的计算		175
微课 2-23　直齿锥齿轮传动的类型、特点和几何尺寸计算		157	微课 2-29　周转轮系传动比的计算		177
微课 2-24　锥齿轮的当量齿轮和当量齿数		158	微课 2-30　混合轮系传动比的计算		178
微课 2-25　蜗杆传动的类型和特点、参数和几何尺寸计算		164	动画：齿轮减速器结构和拆装		181
微课 2-26　蜗轮转向的判断		167	动画：单级圆柱齿轮减速器拆装		189
动画：定轴轮系		174	微课 3-1　轴的类型和常用材料		192
动画：周转轮系		174	微课 3-2　减速器结构与拆装		204

（续）

名称	图形	页码	名称	图形	页码
微课 3-3　轴上零件的定位和固定		207	动画：滚动轴承反装		235
微课 3-4　轴的设计		209	微课 3-10　滚动轴承的组合设计		235
微课 3-5　滚动轴承的类型和选择		224	微课 3-11　滑动轴承的类型和结构		245
微课 3-6　滚动轴承的代号		225	微课 3-12　滑动轴承的材料和润滑		248
微课 3-7　滚动轴承的寿命计算		227	微课 3-13　非流体摩擦滑动轴承的计算		249
微课 3-8　滚动轴承当量动载荷的计算		229	微课 4-1　螺纹的主要参数和螺纹连接类型		258
微课 3-9　角接触轴承轴向载荷的计算		230	动画：测力矩扳手		262
动画：轴承组合结构及调整		231	动画：定力矩扳手		262
动画：轴承的装拆		234	微课 4-2　螺纹连接的预紧和防松		262
动画：滚动轴承正装		235	动画：松螺栓连接		270

（续）

名称	图形	页码	名称	图形	页码
动画：紧螺栓连接		271	动画：钩头楔键		287
微课4-3　螺纹连接的强度计算和螺栓组连接的结构设计		275	微课4-4　键连接的类型和应用		288
动画：圆头平键		285	微课4-5　普通平键连接的尺寸选择和强度计算		289
动画：平头平键		285	动画：滑块联轴器		295
动画：单圆头平键		285	微课4-6　联轴器的类型和应用		297
动画：导向平键		286	微课4-7　联轴器的选择		297
动画：滑键		286	动画：单片式圆盘摩擦离合器		298
动画：普通楔键（平头）		287	动画：多片式圆盘摩擦离合器		299
动画：普通楔键（圆头）		287			

目 录

项目 1 ▶ 机构的设计与选用

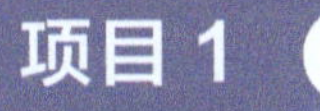

项目导入

压力机是机械行业中一种应用广泛的典型机器，应用于切断、冲孔、落料、弯曲、铆合和成形等工艺。图 1-1 所示为 JA21-35 型压力机，它工作时由电动机通过带轮和齿轮逐级减速，将运动传递到曲柄，曲柄的旋转运动转化为滑块的直线往复运动。滑块带动安装在其上的模具部分上下运动（下模安装在工作台的工作垫板上），完成冲压工艺操作。压力机传动系统包含了常用的典型机构（连杆机构、凸轮机构），这些机构在机器中具有普遍性和典型性。

本项目要完成机器传动系统典型机构的分析与设计，所需设备（工具）和材料有：压力机及其使用说明书、计算器、多媒体等。通过完成压力机传动系统工作分析、构件的受力分析、连杆机构和凸轮机构的设计等任务，掌握机器中常用机构的设计和选用方法，培养机械设计创新能力和团队协作能力。

图 1-1　JA21-35 型压力机

任务 1.1 机械传动系统工作分析

任务目标

1）能够正确分析压力机传动系统的组成和工作原理。

2）能够根据工作要求选择电动机，完成传动比计算。

3）能够正确计算机械传动系统运动和动力参数。

4）能够在完成任务过程中做到吃苦耐劳、精益求精。

5）培养团队协作、沟通协调的能力。

6）培养机械设计创新思维、爱国主义精神。

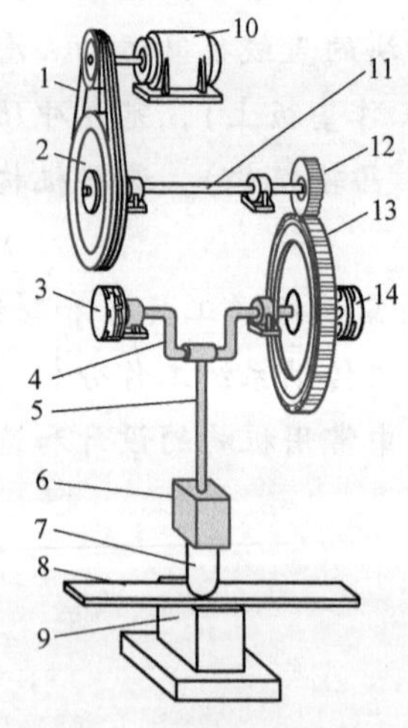

图 1-2 压力机工作原理

1—V 带 2—大带轮 3—制动器 4—曲柄 5—连杆 6—滑块 7—凸模 8—板材 9—凹模 10—电动机 11—传动轴 12—小齿轮 13—大齿轮 14—离合器

任务描述

完成压力机中电动机的选择及传动比分配，并计算传动系统运动和动力参数。企业中典型的压力机由电动机通过带轮和齿轮逐级减速，将运动传递到曲柄、连杆、滑块等组成的曲柄滑块机构，然后将曲柄的旋转运动转化为滑块的直线往复运动。滑块带动安装在其上的模具部分上下运动（下模安装在工作台的工作垫板上），完成冲压工艺操作，如图 1-2 所示。

任务分析

压力机传动系统主要由电动机、带传动机构、齿轮传动机构、四杆机构、凸轮机构和通用零部件等组成。通过对压力机传动系统的工作分析，掌握压力机的结构和工作原理，选择电动机，计算压力机传动系统运动和动力参数。通过压力机传动系统工作分析，完成以下具体任务：

1）分析压力机的基本结构、工作原理。

2）分析压力机的技术参数、设计要求。

3）选择压力机电动机。

4）完成压力机总传动比计算和传动比分配。

5）进行压力机传动系统运动和动力参数计算。

相关知识

中国古代机械发展简史

中国有着几千年的文明历史，在机械设计方面，同样有着璀璨的发展历史。据史料记载，远在公元前 400—公元前 200 年的中国古代就已开始使用简单机械装置，如战国时期的绞车（图 1-3），反映古代科学技术成就的秦陵铜车马（图 1-4）、指南车（图 1-5）、水运仪象台（图 1-6）等的发明创造。

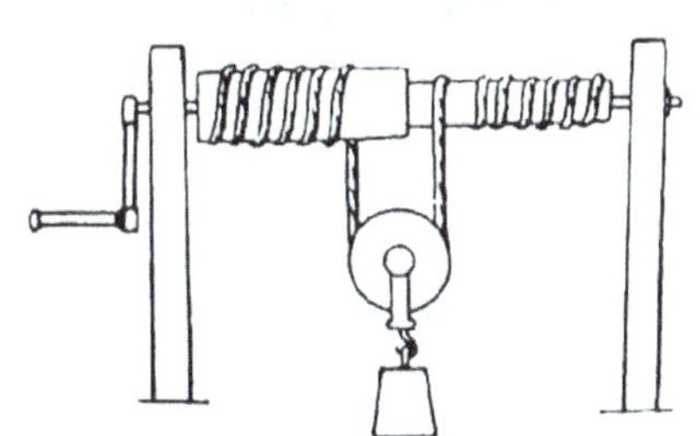

图 1-3　绞车

图 1-4　秦陵铜车马

图 1-5　指南车

图 1-6　水运仪象台

这些机械的发明，反映了我国古代劳动人民在机械设计方面的聪明智慧。而现代社会，天上飞的飞机，地上跑的火车、汽车，水里游的轮船，车间里的各种机床等，也都是机械设计的成果。

一、压力机整体结构分析

压力机一般由五部分组成：工作机构、传动系统、操纵系统、能源系统和支承部分。压力机总体图如图 1-7 所示。

（1）工作机构　工作机构即曲柄滑块机构，它由曲柄、连杆、滑块组成。曲柄是压力机最主要的部分，它的强度决定压力机的冲压能力；连杆是连接件，它的两端与曲柄、滑块铰接；装有上模的滑块是执行元件，最终实现冲压动作。输入的动力通过曲柄旋转，带动连杆上下摆动，将旋转运动转化成滑块沿着固定在机身上的导轨的直线往复运动。

（2）传动系统　传动系统包括带传动和齿轮传动等机构，起能量传递作用和速度转换作用。

（3）操纵系统　操纵系统包括离合器、制动器和操纵机构。离合器和制动器对控制压力机的间歇冲压起重要作用，同时又是安全保证的关键所在，离合器的结构对某些安

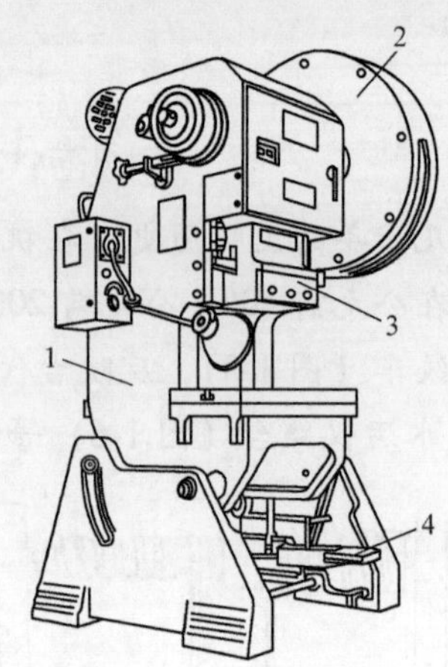

图 1-7　压力机总体图

1—机身　2—传动系统　3—滑块　4—脚踏板

全装置的设置产生直接影响。

（4）能源系统　能源系统包括电动机和飞轮等。飞轮能将电动机空行程运转时的能量储存起来，在冲压时再释放出来。

（5）支承部分　支承部分包括机身、工作台等，它把压力机所有部分连接成一个整体，承受全部工作变形力和各种装置的重力，并保证整机所要求的刚度和强度。

除以上部分外，还有多种辅助设备和系统，如润滑系统、气路及电气控制系统等。压力机结构简图如图 1-8 所示。

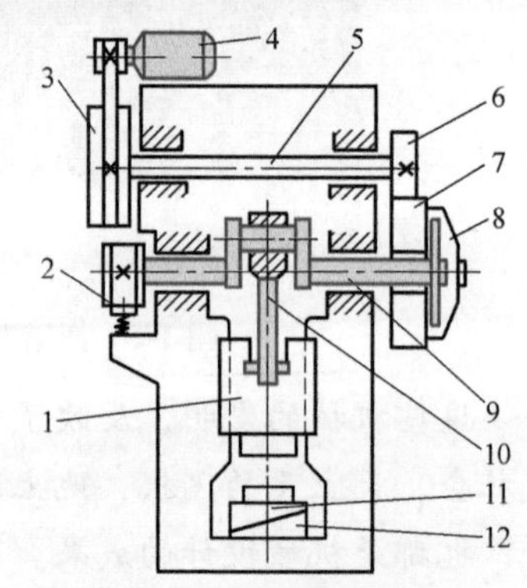

图 1-8　压力机结构简图

1—滑块　2—制动器　3—带轮　4—电动机　5—传动轴　6—小齿轮　7—大齿轮（兼飞轮）　8—离合器　9—曲柄　10—连杆　11—工作台　12—垫块

二、压力机的技术性能分析

1. 压力机主要技术参数

压力机主要技术参数包括：公称压力、滑块行程 s、滑块每分钟冲击次数 n、闭合高度 H、最大装模高度 H_1、工作台板面积 $L \times B$、滑块底面积 $A \times B$、工作台孔尺寸 $L_1 \times B_1$、立柱间距 A 和喉口深度 C、电动机功率、模柄孔尺寸。

2. 压力机型号含义

冲压设备型号用汉语拼音字母和数字表示。分类代码+变型代码（次要参数与基本型号有所区别，依据设计次数命名为 A、B、C 等，依次排列）+组、型（数字）+“-”+公称力（俗称吨位，用数字表示，单位为 kN）+改良代号（依据改良次数命名为 A、B、C 等，依次排列）。

机械压力机（J）分为 10 组，分别用数字 0～9 表示：0 代表手动台式、单柱压力机，1 代表伺服驱动压力机，2 代表开式压力机，3 代表闭式压力机，4 代表拉伸压力机，5 代表螺旋压力机，6 代表压制压力机，7 代表高速、自动压力机，8 代表精压、挤压压力机，9 代表其他压力机。

闭式压力机有单点（1）、双点（6）和四点（9）式。

JA21-35 型压力机各参数的含义：J 代表机械压力机，A 代表第一次变型，21 代表开式固定台压力机，35 代表公称力为 350kN。

JB23-25A 型压力机各参数的含义：J 代表机械压力机，B 代表第二次变型，23 代表开式可倾压力机，25 代表公称力为 250kN，A 代表第一次改进。

开式压力机的主要技术参数见表 1-1。

表 1-1　开式压力机的主要技术参数

<table>
<tr><td colspan="3">公称压力/kN</td><td>40</td><td>63</td><td>100</td><td>160</td><td>250</td><td>400</td><td>630</td><td>800</td><td>1000</td><td>1250</td></tr>
<tr><td colspan="3">达到公称压力时滑块离下止点距离/mm</td><td>3</td><td>3.5</td><td>4</td><td>5</td><td>6</td><td>7</td><td>8</td><td>9</td><td>10</td><td>10</td></tr>
<tr><td colspan="3">滑块行程/mm</td><td>40</td><td>50</td><td>60</td><td>70</td><td>80</td><td>100</td><td>120</td><td>130</td><td>140</td><td>140</td></tr>
<tr><td colspan="3">行程次数/(次/min)</td><td>200</td><td>160</td><td>135</td><td>115</td><td>100</td><td>80</td><td>70</td><td>60</td><td>60</td><td>50</td></tr>
<tr><td rowspan="3">最大封闭高度/mm</td><td colspan="2">固定台和可倾式</td><td>167</td><td>170</td><td>18</td><td>220</td><td>250</td><td>300</td><td>360</td><td>380</td><td>400</td><td>430</td></tr>
<tr><td rowspan="2">活动固定台</td><td>最低</td><td></td><td></td><td>300</td><td>360</td><td>400</td><td>460</td><td>480</td><td>500</td><td></td><td></td></tr>
<tr><td>最高</td><td></td><td></td><td>160</td><td>180</td><td>200</td><td>220</td><td>240</td><td>260</td><td></td><td></td></tr>
<tr><td colspan="3">闭合高度调节量/mm</td><td>35</td><td>40</td><td>50</td><td>60</td><td>70</td><td>80</td><td>90</td><td>100</td><td>110</td><td>120</td></tr>
<tr><td colspan="3">滑块中心到床身距离/mm</td><td>100</td><td>110</td><td>120</td><td>160</td><td>190</td><td>220</td><td>260</td><td>290</td><td>320</td><td>350</td></tr>
<tr><td colspan="2" rowspan="2">工作台尺寸/mm</td><td>左右</td><td>280</td><td>315</td><td>360</td><td>450</td><td>560</td><td>630</td><td>710</td><td>800</td><td>900</td><td>970</td></tr>
<tr><td>前后</td><td>180</td><td>200</td><td>240</td><td>300</td><td>360</td><td>420</td><td>480</td><td>540</td><td>600</td><td>650</td></tr>
<tr><td colspan="2" rowspan="3">工作台孔尺寸/mm</td><td>左右</td><td>130</td><td>150</td><td>180</td><td>220</td><td>260</td><td>300</td><td>340</td><td>380</td><td>420</td><td>460</td></tr>
<tr><td>前后</td><td>60</td><td>70</td><td>90</td><td>110</td><td>130</td><td>150</td><td>180</td><td>210</td><td>230</td><td>250</td></tr>
<tr><td>直径</td><td>100</td><td>110</td><td>130</td><td>160</td><td>180</td><td>200</td><td>30</td><td>260</td><td>300</td><td>340</td></tr>
<tr><td colspan="3">模柄孔尺寸：直径/mm×深度/mm</td><td colspan="3">ϕ30×50</td><td colspan="4">ϕ50×70</td><td colspan="3">ϕ60×75</td></tr>
<tr><td colspan="3">工作台板厚度/mm</td><td>35</td><td>40</td><td>50</td><td>60</td><td>70</td><td>80</td><td>90</td><td>100</td><td>110</td><td>120</td></tr>
<tr><td colspan="3">倾斜角（可倾式工作台压力机）/(°)</td><td>30</td><td>30</td><td>30</td><td>30</td><td>30</td><td>30</td><td>30</td><td>30</td><td>25</td><td>25</td></tr>
</table>

三、压力机的工作原理分析

压力机是机械行业中一种应用广泛的典型机器，应用于切断、冲孔、落料、弯曲、铆合和成形等工艺，通过对金属坯件施加强大的压力，使金属发生塑性变形和断裂来加工成零件。

以 JA21-35 型压力机为例，其组成及工作原理如图 1-9 所示。工作时电动机通过带传动把运动传给大带轮，再经过齿轮传动传给离合器（离合器控制曲柄与齿轮运动的开与合），离合器把运动传给曲柄。连杆上端装在曲柄上，下端与滑块连接，把曲柄的旋转运动变为滑块的直线往复运动。模具的上模装在滑块上，下模装在工作台上，因此当材料放在上、下模之间时，即能进行冲裁及其他冲压成形工艺操作。由于生产工艺的

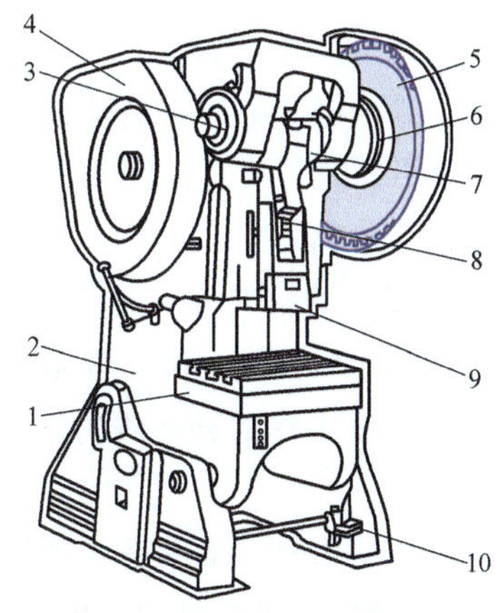

图 1-9　JA21-35 型压力机组成及工作原理
1—工作台　2—床身　3—制动器
4—安全罩　5—齿轮　6—离合器　7—曲柄
8—连杆　9—滑块　10—脚踏操纵器

需要，滑块有时运动，有时停止，所以除离合器外，在曲柄末端还装有制动器。压力机在整个工作周期内进行工艺操作的时间很短，为了使电动机的负荷均匀，有效地利用能量，压力机中装有飞轮，大带轮即起飞轮作用。

四、压力机机械传动系统工作过程分析

压力机机械传动系统包括电动机、带传动机构、齿轮传动机构、曲柄连杆机构，如图1-10所示。压力机机械传动系统工作时，电动机1输出的运动通过带传动传给小齿轮3，再由大齿轮4通过离合器5传给曲柄，曲柄的旋转运动变为滑块的直线往复运动。

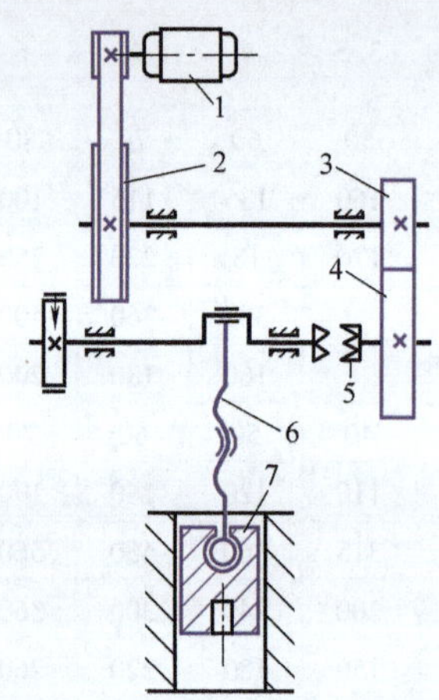

图1-10　压力机机械传动系统

1—电动机　2—带轮　3、4—齿轮　5—离合器　6—连杆　7—滑块

传动系统中，曲轴式曲柄滑块机构主要由曲柄、连杆（连杆体和球头调节杆）和滑块组成，当曲柄旋转时，连杆做摆动和上下运动，使滑块在导轨中做上下往复运动。

五、机械传动系统运动和动力参数确定

1. 选择电动机的类型

感应电动机又称异步电动机，具有结构简单、坚固、运行方便、可靠、容易控制与维护、价格便宜等优点，因此在工作中得到广泛的应用。目前，开式压力机常用Y系列三相异步电动机。

2. 选择电动机的额定功率

压力机连续工作，按一般循环的平均能量来选择电动机。

（1）冲压工作部分所需功率 P_w 的计算　若生产率为 n 件/s，则整个冲压工作循环时间为 $t=1/n$。

压力机工作时，工作循环的总能量主要集中在冲压装置，冲压过程的能量又主要集中在冲压行程 s，工作循环的平均能量为 $E=Fs$。

冲压工作部分所需功率 P_w 为

$$P_w=\frac{Fv}{1000\eta_w}=\frac{Fs/t}{1000\eta_w}=\frac{E/t}{1000\eta_w}=\frac{E}{1000\eta_w t} \tag{1-1-1}$$

式中　η_w——冲压工作部分效率，η_w 取 0.91；

F——压力机公称压力（N）；

v——冲压工作部分速度（m/s），$v=s/t$。

（2）工作机所需的电动机输出功率 P_d

$$P_d=\frac{P_w}{\eta} \tag{1-1-2}$$

式中　η——由电动机至工作机之间的总效率。$\eta=\eta_1\eta_2\eta_3\eta_4\eta_5$，$\eta_1$、$\eta_2$、$\eta_3$、$\eta_4$、$\eta_5$ 分别为传动装置中联轴器、带传动、滚动轴承、齿轮传动、滑动轴承的效率。

参照电动机技术参数，选取电动机额定功率。

（3）确定电动机的转速 n_d　曲柄的工作转速为 n，带传动的传动比范围为 $i_{带}=2\sim4$，单级齿轮传动的传动比范围为 $i_{齿}=3\sim5$，则合理总传动比的范围为 6~20，故电动机转速的可选范围为 $ni_{带}\ i_{齿}=(6\sim20)n$。

综合考虑电动机和传动装置的尺寸、重量及带传动和压力机的传动比，选择电动机的型号为三相异步电动机，确定同步转速和满载转速。

（4）计算总传动比和分配传动比　总传动比 $i_{总}$=同步转速/曲柄的工作转速。根据带传动和齿轮传动的传动比推荐范围，取 V 带的传动比为 i_1，则齿轮传动的传动比为 $i_2=i_{总}/i_1$。

（5）计算传动装置的运动和动力参数　计算各轴转速（n）、各轴输入功率（P_i）、各轴输入转矩（T）。

1）电动机轴

$$T_d=9550\frac{P_d}{n_d}$$

2）Ⅰ轴（小带轮轴）

$$P_{\text{I}}=P_d\eta_1$$

$$T_{\text{I}}=9550\frac{P_{\text{I}}}{n_{\text{I}}}$$

3）Ⅱ轴（小齿轮轴）

$$P_{\text{II}}=P_{\text{I}}\eta_2\eta_3$$

$$T_{\text{II}}=9550\frac{P_{\text{II}}}{n_{\text{II}}}$$

4）Ⅲ轴（曲柄）

$$P_{\text{III}}=P_{\text{II}}\eta_3\eta_4$$

$$T_{\text{III}}=9550\frac{P_{\text{III}}}{n_{\text{III}}}$$

微课 1-2

电动机的选择及传动系统运动和动力参数确定

任务实施

完成压力机中电动机的选择及传动比分配，并计算传动系统运动和动力参数。工作参数如下：JA21-35 型压力机公称压力 $F=350$kN，上模冲头移动总行程 130mm，其冲压行程置于总行程的下部，$s=20$mm。压力成形制品生产率（滑块行程次数）约为 $n=50$ 件/min，行程速比系数（冲头回程平均速度与冲头下冲平均速度之比）$K\geqslant1.3$，坯料输送最大距离 200mm。

按照表 1-2 中的步骤完成设计，并将设计结果填写在表中。

表 1-2　压力机传动系统设计及动力参数计算

序号	项目	设计计算内容	结果
1	选择电动机的类型		
2	选择电动机的额定功率	1）计算冲压工作部分所需功率 P_w 每秒生产 50/60 = 0.83 件。冲压工作循环时间为 1s/0.83	
		2）计算工作机所需的电动机输出功率 P_d	
3	确定电动机的转速		
4	计算总传动比和分配传动比		
5	计算传动装置的运动和动力参数	1）计算电动机轴转矩	
		2）计算Ⅰ轴（小带轮轴）转速、功率、转矩	
		3）计算Ⅱ轴（小齿轮轴）转速、功率、转矩	
		4）计算Ⅲ轴（曲柄）转速、功率、转矩	

将压力机传动系统运动和动力参数填在表 1-3 中。

表 1-3　压力机传动系统运动和动力参数

参数	电动机轴	Ⅰ轴（小带轮轴）	Ⅱ轴（小齿轮轴）	Ⅲ轴（曲柄）
转速 n/(r/min)				
输入功率 P/kW				
输入转矩 T/（N·m）				
传动比 i				

实践中常见问题解析

1）压力机的负载属于冲击负载，即在一个工作周期内只在较短的时间内承受工作负载，而较长的时间是空程运转。若依据此短暂的工作时间来选择电动机的功率，则电动机的功率将会很大。为减小电动机的功率，在传动系统中设置了飞轮，这样电动机功率可以大为减小。

2）压力机的传动级数与电动机的转速和滑块每分钟的行程次数有关。行程次数低，总传动比大，传动级数可多些，一般不超过四级。

3）各级传动比的分配要恰当，通常 V 带传动的传动比范围为 $i_{带}=2\sim4$，单级齿轮传动的传动比范围为 $i_{齿}=3\sim5$。传动比分配时，要保证飞轮有适当的转速，也要注意布置得尽可能紧凑。

小　结

本学习任务以压力机为载体，分析了机器的组成，进行了机器传动系统工作分析。通过本任务的学习，学生能够根据压力机工作要求合理选择电动机，确定压力机总传动比并合理进行传动比分配，正确计算压力机传动系统各轴的运动和动力参数。

思考与练习

一、判断题

1-1-1　构件是机器中最小的运动单元体，零件是机器中最小的制造单元体。

1-1-2　机器动力的来源部分称为原动部分。

二、简答题

1-1-3　机器由哪几大部分组成？

1-1-4　机器与机构的主要区别是什么？

1-1-5　原动机的选择主要有哪几个方面的内容？

1-1-6　选择电动机的额定功率时主要考虑哪些因素？

1-1-7　将传动系统的总传动比合理分配至各级传动系统时，需要考虑哪些问题？

三、训练题

带式输送机的机械传动系统如图 1-11 所示，已知运输带的工作拉力 $F=5000$N，运

输带的速度 $v=1.1\text{m/s}$，卷筒直径 $D=350\text{mm}$，卷筒效率为 0.96，试选择该传动系统的电动机、分配传动比，并分别计算各轴的运动和动力参数。

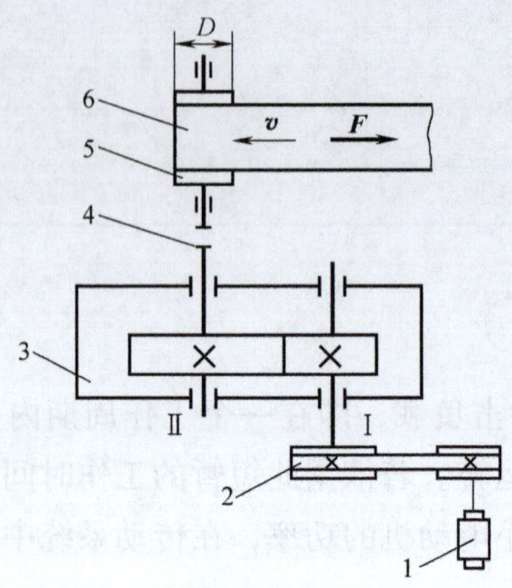

图 1-11　带式输送机的机械传动系统

1—电动机　2—带传动　3—减速器　4—联轴器　5—卷筒　6—输送带

任务 1.2　构件的受力分析

任务目标

1）能够正确绘制机构中构件的受力图。

2）能够根据平面力系的计算方法计算构件的受力。

3）掌握空间力系的平面解法。

4）能够在完成任务过程中做到勤于思考、吃苦耐劳。

5）培养工程力学科学思维、团队合作意识和爱国主义精神。

6）培养精益求精的工匠精神、勇于探索的科学精神。

任务描述

完成压力机曲柄滑块机构受力分析，并计算图 1-12 所示位置时（连杆 AB 与垂线夹角 20°），曲柄滑块机构中连杆和滑块的受力。参数和已知条件：冲头所受垂直向上阻力为 $\boldsymbol{F}$（公称力 350kN），忽略摩擦和物体自重。压力机曲柄滑块机构运动示意如图 1-12 所示。

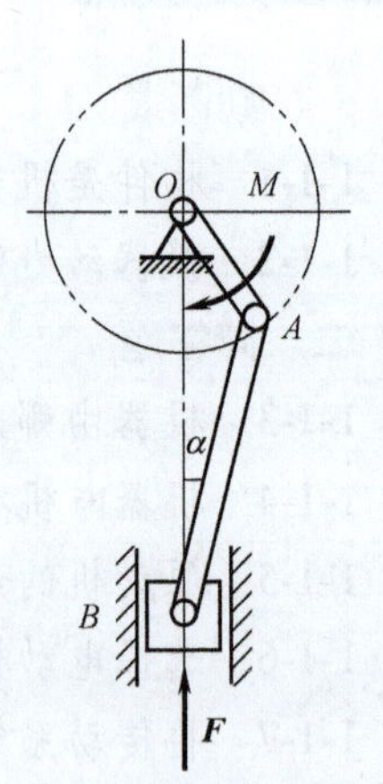

图 1-12　压力机曲柄滑块机构运动示意

任务分析

压力机中包含了各种典型机构和机械零件，具有普遍性和典型性，通过曲柄滑块机构的受力分析，学会绘制构件受力图，进而计算构件受力。通过构件的受力分析，完成以下具体任务：

1）绘制曲柄滑块机构中曲柄、滑块的受力图。

2）计算曲柄滑块机构的连杆、滑块的受力。

相关知识

力学在生产和生活中的应用

力学是研究力与运动规律的学科，是一门最古老、最重要的学科，也是一门应用性很强的基础学科。力学知识已经融入了我们生产和生活的方方面面，例如：重力能让我们站立，摩擦力能让我们拿起物品和行走，压力能让我们使用手机和电脑，杠杆原理让我们制造出起重机等。

工程力学是力学的一部分，它涵盖了理论力学（静力学部分）和材料力学的主要经典内容。工程力学是以构件为研究对象，运用力学的一般规律，分析和求解构件受力情况及平衡问题，建立构件安全工作的力学条件的一门学科，为机械设计实现既安全又经济提供理论依据和计算方法。

“给我一个支点，我可以撬动整个地球。”这是古希腊物理学家阿基米德家喻户晓的一句名言，也是当代青年充满激情与自信，勇往直前无所畏惧的成功宣言。阿基米德（图1-13a）为何能有如此气魄，道理很简单，因为他找到了一个可供支撑的支点，这正是力学中杠杆原理的应用（图1-13b）。生活中我们常用的扳手和门把手等都是利用这个原理。利用杠杆原理，我们确实可以“四两拨千斤”。

a)

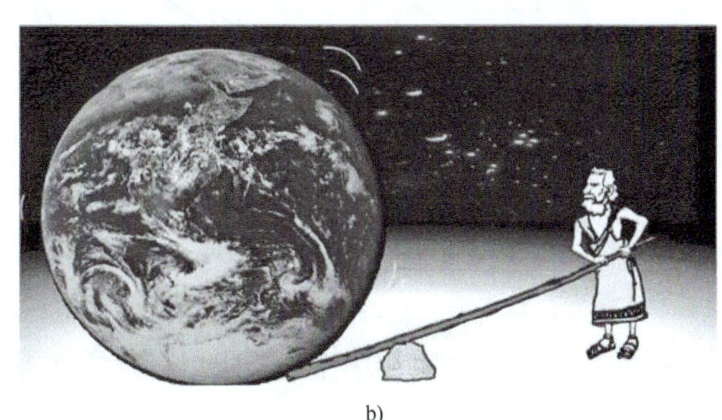

b)

图1-13　阿基米德及杠杆原理

一、静力学的基本概念

静力学是研究物体在力系作用下平衡规律的科学。力系是指作用于同一物体上的一组力。物体的平衡一般是指物体相对于地面静止或做匀速直线运动。它主要解决两类问题：一是将作用在物体上的力系进行简化，即用一个简单的力系等效地替换一个复杂的力系；二是建立物体在各种力系下的平衡条件，并借此对物体进行受力分析。

1. 力的概念

（1）力的定义　力是物体之间相互的机械作用，这种作用将使物体的机械运动状态发生变化，或者使物体产生变形。前者称为力的外效应，后者称为力的内效应。

力的三要素：大小、方向作用点的位置。

力是矢量，用黑体字 $\boldsymbol{F}$ 代表力矢，并以同一字母的非黑体字 F 代表该矢量的模（大小）。

力的单位：力的国际制单位是牛或千牛，其符号为N或kN。

（2）力系的有关概念　物体处于平衡状态时，作用于该物体上的力系称为平衡力系。力系平衡所满足的条件称为平衡条件。当一个力系与一个力的作用效应完全相同时，把这一个力称为该力系的合力，而该力系中的每一个力称为合力的分力。

（3）刚体的概念　刚体是指在受力状态下保持其几何形状和尺寸不变的物体。刚体是研究力学的理想力学模型。

2. 静力学基本公理

（1）二力平衡公理　如果刚体只受两个力的作用处于平衡状态，则这两个力一定是大小相等，方向相反，且作用在同一直线上。

如图1-14a所示，杆 AB 受到两个共线力 $\boldsymbol{F}_1$ 和 $\boldsymbol{F}_2$ 作用而处于平衡状态时，则必须 $\boldsymbol{F}_1=-\boldsymbol{F}_2$，$\boldsymbol{F}_1$ 和 $\boldsymbol{F}_2$ 称为作用在同一物体上的一对平衡力。二力平衡公理是最简单也是最基本的公理，是研究物体在受力复杂情况下平衡条件的基础。

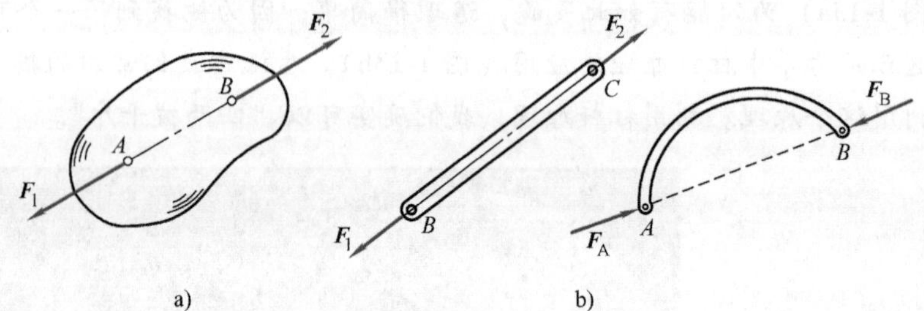

图1-14　二力平衡及二力杆

当一个物体不计自重和摩擦力，只受两个力而保持平衡时，称之为二力杆（图1-14b），这两点所受力的作用线必定沿着两个力作用点的连线。

（2）加减平衡力系公理　在刚体上增加或减去一组平衡力系，并不改变原力系对刚体的作用效应。

根据加减平衡力系公理可导出力的可传性原理：作用在同一刚体上的力可沿其作用线任意移动，而不改变该力对刚体的作用效应，如图1-15所示。

由此可知，力对刚体的效应与力的作用点在作用线上的位置无关，则力的三要素也可为：力的大小、方向和作用线。

（3）力的平行四边形法则　作用在物体上同一点的两个力，可以合成为一个合力，

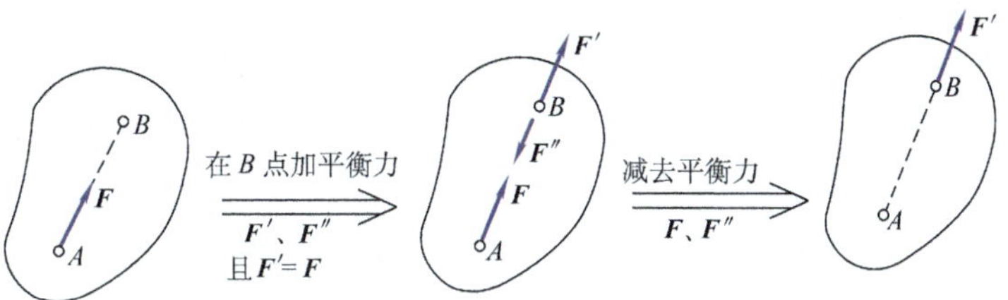

图 1-15　力的可传性

合力的作用点仍在该点，合力的大小和方向由这两个力为邻边构成的平行四边形的对角线来确定，如图 1-16a 所示。

图中 $\boldsymbol{F}_R$ 表示合力，$\boldsymbol{F}_1$、$\boldsymbol{F}_2$ 表示分力，它们的矢量表达式为 $\boldsymbol{F}_R=\boldsymbol{F}_1+\boldsymbol{F}_2$。

由此可知，力的加减是矢量的合成与分解，必须遵循平行四边形法则，也可简化为力的三角形法则，如图 1-16b 所示。

（4）作用力与反作用力定理　两物体间的作用力与反作用力总是大小相等，方向相反，沿同一直线分别作用在这两个物体上，如图 1-17 所示。

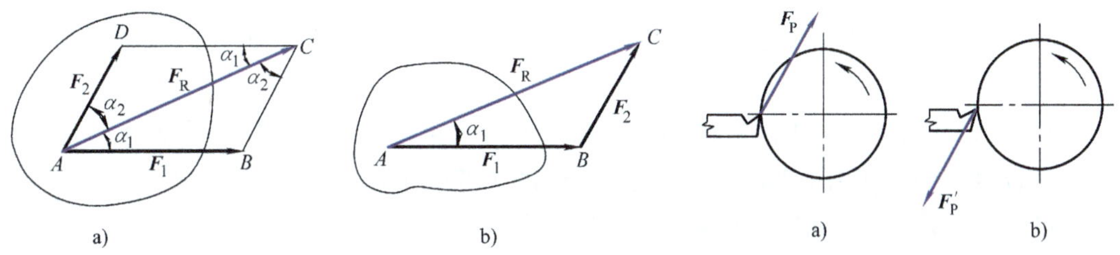

图 1-16　力的平行四边形法则和三角形法则　　图 1-17　作用力和反作用力

3. 约束和约束反力

构件是机构中具有相对运动的基本单元，一个构件在未与其他构件连接时，可以自由运动，是自由体。当构件组成机构时，每个构件都以一定的方式与其他构件相连接，构件间的接触就使某些方面的运动受到了限制，成为非自由体。对非自由体的运动起限制作用的物体称为约束。机械中的构件为了承受一定的载荷以及实现运动传递，彼此间将形成各种各样的约束。

约束会限制物体的运动，这种限制是通过力的作用来实现的，约束受到被约束物体的作用力，约束也必然会给被约束物体一反作用力，即为约束反力。

约束反力的方向与约束所限制的运动方向相反。

约束的类型如下：

（1）柔性约束　柔性约束是指由绳索、带、链条等对物体所构成的约束，如图 1-18a 所示。

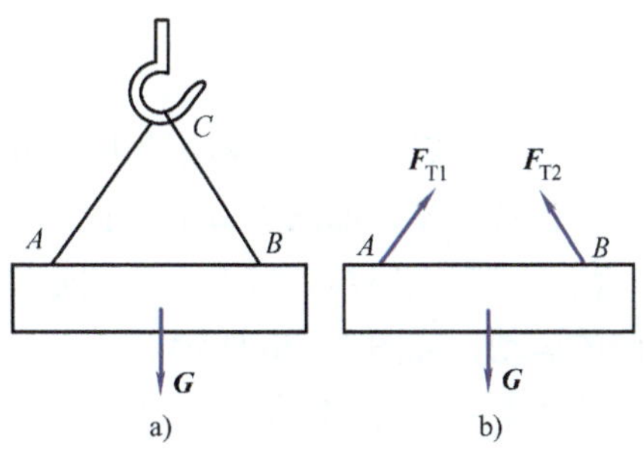

图 1-18　柔性约束

特点：因为柔性约束只能限制物体沿柔体中线离开约束的运动，故只承受拉力，不承受压力。

约束力的方向：总是沿着柔体的中心线指

离物体，用 $\boldsymbol{F}_{\mathrm{T}}$ 表示，如图 1-18b 所示。

（2）光滑面约束　光滑面约束是指光滑平面或曲面对物体所构成的约束。

特点：只能限制物体沿接触处的法线方向而朝向支承面内的运动，不能限制物体离开支承处或沿其他方向的运动。

约束反力方向：通过接触点沿接触处法线，指向被约束的物体，用 $\boldsymbol{F}_{\mathrm{N}}$ 表示，如图 1-19 所示。

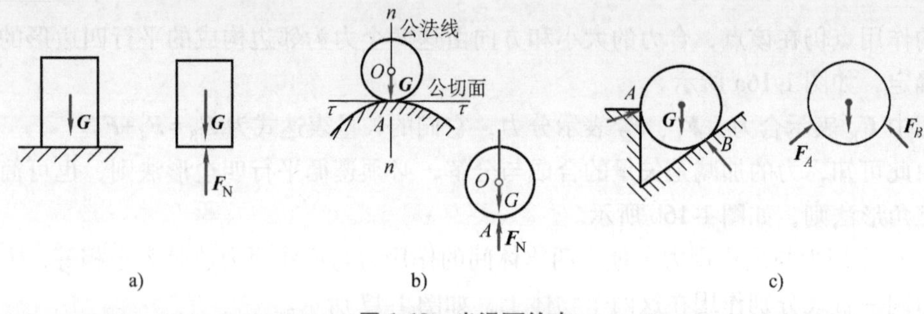

图 1-19　光滑面约束

（3）光滑铰链约束　光滑铰链约束是指由铰链构成的约束。实例：门窗合页、门扣、轴承等。

1）固定铰链支座和中间铰链约束。如果铰链约束中有一个构件作为支座固定，即为固定铰链支座，如图 1-20a 所示，其简图如图 1-20b 所示。

图 1-21a 所示是中间铰链约束，其简图如图 1-21b 所示。

固定铰链支座和中间铰链约束特点：限制被约束物体间的相对移动，但不限制物体绕销轴线的相对转动。

约束力方向：约束力作用线通过铰链中心，方向待定，通常用两个正交力 $\boldsymbol{F}_x$、$\boldsymbol{F}_y$ 来表示，如图 1-20c、图 1-21c 所示。

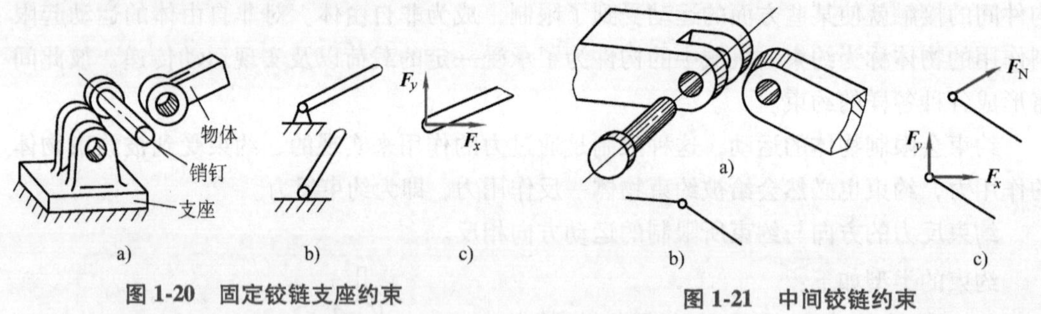

图 1-20　固定铰链支座约束

图 1-21　中间铰链约束

2）活动铰链支座。铰链约束两构件与地面或机架的连接是可动的，则这种约束称为活动铰链支座，如图 1-22a 所示。

活动铰链支座约束特点：只能限制物体沿支承面法线方向的运动，而不能限制切线方向的运动，如图 1-22b 所示。

约束力方向：垂直于支承面通过铰链中心指向物体，用 $\boldsymbol{F}_{\mathrm{N}}$ 表示，如图 1-22c 所示。

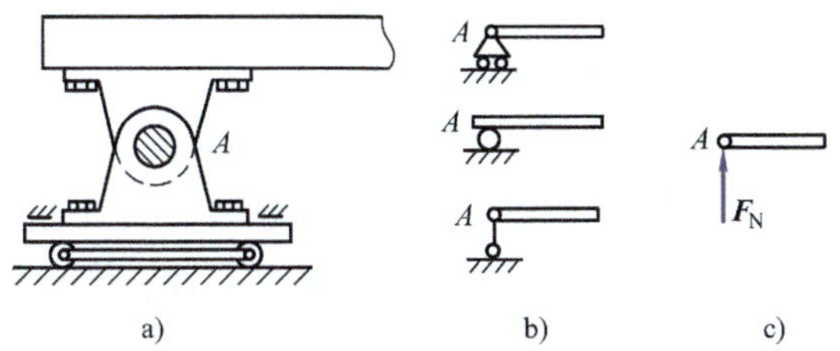

图 1-22　活动铰链支座

实例：化工装置中的一些管道、卧式容器及桁架梁等，为了适应温度变化使之有伸缩余地，常在支座中设置一个铰链形成活动铰链支座。

（4）固定端约束　固定端约束是指构件的一端完全固定所构成的约束，如图 1-23a 所示。

特点：固定端约束限制任何方向的移动以及在约束处的转动。

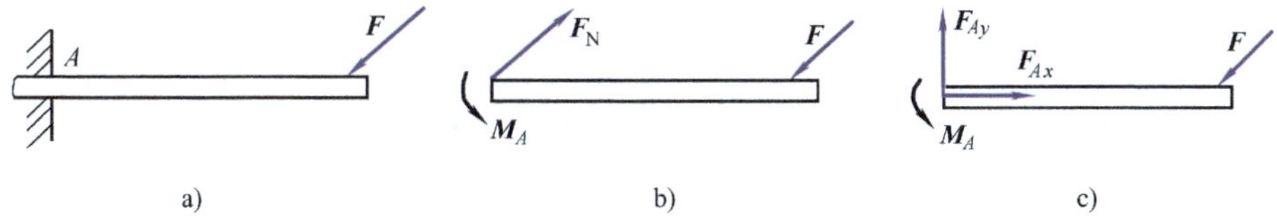

图 1-23　固定端约束

约束力方向：一个约束力 $\boldsymbol{F}_{\mathrm{N}}$，和一个约束力偶 $\boldsymbol{M}_{\mathrm{A}}$，如图 1-23b 所示；由于 $\boldsymbol{F}_{\mathrm{N}}$ 方向往往不定，常用两个正交分力 $\boldsymbol{F}_{Ay}$、$\boldsymbol{F}_{Ax}$ 表示，如图 1-23c 所示。

实例：房屋阳台（图 1-24a）、车刀刀架（图 1-24b）和卡盘上的工件（图 1-24c）。

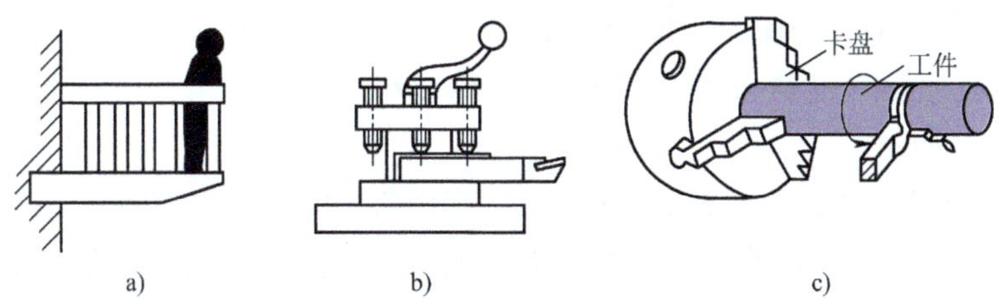

图 1-24　固定端约束实例

4. 物体的受力分析和受力图

在工程实际中，受力分析是指研究某个物体受到的力，并分析这些力对物体的作用情况，即研究各个力的作用位置、大小和方向。为了清晰地表示物体受力的情况，常需把研究的物体取出来，用受力图表示。受力图就是将实际问题简化成简单的力学模型。

对其进行受力分析的物体称为研究对象，将研究对象的约束解除并从物体中分离出来，称其为分离体，在其上画出受力图。

画受力图时，一般将分离体单画一个简图，在图上表示出其他物体对它的所有作用力，包括全部主动力（重力和外加载荷）和约束力。

画受力图的步骤：

1）明确研究对角，画出分离体。

2）在分离体上画出全部主动力。

3）在分离体的约束处画出约束力。

例 1-2-1 如图 1-25a 所示圆球，重力为 $\boldsymbol{G}$，由杆 AB、绳索 BC 与墙壁支承，若杆重与各摩擦力不计，试分别画出球和杆 AB 的受力图。

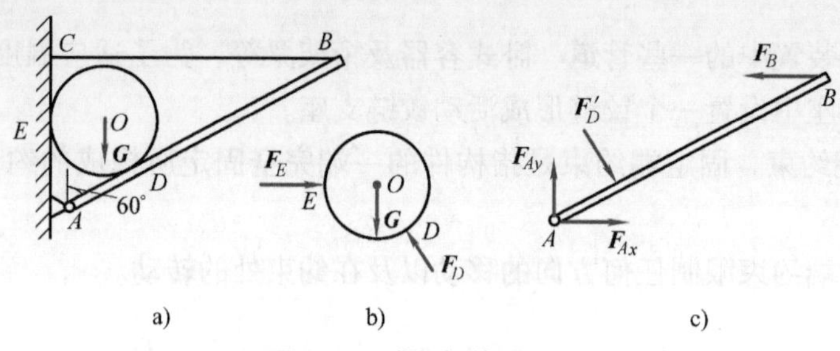

图 1-25 球和杆的受力图

解：1）取球为研究对象，画出分离体图，画出球所受的主动力 $\boldsymbol{G}$，约束反力 $\boldsymbol{F}_E$、$\boldsymbol{F}_D$，如图 1-25b 所示。

2）取杆 AB 为研究对象，画出分离体图，画出杆所受的全部约束反力 $\boldsymbol{F}'_D$、$\boldsymbol{F}_B$ 和 $\boldsymbol{F}_{Ay}$、$\boldsymbol{F}_{Ax}$，如图 1-25c 所示。

例 1-2-2 如图 1-26a 所示，梁 A 端用铰链固定支座支持，B 端放置于光滑墙上，画出梁的受力图。

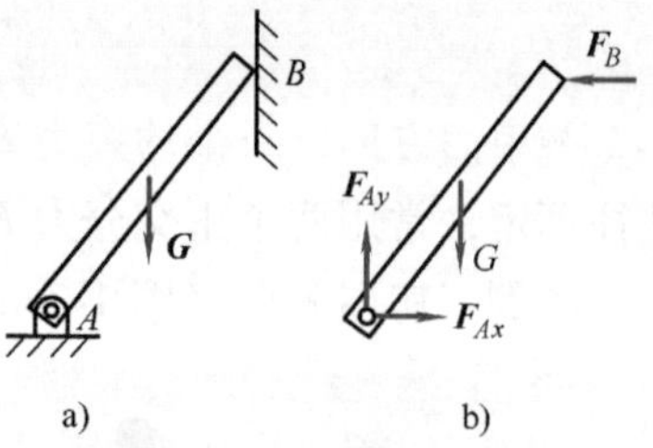

图 1-26 梁的受力图

解：1）取梁为研究对象，画出分离体图。

2）画出梁所受的主动力 $\boldsymbol{G}$，约束反力 $\boldsymbol{F}_B$、$\boldsymbol{F}_{Ax}$、$\boldsymbol{F}_{Ay}$，如图 1-26b 所示。

例 1-2-3 物系放置如图 1-27a 所示，分别画出每个物体的受力图。

解：1）取小球为研究对象，画出分离体图，画出小球所受的主动力 $\boldsymbol{W}$，约束反力 $\boldsymbol{F}_{\mathrm{T}}$，如图 1-27b 所示。

2）取杆 AB 为研究对象，画出分离体图，画出杆所受的全部约束反力 $\boldsymbol{F}'_E$、$\boldsymbol{F}'_{\mathrm{T}}$和 $\boldsymbol{F}_{Ay}$、$\boldsymbol{F}_{Ax}$，如图 1-27c 所示。

3）取大球为研究对象，画出分离体图，画出大球所受的主动力 $\boldsymbol{G}$，约束反力 $\boldsymbol{F}_E$、$\boldsymbol{F}_C$、$\boldsymbol{F}_D$，如图 1-27d 所示。

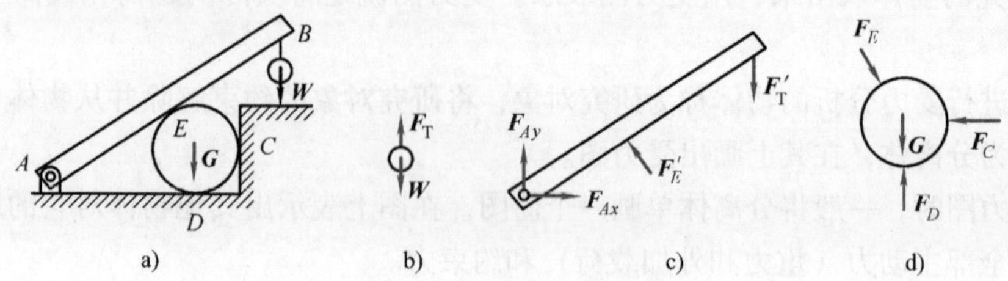

图 1-27 球和杆的受力图

二、平面汇交力系

按照力系中各力的作用线是否在同一平面分类，可分为平面力系和空间力系两类。在平面力系中，按照各力作用线是否相交于一点，分为平面汇交力系和平面任意力系。静力学的主要问题是研究力系的合成与平衡问题，研究的基本方法有两种：几何法与解析法。几何法即作图法，解析法即投影法。

1. 平面汇交力系合成与平衡的几何法

在同一个平面内，各力作用线汇交于一点的力系称为平面汇交力系。起重机匀速吊起钢管时的受力情况如图 1-28b 所示，钢管的受力有重力 $\boldsymbol{G}$、两端钢索的拉力 $\boldsymbol{F}_{T1}$、$\boldsymbol{F}_{T2}$，则三个力的作用线处于同一个平面内，且汇交于一点。

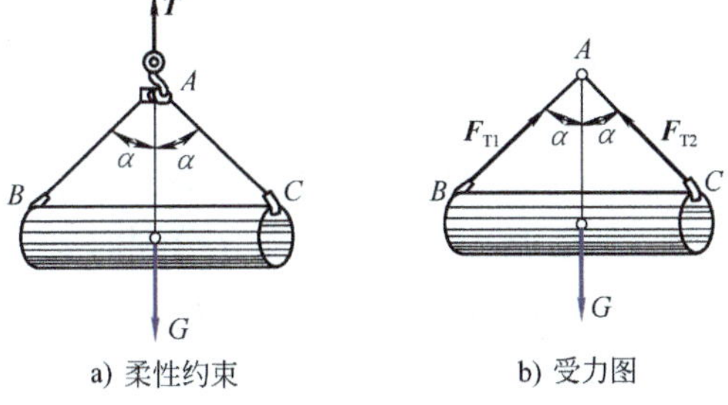

图 1-28　平面汇交力系应用实例

（1）平面汇交力系合成的几何法

1）两力合成。设有 $\boldsymbol{F}_1$、$\boldsymbol{F}_2$ 两力作用于某刚体的 A 点，则其合力 $\boldsymbol{F}$ 可由力的平行四边形法则或者力的三角形法则确定。力的三角形法则实质上是力的四边形法则的另一种表达方式，应用起来更加方便，不仅可以用于力的合成，也可用于力的分解。

2）多个力合成。设刚体作用有一平面汇交力系 $\boldsymbol{F}_1$、$\boldsymbol{F}_2$、$\boldsymbol{F}_3$（图 1-29a）。

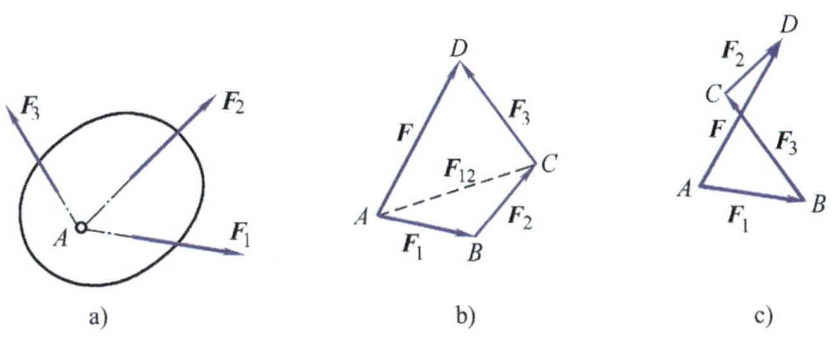

图 1-29　力的多边形法则

根据力的可传性原理，先将各力沿其作用线移到 A 点，然后连续应用力的三角形法则，先将 $\boldsymbol{F}_1$ 和 $\boldsymbol{F}_2$ 合成为 $\boldsymbol{F}_{12}$，再将 $\boldsymbol{F}_{12}$ 与 $\boldsymbol{F}_3$ 合成，即得 $\boldsymbol{F}_1$、$\boldsymbol{F}_2$、$\boldsymbol{F}_3$ 的合力 $\sum \boldsymbol{F}$（图 1-29b），实际画图时，虚线 $\boldsymbol{F}_{12}$ 不必画出，只要将各分力矢量首尾相接，得到一开口的多边形 $ABCD$，然后将第一个力矢量 $\boldsymbol{F}_1$ 的起点 A 和最后一个力矢量 $\boldsymbol{F}_3$ 的终点 D 相连，作出多边形的封闭边，所得矢量就代表该力系合力 $\sum \boldsymbol{F}$ 的大小和方向（图 1-29c）。这种用力多变形求合力的方法称为力的多边形法则。

运用力多边形法则求合力时，可以任意变换各分力矢量的次序，得到不同形状的力多边形，合力 $\sum \boldsymbol{F}$ 不改变。

由此可得结论如下：平面汇交力系的合力等于各力的矢量和（几何法），合力的作用线通过各力的汇交点。上述求合力的方法，也可用矢量式表示为

$$\sum \boldsymbol{F}=\boldsymbol{F}_1+\boldsymbol{F}_2+\boldsymbol{F}_3+\cdots+\boldsymbol{F}_n \tag{1-2-1}$$

（2）平面汇交力系平衡的几何条件　平面汇交力系合成的结果是一个合力，即平面汇交力系可用其合力来代替。显然，如果物体处于平衡状态，此合力应等于零，反之亦然。所以，平面汇交力系平衡的充要条件是力系的合力等于零，即

$$\sum \boldsymbol{F}=\boldsymbol{F}_1+\boldsymbol{F}_2+\boldsymbol{F}_3+\cdots+\boldsymbol{F}_n=0 \tag{1-2-2}$$

从力多边形图形上看，当合力 $\sum \boldsymbol{F}=0$ 时，合力封闭边成为一点，即第一个矢量的起点与最后一个力矢量的终点重合，构成了一个自行封闭的力多边形。

因此，平面汇交力系平衡的几何条件是：力系中各力组成的力多边形自行封闭。

2. 平面汇交力系合成与平衡的解析法

解析法是力的投影法，是利用平面汇交力系在直角坐标轴上的投影来求力系合力的一种方法。

（1）力在直角坐标轴上的投影　设刚体的 A 点作用有一力 $\boldsymbol{F}$，在 $\boldsymbol{F}$ 的平面内取直角坐标系 Oxy，从力的两端 A 和 B 分别向 x、y 轴作垂线，得线段 ab 和 a_1b_1，如图 1-30 所示。线段 ab 和 a_1b_1 分别为力 $\boldsymbol{F}$ 在 x、y 轴上投影的大小，分别以 $\boldsymbol{F}_x$、$\boldsymbol{F}_y$ 来表示。

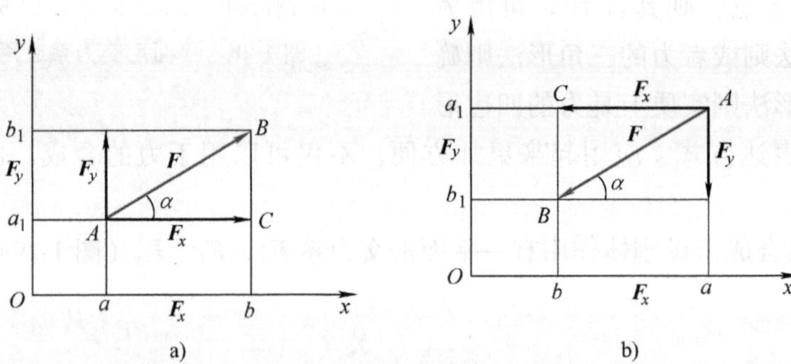

图 1-30　力在直角坐标轴上的投影

力的投影是代数量，其正负规定如下：若从 a 到 b（或 a_1 到 b_1）的指向与坐标轴一致时，投影值为正，反之为负。如图 1-30a 中的 $\boldsymbol{F}_x$、$\boldsymbol{F}_y$ 均为正值，图 1-30b 中的 $\boldsymbol{F}_x$、$\boldsymbol{F}_y$ 均为负值。

若已知力 $\boldsymbol{F}$ 的大小，它与 x 轴所夹锐角为 α，则

$$\left.\begin{aligned}\boldsymbol{F}_x&=\pm F\cos\alpha\\ \boldsymbol{F}_y&=\pm F\sin\alpha\end{aligned}\right\} \tag{1-2-3}$$

反之，若已知力 $\boldsymbol{F}$ 在 x、y 轴上投影 $\boldsymbol{F}_x$、$\boldsymbol{F}_y$，则由图 1-30 中的几何关系，可得

$$\left.\begin{aligned}\boldsymbol{F}&=\sqrt{\boldsymbol{F}_x^2+\boldsymbol{F}_y^2}\\ \tan\alpha&=\left|\frac{\boldsymbol{F}_y}{\boldsymbol{F}_x}\right|\end{aligned}\right\} \tag{1-2-4}$$

力 $\boldsymbol{F}$ 的指向由 $\boldsymbol{F}_x$、$\boldsymbol{F}_y$ 的正负号确定。

如果把力 $\boldsymbol{F}$ 沿两直角坐标轴分解，可得到两正交分力 $\boldsymbol{F}_x$、$\boldsymbol{F}_y$，其大小与力 $\boldsymbol{F}$ 在相应坐标轴上的投影的绝对值相等。必须注意，力的投影与分力是不同的，投影是代数量，而分力是矢量，两者不可混淆。

(2) 合力投影定理　设在刚体上有一平面汇交力系 $\boldsymbol{F}_1$、$\boldsymbol{F}_2$、$\boldsymbol{F}_3$，用力多边形法则可知其合力为 $\boldsymbol{F}$，如图 1-31 所示。取坐标系 Oxy，将合力 $\boldsymbol{F}$ 及力系中的各力 $\boldsymbol{F}_1$、$\boldsymbol{F}_2$、$\boldsymbol{F}_3$ 向 x 轴投影，由图可得 $ad=ab+bc-cd$。

即

$$F_{Rx}=F_{1x}+F_{2x}+F_{3x}$$

$$F_{Ry}=F_{1y}+F_{2y}+F_{3y}$$

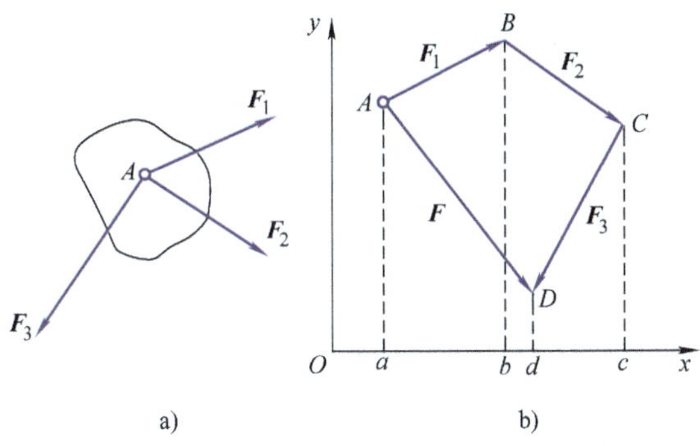

图 1-31　合力投影定理

显然，上述关系可以推广到由 n 个力 $\boldsymbol{F}_1$，$\boldsymbol{F}_2$，…，$\boldsymbol{F}_n$ 组成的平面汇交力系，得出

$$F_{Rx}=F_{1x}+F_{2x}+\cdots+F_{nx}=\sum F_x \tag{1-2-5}$$

$$F_{Ry}=F_{1y}+F_{2y}+\cdots+F_{ny}=\sum F_y$$

由此可知，合力在任一坐标轴上的投影，等于各分力在同一坐标轴上投影的代数和，此称为合力投影定理。合力大小和方向为

$$\left.\begin{aligned}\sum F &= \sqrt{\sum F_x^2+\sum F_y^2}\\ \tan\alpha &= \left|\frac{\sum F_y}{\sum F_x}\right|\end{aligned}\right\} \tag{1-2-6}$$

α 为合力与 x 轴所夹锐角，合力 $\sum\boldsymbol{F}$ 的指向由 $\boldsymbol{F}_x$、$\boldsymbol{F}_y$ 的正负号判定。

(3) 平面汇交力系平衡的解析条件　平面汇交力系平衡时，得平面汇交力系的平衡方程为

$$\left.\begin{aligned}\sum F_x &= 0\\ \sum F_y &= 0\end{aligned}\right\} \tag{1-2-7}$$

因此，平面汇交力系平衡的解析条件是各力在 x 轴和 y 轴上投影的代数和分别等于零。

用解析法求解平衡问题时，未知力的指向可先假设，若计算结果为正值，则表示所假设力的指向与实际相同；若为负值，表示所假设力的指向与实际指向相反。

下面举例说明平面汇交力系平衡条件的应用。

例 1-2-4　简易吊车的绳索由绞车 D 拖动并跨过滑轮 A 匀速地起吊 $G=15\text{kN}$ 的重物（图 1-32a）。不计杆重及滑轮处摩擦，并忽略滑

轮的尺寸，试求杆 AB 和 AC 所受的力。

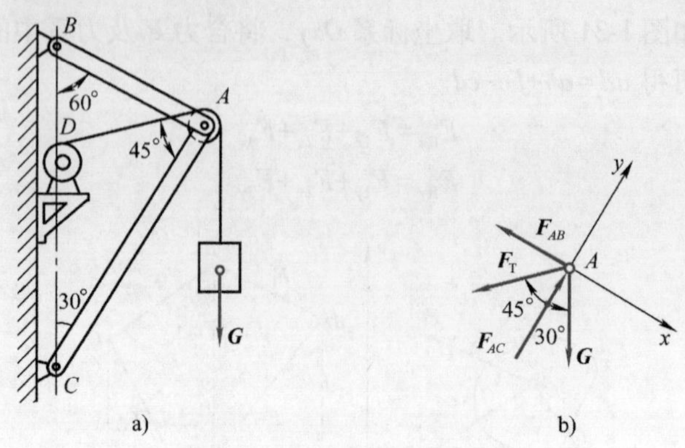

图 1-32　简易吊车的受力分析

解：1）取滑轮 A 为研究对象，画其受力图，受力情况如图 1-32b 所示。由于不计滑轮处的摩擦，故绳索中拉力 $\boldsymbol{F}_T=\boldsymbol{G}=15\text{kN}$。

又 AB、AC 杆均为二力杆，假设 AB 杆受拉，AC 杆受压，则两杆作用于滑轮 A 的约束反力 $\boldsymbol{F}_{AB}$ 与 $\boldsymbol{F}_{AC}$ 指向如图 1-32b 所示。因为不计滑轮尺寸，所以 $\boldsymbol{G}$、$\boldsymbol{F}_T$、$\boldsymbol{F}_{AB}$、$\boldsymbol{F}_{AC}$ 四力可看做一平面汇交力系。

2）列平衡方程求解。为方便解题，一般可取坐标轴与一未知力垂直。现取图示的直角坐标系 Axy，使 y 轴与 $\boldsymbol{F}_{AB}$ 垂直，运用平衡方程求解未知量。

$\sum F_x=0$　　$\boldsymbol{G}\sin30°-\boldsymbol{F}_T\sin45°-\boldsymbol{F}_{AB}=0$

$\sum F_y=0$　　$-\boldsymbol{G}\cos30°-\boldsymbol{F}_T\cos45°+\boldsymbol{F}_{AC}=0$

解得　　$\boldsymbol{F}_{AB}=\boldsymbol{G}\sin30°-\boldsymbol{F}_T\sin45°=-3.11\text{kN}$

$$\boldsymbol{F}_{AC}=\boldsymbol{G}\cos30°-\boldsymbol{F}_T\cos45°=23.6\text{kN}$$

F_{AB} 为负值，表示与原假设方向相反，即 AB 杆实际受压力。

例 1-2-5　图 1-33a 所示为一夹紧机构，杆 AB 和 BC 的长度相等，各杆的自重忽略不计，A、B、C 处为铰链连接。已知 BD 杆受压力 $F=3\text{kN}$，$h=200\text{mm}$，$l=1500\text{mm}$。求压块 C 加于工件的压力。

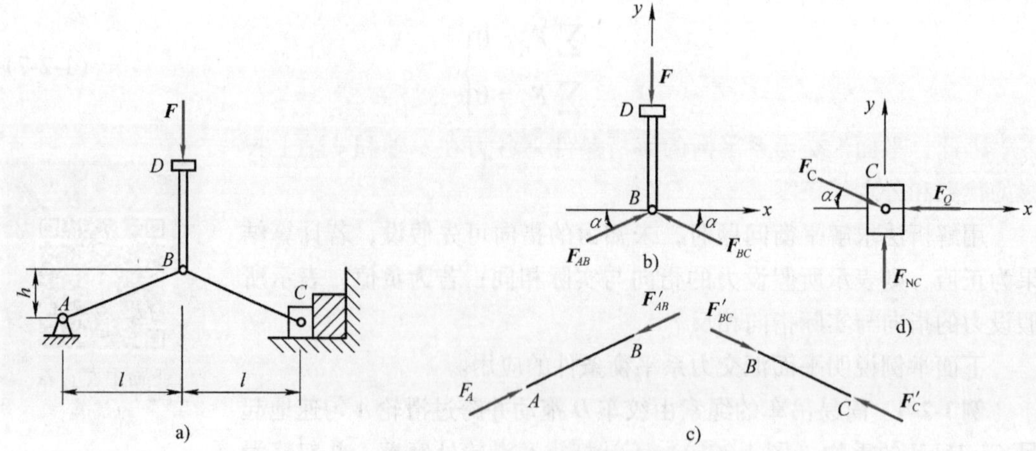

图 1-33　夹紧机构的受力分析

解： 1）取 DB 杆为研究对象，作用于 DB 杆上有压力 $\boldsymbol{F}$，杆 AB 和 BC 作用的力 $\boldsymbol{F}_{AB}$ 和 $\boldsymbol{F}_{BC}$，设二力杆 AB 和 BC 均受压力（图 1-33c），因此 DB 杆受力如图 1-33b 所示，这是一个平面汇交的平衡力系。建立直角坐标系 Bxy，列平衡方程

$$\sum F_x=0 \qquad \boldsymbol{F}_{AB}\cos\alpha-\boldsymbol{F}_{BC}\cos\alpha=0$$

$$\sum F_y=0 \qquad \boldsymbol{F}_{AB}\sin\alpha+\boldsymbol{F}_{BC}\sin\alpha-F=0$$

解得

$$\boldsymbol{F}_{AB}=\boldsymbol{F}_{BC}=\frac{F}{2\sin\alpha}$$

2）取压块 C 为研究对象，受力如图 1-33d 所示，也是一个平面汇交的平衡力系。由二力杆 BC 可知：$F'_C=F'_{BC}=F_{BC}$，又 $F_C=F'_C$，故 $F_C=F_{BC}$。建立直角坐标系 Cxy，列平衡方程

$$\sum F_x=0 \qquad -F_Q+F_C\cos\alpha=0$$

解得

$$F_Q=\frac{F\cos\alpha}{2\sin\alpha}=\frac{F}{2}\cot\alpha=\frac{Fl}{2h}=11.25\text{kN}$$

压块对工件的压力与力 $\boldsymbol{F}_Q$ 等值反向，作用于工件上。

三、力矩和力偶

1. 力对点的矩和合力矩定理

（1）力对点的矩　力对物体除了具有移动效应，有时还会产生转动效应。实例分析：在生产实际中，用扳手拧紧螺母时，其拧紧的程度不仅与力的大小有关，还与螺母中心到力 $\boldsymbol{F}$ 作用线间的垂直距离 d 有关。显然，力 $\boldsymbol{F}$ 的值越大，螺母拧得越紧；距离 d 增大时，螺母也将拧得越紧。此外，如果力 $\boldsymbol{F}$ 的作用方向与图 1-34 所示的相反，则扳手将使螺母松开。因此，工程中以乘积 Fd 并加以适当的正、负号作为力 $\boldsymbol{F}$ 使物体绕 O 点转动效应的度量，称为力 $\boldsymbol{F}$ 对 O 点之矩，简称力矩。即

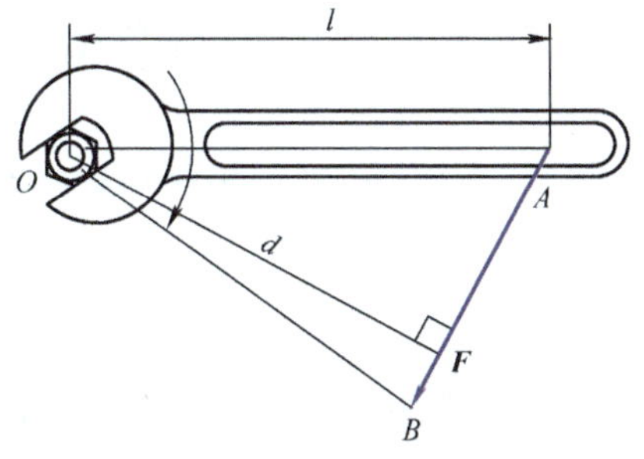

图 1-34　扳手的力矩

$$M_O(\boldsymbol{F})=\pm Fd \tag{1-2-8}$$

式中，O 点称为力矩中心，简称矩心。O 点到力 $\boldsymbol{F}$ 作用线间的垂直距离 d 称为力臂。

力矩正负的规定：通常规定力使物体绕矩心产生逆时针方向转动趋势时，力矩为正，反之为负。

由式（1-2-8）可知，力对点之矩取决于力的大小和矩心位置。在力不变的情况下，通常矩心的位置不同，力矩亦不相同。只有当力的作用点沿其作用线移动时，该力对矩心的力矩才不变。如果力 $\boldsymbol{F}$ 的作用线通过矩心，则力矩等于零，这时力不能对物体产生转动效应。力矩的单位为 N · m。

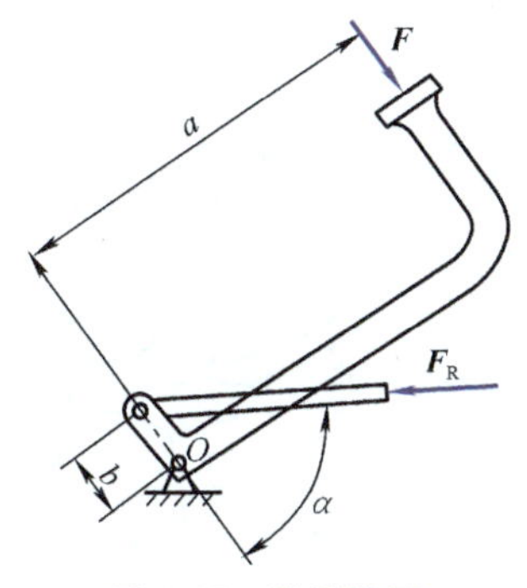

图 1-35　踏板装置

例 1-2-6　汽车操纵系统的踏板装置如图 1-35 所示。已知工作阻力 $\boldsymbol{F}_R=1700$N，驾驶员脚的蹬力 $\boldsymbol{F}=200$N，尺

寸 $a=400\text{mm}$，$b=50\text{mm}$，$\alpha=60°$。试求工作阻力 $\boldsymbol{F}_{\mathrm{R}}$ 和蹬力 $\boldsymbol{F}$ 对 O 点之矩。

解： 根据式（1-2-8）可求得工作阻力 $\boldsymbol{F}_{\mathrm{R}}$ 和蹬力 $\boldsymbol{F}$ 对 O 点的力矩分别为

$$M_O(\boldsymbol{F}_{\mathrm{R}})=F_{\mathrm{R}}b\sin\alpha=1700\times0.05\mathrm{N}\cdot\mathrm{m}\sin60°=73.6\mathrm{N}\cdot\mathrm{m}$$

$$M_O(\boldsymbol{F})=-Fa-200\times0.4\mathrm{N}\cdot\mathrm{m}=-80\mathrm{N}\cdot\mathrm{m}$$

（2）合力矩定理　平面汇交力系的合力对平面内任一点的矩，等于力系中各分力对该点的矩的代数和。

$$M_O(\boldsymbol{F}_{\mathrm{R}})=M_O(\boldsymbol{F}_1)+M_O(\boldsymbol{F}_2)+\cdots+M_O(\boldsymbol{F}_n)=\sum M_O(\boldsymbol{F}_i) \tag{1-2-9}$$

在力矩的计算中，有时力臂不易确定，力矩很难直接求出。但如果将力进行适当分解，各分力力矩的计算就非常容易，所以应用合力矩定理可以简化力矩的计算。

例 1-2-7　直齿圆柱齿轮受到的啮合力 $F_{\mathrm{n}}=980\mathrm{N}$，如图 1-36 所示，齿轮的压力角 $\alpha=20°$，节圆直径 $D=160\text{mm}$，试求啮合力 $\boldsymbol{F}_{\mathrm{n}}$ 对齿轮轴心 O 之矩。

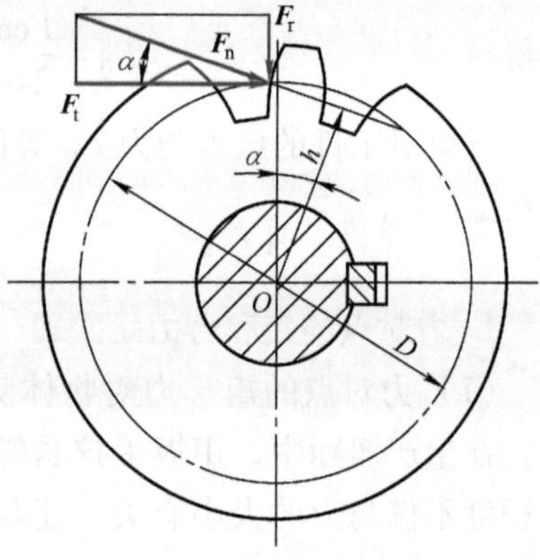

图 1-36　直齿圆柱齿轮

解： 将啮合力 $\boldsymbol{F}_{\mathrm{n}}$ 正交分解为圆周力 $\boldsymbol{F}_{\mathrm{t}}$ 和径向力 $\boldsymbol{F}_{\mathrm{r}}$，即

$$\boldsymbol{F}_{\mathrm{t}}=\boldsymbol{F}_{\mathrm{n}}\cos\alpha$$

$$\boldsymbol{F}_{\mathrm{r}}=\boldsymbol{F}_{\mathrm{n}}\sin\alpha$$

应用合力矩定理

$$\begin{aligned}\sum M_O(\boldsymbol{F})&=\sum M_O(\boldsymbol{F}_{\mathrm{t}})+\sum M_O(\boldsymbol{F}_{\mathrm{r}})\\&=-F\cos\alpha\,\frac{D}{2}+0\\&=-980\times\cos20°\times\frac{0.16}{2}\mathrm{N}\cdot\mathrm{m}\\&=-73.7\mathrm{N}\cdot\mathrm{m}\end{aligned}$$

2. 力偶和力偶矩

（1）力偶和力偶矩的概念　人们用两个手指旋转钥匙开门、拧动水龙头，驾驶员用两手转动方向盘等，这时在钥匙、水龙头和方向盘上都作用着一对等值、反向、作用线不在一条直线上的平行力，都能使物体产生转动。力学上把作用在同一物体上的等值、反向、不共线的两个平行力称为力偶，以符号（$\boldsymbol{F}$，$\boldsymbol{F}'$）表示。

力偶中两力所在的平面称为力偶作用面，两力作用线间的垂直距离称为力偶臂，以 d 表示，如图 1-37 所示。

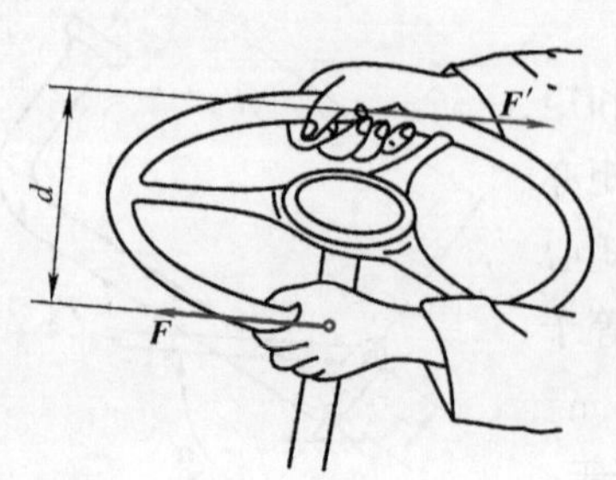

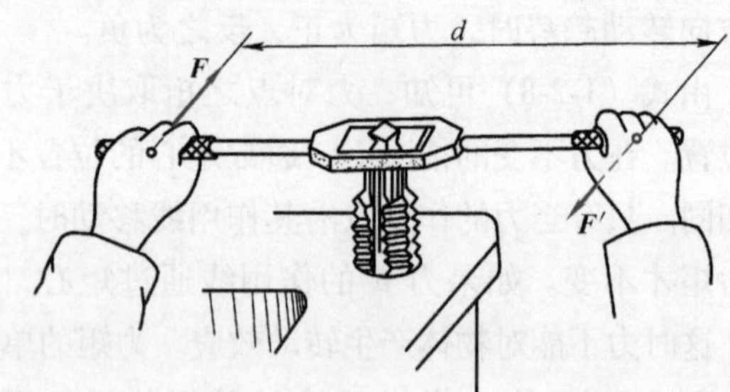

图 1-37　力偶

力偶使物体产生转动的效应，不仅与力偶中力的大小成正比，还与力偶臂 d 的大小成正比。因此，力学中用 F 与 d 的乘积来度量力偶，称为力偶矩，并以符号 M（$\boldsymbol{F}$，$\boldsymbol{F}'$）表示，简写为 M，即

$$M(\boldsymbol{F},\boldsymbol{F}')=M=\pm Fd \tag{1-2-10}$$

力偶矩正负的规定与力矩相同：力偶使物体产生逆时针方向转动趋势时，力偶矩取正号，反之取负号。力偶矩的单位为 N · m 或 N · mm。

（2）力偶的性质

1）力偶无合力，力偶不能用一个力来代替。由于组成力偶的两个力等值反向，它们在任一坐标轴上投影的代数和恒等于零，因此，力偶对物体只有转动效应而无移动效应。力偶不能合成为一个力，它不能用一个力来平衡，而只能和力偶平衡。力偶和力是组成力系的两个基本物理量。

2）力偶对其作用面上任意点之矩恒等于力偶矩，而与矩心的位置无关。这说明力偶使刚体对其作用平面内任意一点的转动效应是相同的。

3）同平面内的两个力偶，如果力偶矩大小相等，力偶转向相同，则两力偶等效。根据力偶的等效性，可以得出两个推论：

① 力偶在其作用面内可以任意移转，转动效应与它在作用面内的位置无关。

② 在保持力偶矩大小和力偶转向不变的情况下，可任意改变力偶中力的大小和力偶臂的长短，而不改变它对物体的转动效应。

因此，力偶可用力和力偶臂来表示，也可直接用力偶矩来表示，即用带箭头的弧线表示，将力偶矩值标注出来，箭头的转向表示力偶的转向，如图 1-38 所示。

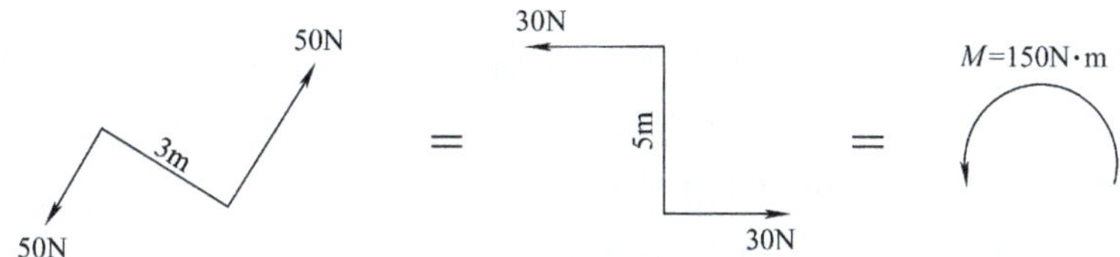

图 1-38　力偶的表示

3. 平面力偶系的合成与平衡

（1）平面力偶系的合成　在同一平面内，由若干个力偶所组成的力偶系称为平面力偶系。设在一物体的同一平面内有两个力偶，（$\boldsymbol{F}_1$，$\boldsymbol{F}_1'$）和（$\boldsymbol{F}_2$，$\boldsymbol{F}_2'$），力偶臂分别为 d_1 和 d_2，力偶矩分别为 M_1、M_2，如图 1-39a 所示。于是有：$M_1=F_1d_1$，$M_2=F_2d_2$。

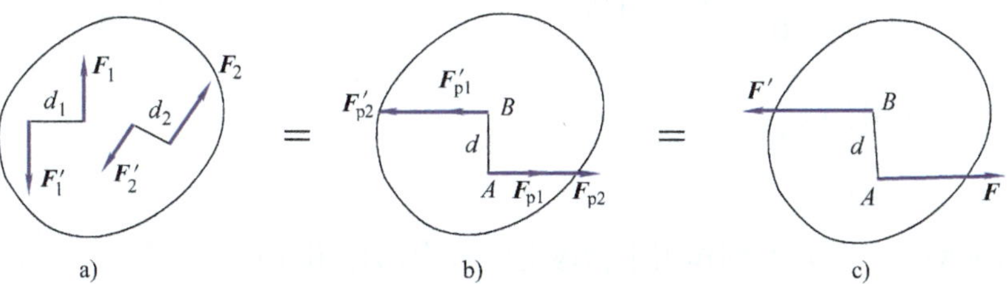

图 1-39　平面力偶系的合成

现求其合成结果。在力偶作用面内任取一线段 $AB=d$，根据力偶的等效性推论，在不改变力偶矩 M_1 和 M_2 的条件下，将它们的力偶臂都改为 d，于是得到与原力偶等效的两个力偶（$\boldsymbol{F}_{p1}$，$\boldsymbol{F}'_{p1}$）和（$\boldsymbol{F}_{p2}$，$\boldsymbol{F}'_{p2}$）。$\boldsymbol{F}_{p1}$ 和 $\boldsymbol{F}_{p2}$ 的大小可由下列等式算出

$$M_1=F_{p1}d$$

$$M_2=F_{p2}d$$

再根据力偶的可移性，将 M_1 和 M_2 在力偶作用面内移转，将它们的力偶臂与 AB 重合，如图 1-39b 所示。于是，在 A 点和 B 点各得一组共线力系，其合力为 $\boldsymbol{F}$ 和 $\boldsymbol{F}'$，如图 1-39c 所示，其大小为

$$F=F'=F_{p1}+F_{p2}$$

$\boldsymbol{F}$ 和 $\boldsymbol{F}'$等值、反向、相互平行，力 $\boldsymbol{F}$ 和 $\boldsymbol{F}'$ 组成一个新力偶（$\boldsymbol{F}$，$\boldsymbol{F}'$），即为两个已知力偶的合力偶，其力偶矩为

$$M=Fd=F_{p1}d+F_{p2}d=M_1+M_2$$

同样地，若作用在同一平面内有 n 个力偶，则其合力偶矩应为

$$M=M_1+M_2+\cdots+M_n \tag{1-2-11}$$

力矩和力偶

即平面力偶系可以合成为一个合力偶，合力偶矩等于各分力偶矩的代数和。

（2）平面力偶系的平衡　平面力偶系的合成结果是一个合力偶，要使力偶系平衡，则合力偶矩必须等于零，即

$$\sum M_i=0 \tag{1-2-12}$$

平面力偶系平衡的充要条件是：力偶系中各力偶矩的代数和等于零。

例 1-2-8　图 1-40 所示的电动机轴通过联轴器与工作轴相连接，联轴器上四个螺栓 A、B、C、D 的孔心均匀分布在一直径为 0.15m 的圆周上，电动机传给联轴器的力偶矩 M 为 2.5kN · m，试求每个螺栓所受的力的大小。

解：取联轴器为研究对象。作用于联轴器上的力有 M 和四个螺栓的反力，方向如图 1-40 所示。现假设四个螺栓受力均匀，即 $F_1=F_2=F_3=F_4=F$，则它们组成两个力偶（$\boldsymbol{F}_1$，$\boldsymbol{F}_3$）和（$\boldsymbol{F}_2$，$\boldsymbol{F}_4$），并与 M 平衡。

$\sum M_i=0$　　$M-F\times AC-F\times BD=0$

$$AC=BD=0.15\text{m}$$

$$F=\frac{M}{2AC}=\frac{2.5}{0.3}\text{kN}=8.33\text{kN}$$

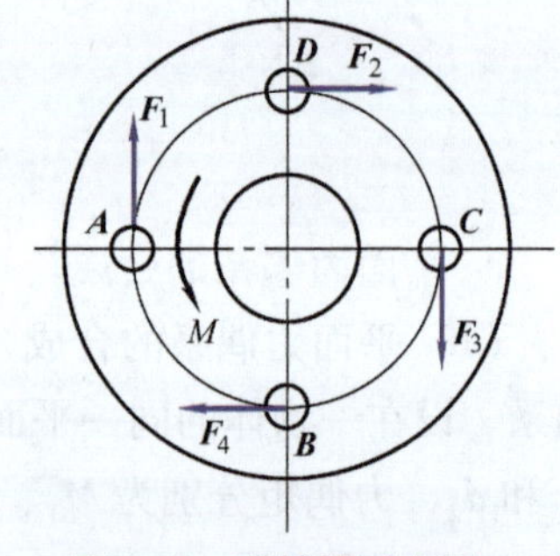

图 1-40　联轴器受力图

四、平面一般力系

1. 力的平移定理

在工程实际中，经常遇到作用于物体上的各力的作用线在同一平面内，既不汇交于一点，也不平行，该力系称为平面一般力系（也称为平面任意力系）。平面一般力系是工程实际中最常见的一种力系。图 1-41a 所示为简易吊车，其横梁的受力情况就属于平

面一般力系（图1-41b）。前面介绍的平面汇交力系和平面力偶系是平面一般力系的特殊情况。

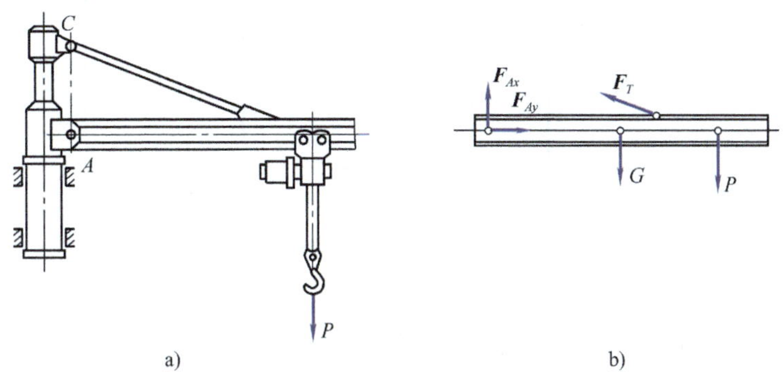

图1-41 简易吊车及平面一般力系

作用于刚体上的力 $\boldsymbol{F}$ 可以平行移动到任一点，但必须同时附加一个力偶，其力偶矩 M 等于原来的力 $\boldsymbol{F}$ 对新作用点之矩。

图1-42a中力 $\boldsymbol{F}$ 作用于刚体的 A 点，在刚体上任取一点 O，并在 O 点加上等值、反向的力 $\boldsymbol{F}'$ 和 $\boldsymbol{F}''$，使它们与力 $\boldsymbol{F}$ 平行，且 $F'=F''=F$（图1-42b）。显然，三个力 $\boldsymbol{F}$、$\boldsymbol{F}'$、$\boldsymbol{F}''$ 组成的新力系与原来的一个力 $\boldsymbol{F}$ 等效，但这三个力可看作是一个作用点在 O 的力 $\boldsymbol{F}'$ 和一个力偶（$\boldsymbol{F}$，$\boldsymbol{F}''$）。这样，原来作用在 A 点的力 $\boldsymbol{F}$，被一个作用在 O 点的力 $\boldsymbol{F}'$ 和一个力偶（$\boldsymbol{F}$，$\boldsymbol{F}''$）等效替换。这就是说，可以把作用于 A 点上的力 $\boldsymbol{F}$ 平行移到另一点 O，但必须同时附加一个力偶（图1-42c）。

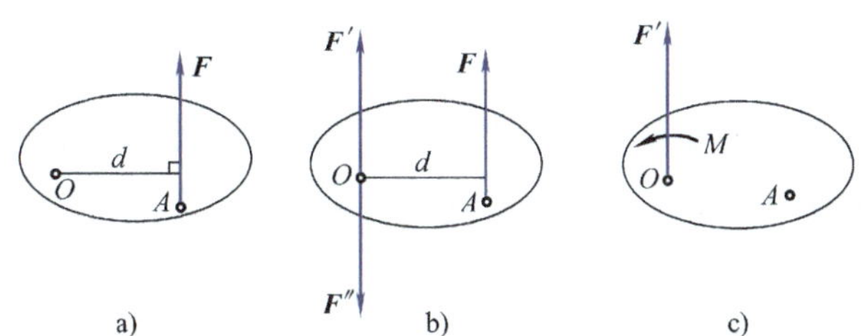

图1-42 力的平移定理

附加力偶的力偶矩为 $M=Fd$，其中 d 为附加力偶的力偶臂。由图可见，d 就是 O 点到力 $\boldsymbol{F}$ 作用线的垂直距离。因此，Fd 也等于力 $\boldsymbol{F}$ 对 O 点的矩，即

$$M_O(\boldsymbol{F})=Fd \tag{1-2-13}$$

因此

$$M=M_O(\boldsymbol{F})$$

2. 平面一般力系的简化

设在刚体上作用有平面一般力系（$\boldsymbol{F}_1$，$\boldsymbol{F}_2$，…，$\boldsymbol{F}_n$），如图1-43a所示。在力系平面内任取一点 O，称为简化中心。根据力的平移定理，可将各力都向 O 点平移，得到一个平面汇交力系（$\boldsymbol{F}_1'$，$\boldsymbol{F}_2'$，…，$\boldsymbol{F}_n'$）和一个附加平面力偶系（M_1，M_2，…，M_n），如图1-43b所示。

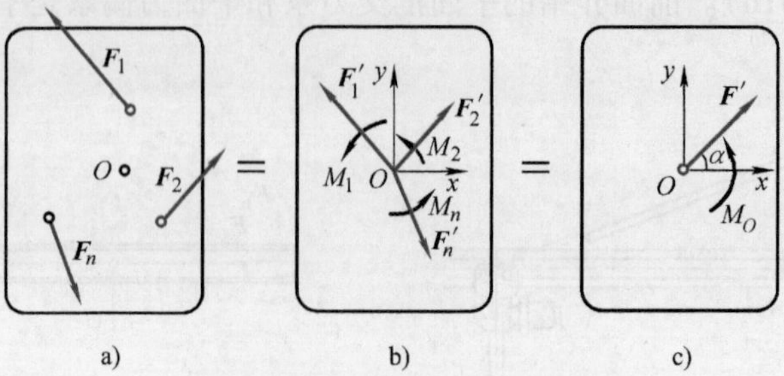

图 1-43　平面一般力系的简化

所得的平面汇交力系可以合成为一个作用于 O 点的合矢量 $\boldsymbol{F}'$，合矢量 $\boldsymbol{F}'$ 称为原力系的主矢。取坐标系 Oxy，可得出主矢 $\boldsymbol{F}'$ 的大小和方向分别为

$$\left.\begin{aligned} F' &= \sqrt{\sum F_x^2 + \sum F_y^2} \\ \tan\alpha &= \left| \sum F_y / \sum F_x \right| \end{aligned}\right\} \tag{1-2-14}$$

式中　α——主矢与 x 轴间所夹锐角。

所得的附加平面力偶系可以合成为一个合力偶，其力偶矩用 M_O 表示，如图 1-43c 所示。则

$$M_O = \sum M = \sum M_O(\boldsymbol{F}) \tag{1-2-15}$$

力偶矩 M_O 称为原力系对简化中心 O 的主矩。

综上所述，可得如下结论：平面一般力系向平面内任意一点简化，一般可以得到一个作用在简化中心的主矢和一个作用于原平面的主矩。主矢等于原力系各力的矢量和，主矩等于原力系各力对简化中心之矩的代数和。

由于主矢等于各力的矢量和，它与简化中心的位置无关；而主矩的大小和转向随简化中心位置的改变而改变。因此，对于主矩必须标明简化中心，符号中的下标就表示其简化中心为 O。

3. 平面一般力系的平衡

若主矢和主矩都等于零，则说明这一平面一般力系是平衡力系；反之，若平面一般力系是平衡力系，则它向任意点简化的主矢、主矩必同时为零。所以，平面一般力系平衡的充要条件为：力系的主矢及力系对任一点的主矩均为零，即

$$\left.\begin{aligned} F_R' &= \sqrt{(\sum F_x)^2 + (\sum F_y)^2} = 0 \\ M_O &= \sum M_O(\boldsymbol{F}) = 0 \end{aligned}\right\} \tag{1-2-16}$$

由此得平面一般力系的平衡方程为

$$\left.\begin{aligned} \sum F_x &= 0 \\ \sum F_y &= 0 \\ \sum M_O(\boldsymbol{F}) &= 0 \end{aligned}\right\} \tag{1-2-17}$$

上式中前两个是投影式方程，后一个是力矩式方程。

用解析表达式表示平衡条件的方式不是唯一的。平衡方程式的形式还有二矩式和三矩式形式。

二矩式

$$\left.\begin{aligned}\sum F_x = 0\\ \sum M_A(\boldsymbol{F}) = 0\\ \sum M_B(\boldsymbol{F}) = 0\end{aligned}\right\} \tag{1-2-18}$$

三矩式

$$\left.\begin{aligned}\sum M_A(\boldsymbol{F}) = 0\\ \sum M_B(\boldsymbol{F}) = 0\\ \sum M_C(\boldsymbol{F}) = 0\end{aligned}\right\} \tag{1-2-19}$$

应用式（1-2-19）时，应注意 A、B、C 三点不能共线。

实际计算时，应用哪种形式的平衡方程，取决于计算是否简便，最好一个方程仅含一个未知量，矩心尽量取在较多未知力的汇交点上，坐标轴应尽量与较多的未知力垂直。

微课 1-6

平面一般力系的解算

例 1-2-9　一简易吊车如图 1-44 所示。横梁 AB 采用 No. 22a 工字钢，长 3m，$G=1\text{kN}$，作用于梁的中点 C，$\alpha=20°$，最大载荷 $P=10\text{kN}$。试计算图示位置时拉杆 DE 所受的拉力及销钉 A 的约束反力。

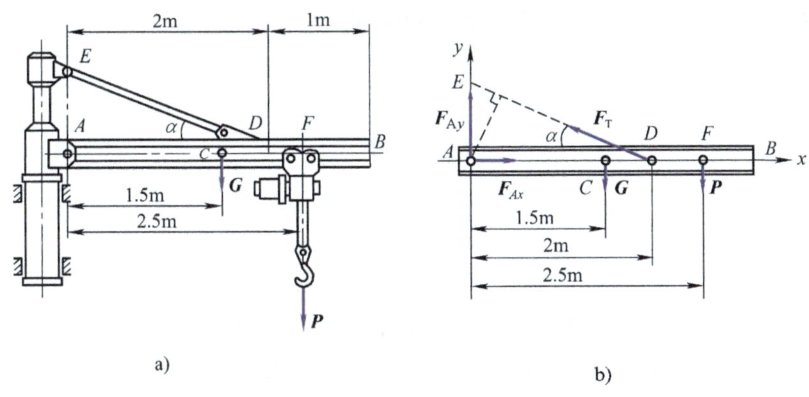

图 1-44　简易吊车及受力图

解： 1）取横梁 AB 为研究对象，作受力图如图 1-44b 所示。

2）取图示坐标系 Axy，并取 A 点为矩心，列出方程

$\sum F_x = 0$　　$F_{Ax} - F_T\cos\alpha = 0$

$\sum F_y = 0$　　$F_{Ay} + F_T\sin\alpha - G - P = 0$

$\sum M_O(\boldsymbol{F}) = 0$　　$F_T AD\sin\alpha - GAC - PAF = 0$

$$F_T = \frac{G \times AC + P \times AF}{AD\sin\alpha} = \frac{1 \times 1.5 + 10 \times 2.5}{2\sin20°}\text{kN} = 38.7\text{kN}$$

$$F_{Ax} = F_T\cos20° = 38.7\text{kN} \times \cos20° = 36.4\text{kN}$$

$$F_{Ay} = G + P - F_T\sin20° = (1 + 10 - 38.7\text{kN} \times \sin20°)\text{kN} = -2.24\text{kN}$$

负号说明与 $\boldsymbol{F}_{Ay}$ 的实际指向与图示方向相反。

例 1-2-10 梁 AB 一端固定、一端自由，如图 1-45a 所示。梁上作用有均布载荷，载荷集度为 q(kN/m)。在梁的自由端还受有集中力 $\boldsymbol{F}$ 和力偶矩为 M 的力偶作用，梁的长度为 l，试求固定端 A 处的约束反力。

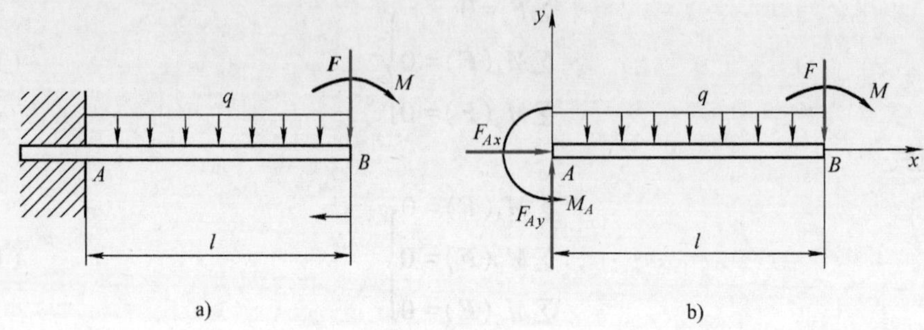

图 1-45 梁的受力

解：1）取梁 AB 为研究对象并画出受力图，如图 1-45b 所示。

2）列平衡方程并求解。注意均布载荷集度是单位长度上受的力，均布载荷简化结果为一合力，其大小等于 q 与均布载荷作用段长度的乘积，合力作用点在均布载荷作用段的中点。

$\sum \boldsymbol{F}_x=0$ $\qquad\qquad$ $\boldsymbol{F}_{Ax}=0$

$\sum \boldsymbol{F}_y=0$ $\qquad\qquad$ $\boldsymbol{F}_{Ay}-ql-\boldsymbol{F}=0$

$\sum M_A(\boldsymbol{F})=0$ $\qquad\qquad$ $M_A-ql\times l/2-F-M=0$

解得

$$\boldsymbol{F}_{Ax}=0$$

$$\boldsymbol{F}_{Ay}=ql+\boldsymbol{F}$$

$$M_A=-ql^2/2+F+M$$

五、空间力系

当力系中各力的作用线不在同一平面，而呈空间分布时，称为空间力系（图 1-46）。空间力系可分为空间汇交力系、空间平行力系及空间一般力系。

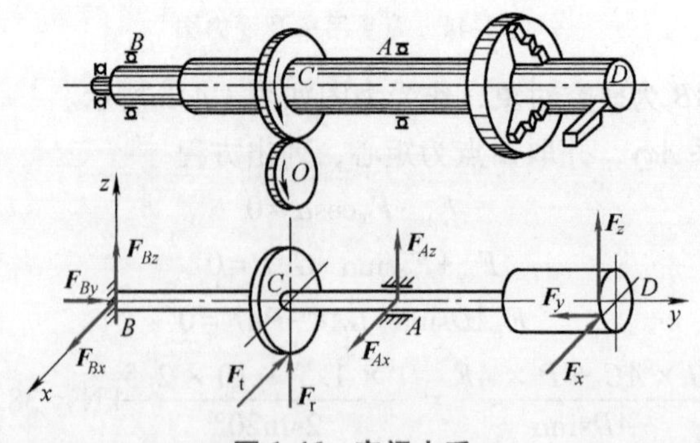

图 1-46 空间力系

1. 力在空间直角坐标轴上的投影

在平面力系中，常将作用于物体上某点的力向坐标轴 x、y 上投影。同理，在空间力系中，也可将作用于空间某一点的力向坐标轴 x、y、z 上投影。具体有以下两种情况。

（1）直接投影 若一力 $\boldsymbol{F}$ 的作用线与 x、y、z 轴对应的夹角已经给定，如图 1-47a 所示，则可直接将力 $\boldsymbol{F}$ 向三个坐标轴投影，得

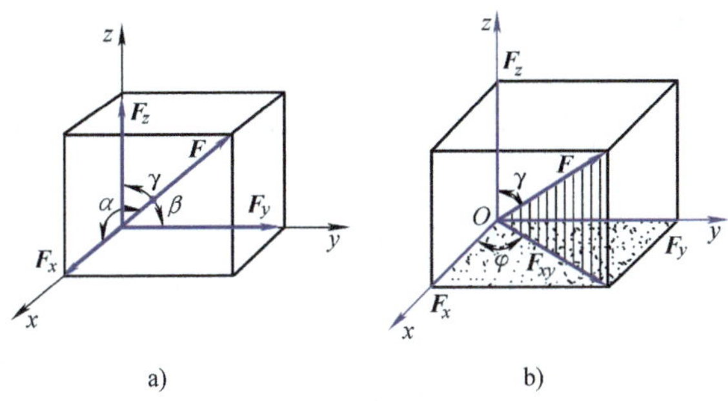

图 1-47 力在空间直角坐标轴上的投影

$$\left.\begin{aligned}F_x&=F\cos\alpha\\F_y&=F\cos\beta\\F_z&=F\cos\gamma\end{aligned}\right\}\tag{1-2-20}$$

其中，α、β、γ 分别为力 $\boldsymbol{F}$ 与 x、y、z 三坐标轴间的夹角。

（2）二次投影 当力 $\boldsymbol{F}$ 与 x、y 坐标轴间的夹角不易确定时，可先将力 $\boldsymbol{F}$ 投影到坐标平面 Oxy 上，得一力 $\boldsymbol{F}_{xy}$，进一步再将 $\boldsymbol{F}_{xy}$ 向 x、y 轴上投影，如图 1-47b 所示。若 γ 为力 $\boldsymbol{F}$ 与 z 轴间的夹角，φ 为 $\boldsymbol{F}_{xy}$ 与 x 轴间的夹角，则力 $\boldsymbol{F}$ 在三个坐标轴上的投影为

$$\left.\begin{aligned}F_x&=F_{xy}\cos\varphi=F\sin\gamma\cos\varphi\\F_y&=F_{xy}\sin\varphi=F\sin\gamma\sin\varphi\\F_z&=F\cos\gamma\end{aligned}\right\}\tag{1-2-21}$$

例 1-2-11 已知圆柱斜齿轮所受的啮合力 $F_n=1410\text{N}$，齿轮压力角 $\alpha=20°$，螺旋角 $\beta=25°$（图 1-48）。试计算圆柱斜齿轮所受的圆周力 $\boldsymbol{F}_t$、轴向力 $\boldsymbol{F}_a$ 和径向力 $\boldsymbol{F}_r$。

解： 取坐标系如图 1-48a 所示，使 x、y、z 分别沿齿轮的轴向、圆周的切线方向和径向。先把啮合力 $\boldsymbol{F}_n$ 向 z 轴和坐标平面 Oxy 投影，得

$$F_z=-F_r=-F_n\sin\alpha=-1410\text{N}\times\sin20°=-482\text{N}$$

$\boldsymbol{F}_n$ 在 Oxy 平面上的分力 $\boldsymbol{F}_{xy}$ 为

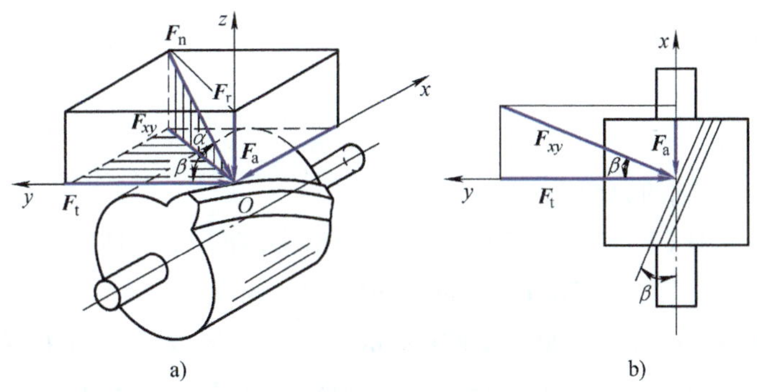

图 1-48 圆柱斜齿轮受力图

$$F_{xy}=F_{n}\cos\alpha=1410\text{N}\times\cos20^{\circ}=1325\text{N}$$

然后再把 $\boldsymbol{F}_{xy}$ 投影到 x、y 轴（图 1-48b），得

$$F_{x}=-F_{a}=-F_{xy}\sin\beta=-F_{n}\cos\alpha\sin\beta=-1410\text{N}\times\cos20^{\circ}\times\sin25^{\circ}=-560\text{N}$$

$$F_{y}=-F_{t}=-F_{xy}\cos\beta=-F_{n}\cos\alpha\cos\beta=-1410\text{N}\times\cos20^{\circ}\times\cos25^{\circ}=-1201\text{N}$$

2. 力对轴之矩与合力矩定理

（1）力对轴之矩　$\boldsymbol{F}_{xy}$ 对 O 点之矩，就可以用来度量力 $\boldsymbol{F}$ 使门绕 z 轴转动的效应（图 1-49a），记作

$$M_{z}(\boldsymbol{F})=M_{O}(\boldsymbol{F}_{xy})=\pm F_{xy}d \tag{1-2-22}$$

力对轴之矩在轴上的投影是代数量，其值等于此力在垂直于该轴平面上的投影对该轴与此平面的交点之矩。力矩的正负代表其转动作用的方向。当从 z 轴正向看，逆时针方向转动为正，顺时针方向转动为负（或用右手法则确定其正负）。力对轴之矩的单位是 N·m。

（2）合力矩定理　设有一空间力系 $\boldsymbol{F}_1$，$\boldsymbol{F}_2$，…，$\boldsymbol{F}_n$，其合力为 $\boldsymbol{F}_\text{R}$，则合力 $\boldsymbol{F}_\text{R}$ 对某轴之矩等于各分力对同轴力矩的代数和。

$$M_{z}(\boldsymbol{F}_\text{R})=\sum M_{z}(\boldsymbol{F}) \tag{1-2-23}$$

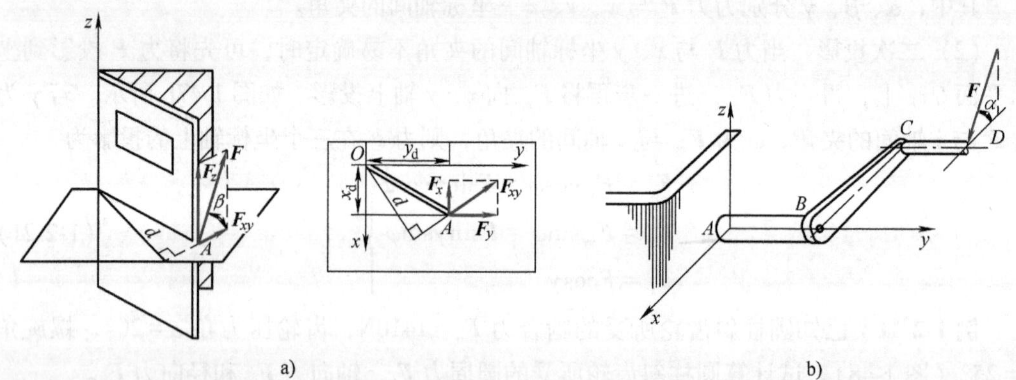

图 1-49　力对轴之矩

例 1-2-12　计算图 1-49b 所示手摇曲柄上 $\boldsymbol{F}$ 对 x、y、z 轴之矩。已知 $\boldsymbol{F}$ 为平行于 xz 平面的力，$F=100\text{N}$，$\alpha=60^{\circ}$，$AB=20\text{cm}$，$BC=40\text{cm}$，$CD=15\text{cm}$，A、B、C、D 处于同一水平面上。

解： 力 $\boldsymbol{F}$ 在 x 和 z 轴上的投影为

$$F_{x}=F\cos\alpha$$

$$F_{z}=-F\sin\alpha$$

$\boldsymbol{F}$ 对 x、y、z 各轴的力矩为

$$M_{x}(\boldsymbol{F})=-F_{z}(AB+CD)=-100\text{N}\times\sin60^{\circ}\times(20+15)\text{cm}$$
$$=-3031\text{N}\cdot\text{cm}=-30.31\text{N}\cdot\text{m}$$

$$M_{y}(\boldsymbol{F})=-F_{z}BC=-100\text{N}\times\sin60^{\circ}\times40\text{cm}=-3464\text{N}\cdot\text{cm}=-34.64\text{N}\cdot\text{m}$$

$$M_{z}(\boldsymbol{F})=-F_{x}(AB+CD)=-100\text{N}\times\cos60^{\circ}\times(20+15)\text{cm}$$
$$=-1750\text{N}\cdot\text{cm}=-17.5\text{N}\cdot\text{m}$$

3. 空间力系平衡的平面解法

（1）空间力系平衡方程　某物体上作用有一个空间一般力系 $\boldsymbol{F}_1$，$\boldsymbol{F}_2$，…，$\boldsymbol{F}_n$。空间一般力系的平衡方程为

$$\left.\begin{aligned}&\sum F_x=0,\sum F_y=0,\sum F_z=0\\&\sum M_x(\boldsymbol{F})=0,\sum M_y(\boldsymbol{F})=0,\sum M_z(\boldsymbol{F})=0\end{aligned}\right\}\qquad(1\text{-}2\text{-}24)$$

空间一般力系平衡的必要和充分条件为：各力在三个互相垂直的坐标轴上投影的代数和以及各力对三个互相垂直坐标轴之矩的代数和都必须分别等于零。

利用该六个独立平衡方程式，可以求解六个未知量。

空间力系的特殊情况：

1）空间汇交力系的平衡方程为

$$\sum F_x=0,\ \sum F_y=0,\ \sum F_z=0$$

2）空间平行力系的平衡方程为

$$\sum F_z=0,\sum M_x(\boldsymbol{F})=0,\ \sum M_y(\boldsymbol{F})=0$$

（2）空间力系的平面解法　空间力系平衡时，可以采用平面解法来解算空间问题。具体方法如下：

1）将空间力系中的力分别投影到三个平面上。

2）画出三个平面上构件的受力分析图，分别在三个平面上建立平面力系的平衡方程，求解未知量。

这种将空间问题转化为三个平面问题的研究方法，称为空间问题的平面解法。这种方法特别适用于受力较多的轴类构件的平衡问题。

微课 1-7

空间力系平衡的平面解法

任务实施

绘制压力机中曲柄滑块机构位于图 1-50 所示位置时（连杆 *AB* 与垂线夹角为 20°），连杆和滑块的受力图，并计算曲柄滑块机构中的滑块、连杆受力。参数和已知条件：冲头所受垂直向上阻力为 $\boldsymbol{F}$（公称力 350kN），忽略摩擦和物体自重。

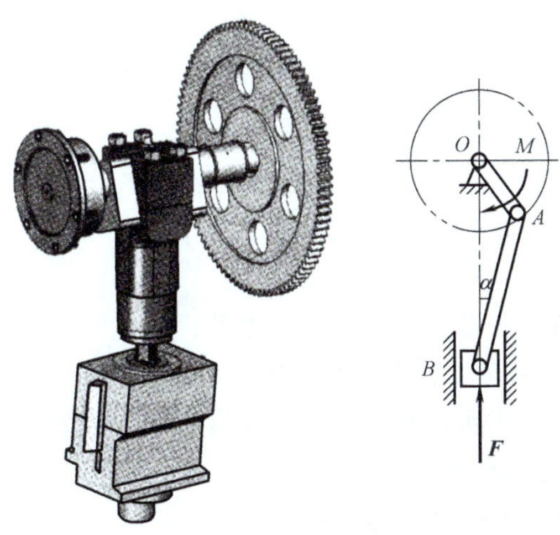

图 1-50　压力机曲柄滑块机构

按照下面的设计步骤完成任务，并将过程和结果填写在表 1-4 中。

表 1-4 绘制构件的受力图并解算力系

序号	设计步骤	具体内容	结果
1	绘制滑块、连杆受力图	分别取滑块（冲头）、连杆 AB 为分离体，画出各分离体受力图	
2	求解滑块、连杆受力	按照平面汇交力系解算方法，列出滑块受力平衡方程，求解滑块、连杆受力	

实践中常见问题解析

1）计算力对点的力矩，应注意力矩的正负号。沿逆时针方向的力矩为正，沿顺时针方向的力矩为负。

2）对构件进行受力分析时，首先应先判断其是否为二力构件。判断是否为二力构件，就看它是否只在两点处受力而处于平衡，若只在两点处受力且处于平衡状态，就可判断它是二力构件。若构件在多于两点处受力，则不是二力构件。

3）平面一般力系，列力矩平衡方程时，应选择合适的矩心，所列方程中尽量包含较少的未知数，这样可大大简化计算过程。

小 结

本学习任务分析了构件的受力和受力图的绘制，平面力系和空间力系合成与平衡问题的解算方法。通过本任务的学习，能够了解静力学基本概念和公理，掌握构件的受力分析和受力图的绘制方法，具有利用力系平衡条件解算平面力系和空间力系的能力。

1）静力学的基本概念和基本公理：力、力系、刚体、二力平衡公理、加减平衡力系公理、力的平行四边形法则、作用力与反作用力公理。

2）画受力图的步骤：①明确研究对象，画出分离体；②在分离体上画出全部主动力；③在分离体的约束处画出约束力。

3）平面汇交力系合成与平衡的几何法

①力系合成：将各分力矢量首尾相接，得到一开口的多边形，然后将第一个力矢量

$\boldsymbol{F}_1$ 的起点 A 和最后一个力矢量 $\boldsymbol{F}_n$ 的终点相连，作出多边形的封闭边，所得矢量就代表该力系合力 $\sum \boldsymbol{F}$ 的大小和方向。

② 力系平衡：力系中各力组成的力多边形自行封闭。

4）平面汇交力系合成与平衡的解析法

① 力系合成：合力大小和方向为

$$\left.\begin{aligned}\sum F &= \sqrt{\sum F_x^2 + \sum F_y^2}\\ \tan\alpha &= \left|\sum F_y / \sum F_x\right|\end{aligned}\right\}$$

② 力系平衡：平衡方程为

$$\left.\begin{aligned}\sum F_x &= 0\\ \sum F_y &= 0\end{aligned}\right\}$$

5）力对点的矩：$M_O(\boldsymbol{F}) = \pm Fd$。

6）力偶矩：$M(\boldsymbol{F}, \boldsymbol{F}') = M = \pm Fd$。

7）平面一般力系的平衡方程为

$$\left.\begin{aligned}\sum F_x &= 0\\ \sum F_y &= 0\\ \sum M_O(F) &= 0\end{aligned}\right\}$$

拓展训练

训练项目：减速器输入轴的受力分析

训练目的：

- 掌握构件受力分析方法。
- 掌握空间力系的平面解法。

训练要点：

- 能够分析减速器输出轴的受力情况。
- 掌握空间力系和平面力系的解算方法。
- 培养学生独立分析和解决问题的能力。

设备和工具：

计算器。

预习要求：

预习转轴的受力分析，绘制减速器输出轴的受力图，预习空间力系的平面解法。

训练题目：

减速器输出轴如图1-51所示，以 A、B 两轴承支承。轴上圆柱直齿轮的分度圆直径 $d=17.3\text{mm}$，压力角 $\alpha=20°$，在法兰盘上作用一力偶，其力偶矩 $M=1030\text{N}\cdot\text{m}$。如轮轴自重和摩擦不计，求传动轴匀速转动时 A、B 两轴承的反力及齿轮所受的啮合力 $\boldsymbol{F}$。

分析：减速器输出轴的受力属于空间力系，将空间力系转化为平面力系，利用空间力系的平面解法来解算。

1）取整个轴为研究对象。设 A、B 两轴承的反力分别为 $\boldsymbol{F}_{Ax}$、$\boldsymbol{F}_{Az}$、$\boldsymbol{F}_{Bx}$、$\boldsymbol{F}_{Bz}$，并沿 x、z 轴的正向，此外还有力偶 M 和齿轮所受的啮合力 $\boldsymbol{F}$，这些力构成空间一般力系。

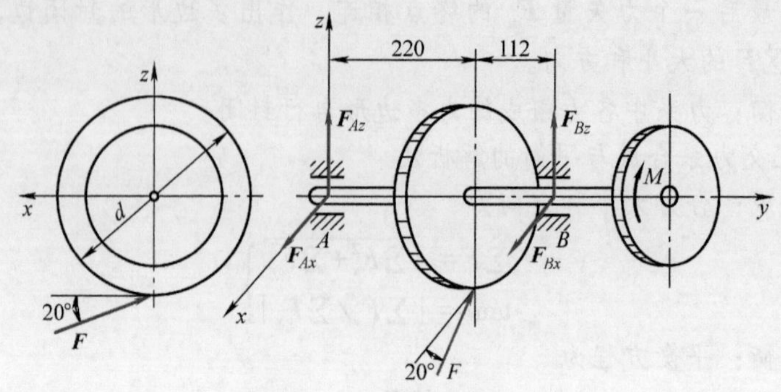

图 1-51　减速器输出轴

2）取坐标轴如图所示，将 $\boldsymbol{F}$ 分解，得

$$F_x = F\cos 20° \qquad F_z = F\sin 20°$$

$\boldsymbol{F}_x$ 平移到轴心，可得一力偶，其力偶矩等于 $F_x d/2$

3）列 Axy 平面的平衡方程

$\sum F_x = 0$　　　　$F_x - F_{Ax} - F_{Bx} = 0$

$\sum M_A(\boldsymbol{F}) = 0$　　　　$-F_x \times 220 + F_{Bx} \times 332 = 0$

4）列 Ayz 平面的平衡方程

$\sum F_z = 0$　　　　$F_z + F_{Az} + F_{Bz} = 0$

$\sum M_A(\boldsymbol{F}) = 0$　　　　$-F_z \times 220 - F_{Bz} \times 332 = 0$

5）列 Axz 平面的平衡方程　　$F_x \times d/2 = M$

联立求解以上各式得

$F = 126.7\text{kN}$，$F_{Ax} = 40.2\text{kN}$，$F_{Az} = -14.6\text{kN}$，$F_{Bx} = 78.9\text{kN}$，$F_{Bz} = -28.7\text{kN}$。

F_{Az}、F_{Bz} 结果为负值，说明实际方向与图示方向相反。

训练小结：

减速器输出轴在受力特点方面属于转轴，对减速器输出轴进行受力分析是后续课程中进行轴的设计的基础。减速器输出轴的受力情况属于空间力系，空间力系的解算采用的方法是空间力系的平面解法，即将空间力系中的力分别投影到三个平面上，分别画出三个平面上构件的受力分析图，然后分别在三个平面上建立平面力系的平衡方程，即可求解未知量。

• 思考与练习 •

一、判断题

1-2-1　由力的可传性可知，力可以沿其作用线在不同构件上进行传递。

1-2-2　刚体是指在力的作用下不变形的物体。

1-2-3　二力杆是指只在两处受力的杆。

1-2-4　作用力和反作用力是作用在两个不同物体上的，因而是平衡力系。

1-2-5　力偶可以与力平衡。

二、简答题

1-2-6 “二力平衡公理”和“作用力与反作用力公理”的主要区别在哪里？

1-2-7 “力系的合力一定大于分力”，这种说法正确吗？

1-2-8 什么情况下力在坐标轴上的投影等于零？什么情况下力对点之矩等于零？

1-2-9 力的三要素是什么？

1-2-10 作用在物体上的主动力都包括什么？

三、训练题

1-2-11 指出图1-52中物体所受之力，哪几个是平衡力，哪几个是作用力和反作用力？

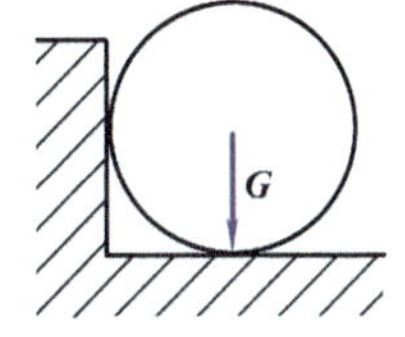

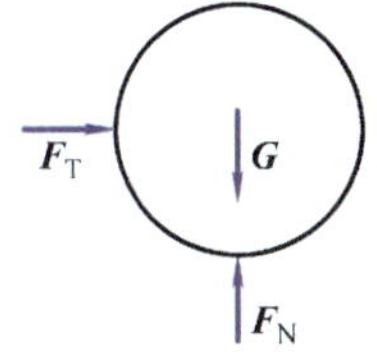

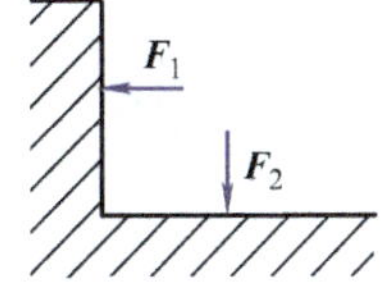

图1-52 题1-2-11图

1-2-12 分别画出图1-53中球的受力图。

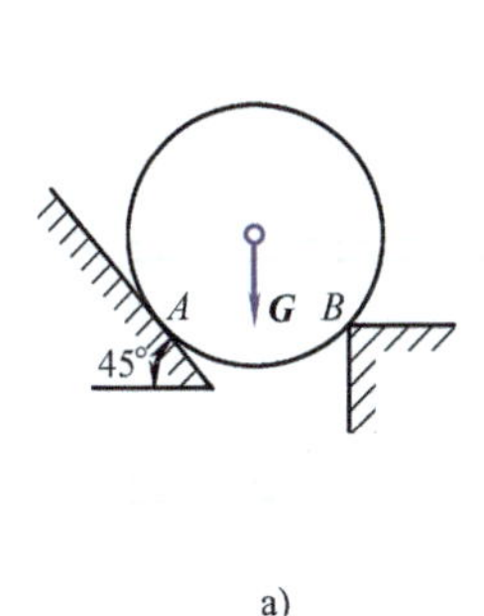

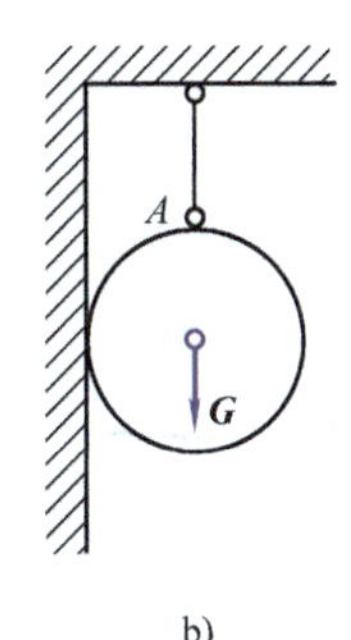

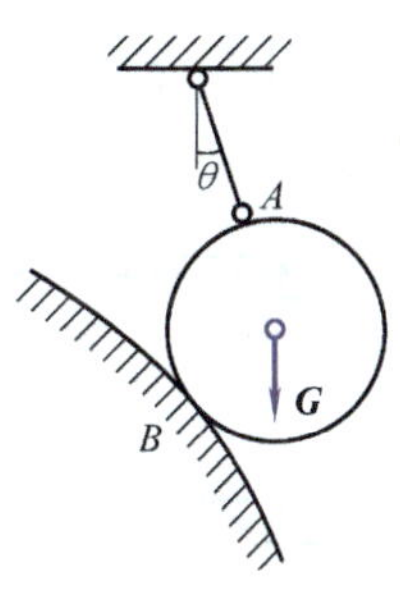

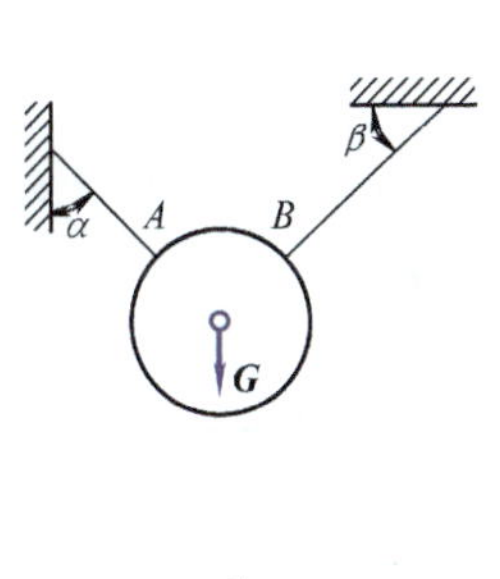

图1-53 题1-2-12图

1-2-13 画出图1-54中杆*AB*的受力图。

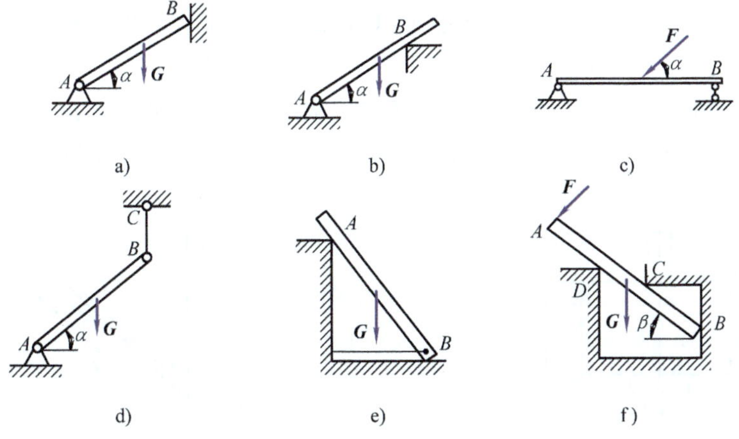

图1-54 题1-2-13图

1-2-14　请改正图1-55中所画物体受力图的错误。

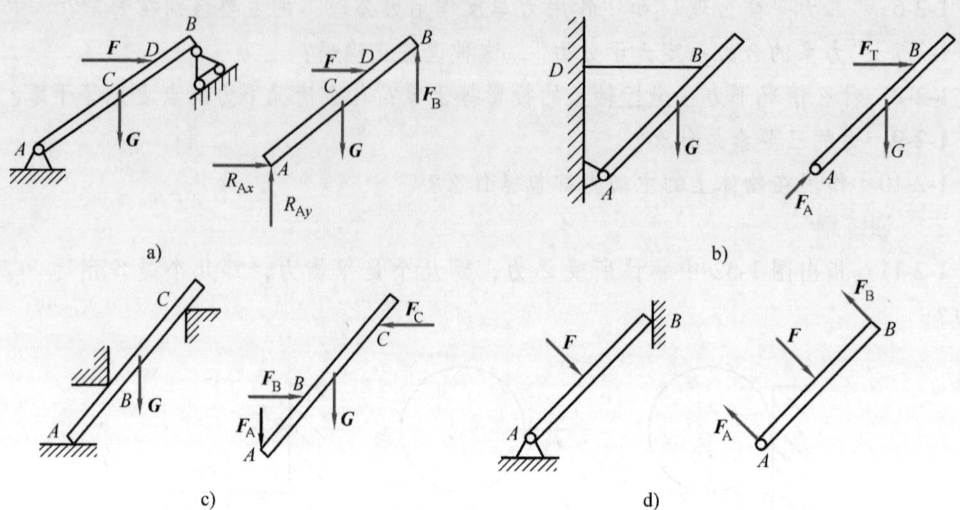

图1-55　题1-2-14图

1-2-15　物体用两根绳索悬挂，如图1-56所示，物体的重力为10kN。试求绳索的拉力。

1-2-16　求图1-57中各力对O点的矩。

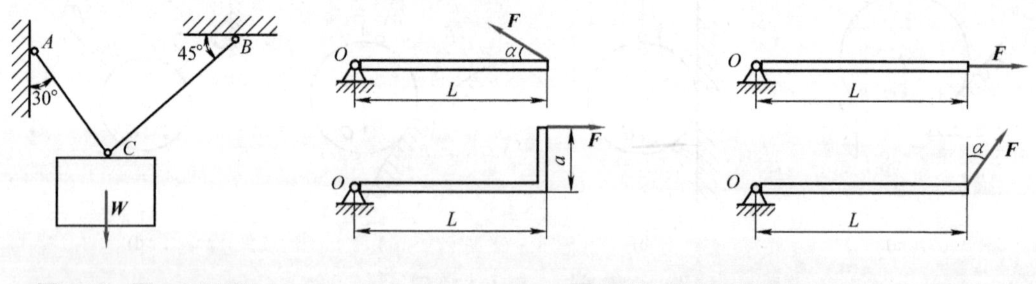

图1-56　题1-2-15图　　图1-57　题1-2-16图

1-2-17　如图1-58所示，冲头在冲压工件时受作用力$P=100$kN，由于工件偏置使冲头受力偏心，发生偏斜。偏心距$e=10$mm，冲头高$h=200$mm。试求导轨所受的侧压力。

1-2-18　如图1-59所示，直杆AB重100N，长$L=2$m，A端用铰链成45°角连接在墙上，C点用绳索拉住，B端受力$P=200$N。试求绳索的拉力和铰链A的反力。

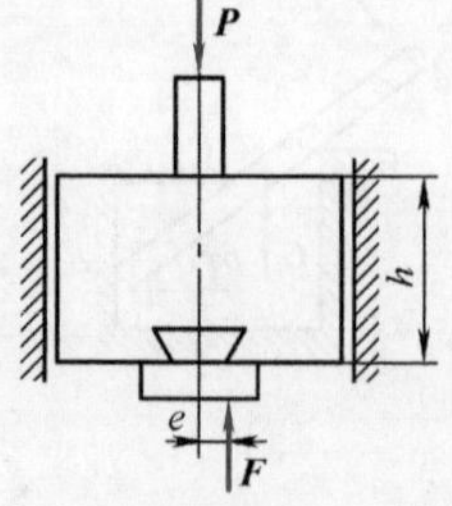

图1-58　题1-2-17图

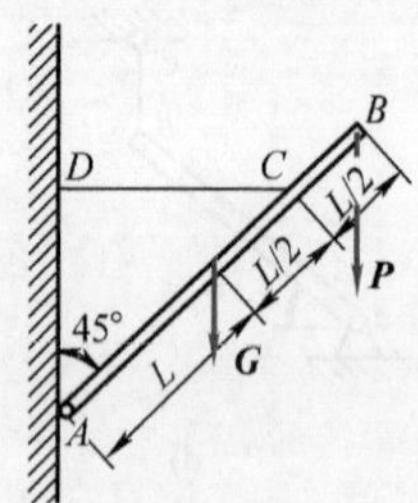

图1-59　题1-2-18图

1-2-19　求图1-60中支座 A、B 的约束反力。

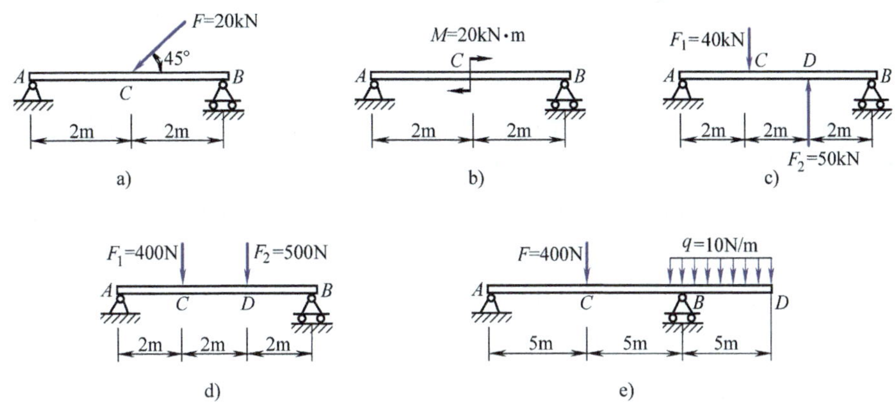

图1-60　题1-2-19图

任务1.3　平面连杆机构的设计与选用

任务目标

1）能够正确绘制平面机构运动简图，计算平面机构自由度。

2）能够正确分析平面连杆机构的类型、应用和工作特性。

3）能够根据实际工作条件设计典型平面连杆机构。

4）能够在完成任务过程中做到勤于思考、精益求精。

5）培养严谨认真的工作态度。

6）培养机械设计创新思维、团队合作意识和爱国主义精神。

任务描述

图1-61　压力机曲柄滑块机构

设计压力机中的连杆机构（曲柄滑块机构）。主要参数和要求：压力机中冲压机构采用曲柄滑块机构，如图1-61所示。压力机冲压机构的冲头做上下往复直线运动，具有快速下沉、等速工作进给和快速返回的特性。行程速比系数 $k=1.5$，上模行程 $H=130$mm，行程次数58次/min，偏心距 $e=100$mm，用作图法设计曲柄滑块机构。

任务分析

压力机曲柄滑块机构是压力机中的运动机构，属于平面连杆机构，是机器中一种常用的机构。平面连杆机构结构简单、工作可靠，能满足多种运动规律和运动轨迹的要求，接触压强小，便于润滑，磨损小，因此得到广泛应用。通过压力机曲柄滑块机构的工作分析与设计，完成以下具体任务：

1）绘制与识读平面机构运动简图，计算机构的自由度。

2）分析平面连杆机构的类型和工作特性。

3）设计压力机曲柄滑块机构。

相关知识

人物故事——燕山大学黄真教授的机构学成就

先来了解一位为我国机构学发展做出巨大贡献和成就的人——燕山大学的黄真教授（图1-62）。他是我国最早从事并联机器人研究的学者，在国际上也是最早的几位知名学者之一。他的贡献主要有：建立了并联机器人机构学系统理论；解决了国际上争论了150年的统一通用的自由度原理与公式；首创并联机构的通用综合原理。黄真教授获得IFToMM（国际机构学与机器科学联合会）卓越成就奖。从黄真教授身上体现出中国老一辈机械专家的责任担当和工匠精神，我们要学习发扬他们精益求精的工匠精神，继承他们勇于担当的爱国情怀。

图1-62　黄真教授

一、平面机构的结构分析

1. 运动副及其分类

机械是由多个机构所组成的。平面机构是指组成机构的所有构件都在同一平面或平行平面中运动的机构；空间机构是指组成机构的某些构件在非平行平面中运动的机构。本任务主要讨论平面机构。因构件是靠运动副连接的，所以讨论平面机构首先要研究运动副。一个做平面运动的自由构件具有三个独立运动，如图 1-63 所示，在 Oxy 坐标系中，构件可随其上任意一点 A 沿 x 轴、y 轴方向移动和绕 A 点转动。这种构件相对于参考系所具有的独立运动的数目称为构件的自由度。所以一个做平面运动的自由构件有三个自由度。

机构是由多个构件组成的，机构的每个构件都以一定的方式与其他构件相互连接。这种使两构件直接接触并能产生一定相对运动的连接称为运动副。例如，轴与轴承的连接、活塞与气缸的连接、车轮与钢轨以及一对传动齿轮两个轮齿间的啮合等都构成了运动副。两个构件通过运动副连接以后，其独立运动受到约束，自由度便随之减少。

两构件组成的运动副，是通过点、线或面的接触来实现的。按两构件间的接触特性，平面运动副通常可分为低副和高副两类。

（1）低副　两构件通过面接触组成的运动副称为低副。平面机构中的低副有转动副和移动副两种。

1）转动副。组成运动副的两个构件只能在一个平面内相对转动，这种运动副称为转动副，如图 1-64a 所示。

2）移动副。组成运动副的两构件只能沿某一轴线相对移动，这种运动副称为移动副，如图 1-64b 所示。

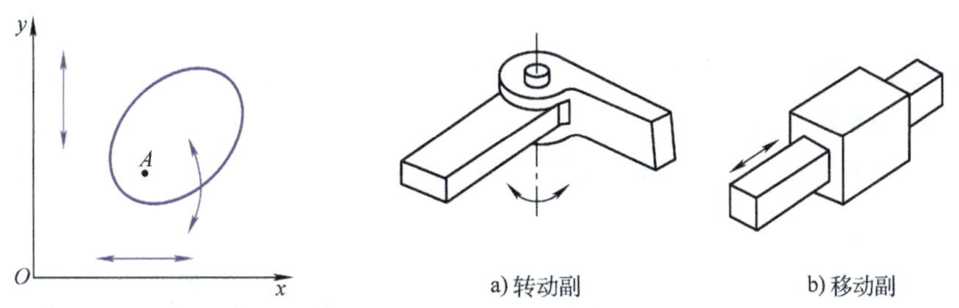

图 1-63　平面运动刚体的自由度　　图 1-64　平面低副

（2）高副　两构件通过点或线接触组成的运动副称为高副。图 1-65a 中的轮齿 1 与轮齿 2 在接触处 A 组成高副，图 1-65b 中的凸轮 1 与从运动件 2、图 1-65c 中的车轮 2 与钢轨 1，分别组成高副。

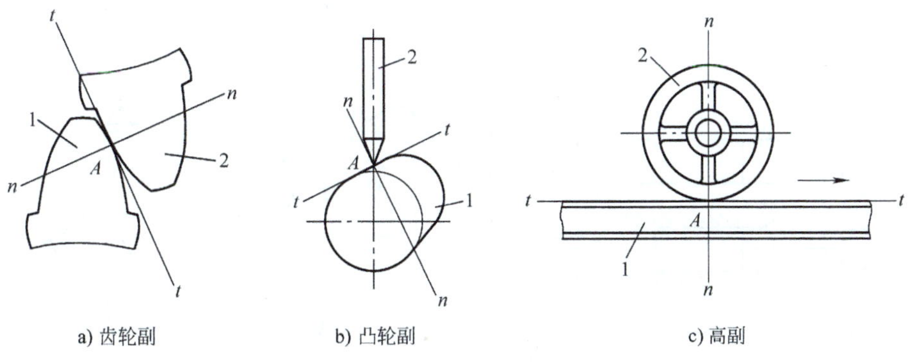

图 1-65　平面高副

组成平面高副的两构件间的相对运动是沿接触处切线 t-t 方向的相对移动和在平面内的相对转动。

此外，机械中常用的运动副还有球面副，如图 1-66a 所示；螺旋副，如图 1-66b 所示。这些运动副的两构件间的相对运动是空间运动，故属于空间运动副。

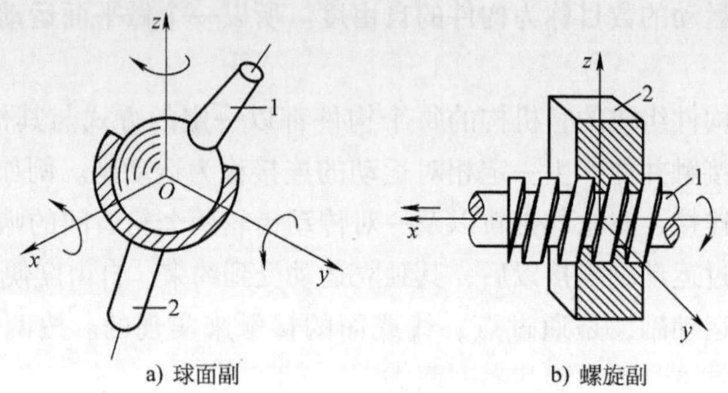

图 1-66　空间运动副

2. 平面机构运动简图

（1）运动副和构件的表示　为了便于研究机构运动，可不考虑构件和运动副的实际结构，只考虑与运动有关的构件数目、运动副类型及相对位置。用简单线条和规定的符号表示构件和运动副，并按一定的比例确定运动副的相对位置及与运动有关的尺寸，这种能够表达机构的组成和各构件间相对真实运动关系的简单图形，称为机构运动简图。

实际中，有时不要求严格按比例尺绘制简图，只定性地表示机构的组成和运动原理的简图，称为机构示意图。

机构运动简图中运动副及构件的表示方法如图 1-67~图 1-69 所示。

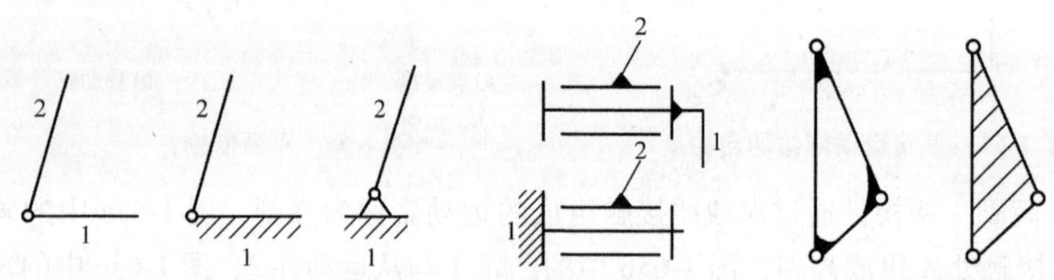

图 1-67　转动副的表示方法

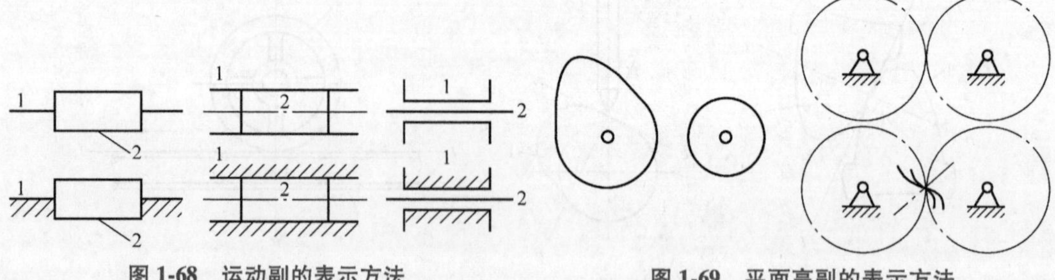

图 1-68　运动副的表示方法　　图 1-69　平面高副的表示方法

（2）平面机构运动简图的绘制

1）机构中构件的分类。

① 固定件（机架）是指机构中固定不动的构件，用来支承活动构件（运动构件）的构件，任何一个机构中必定有也只能有一个构件为机架。

② 原动件（主动件）是指机构中作用有驱动力或已知运动规律的构件，它的运动是由外界输入的，一般与机架相连。

③ 从动件是指机构中除原动件以外的所有活动构件。

2）运动简图的绘制步骤。

① 分析研究机构的组成及运动原理，确定机架、原动件和从动件。

② 由原动件开始，按照各构件之间运动传递路线，依次分析构件间的相对运动形式，确定运动副的类型和数目。

③ 选择适当的视图平面，以便清楚地表达各构件间的运动关系。平面机构通常选择与构件运动平行的平面作为投影面。

④ 选择适当的比例尺 $\mu_l=\dfrac{\text{构件实际尺寸}}{\text{构件图样尺寸}}$（单位：m/mm 或 mm/mm），按照各运动副间的距离和相对位置，以规定的线条和符号绘出运动简图。

例 1-3-1 绘制图 1-70a 所示的颚式破碎机主体机构的运动简图。

解：分析及绘制步骤。

1）确定构件的数目。颚式破碎机主体机构由机架 1、偏心轴 2（图 1-70b 所示）、动颚 3、肘板 4 共四个构件组成。机构运动由带轮 5 输入，带轮与偏心轴 2 固连成一体（属同一构件），绕 *A* 转动，故偏心轴 2 为原动件。其余为从动件。动颚 3 通过肘板 4 与机架相连，并在偏心轴 2 带动下做平面运动将矿石轧碎。

2）确定运动副的种类和数目。构成的运动副有偏心轴 2 与机架 1 构成转动副、偏心轴 2 与动颚 3 构成转动副、动颚 3 与肘板 4 构成转动副、肘板 4 与机架 1 构成转动副。

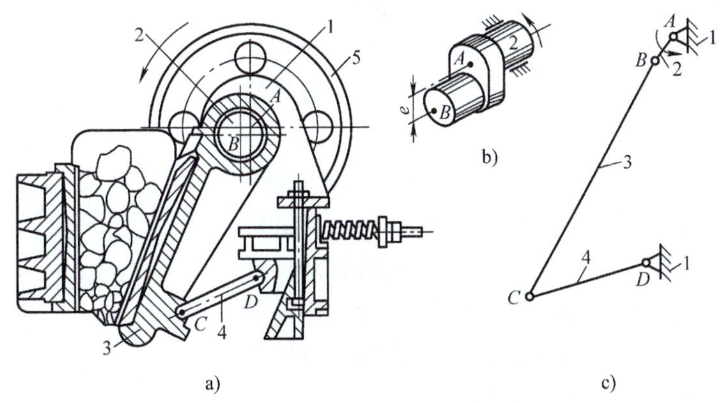

图 1-70 颚式破碎机机构及其运动简图

1—机架 2—偏心轴 3—动颚 4—肘板 5—带轮

3）选择与构件运动平行的平面作为视图平面。

4）选取适当的比例，绘制机构运动简图。选定比例尺，根据已知运动尺寸 L_{AB}、L_{DA}、L_{BC}、L_{CD} 定出 A、B、C、D 的相对位置，用构件和运动副的规定符号绘出机构运动简图，并在原动件 2 上标出运动方向的箭头，如图 1-70c 所示。

例 1-3-2 试绘制图 1-71 所示牛头刨床主体运动机构的机构运动简图。

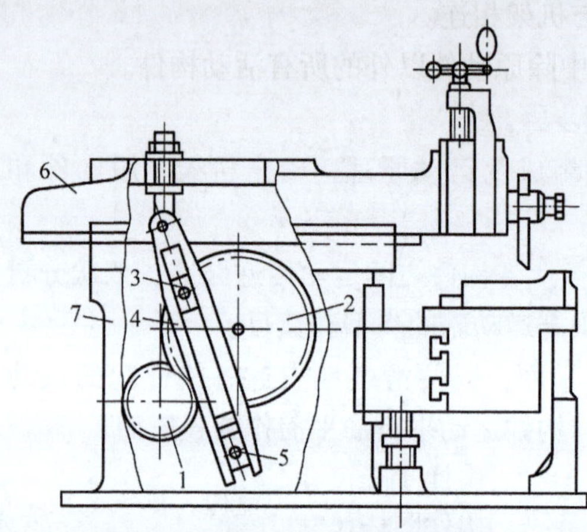

图 1-71 牛头刨床主体运动机构

1—小齿轮 2—大齿轮 3—滑块 4—导杆 5—摇块 6—刨头 7—床身

解：分析及绘制步骤。

1）确定构件的数目。牛头刨床主体运动机构由齿轮 1、2，滑块 3，导杆 4，摇块 5，刨头 6 及床身 7 组成。齿轮 1 为原动件，床身 7 为机架，其余 5 个活动构件为从动件。

2）确定运动副的种类和数目。构成的运动副有齿轮 1、2 组成齿轮副（高副），小齿轮 1 与床身 7 组成转动副，大齿轮 2 与床身 7、滑块 3 分别组成转动副；导杆 4 与滑块 3、摇块 5 分别组成移动副，而与刨头 6 组成转动副；摇块 5 与床身 7 组成转动副；刨头 6 与床身 7 组成移动副。

3）选择与构件运动平行的平面作为视图平面。

4）选取适当的比例，绘制机构运动简图。选定比例尺，按图 1-71 尺寸，用构件和运动副的规定符号绘出机构运动简图，如图 1-72 所示。

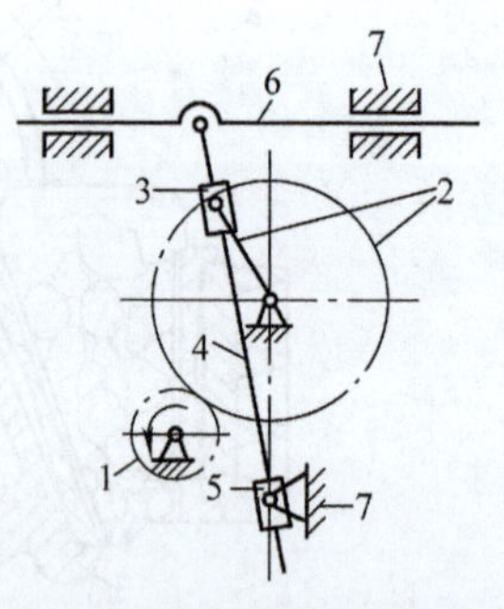

图 1-72 牛头刨床主体运动机构的机构运动简图

1—小齿轮 2—大齿轮 3—滑块 4—导杆 5—摇块 6—刨头 7—床身

3. 平面机构的自由度计算和机构具有确定运动的条件

为了按一定要求进行运动的传递和转换，当机构的原动件按给定的运动规律运动时，该机构其余构件的运动也都应是完全确定的。为了使所设计的构件能产生相对运动并具有运动确定性，有必要研究机构的自由度和机构具有确定运动的条件。

（1）平面机构的自由度计算

1）约束。当两构件组成运动副后，它们之间的某些相对运动受到限制，这种对相对运动所施加的限制称为约束。每加上一个约束，自由构件便失去一个自由度。

运动副对自由度所产生的约束数目和约束特点，取决于运动副的形式。转动副约束了两个移动的自由度，只保留一个转动的自由度；移动副约束了沿一轴方向的移动和在平面内的转动两个自由度，只保留沿另一轴方向移动的自由度；高副只约束了沿接触处公法线 *n-n* 方向移动的自由度，保留了沿公切线 *t-t* 方向的移动和绕接触点 *A* 的转动两个自由度。因此，平面低副引入两个约束，保留一个自由度；平面高副引入一个约束，保留两个自由度。

2）机构自由度的计算。机构所具有的独立运动数目，称为机构的自由度。设一个平面机构由 N 个构件组成，其中必有一个构件为机架，则活动构件数为 $n=N-1$。在未组成运动副之前，这些活动构件的自由度总数为 $3n$。当用运动副连接后便引入了约束，机构中各构件的自由度就减少了。若机构中共有 P_L 个低副、P_H 个高副，则平面机构的自由度 F 的计算公式为

$$F=3n-2P_L-P_H \tag{1-3-1}$$

如图 1-70 所示的颚式破碎机机构，其活动构件数 $n=3$，低副数 $P_L=4$，高副数 $P_H=0$，则该机构的自由度为：$F=3n-2P_L-P_H=3\times3-2\times4-0=1$。

（2）计算平面机构自由度时的特殊情况

1）复合铰链。两个以上的构件在同一处构成的转动副称为复合铰链。

图 1-73 所示为三个构件在 *A* 点形成复合铰链。从侧视图可见，此三个构件实际上组成了轴线重合的两个转动副，而不是一个转动副。同理，若有 m 个构件形成复合铰链时，应具有（$m-1$）个转动副。

例 1-3-3　计算如图 1-74 所示圆盘锯主体机构的自由度。

解： 机构中，*A*、*B*、*C*、*D* 四点均为由三个构件组成的复合铰链，每处有两个转动副。因此，该机构 $n=7$，$P_L=10$，$P_H=0$，其自由度 $F=3\times7-2\times10-0=1$。

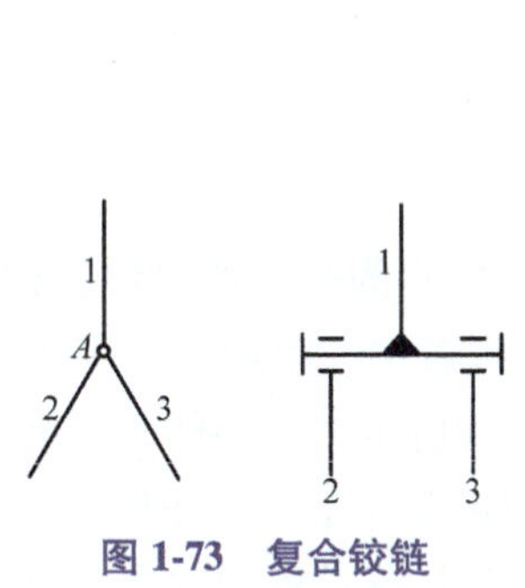

图 1-73　复合铰链

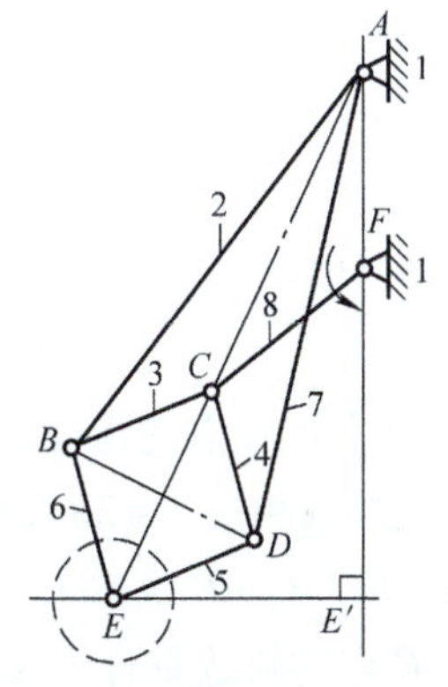

图 1-74　圆盘锯主体机构

2）局部自由度。机构中某些构件产生的与其他运动无关的独立运动，称为局部自

由度。在计算机构自由度时，局部自由度应除去不计。

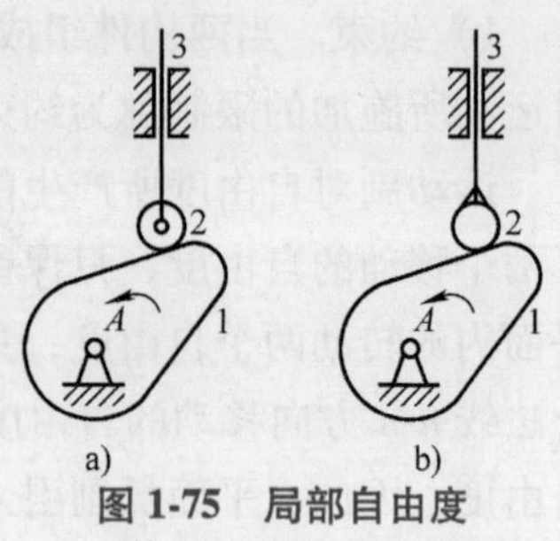

图 1-75　局部自由度
1—凸轮　2—滚子　3—从动件

图 1-75a 所示凸轮机构，主动件凸轮 1 逆时针转动，通过滚子 2 使从动件 3 在导路中往复移动。显然，滚子 2 绕其自身轴线的转动完全不会影响从动件 3 的运动，因而滚子的这一转动属局部自由度。在计算该机构的自由度时，可将滚子与从动件看成一个构件，除去滚子产生的局部自由度，如图 1-75b 所示。这时，该机构中 $n=2$，$P_L=2$，$P_H=1$，其自由度 $F=3n-2P_L-P_H=3\times2-2\times2-1=1$。

局部自由度虽不影响机构的运动关系，但可以减少高副接触处的摩擦和磨损。因此，在机械中常见具有局部自由度的结构，如滚动轴承、滚轮等。

3）虚约束。机构中与其他约束重复而对机构运动不起限制作用的约束，称为虚约束。计算机构自由度时，应除去不计。

平面机构中的虚约束常发生在下列情况：

① 两构件间形成多个具有相同作用的运动副，分别有下列三种情况：

a. 两构件形成多个轴线重合的转动副，如图 1-76a 所示，轮轴 1 与机架 2 在 *A*、*B* 两处组成了两个转动副，从运动关系看，只有一个转动副起约束作用，其余各处的引入约束均为虚约束，计算机构自由度时应按一个转动副计算。

b. 两构件组成多个移动方向一致的移动副，如图 1-76b 所示，构件 1 与机架组成了 *A*、*B*、*C* 三个导路平行的移动副，计算机构自由度时应按一个移动副计算。

c. 两构件组成多处接触点公法线重合的高副，如图 1-76c 所示，同样应只考虑一处高副，其余为虚约束。

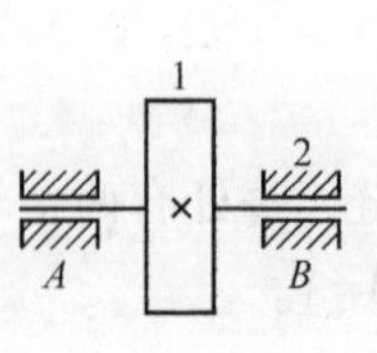

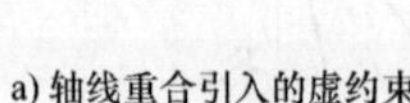

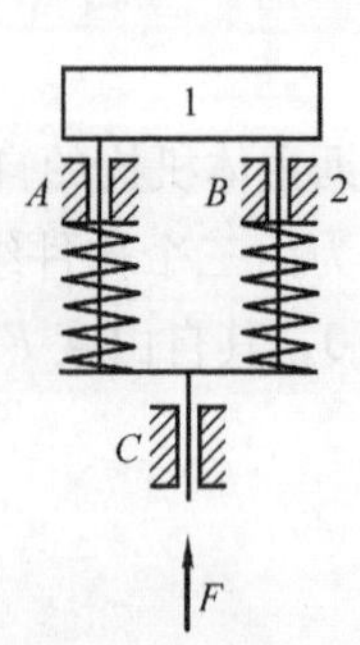

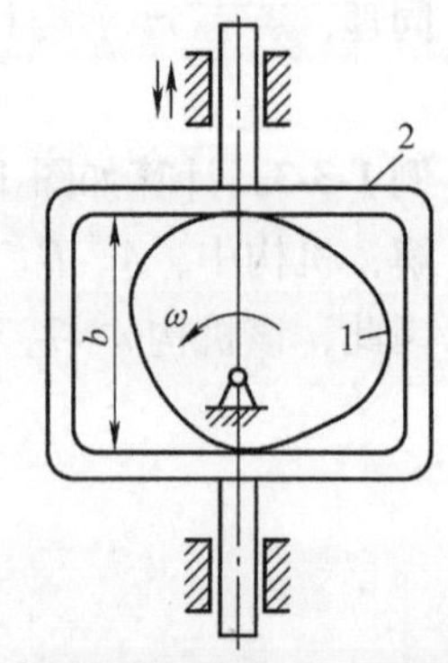

a) 轴线重合引入的虚约束　　b) 移动方向一致引入的虚约束　　c) 接触点公法线重合引入的虚约束

图 1-76　两构件组成多个运动副

② 两构件上连接点的运动轨迹互相重合。图 1-77a 所示为平行四边形机构，连杆 3 做平动，该机构自由度 $F=3n-2P_L-P_H=3\times3-2\times4=1$。现若用一附加构件 5 在 *E* 和 *F* 两点铰接，且 *EF* 平行 *AB* 及 *CD*，*EF*=*AB*=*CD*，如图 1-77b 所示，则构件 5 上 *E* 点的轨迹与连杆 3 上 *E* 点的轨迹重合。显然，构件 5 对该机构的运动并不产生任何影响，其约束从运动角度看并无必要，为虚约束。因此，在计算图 1-77b 所示机构的自由度时应将其去除，按图 1-77a 计算。如果不满足上述几何条件，则 *EF* 杆的约束为有效约束，如

图 1-77c 所示，此时该机构的自由度 $F=0$，机构不能运动。

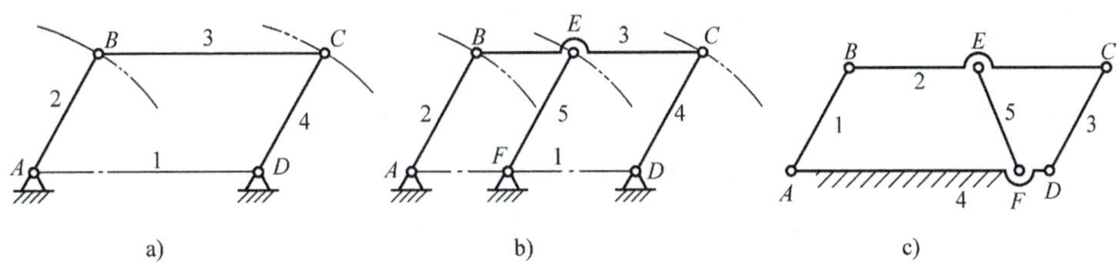

图 1-77 运动迹轨迹重合引入的虚约束

③ 机构中存在不起作用的对称部分。图 1-78a 所示为行星轮系，为使受力均匀，安装三个相同的行星轮对称布置。从运动关系看，只需一个行星轮 2 就能满足运动要求，如图 1-78b 所示，其余行星轮及其所引入的高副均为虚约束，应除去不计。该机构的自由度 $F=3n-2P_L-P_H=3\times3-2\times3-2=1$。

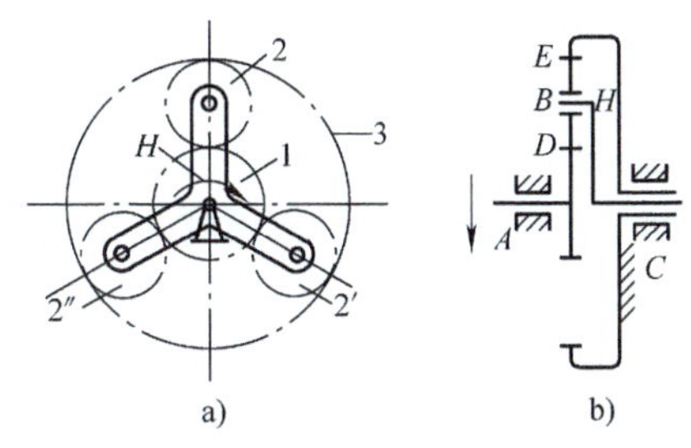

图 1-78 对称结构引入的虚约束

虚约束虽不影响机构的运动，但可改善机构的刚性或受力情况，保证机构顺利运动，因而在结构设计中被广泛采用。但是，虚约束对机构的几何条件、制造、安装精度要求较高，因此，对机构的加工和装配精度提出了较高的要求。

例 1-3-4 计算图 1-79a 所示筛料机构的自由度。

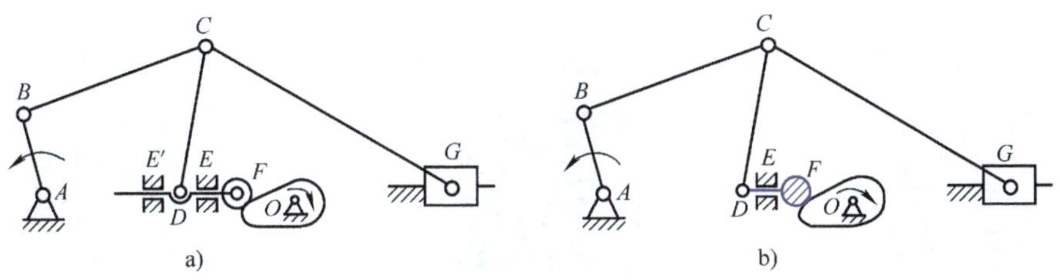

图 1-79 筛料机构

解： 机构中滚子有一个局部自由度；顶杆 *DF* 与机架组成两个导路平行的移动副 *E*、*E*′，故其中之一为虚约束；*C* 处为复合铰链。去除局部自由度和虚约束，按图 1-79b 所示机构计算自由度，机构中 $n=7$，$P_L=9$，$P_H=1$，其自由度 $F=3n-2P_L-P_H=3\times7-2\times9-1=2$。此机构中的自由度等于 2，有两个原动件。

例 1-3-5 计算图 1-72 所示牛头刨主体运动机构的自由度。

解： 机构中刨头 6 与机架 7 组成两个导路平行的移动副，故其中之一为虚约束，去除虚约束，机构中 $n=6$，$P_L=8$，$P_H=1$，其自由度 $F=3n-2P_L-P_H=3\times6-2\times8-1=1$。此机构中的自由度等于 1，有一个原动件。

（3）平面机构具有确定运动的条件　在机构分析中，都要求机构有确定运动，显然，不能产生相对运动或做无规则运动的一些构件难以用来传递运动。为了使组合起来的构件能产生相对运动并具有运动确定性，有必要探讨机构具有确定运动的条件。

如图 1-80 所示，图中原动件数等于 2，机构自由度 $F=3n-2P_L-P_H=3\times3-2\times4-0=1$，即原动件数大于机构自由度。若机构同时要满足原动件 1 和原动件 3 的给定运动，则势必将杆 2 拉断。

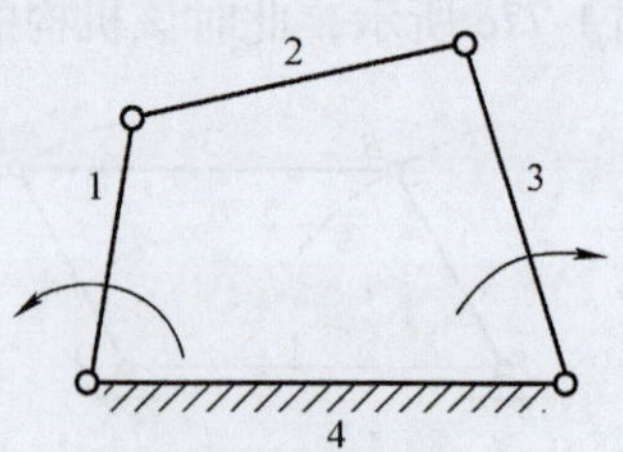

图 1-80　原动件数大于自由度数的构件组合

如图 1-81 所示，图中原动件数等于 1，而机构自由度 $F=3n-2P_L-P_H=3\times4-2\times5-0=2$，即原动件数小于机构自由度。当只给定原动件 1 的位置 φ_1 时，从动件 2、3、4 的位置可以处于图示实线位置，也可以处于图中双点画线位置或其他位置，说明从动件的运动是不确定的。只有给出两个原动件，使构件 1、4 处于给定位置，才能使从动件获得确定运动。

如图 1-82 所示，机构自由度 $F=3n-2P_L-P_H=3\times4-2\times6=0$，即机构自由度数为零的构件组合，各构件之间不可能产生相对运动。

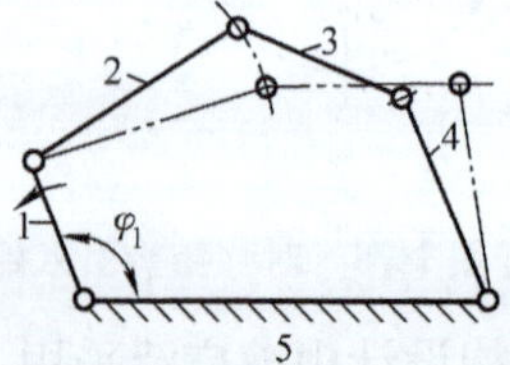

图 1-81　原动件数小于自由度数的构件组合

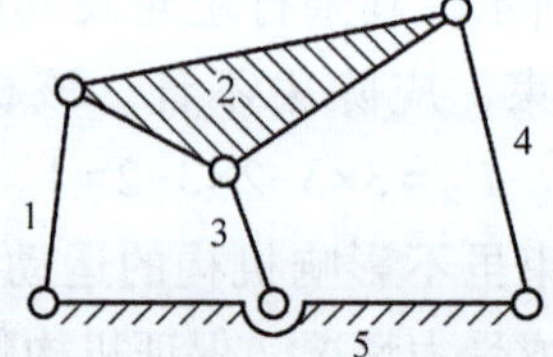

图 1-82　自由度数等于零的构件组合

由此得到机构具有确定运动的条件为：自由度 $F>0$，且机构的自由度 F 等于机构的原动件数目。

微课 1-9

平面机构的自由度和机构具有确定运动的条件

动画

机器人行走机构

主题讨论

机构类型

二、平面连杆机构的类型分析

平面连杆机构是由若干构件通过低副连接而成的平面机构，也称平面低副机构。由四个构件连接而成的称为平面四杆机构（简称为四杆机构），由五个构件连接而成的称为五杆机构，由五个以上构件连接而成的称为多杆机构。平面四杆机构是构成和研究多杆机构的基础，应用也最广泛，故主要介绍平面四杆机构。

平面连杆机构结构简单、工作可靠，能满足多种运动规律和运动轨迹的要求，接触压强小，便于润滑，磨损小，因此广泛用于机床、轻工机械、农业机械、矿山机械、汽车和各种仪表中。

1. 四杆机构的基本形式

构件间的运动副均为转动副的四杆机构，是四杆机构的基本形式，称为铰链四杆机构。铰链四杆机构如图 1-83 所示，固定不动的构件 4 称为机架；与机架用转动副相连的两个构件 1 和 3 称为连架杆，与机架相对的构件 2 称为连杆。其中能绕机架上的转动副中心 *A* 或 *D* 做 360°整周转动的连架杆称为曲柄，只能在一定角度内摆动的连架杆称为摇杆。

根据两连架杆运动形式的不同，铰链四杆机构可分为曲柄摇杆机构、双曲柄机构以及双摇杆机构三种基本类型。

（1）曲柄摇杆机构　在铰链四杆机构中，两连架杆中一个为曲柄，另一个为摇杆，则此四杆机构称为曲柄摇杆机构。曲柄摇杆机构中，当以曲柄为原动件时，可将匀速转动变成从动件的摆动。如图 1-84a 所示的雷达天线俯仰角调整机构，曲柄 1 缓慢地匀速转动，通过连杆 2，使摇杆 3 在一定角度范围内摆动，从而调整天线俯仰角的大小。

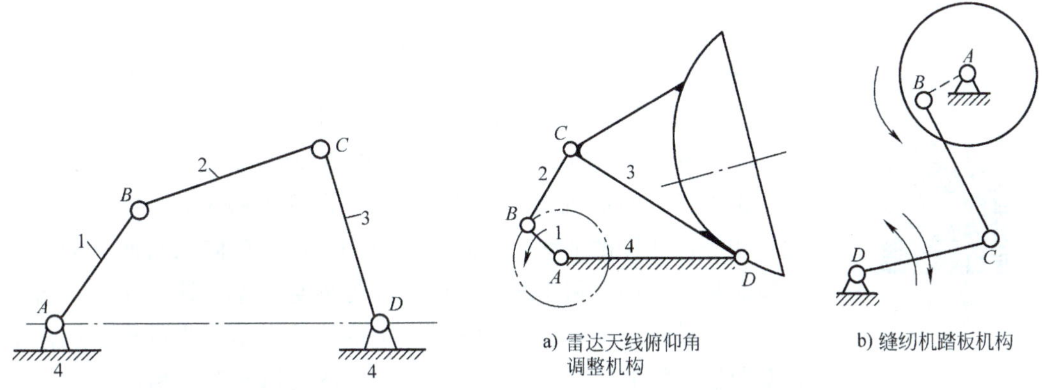

图 1-83　铰链四杆机构　　图 1-84　曲柄摇杆机构的应用

如图 1-84b 所示的缝纫机踏板机构，也是曲柄摇杆机构的应用。

（2）双曲柄机构　铰链四杆机构中，若两连架杆均为曲柄，则此四杆机构称为双曲柄机构。

双曲柄机构中，通常主动曲柄做匀速转动，从动曲柄做同向变速转动。图 1-85a 所示为旋转式水泵，其由相位依次相差 90°的四个双曲柄机构组成，当原动曲柄 1（圆盘）绕轴 *A* 等角速度沿顺时针转动时，连杆 2 带动从动曲柄 3（隔板）绕轴 *D* 做周期性变速转动，因此，相邻两从动曲柄（隔板）间的夹角也周期性地变化。转到右边时，相邻两隔板间的夹角及容积增大，形成真空，于是水从进水口吸入；转到左边时，相邻两隔板间的夹角及容积变小，压力升高，水从出水口排出，从而起到泵水的作用。

图 1-85b 所示为惯性筛机构，其主动曲柄等速回转一周时，曲柄 *CD* 变速回转一周，通过构件 *CE* 使筛子 *EF* 产生变速直线往复运动，获得加速度，从而将被筛选的材料分离，达到筛选的目的。

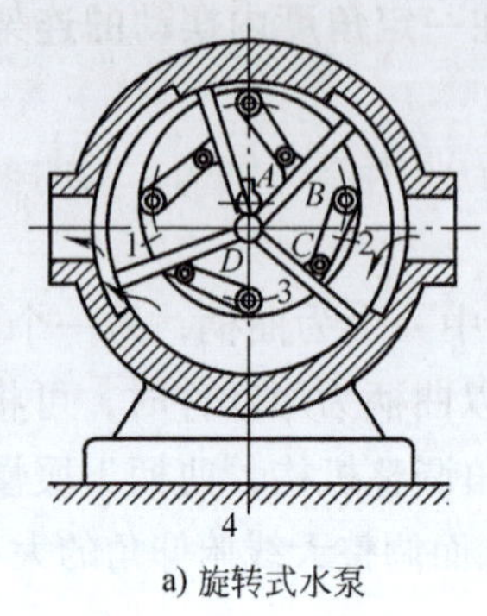

a) 旋转式水泵

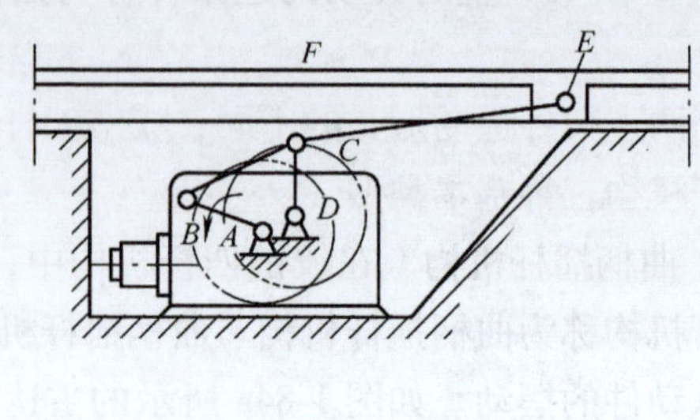

b) 惯性筛机构

图 1-85　双曲柄机构的应用

在双曲柄机构中，若相对的两杆长度分别相等，则称为平行双曲柄机构或平行四边形机构。它有图 1-86a 所示的正平行双曲柄机构和图 1-86b 所示的反平行双曲柄机构两种形式。

正平行双曲柄机构的运动特点是两曲柄 1 和 3 的转向相同且角速度相等，连杆做平动，因此应用较为广泛；反向双曲柄机构的运动特点是两曲柄 1 和 3 的转向相反且角速度不等。图 1-87a、b 所示的机车驱动轮联动机构和图 1-87c 所示的摄影车座斗机构，是正平行双曲柄机构的应用实例。图 1-87d 所示为汽车车门启闭机构，是反平行双曲柄机构的应用实例，它是利用反平行双曲柄机构运动时，两曲柄转向相反的特性，使两扇车门朝相反的方向转动，达到两扇门同时开启或关闭。

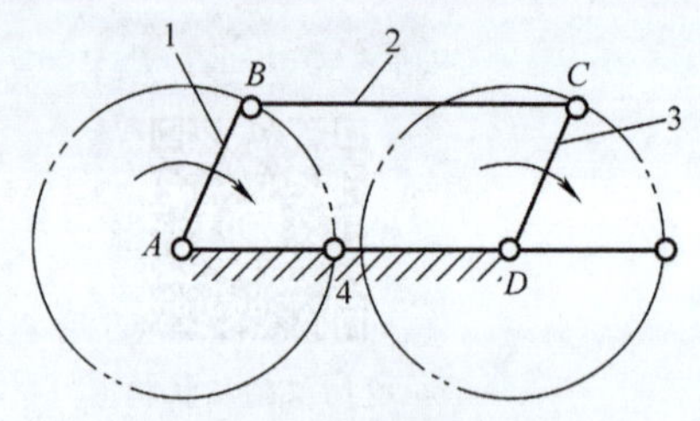

a) 正平行双曲柄机构

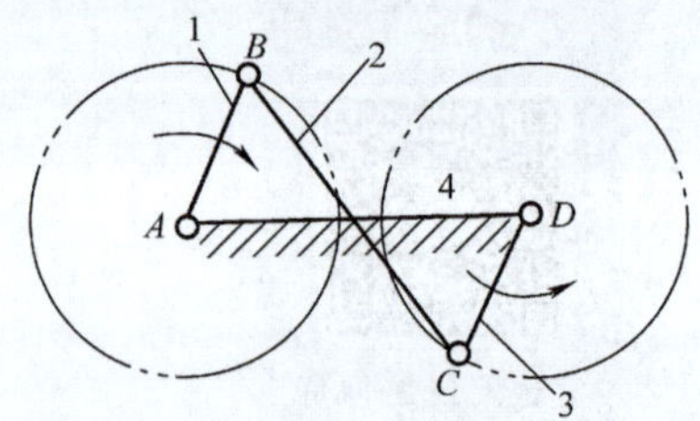

b) 反平行双曲柄机构

图 1-86　平行双曲柄机构

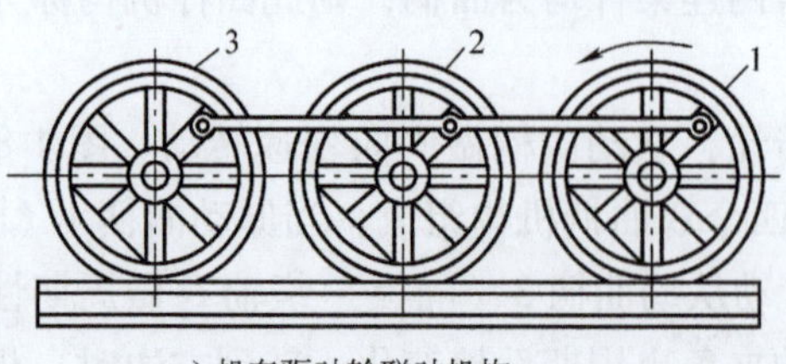

a) 机车驱动轮联动机构

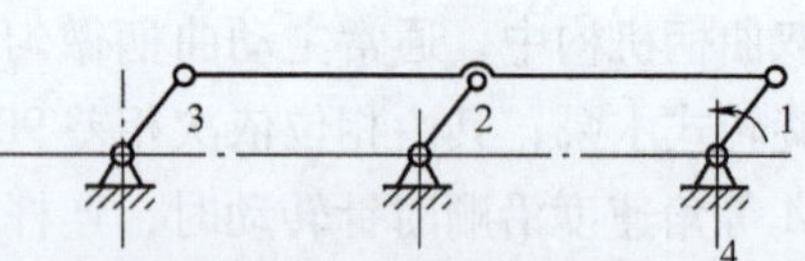

b) 机车驱动轮联动机构运动简图

图 1-87　正平行双曲柄机构及应用

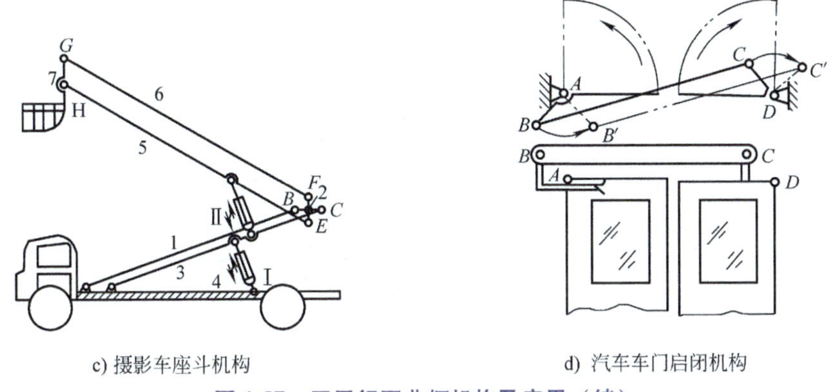

c) 摄影车座斗机构　　d) 汽车车门启闭机构

图 1-87　正平行双曲柄机构及应用（续）

（3）双摇杆机构　两连架杆均为摇杆的铰链四杆机构称为双摇杆机构。一般情况下，两摇杆的摆角不等，常用于操纵机构、仪表机构等。

在图 1-88a 所示门座起重机（鹤式起重机）的双摇杆机构 *ABCD* 中，当 *CD* 杆摆动时，连杆 *CB* 上悬挂重物的点 *M* 在近似水平直线上移动。在图 1-88b 所示的风扇摇头机构中，电动机安装在摇杆 4 上，铰链 *A* 处装有一个与连杆 1 固接在一起的蜗轮。电动机转动时，电动机轴上的蜗杆带动蜗轮迫使连杆 1 绕 *A* 点做整周转动，从而使连架杆 2 和 4 做往复摆动，达到风扇摇头的目的。

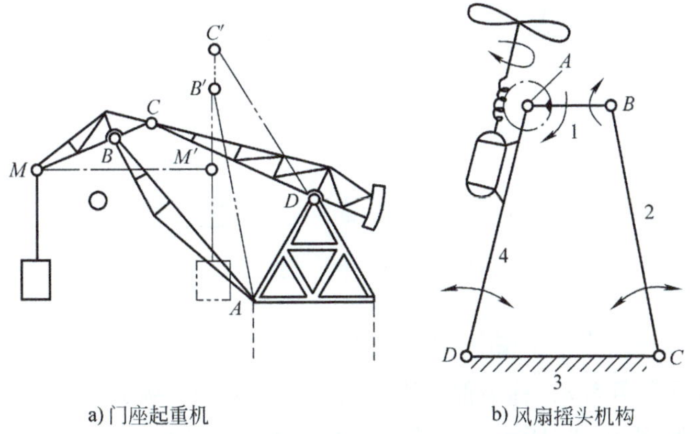

a) 门座起重机　　b) 风扇摇头机构

图 1-88　双摇杆机构

微课 1-10
平面连杆机构
的类型和应用

2. 铰链四杆机构基本类型的判别

铰链四杆机构三种基本类型的区别在于连架杆是否为曲柄，而连架杆是否为曲柄与各构件之间的相对尺寸有关，通过它们的几何关系可推导出曲柄存在的条件：

1）最短杆与最长杆长度之和小于或等于其余两杆长度之和。

2）连架杆或机架中必有一杆为最短杆。

由以上条件可得出铰链四杆机构基本类型的判别方法如下：

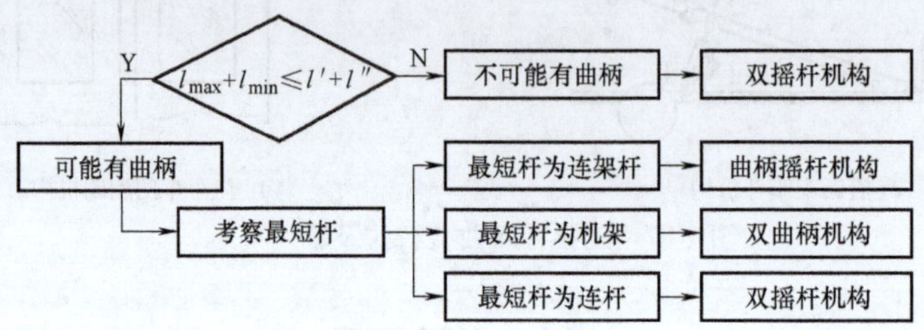

3. 平面四杆机构的演化

平面四杆机构的各种类型之间存在着一定的内在联系，它们可以通过机架置换、尺寸改变和运动副的转换等方式相互演化。这些演化方式也是机构创新设计的常用方法之一。演化机构中广泛采用滑块四杆机构，其常用形式有曲柄滑块机构、导杆机构、摇块机构和定块机构等。

微课 1-11

铰链四杆机构类型的判断

（1）曲柄滑块机构　由图 1-89a 可知，在曲柄摇杆机构中，杆 1 为曲柄，杆 3 为摇杆。如图 1-89b 所示，把杆 4 做成环形槽，槽的中心在 D 点，而把杆 3 做成弧形滑块，与环形槽相配合。如图 1-89c 所示，当杆 3 的长度趋于无穷大时，C 点的轨迹将从圆弧演变为直线。摇杆 3 转化为沿直线导路 m–m 移动的滑块，成为图 1-89d 所示的曲柄滑块机构。

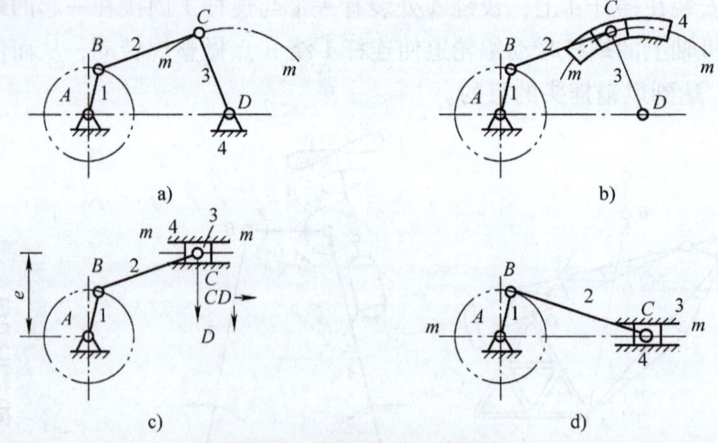

图 1-89　曲柄摇杆机构的演化

曲柄转动中心至导路的垂直距离 e，称为偏心距。若 $e=0$，如图 1-90a 所示，称为对心曲柄滑块机构；若 $e\neq0$，如图 1-90b 所示，称为偏置曲柄滑块机构。保证 AB 杆成为曲柄的条件是：$r+e\leqslant l$。

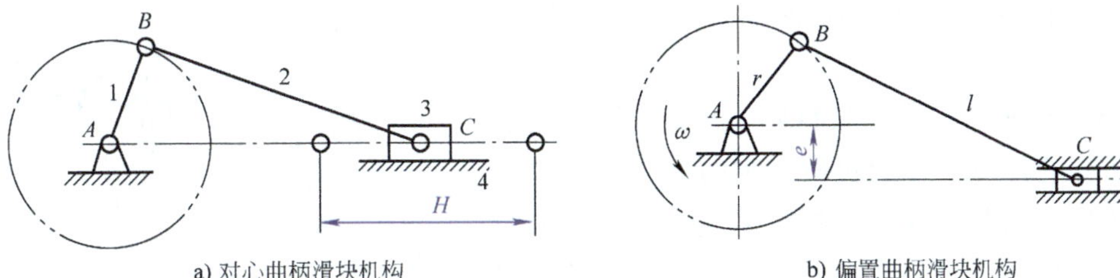

a) 对心曲柄滑块机构　　b) 偏置曲柄滑块机构

图 1-90　曲柄滑块机构

曲柄滑块机构用于转动与往复移动之间的转换，广泛应用于内燃机、空压机和自动送料机等机械中，如图 1-91a 所示的内燃机曲柄滑块机构的应用和图 1-91b 所示的自动送料机曲柄滑块机构的应用。

（2）偏心轮机构　对于图 1-92a 所示对心曲柄滑块机构，由于曲柄较短，曲柄结构形式较难实现，故常采用图 1-92b 所示的偏心轮结构形式，其偏心圆盘的偏心距 e 即等于原曲柄长度。

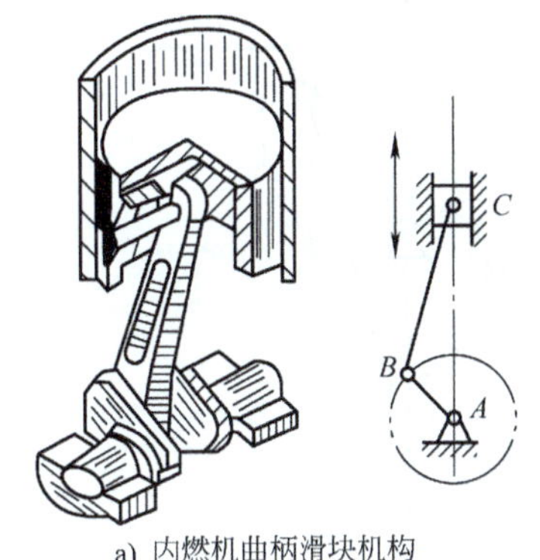

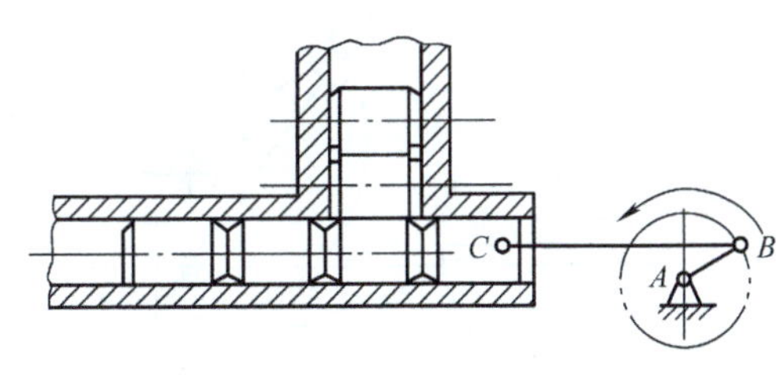

a) 内燃机曲柄滑块机构　　b) 自动送料机曲柄滑块机构

图 1-91　曲柄滑块机构的应用

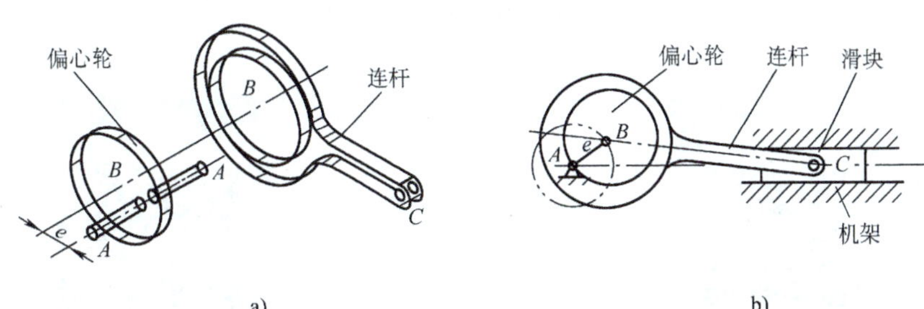

a)　　b)

图 1-92　偏心轮机构

偏心轮的特点是几何中心 B 和转动中心 A 不重合。当偏心轮绕转动中心 A 转动时，其几何中心 B 绕转动中心 A 做圆周运动，从而带动套装在偏心轮上的连杆运动，进而使滑块在机架滑槽内往复移动，如图 1-92b 所示。这种结构由于增大了转动副的尺寸，提高了偏心轴的强度和刚度，并使结构简化和便于安装，故多用于承受较

大冲击载荷的机械中，如剪床、压力机和破碎机等。

（3）导杆机构　如果将图 1-90a 所示的曲柄滑块机构的构件 1 作为机架，则曲柄滑块机构就演化为导杆机构，通常取杆 2 作为原动件，杆 4 对滑块 3 的运动起导向作用，称为导杆，滑块 3 相对导杆滑动并一起绕 A 点转动。

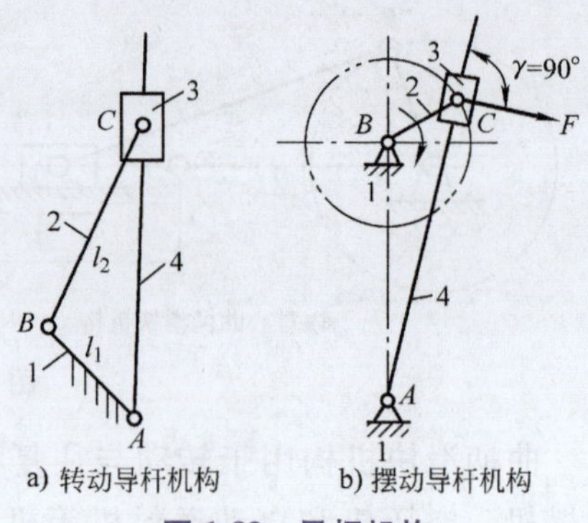

a) 转动导杆机构　　b) 摆动导杆机构

图 1-93　导杆机构

导杆机构有两种形式：当 $l_1<l_2$ 时，杆 2 和导杆 4 均能绕机架做整周转动，称为转动导杆机构，如图 1-93a 所示；当 $l_1>l_2$ 时，杆 2 能整周转动，导杆 4 只能在某一角度内摆动，称为摆动导杆机构，如图 1-93b 所示。

导杆机构的传力性能很好，常用于插床、牛头刨床和送料装置等机器中。图 1-94a 所示为插床主机构，ABC 部分为转动导杆机构；图 1-94b 所示为刨床主运动机构，ABC 部分为摆动导杆机构。

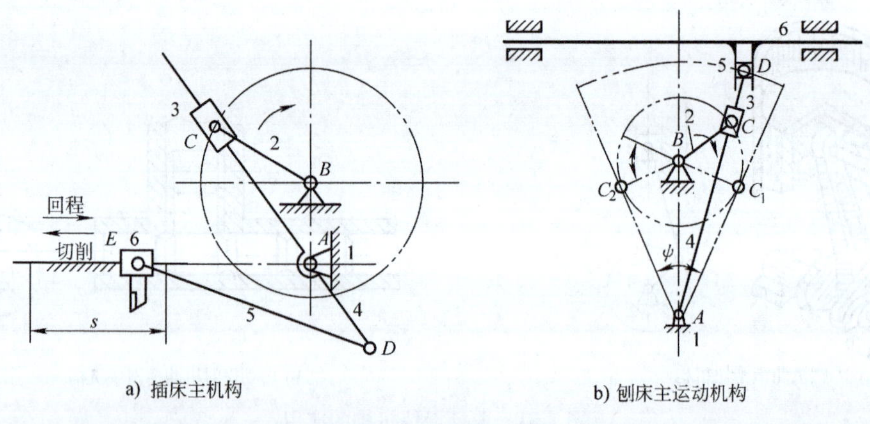

a) 插床主机构　　b) 刨床主运动机构

图 1-94　导杆机构的应用

（4）摇块机构　如果将图 1-90a 所示曲柄滑块机构的构件 2 作为机架，则曲柄滑块机构就演化为图 1-95a 所示的摇块机构。构件 1 做整周转动，滑块 3 只能绕机架往复摆动。这种机构常用于摆缸式原动机和气动、液压驱动装置中，如图 1-95b 所示的自动货车翻斗机构的应用。

（5）定块机构　如果将图 1-90a 所示曲柄滑块机构的滑块 3 作为机架，则曲柄滑块机构就演化为图 1-96a 所示的定块机构。这种机构常用于抽油泵和手摇抽水唧筒中，如图 1-96b 所示。

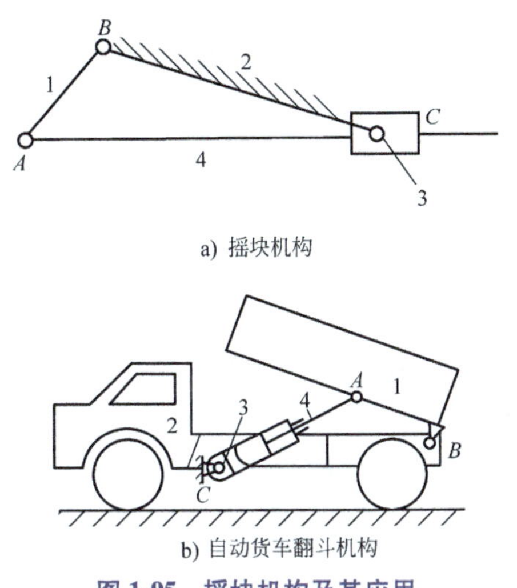

a) 摇块机构

b) 自动货车翻斗机构

图 1-95　摇块机构及其应用

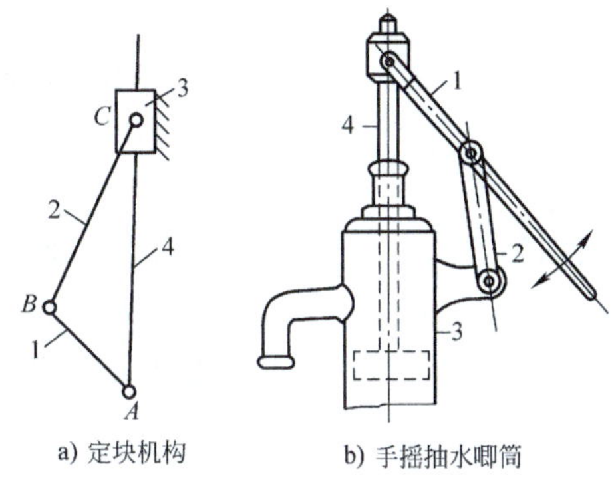

a) 定块机构

b) 手摇抽水唧筒

图 1-96　定块机构及应用

三、平面四杆机构的工作特性

动画

手摇抽水唧筒机构

1. 急回特性

以曲柄摇杆机构为例说明急回特性。图 1-97 所示为一曲柄摇杆机构，其主动曲柄 *AB* 沿顺时针匀速转动时，摇杆 *CD* 在两个极限位置间做往复摆动，摆角为 ψ。设从 C_1D 到 C_2D 的行程为工作行程，该行程克服生产阻力对外做功；从 C_2D 到 C_1D 的行程为空回行程，该行程只克服运动副中的摩擦力，*C* 点在工作行程和空回行程的平均速度分别为 v_1 和 v_2。

曲柄 *AB* 在两行程中相应的两个转角 ϕ_1 和 ϕ_2 分别为 $\phi_1 = 180° + \theta$ 和 $\phi_2 = 180° - \theta$。式中 θ 为摇杆（从动件）位于两个极限位置时，曲柄（主动件）对应两位置所夹的锐角，称为极位夹角。

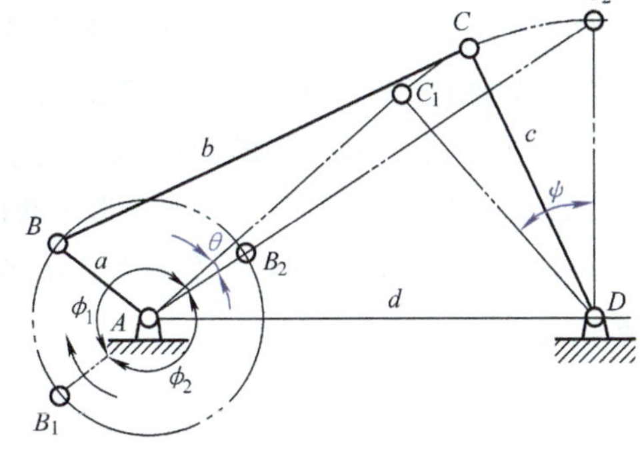

图 1-97　曲柄摇杆机构的急回特性

由于 $\phi_1 > \phi_2$，则所对应时间 $t_1 > t_2$，因而 $v_1 < v_2$。即机构具有空回行程的平均速度大于工作行程的平均速度的特性，这种特性称为急回特性。

急回特性的生产实际意义：急回特性能节省空回行程时间，提高劳动生产率，满足某些机械的工作要求，如牛头刨床和插床，工作行程要求速度慢而均匀以提高加工质量，空回行程要求速度快以缩短非工作时间，提高工作效率。

急回特性的程度可用行程速度变化系数（或称为行程速比系数）*K* 表示，即

$$K=\frac{v_2}{v_1}=\frac{\dfrac{C_1C_2}{t_2}}{\dfrac{C_1C_2}{t_1}}=\frac{t_1}{t_2}=\frac{180°+\theta}{180°-\theta} \tag{1-3-2}$$

如已给定 K，即可求得极位夹角

$$\theta=180°\frac{K-1}{K+1} \tag{1-3-3}$$

平面四杆机构的急回特性

式（1-3-3）表明，急回特性的程度取决于极位夹角 θ 的大小，当曲柄摇杆机构在运动过程中极位夹角 $\theta\neq0°$ 时，机构便具有急回运动特性。θ 越大，K 值越大，机构的急回运动特性也越显著。

对于对心式曲柄滑块机构，因为 $\theta=0°$，因此无急回特性；而对于偏置式曲柄滑块机构（图 1-98）和摆动导杆机构（图 1-99），由于不可能出现 $\theta=0°$ 的情况，所以恒具有急回特性。

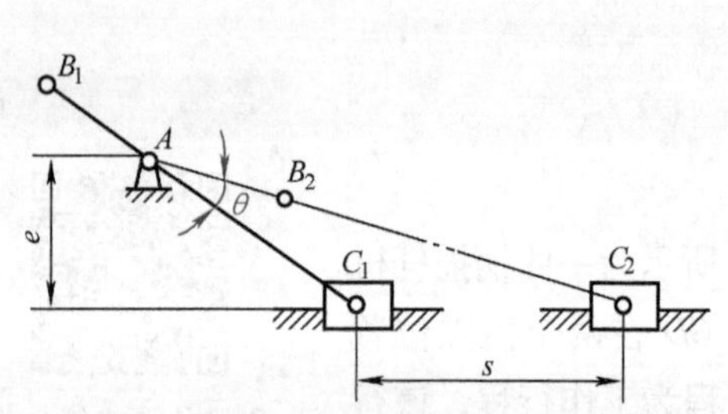

图 1-98　偏置式曲柄滑块机构极位夹角

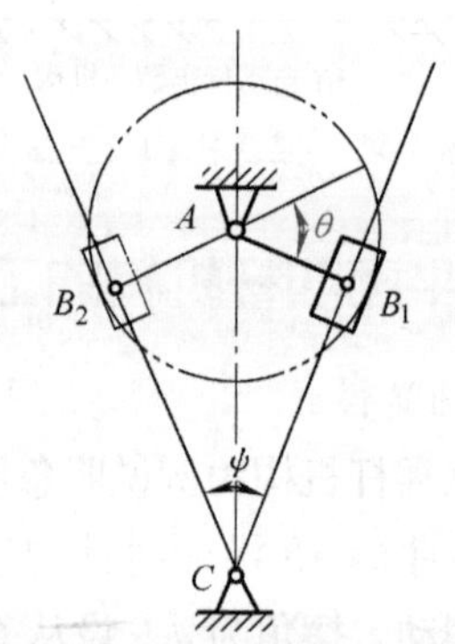

图 1-99　摆动导杆机构极位夹角

2. 平面四杆机构的传力特性

在生产实际中，不仅要求连杆机构能实现预定的运动规律，并能满足机器的运动要求，而且希望其运转轻便、效率较高，即具有良好的传力性能。

（1）压力角　如图 1-100 所示的铰链四杆机构中，如果不计摩擦力、重力和惯性力，以曲柄 AB 为原动件，摇杆 CD 为从动件，则通过二力杆 BC 作用于从动件 CD 上的驱动力 F 沿 BC 方向。力 $\boldsymbol{F}$ 可分解为沿 C 点速度 v_C 方向的分力 $\boldsymbol{F}_t$ 和垂直于 v_C 方向的分力 $\boldsymbol{F}_n$，则

$$\boldsymbol{F}_t=F\cos\alpha$$

$$\boldsymbol{F}_n=F\sin\alpha$$

$\boldsymbol{F}_t$ 是使从动件转动的有效分力，$\boldsymbol{F}_n$ 是仅对转动副 C 产生附加径向压力的有害分力，$\boldsymbol{F}_t$、$\boldsymbol{F}_n$ 的大小和角度 α 有关。

显然，角度 α 越小，有效分力 $\boldsymbol{F}_t$ 越大，而有害分力 $\boldsymbol{F}_n$ 越小，对机构传动越有利。因此，α 是衡量机构传力性能的重要指标，称为压力角。机构压力角是指从动件上受力方向与力作用点的速度方向之间所夹的锐角，用 α 表示。

为保证机构传力良好，设计时须规定最大压力角 α_{max}。对于一般机械，通常取

$\alpha_{max} \leqslant 40°$。

（2）传动角 在具体应用中，为度量方便，通常用连杆和从动件所夹的锐角 γ 来判断机构的传力性能，γ 称为传动角。传动角 γ 是压力角 α 的余角。压力角 α 越小，传动角 γ 越大，机构的传力性能越好；反之，α 越大，γ 越小，机构的传力性能越不好，传动效率越低。

死点位置

在机构运动过程中，压力角和传动角的大小是随机构位置而变化的。可以证明，图 1-100 所示曲柄摇杆机构的最小传动角 γ_{min} 出现在曲柄 *AB* 与机架 *AD* 两次共线位置之一。为保证机构传力良好，设计时须规定最小传动角 γ_{min}。对于一般机械，通常取 $\gamma_{min} \geqslant 50°$。

平面四杆机构的传力性能

（3）死点位置 如图 1-101 所示的曲柄摇杆机构中，以摇杆 *CD* 为主动件，则当机构处于图示的两个位置，即连杆与曲柄两共线位置时，压力角 $\alpha=90°$、传力角 $\gamma=0°$，这时主动件 *CD* 通过连杆作用于从动件 *AB* 上的力恰好通过其回转中心，有效驱动力矩为零，所以构件 *AB* 将不能转动，机构处于停顿状态，机构的这种位置称为死点位置。死点位置时，机构“卡死”或运动不确定。

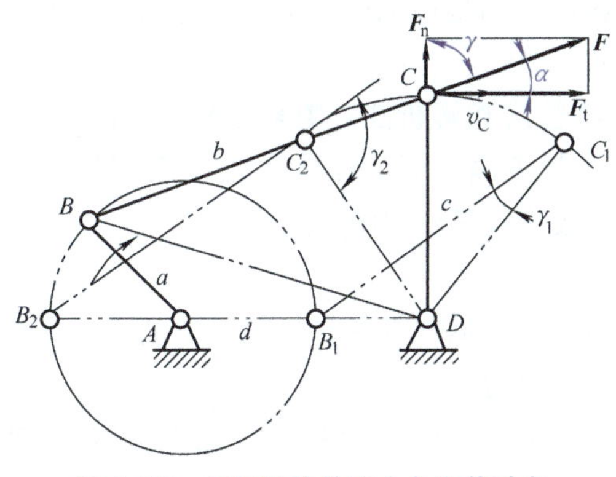

图 1-100 连杆机构的压力角和传动角

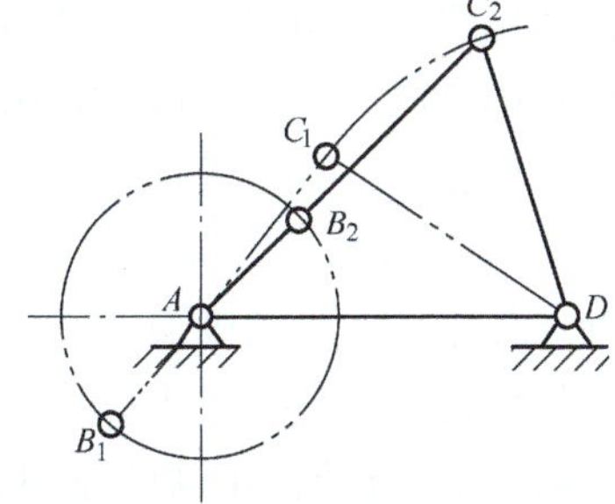

图 1-101 曲柄摇杆机构的死点位置

对于传动机构而言，死点的存在是不利的，它使机构处于“卡死”或运动不确定状态。必须采取适当的措施使机构能顺利通过死点位置。通过死点位置的方法有：①在从动件上安装飞轮，利用飞轮的惯性，如缝纫机的大带轮兼有飞轮的作用；②利用机构的错位排列，可将机构的死点错开。

工程上，有时也利用死点位置实现特定的工作要求。如图 1-102a 所示的折叠式靠椅，靠背 *AD* 可视为机架，靠背脚 *AB* 可视为主动件，使用时，机构处于图示死点位置，因而人坐、靠在椅子上，椅子不会自动松开或合拢；图 1-102b 所示为夹紧工件用的连杆式快速夹具，它就是利用死点位置来夹紧工件的。工件夹紧后 *BCD* 成一条线，即使工件反力很大也不能使机构反转，因此使夹紧牢固可靠。

平面四杆机构的死点位置

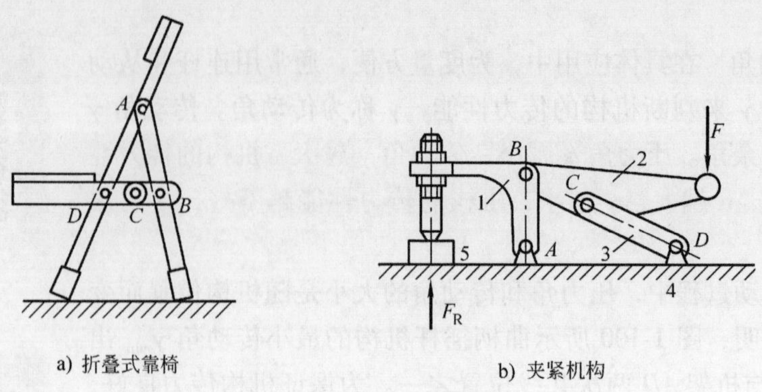

a) 折叠式靠椅　　b) 夹紧机构

图 1-102　死点位置的利用

四、平面四杆机构的设计

平面四杆机构运动设计主要是根据机构的工作要求和给定的运动条件，确定机构运动简图尺寸参数。

设计一般可归纳为两类问题：①实现给定从动件的运动规律，如要求满足给定的行程速比系数以实现预期的急回特性或实现连杆的几个预期的位置要求；②实现给定的运动轨迹，如要求连杆上的某点具有特定的运动轨迹，如起重机中吊钩的轨迹应为一水平直线、搅面机上搅头的轨迹应为一条较复杂的曲线等。

平面四杆机构运动设计的方法有图解法、实验法和解析法。图解法和实验法简单、直观，但精度不高，用于一般设计要求；解析法精度高，可结合计算机进行辅助设计。因图解法简单直观，有助于对设计原理的理解，故这里只介绍图解法。

1. 按给定的行程速比系数 *K* 设计四杆机构

设计条件：所设计的机构应是具有急回特性，如曲柄摇杆机构、偏置曲柄滑块机构和摆动导杆机构等，其中以典型的曲柄摇杆机构设计为基础。

有一曲柄摇杆机构，已知行程速比系数 K、摇杆的长度 l_{CD} 及摆角 ψ，用图解法设计此曲柄摇杆机构，如图 1-103 所示。

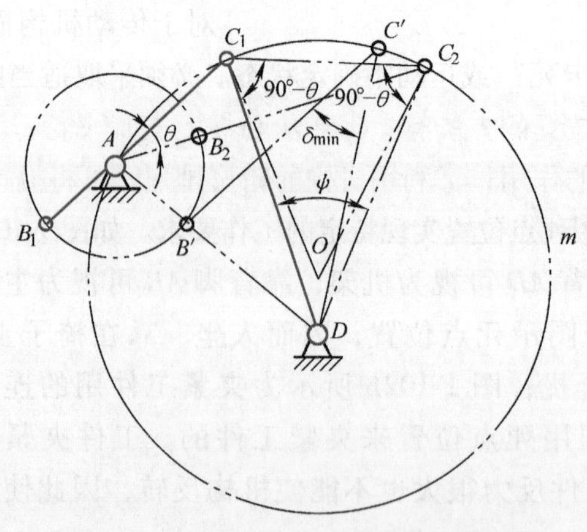

图 1-103　按急回特性要求设计四杆机构

设计步骤：

1）计算极位夹角

$$\theta=180^{\circ}\frac{K-1}{K+1}$$

2）选择适当的比例尺 μ_l，任选转动副 D 的位置，绘出摇杆的两个极限位置 C_1D 和 C_2D。

3）连接 C_1、C_2 两点，作 $\angle C_1C_2O=\angle C_2C_1O=90^{\circ}-\theta$，得交点 O；以 O 为圆心，OC_1 为半径作辅助圆 m，该圆周上任一点所对应的弦 C_1C_2 的圆周角均为 θ。在该圆周上允许范围内任选一点 A，连 AC_1、AC_2，则 $\angle C_1AC_2=\theta$。A 点即为曲柄与机架组成转动副的中心的位置。

4）因极限位置处于曲柄与连杆共线，故有 $AC_1=BC-AB$、$AC_2=BC+AB$，由此可求得

$$AB=\frac{AC_2-AC_1}{2}\qquad BC=\frac{AC_2+AC_1}{2}$$

因此曲柄、连杆、机架的实际长度分别为

$$l_{AB}=\mu_l AB$$
$$l_{BC}=\mu_l BC$$
$$l_{AD}=\mu_l AD$$

微课 1-15

曲柄摇杆机构的设计

由于 A 点任选，所以可得无穷多解。实际工作中，当附加某些辅助条件，如给定机架长度 l_{AD} 或最小转动角 $\gamma_{\min}$ 等，即可确定 A 点位置，使其具有确定解。

2. 按连杆的预定位置设计四杆机构

微课 1-16

曲柄滑块机构的设计

在生产实践中，经常要求所设计的四杆机构在运动过程中连杆能达到某些特殊位置，这类机构的设计属于实现构件预定位置的设计问题。

按给定条件分为两种情况：

（1）按给定的连杆三个位置设计四杆机构

设计条件：铰链四杆机构中连杆的长度 l_{BC} 及三个预定位置 B_1C_1、B_2C_2、B_3C_3，要求确定四杆机构的其余构件尺寸。

分析：问题的关键是确定两连架杆与机架组成转动副的中心 A、D。

由于连杆在依次通过预定位置的过程中，B、C 点轨迹为圆弧，此圆弧的圆心即为连架杆与机架组成转动副的中心。由此可见，设计的实质是已知圆弧上三点求圆心，如图 1-104 所示。

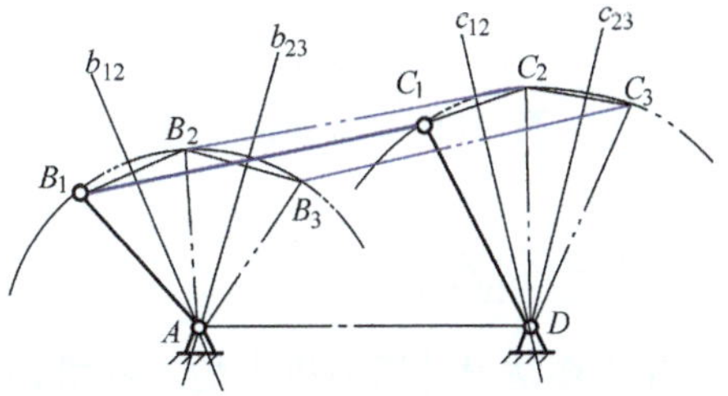

图 1-104　按连杆的三个预定位置设计四杆机构

设计步骤：

1）选择适当的比例尺 μ_1，绘出连杆三个预定位置 B_1C_1、B_2C_2、B_3C_3。

2）求转动副中心 A、D。连接 B_1B_2 和 B_2B_3，分别作 B_1B_2 和 B_2B_3 的中垂线，交点即为 A。同理可得 D。

3）连接 AB_1、C_1D 和 AD，则 AB_1C_1D 即为所求的铰链四杆机构。各构件实际长度分别为 $l_{AB}=\mu_1 AB_1$，$l_{CD}=\mu_1 C_1D$，$l_{AD}=\mu_1 AD$。

（2）按给定的连杆两个位置设计四杆机构

设计条件：铰链四杆机构中连杆的长度 l_{BC} 及两个预定位置 B_1C_1、B_2C_2，要求确定四杆机构的其余构件尺寸。

由前面分析可知，两连架杆与机架组成转动副的中心 A、D 可分别在 B_1B_2 和 C_1C_2 的中垂线上取得，由于没有其他条件限制，所以可任意选取，得到无穷多个解。但实际工程中，常常会有限定条件，需结合附加限定条件，如机架位置、结构紧凑等，从无穷解中选取满足要求的唯一解。

如图1-105所示的加热炉门的启闭机构，要求加热时炉门（连杆）处于关闭位置 B_1C_1，加热后炉门处于开启位置 B_2C_2；如图1-106所示的铸造车间造型机的翻台机构，要求翻台（连杆）在实线位置时填砂造型，翻台在双点画线位置时托台上升起模，即要求翻台能实现 B_1C_1、B_2C_2 两个位置。这些工程实例都属于按给定的连杆两个位置设计四杆机构的情况。

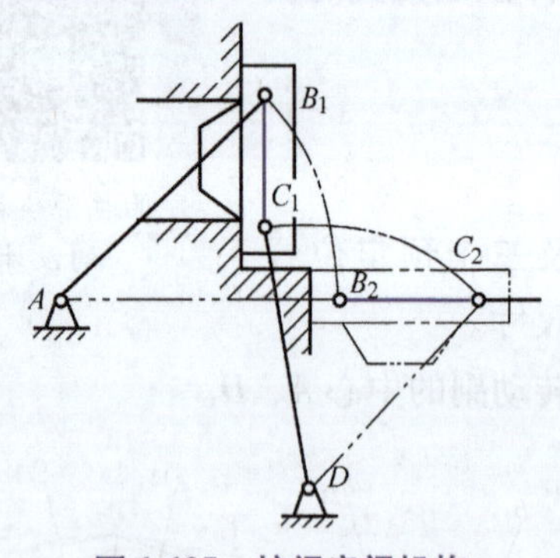

图1-105　炉门启闭机构

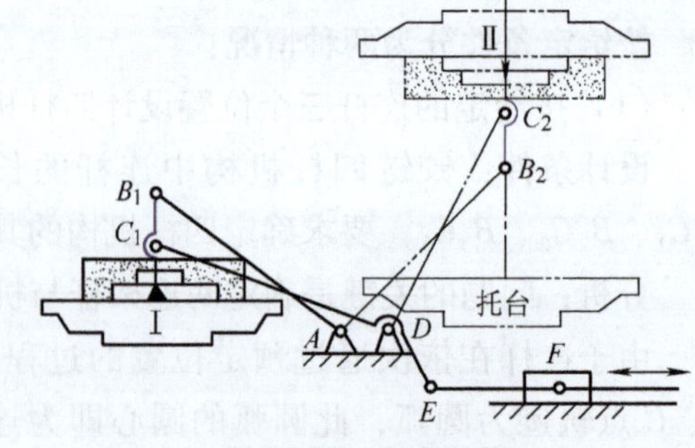

图1-106　翻台机构

任务实施

用作图法设计压力机中的连杆机构（曲柄滑块机构）。主要参数和要求：压力机中冲压机构采用曲柄滑块机构（图1-107），冲头做上下往复直线运动，具有快速下沉、等速工作进给和快速返回的特性。行程速比系数 $K=1.5$，上模行程 $H=130$mm，行程次数为 58 次/min，偏距 $e=100\text{mm}$。

图 1-107　压力机曲柄滑块机构

按照下面的步骤完成任务，并将过程和结果填写在表 1-5 中。

表 1-5　曲柄滑块机构设计

序号	设计步骤	设计计算内容	结果
1	计算机构极位夹角		
2	画出滑块的两个极限位置		
3	画辅助圆		
4	确定铰链 A 的位置		

（续）

序号	设计步骤	设计计算内容	结果
5	计算曲柄长，并确定铰链 B 点的位置		
6	补足机架及铰链符号，完成机构设计		
作图：			

实践中常见问题解析

1）要使机构能够运动，应使机构自由度 $F>0$；若 $F\leqslant 0$，说明机构不能运动。

2）计算机构自由度时，应先判断是否有复合铰链、局部自由度和虚约束三种特殊情况，如果有，则应处理后再计算机构自由度。

3）应用机构具有确定相对运动的条件，可以判断任意一个机构设计得是否合理，是否能够运动，并且是否具有确定的相对运动。

4）在进行平面连杆机构运动设计时，往往是以运动要求为主要设计目标，同时还要兼顾一些运动特性和传力特性等方面的要求，如整转副要求、压力角或传动角要求、机构占据空间位置要求等。另外，设计结果还应满足运动连续性要求，即当主动件连续运动时，从动件也能连续地占据预定的各个位置，而不能出现错位或错序等现象。

5）对于需要有急回运动的机构，常常是根据需要的行程速比系数 K，先求出 θ，然后再设计各构件的尺寸。

小　结

本学习任务分析了平面机构运动副及其类型，平面机构的运动简图及绘制方法，平面机构自由度的计算及机构具有确定相对运动的条件，平面连杆机构的类型、工作原理、工作特性和应用情况，分析了平面四杆机构的设计方法和设计步骤。通过本任务的学习，学生应能够掌握运动副的分类情况及平面机构运动简图的绘制方法，掌握平面机构自由度的计算方法，能够判断平面机构是否具有确定的相对运动，能够设计和分析实际工作中所用到的平面四杆机构。

1）运动副分类：低副和高副。低副的种类：转动副和移动副。

2）运动简图的绘制步骤：①确定机架、原动件和从动件；②确定运动副的类型和数目；③选择适当的比例尺，按照各运动副间的距离和相对位置，以规定的线条和符号绘出运动简图。

3）平面机构的自由度计算：

$$F=3n-2P_L-P_H$$

计算平面机构自由度时的特殊情况：①复合铰链；②局部自由度；③虚约束。

4）机构具有确定运动的条件：自由度 $F>0$，且机构的自由度数 F 等于机构的原动件数目。

5）铰链四杆机构类型：曲柄摇杆机构、双曲柄机构和双摇杆机构。

6）铰链四杆机构基本类型的判别：①用曲柄存在条件判断是否存在曲柄；②若不存在曲柄，为双摇杆机构；③若存在曲柄，则分两种情况：机架为最短杆，是双曲柄机构；与机架相邻的杆为最短杆，是曲柄摇杆机构。

7）平面四杆机构的工作特性：①急回特性；②压力角和传动角；③死点位置。

8）平面四杆机构的设计：设计一般可归纳为两类问题：①实现给定从动件的运动规律，如要求满足给定的行程速比系数以实现预期的急回特性或实现连杆的几个预期的位置要求；②实现给定的运动轨迹。

思考与练习

一、单项选择题

1-3-1　平面机构中，若引入1个高副，将引入________个约束。

A. 1　　B. 2　　C. 3　　D. 0

1-3-2　平面机构中，若引入1个低副，将引入________个约束。

A. 1　　B. 2　　C. 3　　D. 0

1-3-3　由 m 个构件在一处组成的复合铰链，应具有________个转动副。

A. m　　B. $m-1$　　C. $m-2$　　D. $m+1$

1-3-4　通过点、线接触组成的平面运动副称为________。

A. 高副　　B. 低副　　C. 移动副　　D. 转动副

1-3-5 通过面接触组成的平面运动副称为________。

A. 高副 B. 低副 C. 移动副 D. 转动副

1-3-6 铰链四杆机构中各构件以________相连接。

A. 转动副 B. 移动副 C. 螺旋副 D. 高副

1-3-7 平面连杆机构当行程速比系数 K________时，机构就具有急回特性。

A. >1 B. =1 C. <1 D. =0

1-3-8 铰链四杆机构中，若最长杆与最短杆长度之和大于其他两杆长度之和，则机构有________。

A. 一个曲柄 B. 两个曲柄 C. 两个摇杆 D. 一个摇杆

1-3-9 家用缝纫机踏板机构属于________。

A. 曲柄摇杆机构 B. 双曲柄机构 C. 双摇杆机构 D. 曲柄滑块机构

1-3-10 当极位夹角________时，机构就具有急回特性。

A. >0° B. =0° C. <0° D. ≤0°

1-3-11 对心曲柄滑块机构曲柄半径 r 与滑块行程 H 的关系是________。

A. $H=r$ B. $H=2r$ C. $H=3r$ D. $H=4r$

1-3-12 内燃机中的曲柄滑块机构工作时是以________为主动件。

A. 曲柄 B. 连杆 C. 滑块 D. 以上都不是

1-3-13 曲柄摇杆机构中，能够做整周回转的连架杆称为________。

A. 曲柄 B. 连杆 C. 滑块 D. 摇杆

1-3-14 曲柄滑块机构有死点存在时，其主动件为________。

A. 曲柄 B. 曲柄与滑块均可 C. 滑块 D. 以上都不是

1-3-15 四杆机构处于死点时，其传动角为________。

A. 0° B. 90° C. $0°<\gamma<90°$ D. 20°

1-3-16 以曲柄为原动件的曲柄摇杆机构，最小传动角出现在________位置。

A. 曲柄与连杆共线 B. 曲柄与摇杆共线

C. 曲柄与机架共线 D. 曲柄与连杆垂直

1-3-17 以曲柄为原动件的曲柄滑块机构，最小传动角出现在________位置。

A. 曲柄与连杆共线 B. 曲柄与滑块导路垂直

C. 曲柄与滑块导路平行 D. 曲柄与连杆垂直

1-3-18 为使机构能顺利通过死点，常采用高速轴上安装________来增大惯性。

A. 齿轮 B. 飞轮 C. 凸轮 D. 带轮

二、判断题

1-3-19 虚约束对机构的运动不起作用，也不能增强机构的刚性。

1-3-20 平面运动副的最大约束数是2。

1-3-21 具有局部自由度的机构，在计算机构自由度时，应首先将局部自由度去掉。

1-3-22 一个做平面运动的自由构件，有3个独立的运动。

1-3-23 具有虚约束的机构，在计算机构自由度时，应首先将虚约束去掉。

1-3-24 曲柄摇杆机构的摇杆两极限位置间的夹角称为极位夹角。

1-3-25　对心式曲柄滑块机构没有急回特性。

1-3-26　偏心式曲柄滑块机构有急回特性。

1-3-27　曲柄摇杆机构中，摇杆的极限位置出现在曲柄与机架共线处。

1-3-28　曲柄摇杆机构中，当摇杆为主动件，曲柄与连杆共线时，机构出现死点位置。

1-3-29　曲柄为原动件的摆动导杆机构，一定具有急回特性。

1-3-30　铰链四杆机构中，传动角越大，机构的传力性能越好。

1-3-31　曲柄摇杆机构中，当曲柄为主动件时，只要机构的极位夹角大于0°，机构就一定具有急回特性。

三、简答题

1-3-32　什么是运动副？平面高副与平面低副各有什么特点？

1-3-33　既然虚约束对机构的运动不起直接的限制作用，为什么在实际的机械中常出现虚约束？在什么情况下才能保证虚约束不成为有效约束？

1-3-34　机构具有确定运动的条件是什么？

1-3-35　计算机构自由度时应注意哪些特殊情况？

1-3-36　平面四杆机构的基本形式是什么？试联系实际各举一应用实例。

1-3-37　试以曲柄摇杆机构为例，说明什么是机构的急回特性，该机构是否一定具有急回特性。

1-3-38　以曲柄滑块机构为例，说明什么是机构的死点位置，并举例说明克服机构死点位置的方法。

四、训练题

1-3-39　绘出图1-108所示机构的机构运动简图。

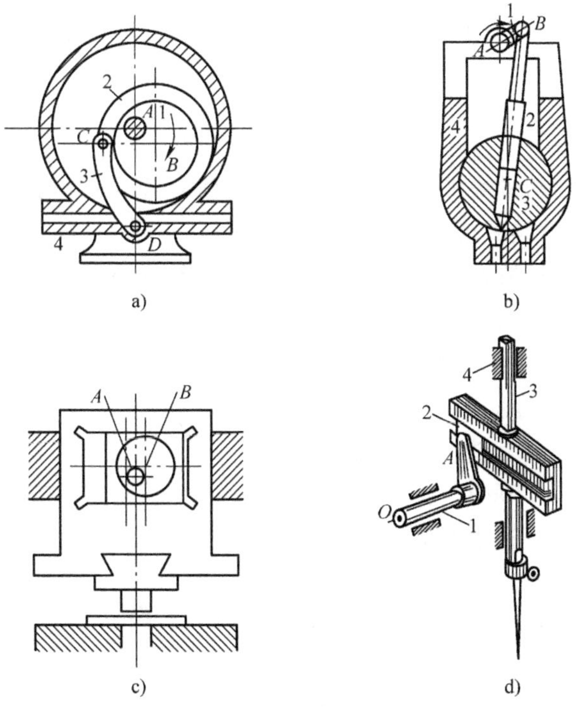

图1-108　题1-3-39图

1-3-40　指出图1-109所示机构运动简图中的复合铰链、局部自由度和虚约束，计算各机构的自由度，并判断机构的运动是否确定。

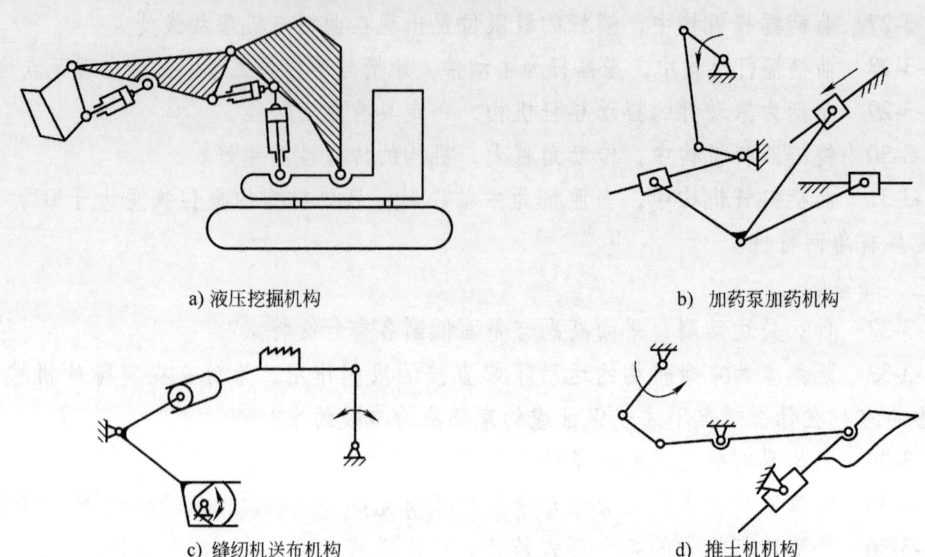

a) 液压挖掘机构　b) 加药泵加药机构

c) 缝纫机送布机构　d) 推土机机构

图1-109　题1-3-40图

1-3-41　试根据图1-110中注明的尺寸判断下列各铰链四杆机构属于哪一种基本形式。

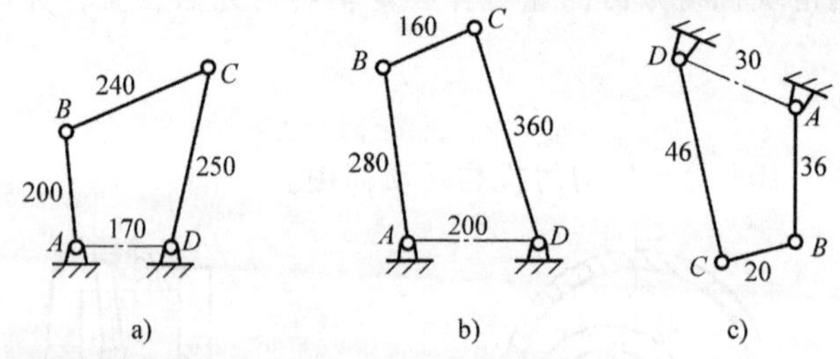

a)　b)　c)

图1-110　题1-3-41图

1-3-42　设计一曲柄滑块机构。已知滑块的行程 $s=50$mm，偏距 $e=16$mm，行程速比系数 $K=1.2$，求曲柄和连杆的长度。

1-3-43　设计一曲柄摇杆机构。已知摇杆长度 $l_3=80$mm，摆角 $\psi=40°$，摇杆的行程速比系数 $K=1.2$，且要求摇杆 CD 的一个极限位置与机架间的夹角 $\angle CDA=90°$，试用图解法确定其余三杆的长度。

1-3-44　图1-111所示为一偏置曲柄滑块机构。已知偏距 $e=10$cm，曲柄长 $r=15$cm，连杆长 $l=40$cm。试用图解法求：

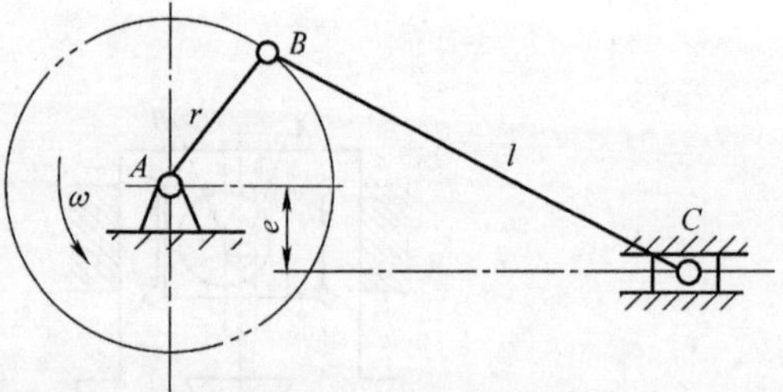

图1-111　题1-3-44图

1）滑块的行程 s。

2）行程速比系数 K。

3）校验最小传动角 γ_{min}（要求 $\gamma_{min}>40°$）。

1-3-45　设计一铰链四杆机构作为加热炉门的启闭机构。已知炉门上两活动铰链的中心距为 200mm，炉门打开后成水平位置时，要求炉门温度较低的一面朝上（如图 1-112 中双点画线所示），设固定铰链安装在 yy 轴线上，其相关尺寸如图 1-112 所示，求此铰链四杆机构其余三杆的长度。

1-3-46 图 1-113 所示的颚式破碎机，已知行程速比系数 $K=1.25$，颚板（摇杆）CD 的长度 $l_{CD}=250\text{mm}$，颚板摆角 $\psi=30°$。若机架 AD 的长度 $l_{AD}=225\text{mm}$。试确定曲柄 AB 和连杆 BC 的长度 l_{AB} 和 l_{BC}，并对此设计结果检验它们的最小传动角 γ_{min}（要求 $\gamma_{min}>40°$）。

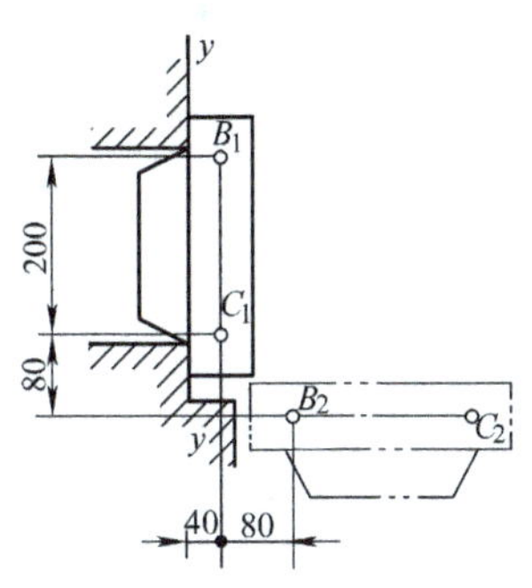

图 1-112 题 1-3-45 图

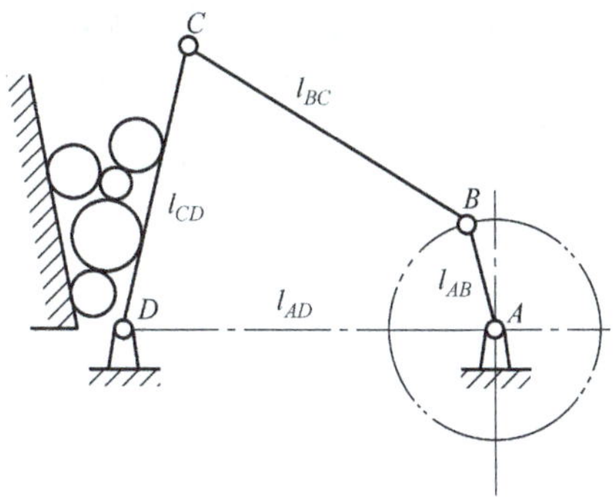

图 1-113 题 1-3-46 图

任务 1.4 凸轮机构的设计与选用

任务目标

1）能够正确分析凸轮机构类型、应用和工作特性。

2）能够根据实际工作条件设计典型凸轮机构。

3）能够在完成任务过程中做到吃苦耐劳、精益求精。

4）培养严谨认真的工作态度。

5）培养机械设计创新思维、团队合作意识和爱国主义精神。

任务描述

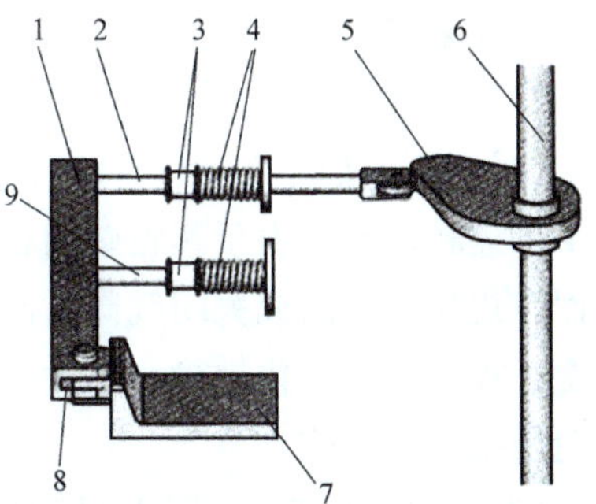

图 1-114 压力机送料凸轮机构

1—横梁组件 2—推杆 3—滑动支承 4—弹簧 5—凸轮 6—立轴 7—推料板 8—滑动架 9—导向杆

设计压力机送料凸轮机构。主要参数：压力机中采用凸轮机构（图 1-114）将毛坯送入模腔并将成品推出，根据压力机的工作要求，坯料输送的最大距离为200mm。

任务分析

凸轮机构是压力机（精压机）中的送料机构，起到自动送料的作用。凸轮机构是一种常用的高副机构，在自动机械或半自动机械中应用非常广泛。凸轮是一种具有曲面轮廓的构件，一般为原动件，做连续转动或移动，在凸轮轮廓线的推动下，从动件（推杆）往复移动或摆动。通过凸轮机构的工作分析与设计，完成以下具体任务：

1）分析凸轮机构类型、工作特性。

2）设计压力机送料凸轮机构。

相关知识

一、凸轮机构的组成、应用和分类

1. 凸轮机构的组成

如图1-115所示，凸轮机构由凸轮1、从动件2和机架3三个基本构件组成。

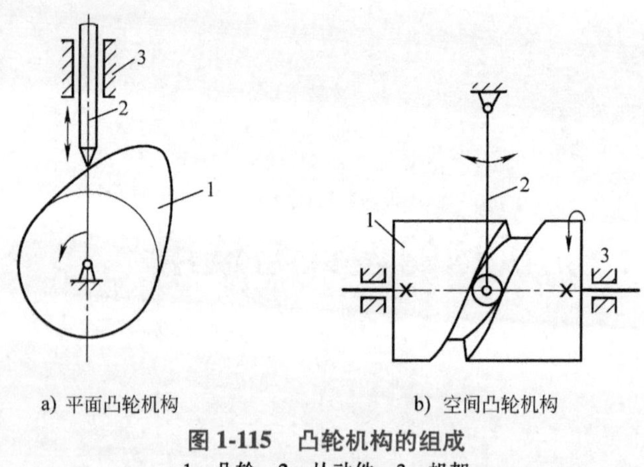

a）平面凸轮机构　　b）空间凸轮机构

图1-115　凸轮机构的组成

1—凸轮　2—从动件　3—机架

凸轮是一个具有控制从动件运动规律的曲线轮廓或凹槽的主动件，通常做连续等速转动或往复移动；从动件则在凸轮驱动下按预定运动规律做往复直线运动或摆动。

2. 凸轮机构的应用

（1）应用实例一　图1-116所示为内燃机的配气机构。凸轮以等角速度回转，当凸轮1等速转动时，由于其轮廓向径不同，迫使从动件（气门推杆）2做上、下往复移动，从而有规律地开启或关闭气阀。凸轮轮廓的形状决定了气阀开启或关闭的时间长短及其速度、加速度的变化规律。凸轮是绕固定轴转动且有变化向径的盘形零件，盘形凸轮是凸轮最基本的形式。

（2）应用实例二　图1-117所示为自动车床上控制进刀的凸轮机构。圆柱凸轮2等速回转，其凹槽侧面迫使从动件3按一定规律往复摆动，从而控制了刀架的进刀、退刀运动。

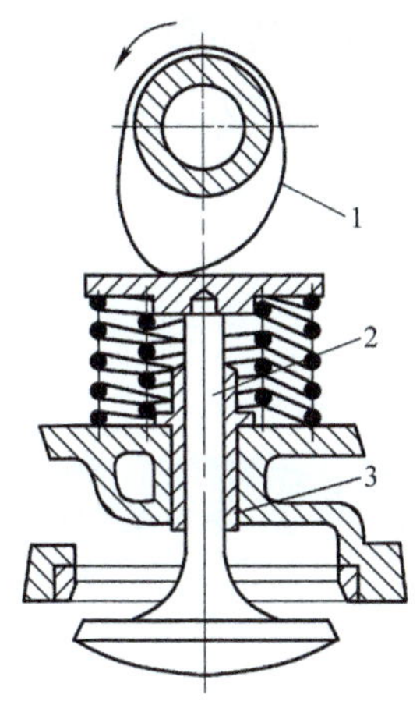

图 1-116　内燃机的配气机构

1—凸轮　2—从动件（气门推杆）　3—内燃机缸体

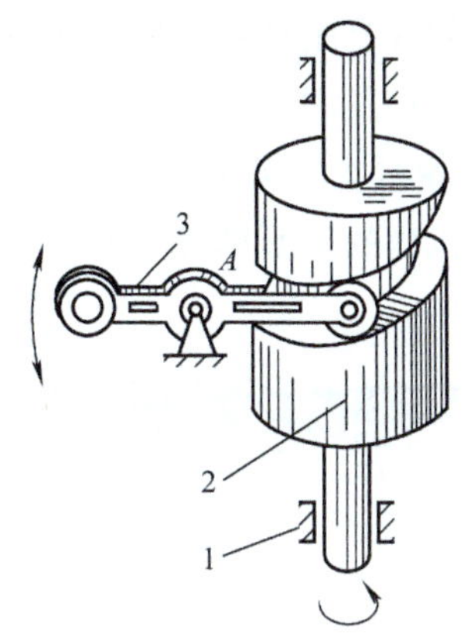

图 1-117　自动车床中的凸轮机构

1—机架　2—圆柱凸轮　3—从动件

（3）应用实例三　图 1-118 所示为缝纫机拉线机构。当圆柱凸轮 1 转动时，嵌在槽内的滚子 *A* 迫使从动件 2 绕轴 *O* 摆动，从而在 *B* 处拉动缝线工作。

（4）应用实例四　图 1-119 所示为录音机卷带机构。凸轮 1 处于图示最低位置，在弹簧 6 的作用下，安装于带轮轴上的摩擦轮 4 紧靠卷带轮 5，从而将磁带卷紧。停止放音时，凸轮 1 随按键上移，其轮廓压迫从动件 2 顺时针摆动，使摩擦轮与卷带轮分离，从而停止卷带。

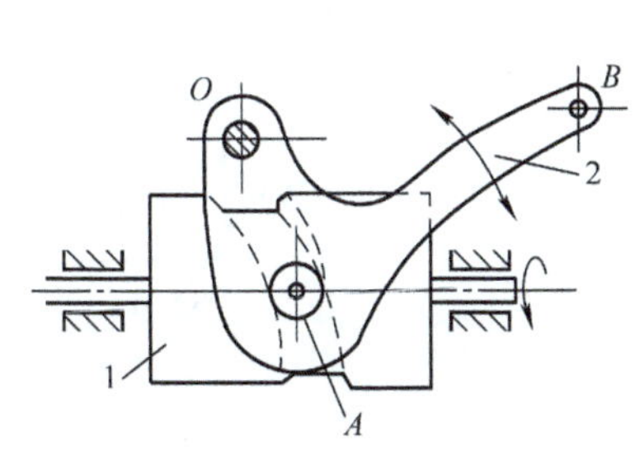

图 1-118　缝纫机拉线机构

1—圆柱凸轮　2—从动件

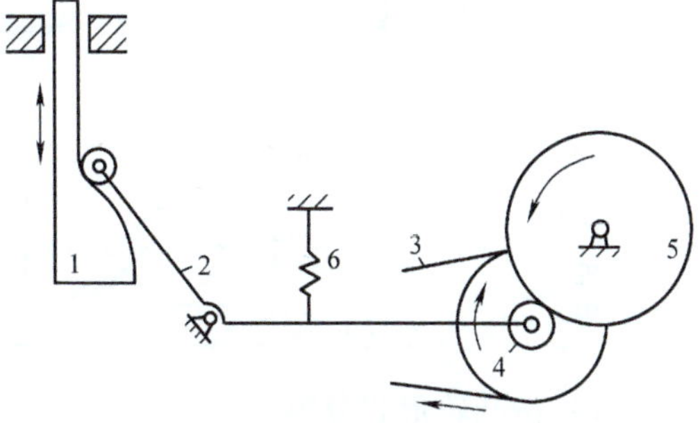

图 1-119　录音机卷带机构

1—凸轮　2—从动件　3—录音带
4—摩擦轮　5—卷带轮　6—弹簧

由以上几个例子可见，凸轮机构的主要优点是：选择适当的凸轮轮廓，能使从动件获得任意预定的运动规律；机构简单、结构紧凑、设计方便。其主要缺点是：由于凸轮与从动件间为高副接触，易于磨损，因此凸轮机构多用于传递动力不大的自动机械、仪表、控制机构及调节机构中。

3. 凸轮机构的类型

凸轮机构的类型见表1-6。

表1-6　凸轮机构的主要类型及运动简图

类型		直动从动件		摆动从动件
盘形凸轮机构	从动件	对心	偏置	—
	尖顶从动件	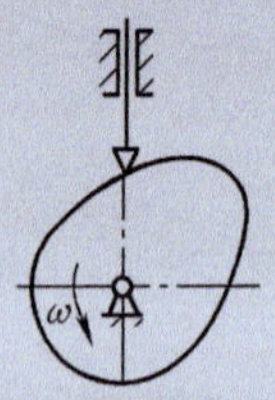	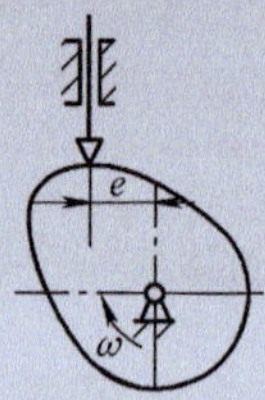	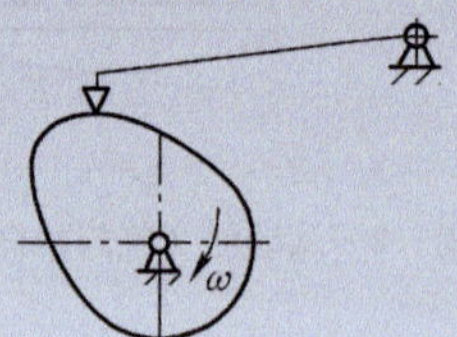
	滚子从动件	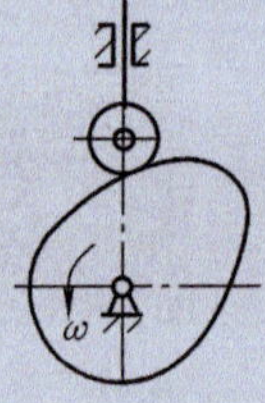	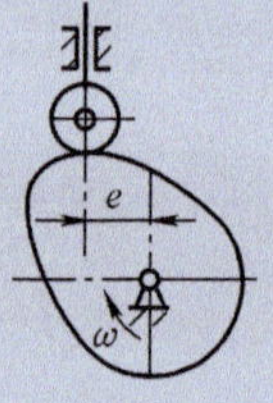	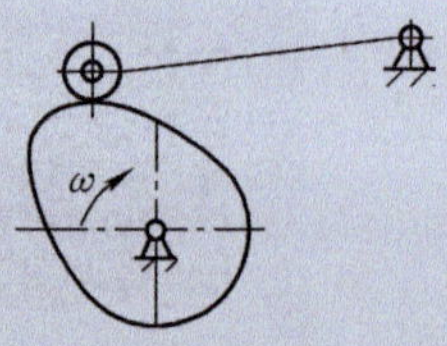
	平底从动件	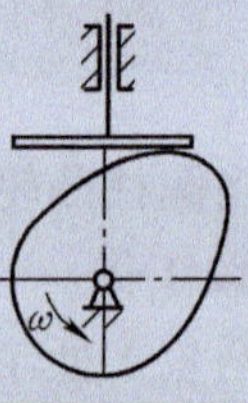	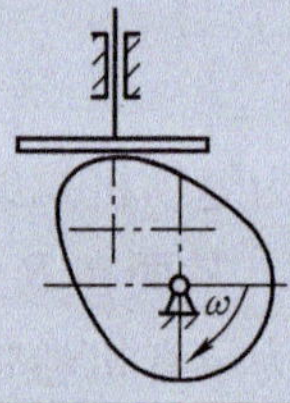	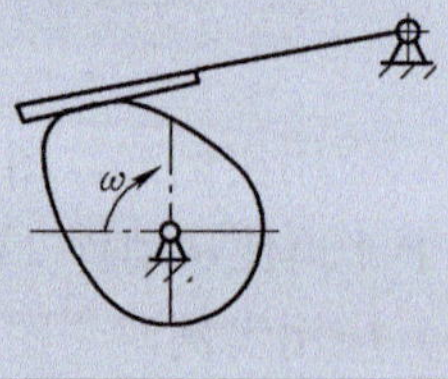
移动凸轮机构		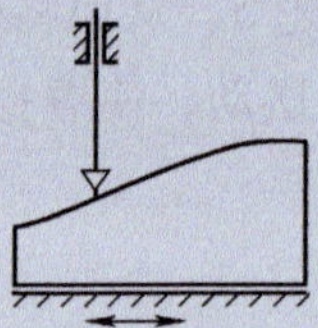	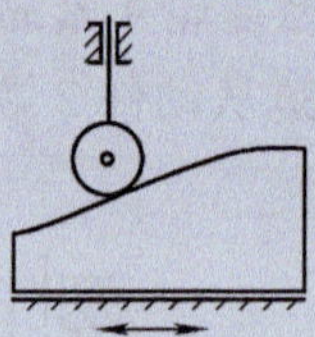	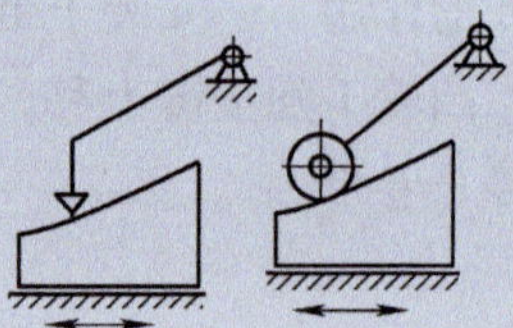
圆柱凸轮机构		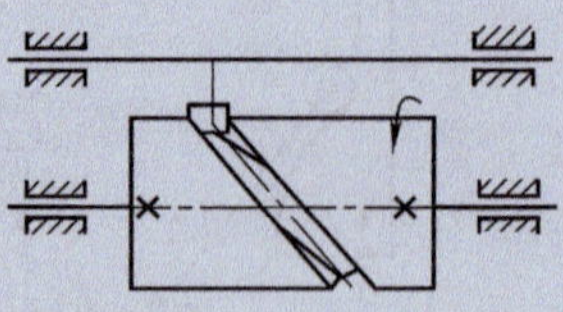		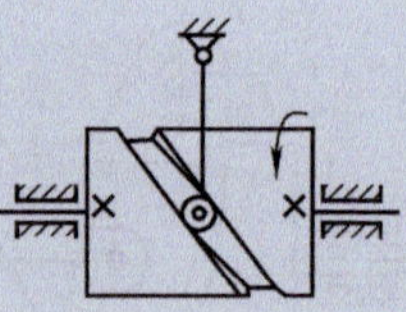

（1）按凸轮形状分类

1）盘形凸轮。它是具有变化半径的盘形结构，通常凸轮绕固定轴线等速回转，从动件直动或往复摆动，如图1-115a所示。

2）圆柱凸轮。将移动凸轮卷成圆柱体，即成空间的圆柱凸轮，如图1-115b所示。

3）移动凸轮。当盘形凸轮的回转轴线移至无穷远时，凸轮的转动转化为相对机架做直线移动，即成移动凸轮，参见表 1-6。

盘形凸轮和移动凸轮与从动件之间的相对运动为平面运动，属于平面凸轮机构；而圆柱凸轮与从动件之间的相对运动不在平行平面内，故属于空间凸轮机构。

（2）按从动件结构形式分类

1）尖顶从动件。如图 1-120a 所示，它是最简单、最基本的形式。顶尖可与任意凸轮轮廓线保持接触，从而实现任意预定的运动。但它是点接触，易磨损，故只适宜受力小、低速和运动精确的场合，如仪器仪表中的凸轮控制机构等。

2）滚子从动件。如图 1-120b 所示，从动件尖端处安装一个滚子，用滚动代替滑动，从而减少摩擦和磨损，增大承载能力，因而在机械中应用最广。

3）平底从动件。如图 1-120c 所示，从动件与凸轮轮廓表面接触的端面为一平面，使凸轮对从动件的作用力始终与平底垂直，传动效率高，且接触面间易形成油膜，利于润滑，因而常用于高速传动；但凸轮轮廓线内凹时会因为不能接触而失真，因此平底从动件不能用于有内凹轮廓线的凸轮机构中。

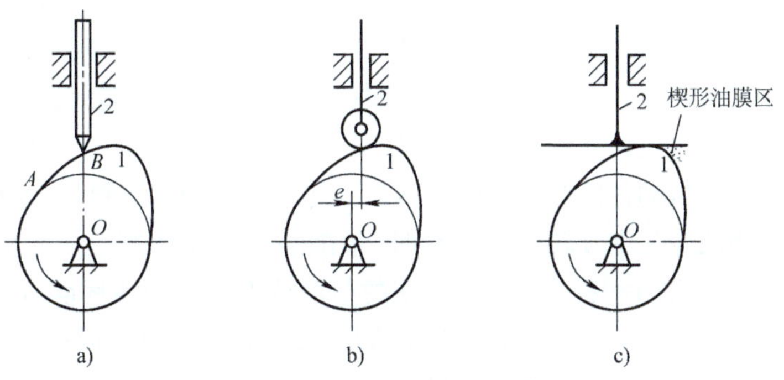

图 1-120　从动件的结构形式

（3）按从动件运动形式分类　从动件均可做往复直线运动和往复摆动，前者称为直动从动件，后者称为摆动从动件。

（4）按直动从动件相对于凸轮的位置分类　直动从动件的导路中心线通过凸轮的回转中心时，称为对心从动件，如图 1-120a 所示，否则为偏置从动件，如图 1-120b 所示。

（5）按凸轮与从动件的锁合方式分类　凸轮机构工作时，必须保证凸轮轮廓与从动件始终保持接触，这种作用称为锁合。

1）力锁合。凸轮机构中，采用重力、弹簧力使从动件端部与凸轮始终相接触的方式称为力锁合。图 1-116 所示为利用弹簧力实现力锁合的实例。

2）形锁合。凸轮机构中，采用特殊几何形状实现从动件端部与凸轮相接触的方式称为形锁合。图 1-115b 所示圆柱凸轮机构，是利用滚子与凸轮凹槽两侧面的配合来实现形锁合的；图 1-121a 所示等宽凸轮机构和图 1-121b 所示等径凸轮机构，均为形锁合的实例。

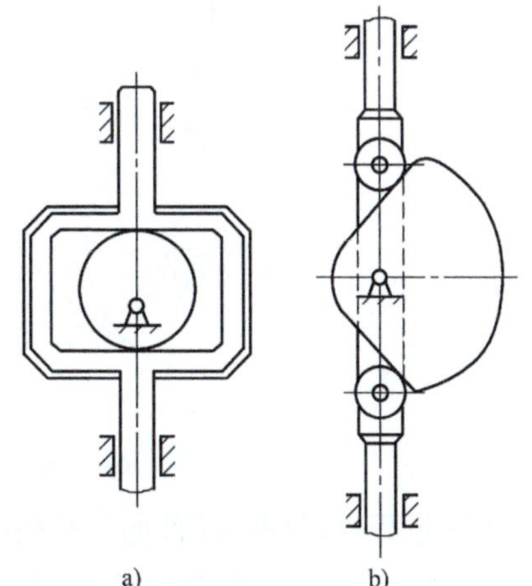

图 1-121　等宽凸轮机构和等径凸轮机构

各种基本类型的凸轮和不同形式的从动件的组合，可得到多种凸轮机构的类型，具体见表 1-6。

二、凸轮机构的工作过程与从动件的常用运动规律

1. 凸轮机构的工作过程

一尖顶对心直动从动件盘形凸轮机构（图 1-122），以凸轮轮廓的最小向径 r_b 为半径所作的圆称为基圆，r_b 为基圆半径，从动件被凸轮轮廓推向上，到达向径最大的 B 点时，从动件距凸轮轴心最远，这一过程称为推程，与之对应的凸轮转角 δ_0 称为推程运动角，从动件上升的最大位移 h 称为行程。当凸轮继续转过角度 δ_s 时，由于轮廓 BC 段为一向径不变的圆弧，从动件停留在最远处不动，此过程称为远停程，对应的凸轮转角 δ_s 称为远停程角。当凸轮又继续转过角度 δ_0' 时，凸轮向径由最大减至 r_b，从动件从最远处回到基圆上的 D 点，此过程称为回程，对应的凸轮转角 δ_0' 称为回程运动角。当凸轮继续转过角度 δ_s' 时，由于轮廓 DA 段为向径不变的基圆圆弧，从动件继续停在距轴心最近处不动，此过程称为近停程，对应的凸轮转角 δ_s' 称为近停程角。此时，$\delta_0+\delta_s+\delta_0'+\delta_s'=2\pi$，凸轮刚好转过一圈，机构完成一个工作循环，从动件则完成一个“升—停—降—停”的运动循环。

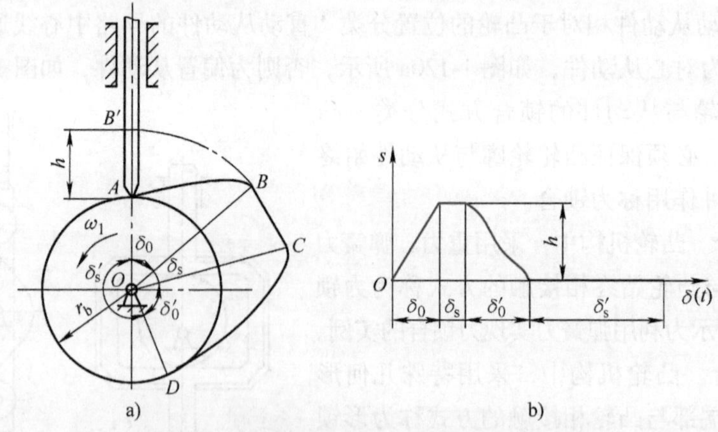

图 1-122　盘形凸轮机构工作过程和位移曲线

上述过程可以用从动件的位移曲线来描述。以从动件的位移 s 为纵坐标，对应的凸轮转角（或时间）为横坐标，将凸轮转角（或时间）与对应的从动件位移之间的函数关系用曲线表达出来的图形称为从动件的位移线图。

从动件在运动过程中，其位移 s、速度 v、加速度 a 随时间 t（或凸轮转角）的变化规律，称为从动件的运动规律。设计凸轮轮廓时，首先要根据工作要求确定从动件的运动规律，并按照选定的运动规律（位移线图）来设计凸轮轮廓。

2. 从动件常用的运动规律

（1）等速运动规律　从动件推程或回程的运动速度为定值的运动规律，称为等速运动规律。以推程为例，设凸轮以等角速度 ω 转动，当凸轮转过推程角时，从动件推程为 h，从动件运动规律线图如图 1-123 所示。图 1-123a 为位移 s–δ 图，图 1-123b 为速度 v–δ 图，图 1-123c 为加速度 a–δ 图。

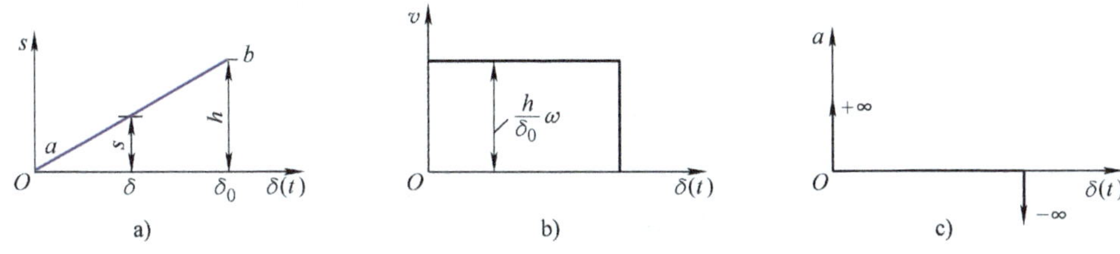

图 1-123　等速运动规律线图

由图可知，对于等速运动规律，推程或回程起点和终点瞬时的加速度 a 为无穷大，理论上产生无穷大的惯性力，使机构产生较强的冲击，这种冲击称为刚性冲击。因此，等速运动规律只适用于低速、轻载的场合。为避免由此产生的刚性冲击，实际应用时常用圆弧或其他曲线修正位移线图的始、末两端。

（2）等加速、等减速运动规律　从动件在一个行程 h 中，前半行程做等加速运动，后半行程做等减速运动，这种运动规律称为等加速等减速运动规律。通常取加速度和减速度的绝对值相等。因此，从动件做等加速和等减速运动所经历的时间相等；又因凸轮做等速转动，所以与各运动段对应的凸轮转角也相等，同为 $\delta_0/2$ 或 $\delta_0'/2$。

从动件按等加速、等减速运动的运动规律线图如图 1-124 所示，推程时的线图如

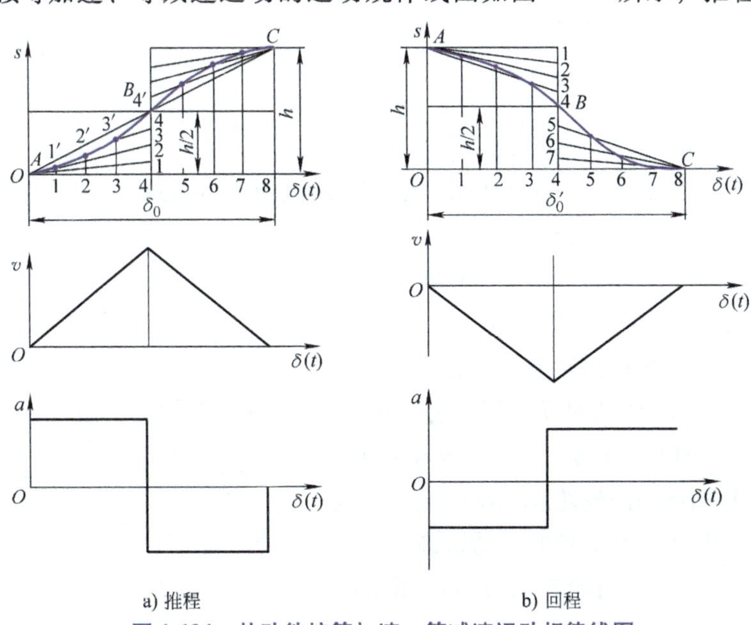

图 1-124　从动件按等加速、等减速运动规律线图

图 1-124a 所示，其位移曲线为两条光滑相接的反向抛物线，所以等加速等减速运动规律又称为抛物线运动规律。当凸轮转角 δ 处在相同等分转角 1、2、3……各位置时，从动件相应的位移量 s 的比值为 1∶4∶9……由此，位移线图可以方便地用作图法画出，如图 1-124a 所示。同理，可作出回程时做等加速等减速运动从动件的运动规律线图，如图 1-124b 所示。

等加速等减速运动规律的加速度在 A、B、C 三处存在有限的突变，因而会在机构中产生有限值的惯性力，有限值的惯性力将引起柔性冲击。与等速运动规律相比，其冲击程度大为减小。因此，等加速等减速运动规律适用于中速、中载的场合。

（3）简谐运动规律（余弦加速度运动规律） 简谐运动规律，是指当一质点在圆周上做匀速运动时，它在该圆直径上投影所形成的运动规律。从动件做简谐运动时，推程的运动规律线图如图 1-125 所示，其加速度按余弦曲线变化，故又称为余弦加速度运动规律，其位移曲线为简谐运动曲线，作图方法如图 1-125 所示。

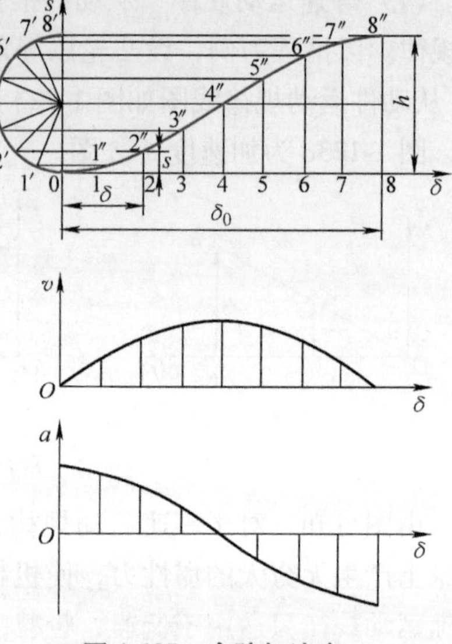

图 1-125 余弦加速度运动规律线图

由加速度线图可知，加速度变化和缓，但行程始末有突变，产生有限值的惯性力，将引起柔性冲击，所以余弦运动规律适用于中高速、中载的速场合。若从动件做无停歇的连续往复运动时，则加速度曲线保持连续，运动中没有柔性冲击，可用于高速场合。

随着生产技术的进步，工程中所采用的从动件运动规律越来越多，如摆线运动规律、复杂多项式运动规律及改进型运动规律等。设计凸轮机构时，应根据机器的工作要求，恰当地选择合适的运动规律。

三、凸轮轮廓曲线的设计

1. 凸轮轮廓设计的基本原理和一般设计步骤

图 1-126 所示为尖顶对心直动从动件盘形凸轮机构，当凸轮以等角速度 ω 逆时针转动时，推杆按预定的运动规律运动。绘制凸轮时应使凸轮相对静止，如假想给整个凸轮系统加上一个与凸轮角速度 ω 大小相等、方向相反的公共角速度“$-\omega$”，则凸轮相对静止，而从动件一方面按原有运动规律与机架导路做往复相对移动，一方面随机架以角速度“$-\omega$”绕 O 反转。由于从动件尖顶始终与凸轮轮廓保持接触，所以从动件在反转过程中，其尖顶的运动轨迹就是凸轮的轮廓曲线。这就是凸轮轮廓设计的基本原理，即“反转法”原理。

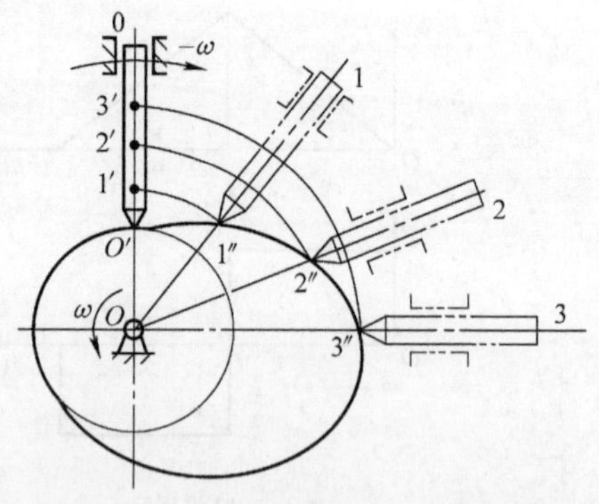

图 1-126 凸轮机构设计反转法原理

凸轮的一般设计步骤为：①确定从动件运动规律；②确定凸轮的类型和结构尺寸；③设计凸轮的轮廓曲线；④绘制凸轮工作图。

2. 尖顶对心直动从动件盘形凸轮轮廓线设计

图 1-127 所示为尖顶对心直动从动件盘形凸轮机构。已知从动件的运动规律、凸轮的基圆半径 r_b 及转动方向 ω，设计盘形凸轮轮廓曲线。

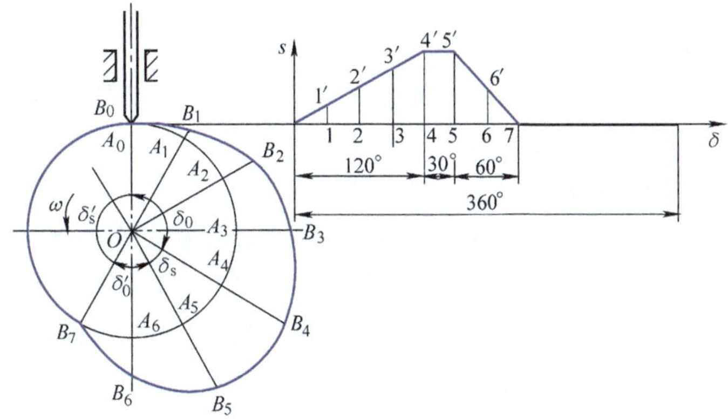

图 1-127　尖顶对心直动从动件盘形凸轮轮廓线设计

作图步骤：

1）选取适当的比例尺 μ_l，按已知的从动件运动规律作出从动件的位移线图。

2）按与位移线图相同的比例尺，以 r_b 为半径作基圆。基圆与导路的交点 B_0（A_0）即为从动件尖顶的起始位置。

3）在基圆上，自 OA_0 开始，沿“$-\omega$”方向依此量取推程角 120°，远停程角 30°，回程角 60°，近停程角 150°，并将推程角、回程角分成与位移线图对应的若干等份，得 A_1，A_2，A_3，…，各点，连接 OA_1，OA_2，OA_3，…，各径向线并延长，便得从动件导路在反转过程中的一系列位置线。

4）沿各位置线自基圆向外量取 $A_1B_1=11'$，$A_2B_2=22'$，$A_3B_3=33'$，…，由此得尖顶从动件反转过程中的一系列位置 B_1，B_2，B_3，…。

5）将 B_1，B_2，B_3，…，连接成光滑的曲线，即得到所设计的凸轮轮廓曲线。

3. 滚子对心直动从动件盘形凸轮轮廓线设计

图 1-128 所示为滚子对心直动从动件盘形凸轮机构。由于滚子中心是从动件上的一个固定点，该点的运动就是从动件的运动，而滚子始终与凸轮轮廓保持接触，沿法线方

向的接触点到滚子中心的距离恒等于滚子半径 r_T。

作图步骤：

1）将滚子中心看作尖顶从动件的尖顶，按设计尖顶从动件凸轮轮廓的方法作出滚子中心相对于凸轮的运动轨迹曲线，称为凸轮的理论轮廓曲线。

2）以理论轮廓曲线上的点为圆心，以滚子半径 r_T 为半径作一系列滚子圆（取与基圆相同的长度比例尺），再作这些圆的内包络线，则得到凸轮的实际轮廓曲线。

应注意的是，凸轮的基圆指的是理论轮廓曲线上的基圆，凸轮的实际轮廓曲线是与理论轮廓曲线相距滚子半径 r_T 的一条等距曲线。

4. 尖顶偏置直动从动件盘形凸轮轮廓线设计

图 1-129 所示为尖顶偏置直动从动件盘形凸轮机构，其从动件导路偏离凸轮回转中心的距离 e 称为偏距。以凸轮回转中心 O 为圆心，以偏距 e 为半径所作的圆称为偏距圆。从动件在反转过程中，其导路中心线一定始终与偏距圆相切。

作图步骤：

1）按前述方法将基圆按推程角、远停程角、回程角、近停程角进行等分，过基圆上各分点 C_1，C_2，C_3，…，作偏距圆的切线。

微课 1-19

凸轮轮廓曲线的设计

2）沿这些切线自基圆向外量取从动件相应位置的位移，即 $C_1B_1=11'$，$C_2B_2=22'$，$C_3B_3=33'$，…，得尖顶从动件反转过程中的一系列位置 B_1，B_2，B_3，…。

偏置从动件与对心从动件凸轮轮廓其余作图步骤完全相同，应注意作偏距圆时长度比例尺必须与基圆和位移一致。

若采用滚子从动件，则图 1-129 所示轮廓曲线为理论轮廓曲线，按前述方法即可作出所要设计的实际轮廓曲线。

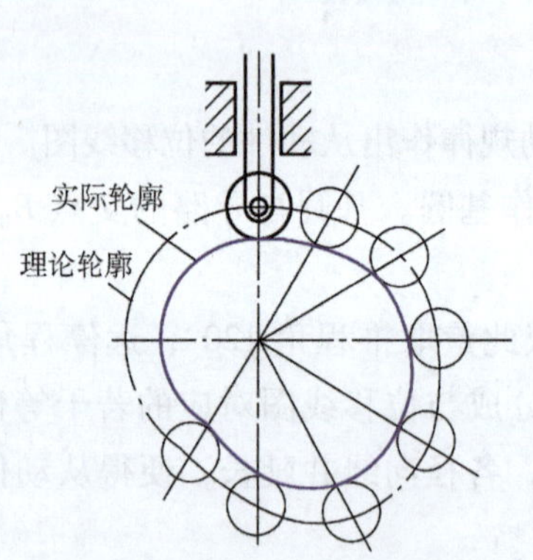

图 1-128　滚子对心直动从动件盘形凸轮轮廓线设计

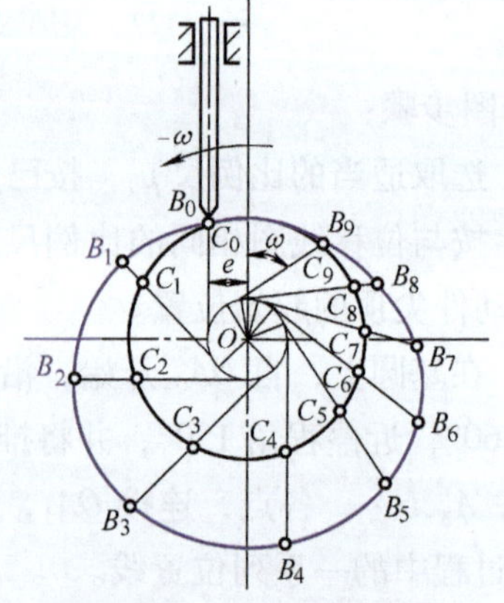

图 1-129　尖顶偏置直动从动件盘形凸轮轮廓线设计

四、凸轮机构设计中的问题

1. 滚子半径的选择

实际使用中的凸轮机构，尖顶从动件较少，大部分从动件为减少摩擦而制成滚子式，滚子半径大，强度、耐磨性好，但是滚子半径增大对凸轮轮廓曲线影响很大。如果滚子半径选择不当，从动件将不能实现设计所预期的运动规律。因此，采用滚子从动件时，应选择适当的滚子半径，要综合考虑滚子的强度、结构及凸轮轮廓曲线的形状等多方面的因素。

1）当理论轮廓线内凹时，实际轮廓的曲率半径 ρ' 等于理论廓线曲率半径 ρ 与滚子半径 r_T 之和，即 $\rho'=\rho+r_T$。此时，不论滚子半径的大小，其实际轮廓线总可以作出，如图 1-130a 所示。

2）当理论廓线外凸时，$\rho'=\rho-r_T$。

① 若 $\rho>r_T$，则 $\rho'>0$，实际廓线为一光滑曲线，如图 1-130b 所示。

② 若 $\rho=r_T$，则 $\rho'=0$，实际廓线出现尖点，如图 1-130c 所示，尖点极易磨损，磨损后就会改变从动件原有的运动规律。

③ 若 $\rho<r_T$，则 $\rho'<0$，实际廓线出现交叉，如图 1-130d 所示，图中阴影部分在实际制造时将被切去，致使从动件不能实现预期的运动规律，这种现象称为运动失真。

因此，对于外凸的凸轮轮廓，应使滚子半径 r_T 小于理论廓线的最小曲率半径 ρ_{min}，通常取 $r_T\leqslant0.8\rho_{min}$。当 r_T 太小而不能满足强度和结构要求时，应适当加大基圆半径 r_b 以增大理论廓线的 ρ_{min}。

为防止凸轮磨损过快，工作轮廓线上的最小曲率半径 $\rho_{min}>1\sim5$mm。在实际设计凸轮机构时，一般可按基圆半径 r_b 来确定滚子半径 r_T，通常取 $r_T=(0.1\sim0.5)r_b$。

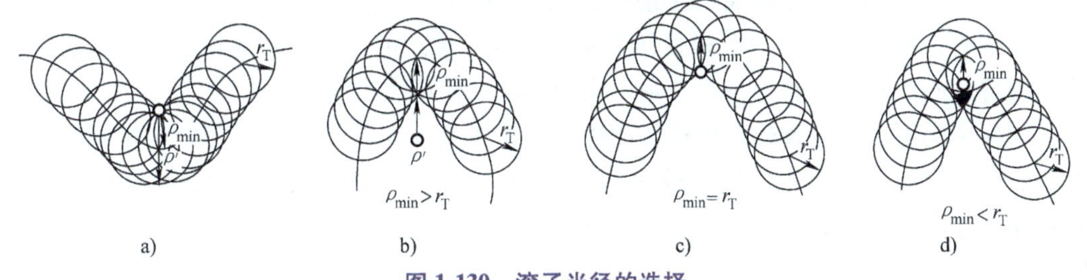

图 1-130　滚子半径的选择

2. 压力角及其校核

（1）压力角和自锁　图 1-131 所示为尖顶直动从动件凸轮机构，当不考虑摩擦时，凸轮对从动件的作用力沿接触点的法线方向与从动件运动方向 v 间的夹角为 α，即压力角。力 $\boldsymbol{F}$ 可分解为沿从动件运动方向和垂直运动方向的两个分力 $\boldsymbol{F}_1$ 和 $\boldsymbol{F}_2$，其大小为

$$\boldsymbol{F}_1=F\cos\alpha$$

$$\boldsymbol{F}_2=F\sin\alpha$$

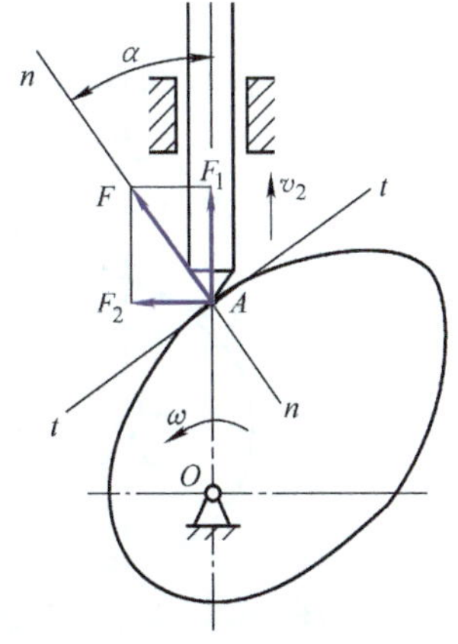

图 1-131　尖顶直动从动件凸轮机构的受力分析

显然，$\boldsymbol{F}_1$ 能推动从动件运动，是有效分力；而 $\boldsymbol{F}_2$ 压紧导路引起摩擦阻力，阻碍运动，是有害分力。压力角 α 越大，则 F_1 越小而 F_2 越大，受力情况越差，机构效率越低。若 α 过大，有效分力会小于摩擦阻力，将不能推动从动件运

动，这种现象称为机构的自锁。因此，为保证凸轮机构正常工作，并具有良好的传力性能，必须对压力角的大小加以限制。一般凸轮轮廓线上各点的压力角是变化的，设计时应使最大压力角不超过许用压力角［α］。一般设计中，推程压力角许用值［α］推荐如下：移动从动件［α］=30°，摆动从动件［α］=45°。

凸轮机构在回程时，从动件是在锁合力作用下返回的，不是由凸轮轮廓推动，发生自锁的可能性很小，为减小冲击和提高锁合的可靠性，回程压力角推荐许用值［α］=80°。

对平底从动件凸轮机构，凸轮对从动件的法向作用力始终与从动件的速度方向平行，故压力角恒等于0°，机构的传力性能最好。

（2）压力角与基圆半径　从传动效率来看，压力角越小越好，但压力角减小将导致基圆半径的增大。两基圆半径不同的凸轮，当转过相同转角δ，从动件上升相同位移h时，基圆半径越大，压力角越小，从动件有效分力越大；但基圆半径大，结构就不紧凑，因此，设计凸轮时要权衡两者的关系，使设计达到合理。对此，通常采用的设计原则是：在保证机构的最大压力角$\alpha_{max} \leqslant [\alpha]$的条件下，选取尽可能小的基圆半径。

（3）压力角的校核　凸轮轮廓绘制完成后，为确保传力性能，通常需进行推程压力角的校核，检验是否满足$\alpha_{max} \leqslant [\alpha]$的要求。

凸轮机构的最大压力角α_{max}一般出现在理论廓线上较陡或从动件最大速度的轮廓附近。校验压力角时，可在此选取若干个点，作出这些点的压力角，测量其大小；也可用图1-132所示的方法，用游标万能角度尺直接量取校核。

校核时，如果发现$\alpha_{max} > [\alpha]$，压力角不符合要求，可采取增大基圆半径的办法，也可采用将对心凸轮机构改为偏置凸轮机构的方法，使压力角满足要求。

同样情况下，当偏置凸轮机构从动件导路偏离的方向与凸轮的转动方向相反时，偏置凸轮机构比对心式凸轮机构有较小的压力角，如图1-133所示。若凸轮逆时针转动，则从动件导路应偏向轴心的右侧；若凸轮顺时针转动，则从动件导路应偏向轴心的左侧。一般取偏距$e \leqslant r_b/4$。

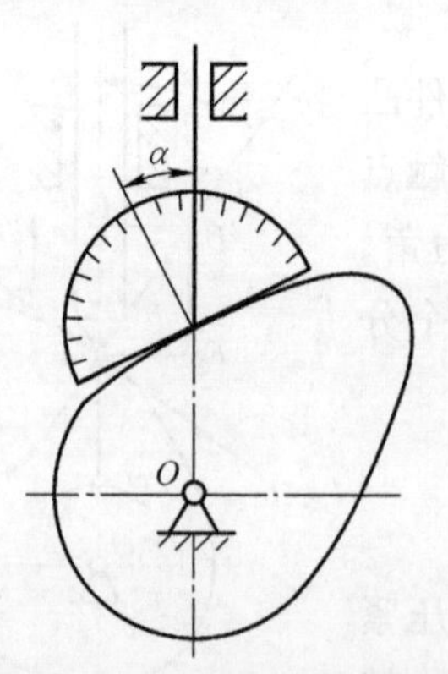

图1-132　压力角的直接测量

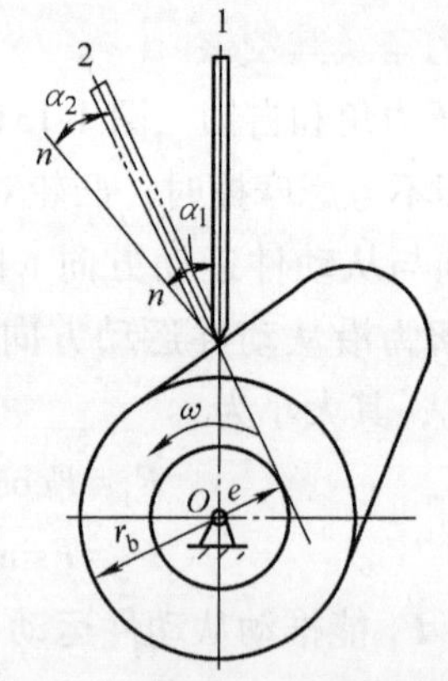

图1-133　偏置从动件可减小压力角

3. 基圆半径的确定

1）根据凸轮轴的结构确定。当凸轮与轴做成一体时，凸轮工作轮廓的最小半径应略大于轴的半径。当凸轮与轴单独加工时，凸轮工作轮廓的最小半径应略大于轮毂的半径。可取 $r_b=(1.6\sim2)r$，r 为轴的半径。

2）利用诺模图。对于对心直动从动件盘形凸轮机构，工程上已制备了几种运动规律的诺模图，由图中可确定最小基圆半径。诺模图可查有关技术资料。

微课 1-20

凸轮机构设计中的问题

任务实施

设计压力机送料凸轮机构。设计参数和要求：压力机送料机构采用盘形凸轮机构（图 1-114）将毛坯送入模腔并将成品推出，根据压力机的工作要求，坯料输送的最大距离为 200mm。凸轮机构从动件推程和回程均采用等速运动规律，位移曲线如图 1-134 所示。

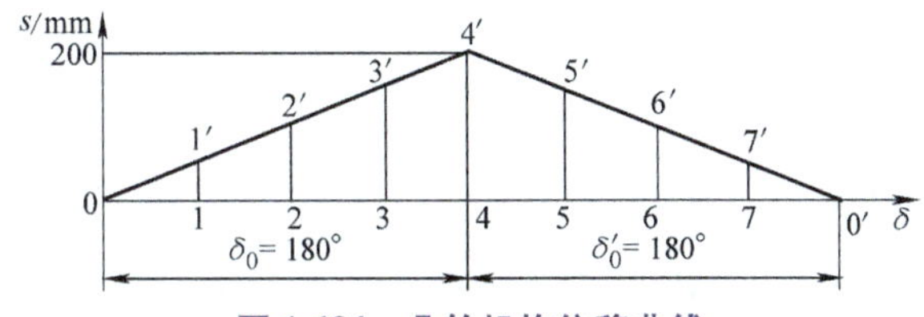

图 1-134　凸轮机构位移曲线

按照下面的步骤完成任务，并将过程和结果填写在表 1-7 中。

表 1-7　凸轮机构设计

序号	设计步骤	设计计算过程	结果
1	选择凸轮机构的类型	按设计要求，送料机构推力不大，选用的凸轮机构类型为	
2	从动件运动规律的选择	推程和回程运动规律分别为	
3	凸轮机构基本尺寸的确定	凸轮的基圆半径根据结构选择	

（续）

序号	设计步骤	设计计算过程	结果
4	设计凸轮廓线	根据反转法原理设计出凸轮廓线	

实践中常见问题解析

1）绘制凸轮轮廓曲线时，因采用的是“反转法”原理，所以绘制轮廓曲线时应沿“$-\omega$”方向依次画出。

2）滚子从动件凸轮机构的基圆为理论廓线上的最小半径所作的圆。

小结

本学习任务分析了凸轮机构的类型、工作原理、工作特性和应用情况，分析了盘形凸轮机构的设计方法和设计步骤。通过本任务的学习，学生应能够设计和分析实际工作中所用到的盘形凸轮机构。

1）凸轮机构从动件的常用运动规律：①等速运动规律；②等加速等减速运动规律；③余弦加速度运动规律。

2）图解法设计盘形凸轮轮廓线。①尖顶对心直动从动件盘形凸轮轮廓线设计；②滚子对心直动从动件盘形凸轮轮廓线设计；③尖顶偏置直动从动件盘形凸轮轮廓线设计。

3）凸轮轮廓曲线的设计及设计中的问题：滚子半径的选择、基圆半径的选择、凸轮机构压力角及校核。

知识拓展

间歇运动机构的工作情况分析

间歇运动机构能够将原动件的连续转动转变为从动件周期性运动和停歇，主要类型有棘轮机构、槽轮机构和不完全齿轮机构。

一、棘轮机构

1. 棘轮机构的组成

棘轮机构由棘轮、棘爪、摇杆及机架组成，如图 1-135 所示。

2. 棘轮机构的工作原理

图 1-135a 为外啮合棘轮机构，利用曲柄摇杆机构将曲柄的连续转动转换成摇杆的往复摆动，摇杆驱动棘爪，当摇杆逆时针摆动时，与它相连的棘爪插入棘轮的齿槽内，推动棘轮转过一定的角度。当摇杆顺时针方向摆动时，棘爪便在棘轮齿背上滑过。这时，止回棘爪插入棘轮的齿间，阻止棘轮顺时针方向转动，故棘轮静止。因此，当摇杆往复摆动时，棘轮做单向时动时停的间歇运动。图 1-135b 所示为内啮合棘轮机构。

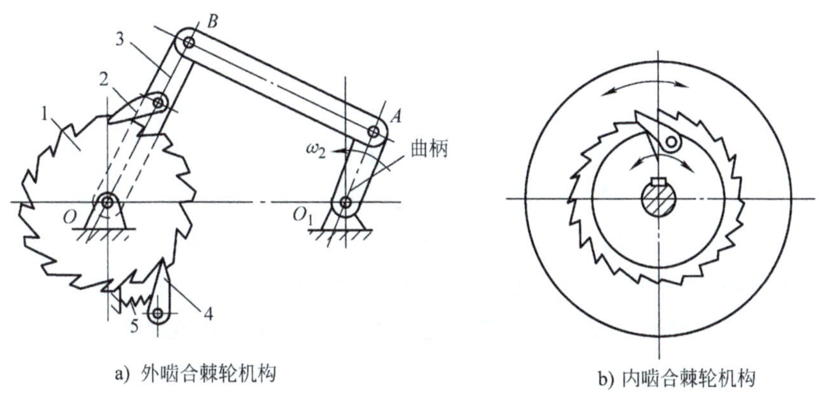

图 1-135 棘轮机构

1—棘轮 2—棘爪 3—摇杆 4—止回棘爪 5—弹簧

3. 棘轮机构的工作特点

棘轮机构结构简单，制造方便，工作可靠，棘轮每次转动的转角等于棘轮齿距角的整数倍；缺点是工作时冲击较大，棘爪在齿背上滑过时会发出噪声。因此，棘轮机构适用于低速、轻载的场合。

4. 棘轮转角的调节

棘轮转角可以在一定范围内调节，常用的方法有：①改变摇杆摆角的大小来调节棘轮的转角；②利用遮板来调节棘轮的转角。

5. 棘轮机构的应用

棘轮机构通常用来实现间歇进给式输送和超越等工作要求，在机械中应用较广。

图 1-136 所示的矩形齿棘轮机构，用于图 1-137 所示牛头刨床工作台的进给机构。工作台的进给由螺母带动，而丝杠的转动由棘轮带动。当刨刀工作时，棘轮停歇，工作台不动；当刨刀回程时，棘轮带动丝杠转动，从而使工作台进给的方向由棘轮的转动方向决定。

图 1-138 所示为浇注式流水线进给装置，由压缩空气为原动力的气缸带动摇杆摆动，通过齿式棘轮机构使流水线的输送带做间歇输送运动，输送带不动时，进行自动浇注。

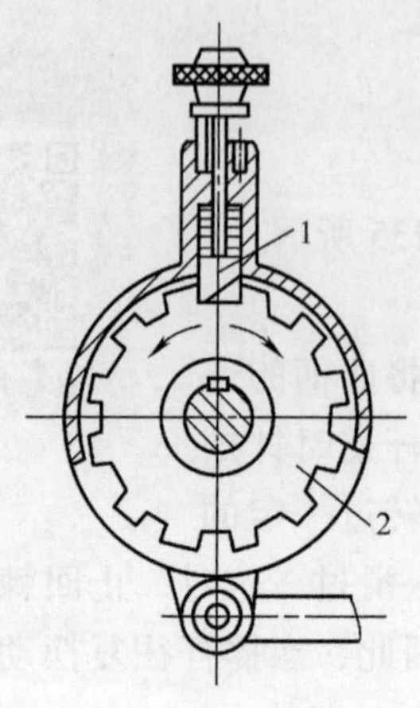

图 1-136　矩形齿棘轮机构
1—棘爪　2—棘轮

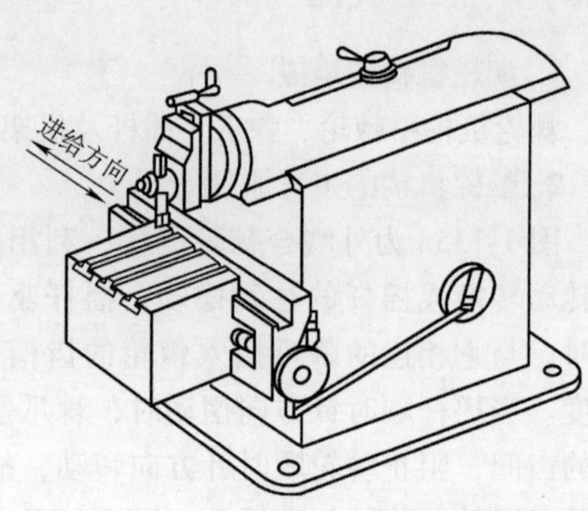

图 1-137　牛头刨床工作台的横向进给机构

图 1-139 所示为自行车后轮上超越式棘轮机构示意图。外缘的链轮与有内齿的棘轮是一个构件，它与轮毂 3 之间有滚动轴承，两者可相对转动。轮毂 3 上铰接着两棘爪 4，棘爪用弹簧丝压在棘轮的内齿上，轮毂 3 与自行车后轮固连。当链轮（逆时针转动）的转速比轮毂 3 的转速快时，轮毂 3 与链轮转速相同，即脚蹬得快，后轮就转得快。但当轮毂 3 转速比链轮转速快时，如自行车下坡或脚不蹬踏时，链轮不转，轮毂由于惯性仍按原转向飞快地转动。此时，棘爪便在棘背上滑动，轮毂 3 与链轮 1 脱开，各自以不同的转速运动。这种特性称为超越，实现超越运动的组件称为超越离合器。超越离合器在机械上应用广泛。

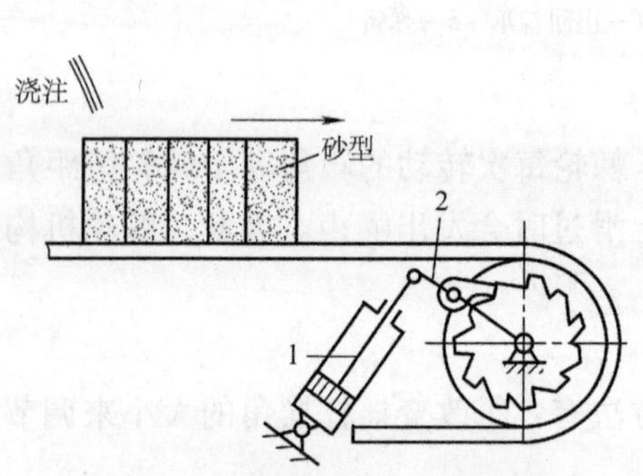

图 1-138　浇注式流水线进给装置
1—活塞连杆　2—摇杆

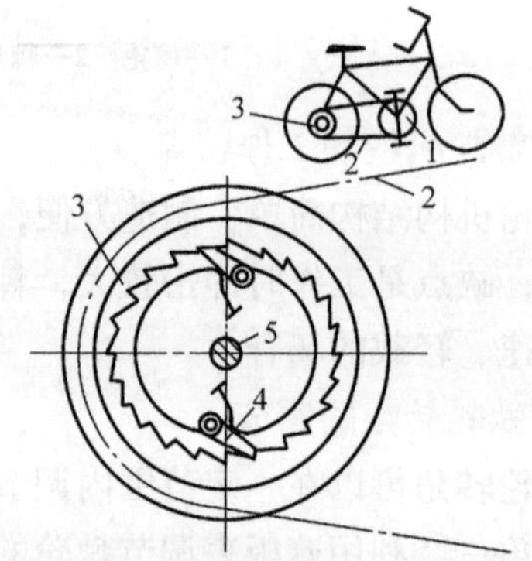

图 1-139　超越式棘轮机构示意图
1—链轮　2—链条　3—轮毂　4—棘爪　5—后轮轴

二、槽轮机构

1. 槽轮机构的组成

如图 1-140 所示，槽轮机构由具有圆销的主动拨盘 1、具有径向槽的槽轮 2 和机架 3 所组成，分为外槽轮机构和内槽轮机构。

2. 槽轮机构的工作原理

当拨盘沿逆时针方向做匀速连续转动时，槽轮的内凹锁住弧 $2\varphi_2$ 被拨盘上的外凸锁

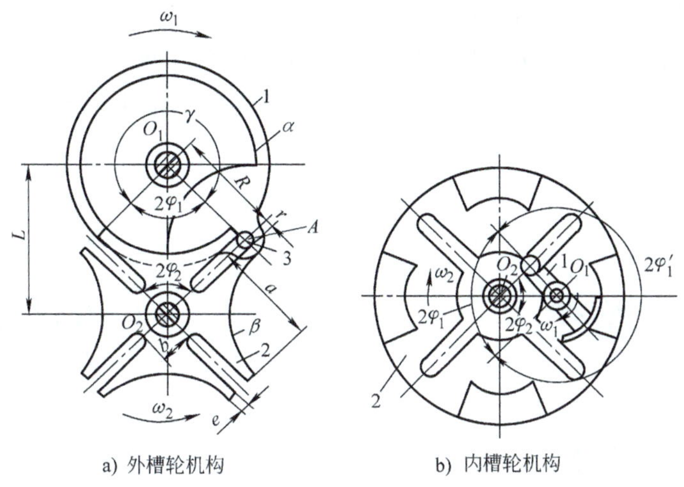

a) 外槽轮机构　　b) 内槽轮机构

图 1-140　槽轮机构

1—主动拨盘　2—槽轮　3—机架

住弧 $2\varphi_1$ 卡住，槽轮静止不动。当圆销 A 开始进入槽轮的径向槽时，锁住弧被打开，圆销驱动槽轮转动一个角度。当圆销脱出径向槽时，槽轮的另一内凹锁住弧被拨盘上的外凸锁住弧卡住，槽轮又静止不动。直到圆销再进入槽轮的下一个径向槽时，再驱动槽轮转动。如此重复循环，使槽轮实现单向间歇运动。

槽轮每次转过的角度为 $2\pi/z$（z 为径向槽的个数）。图 1-140 所示为具有 4 个径向槽的槽轮机构，当拨盘转动一周时，槽轮转过 1/4 周；6 槽槽轮机构，当拨盘转动一周时，槽轮转过 1/6 周，以此类推。

拨盘转一周，槽轮转动的次数取决于主动圆销数 k。

3. 槽轮机构的工作特点

槽轮机构结构简单，工作可靠，在进入和脱离啮合时运动较平稳，能准确控制转动的角度。但槽轮的转角大小不能调节，而且在槽轮转动的始、末位置加速度变化较大，所以有冲击。槽轮机构一般应用在转速不高的间歇转动装置中。

4. 槽轮机构的应用

槽轮机构常用于自动机械中做转位机构。图 1-141 所示为转塔车床刀架上换刀的槽轮机构。刀架上装有六种刀具，槽轮上具有六个径向槽，当拨盘回转一周时，槽轮转过 60°，将下一工序所需的刀具转换到工作位置。

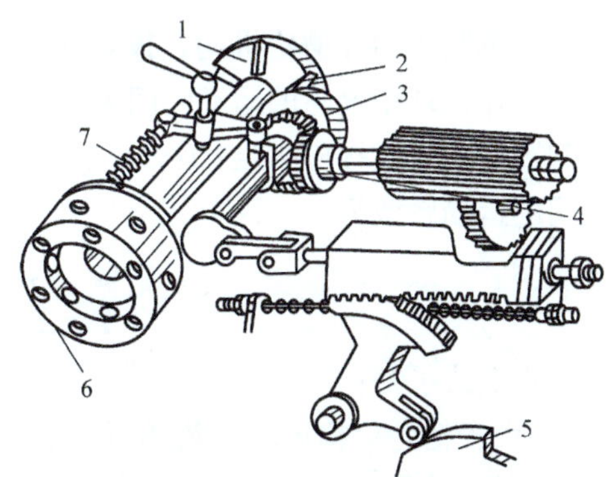

图 1-141　转塔车床刀架上换刀的槽轮机构

1—槽轮　2—圆销　3—拨盘　4—圆柱凸台　5—进给凸台　6—转塔刀架　7—定位销

图 1-142 所示为电影放映机卷片机构。当拨盘使槽轮转动一次时，卷过一张底片，此过程射灯不发光；当槽轮停歇时，射灯发光，银幕上出现该底片的投影。断续出现的投影在观众看来都是连续的动作，这是因为

人有“视觉暂留现象”的生理特点。

图 1-143 所示为自动机中的自动传送链装置。拨盘 1 使槽轮 2 间歇转动，并通过齿轮 3、4 传至链轮 5，从而得到传送链 6 的间歇运动，以满足自动流水线上的装配作业要求。

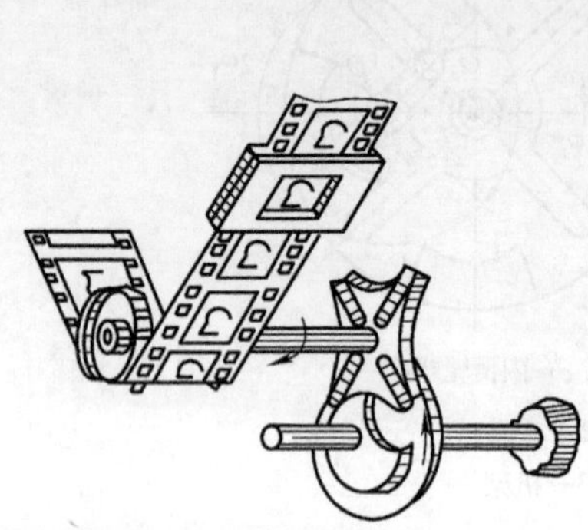

图 1-142　电影放映机卷片机构

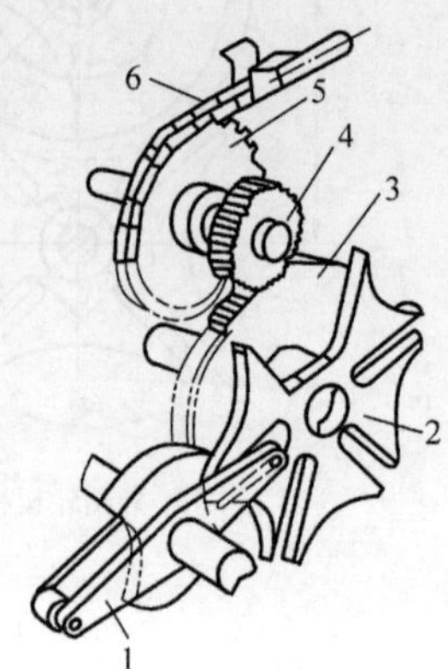

图 1-143　自动机中的自动传送链装置

1—拨盘　2—槽轮　3、4—齿轮　5—链轮　6—传送链

5. 槽轮机构的运动特性和运动设计

（1）槽轮槽数的选择　图 1-140a 所示外槽轮机构中，为了避免圆销 A 与外径向槽发生冲击，圆销进入径向槽或自径向槽脱出时，径向槽的中心线应与圆销速度方向一致。

即有 $O_1A \perp O_2A$，由此可得圆销从进槽到出槽的转角 $2\varphi_1$ 与槽轮相应转过的角度 $2\varphi_2$ 的关系为

$$2\varphi_1+2\varphi_2=\pi$$

槽轮转角与槽数 z 的关系为

$$2\varphi_2=\frac{2\pi}{z}$$

两式联立得

$$2\varphi_1=\pi-2\varphi_2=\pi-\frac{2\pi}{z} \tag{1-4-1}$$

对于单圆销的外槽轮机构，拨盘转一周的时间为一个工作循环的时间，用 T 表示，设一个工作循环中槽轮的运动时间为 t_m，定义 $\tau=t_m/T$，τ 称为槽轮机构的运动系数。要实现间歇运动，机构应满足：$0<\tau<1$。由于 $t_m=2\varphi_1/\omega_1$ 及 $T=2\pi/\omega_1$，因此，单圆销外槽轮机构的运动系数为

$$\tau=\frac{t_m}{T}=\frac{2\varphi_1/\omega_1}{2\pi/\omega_1}=\frac{2\varphi_1}{2\pi}=\frac{z-2}{2z} \tag{1-4-2}$$

分析上式可知：

1）由于槽轮机构运动系数必须大于零，可得槽轮的槽数 $z\geqslant 3$。

2）对于单圆销外槽轮机构，由于 $z\geqslant 3$，所以 $\tau<1/2$，即槽轮运动时间总是小于静止时间，且 z 较小时 τ 也较小。槽轮回转时机器一般不进行加工，所以 τ 越小，槽轮运动时间越少，即缩短了机器非加工时间，提高了生产率。

但是，圆销刚进入径向槽时，槽轮的角速度 ω_2 为零，然后角速度逐渐增大，当圆

销转过 φ_1 时（槽轮转过 φ_2）时，槽轮角速度 ω_2 达到最大值。由于槽轮角加速度的存在，故必有冲击，且槽轮槽数越少，角加速度越大。

（2）圆销数 k 的选择　若要使拨盘转一周而槽轮转几次，则可采用多圆销槽轮机构。若设圆销数为 k，则运动系数 τ 为

$$\tau=k\frac{z-2}{2z} \tag{1-4-3}$$

由于 $\tau<1$，可得

$$k<\frac{2z}{z-2} \tag{1-4-4}$$

由式（1-4-4），可得圆销数与槽轮槽数的关系为

当 $z=3$ 时，$k<6$，可取 $k=1\sim5$；

当 $z=4$ 或 5 时，$k<4$，可取 $k=1\sim3$；

当 $z\geqslant6$ 时，$k<3$，可取 $k=1$ 或 2。

槽数 $z>9$ 的槽轮机构比较少见，因为当中心距一定时，z 越大，槽轮的尺寸也越大，转动时的惯性力矩也增大。另由式（1-4-3）可知，当 $z>9$ 时，槽数虽增加，τ 的变化却不大，起不到明显的作用，故槽数 z 常取为 4~8。

三、不完全齿轮机构

不完全齿轮机构（图 1-144）是由渐开线齿轮机构演变而成的，与棘轮机构、槽轮机构一样，同属于间歇运动机构。

1. 不完全齿轮机构的组成

不完全齿轮机构由具有一个或几个齿的不完全齿轮 1、具有正常轮齿和带锁止弧的齿轮 2 及机架组成。

2. 不完全齿轮机构的工作原理

在主动轮 1 等速连续转动中，当轮 1 上的轮齿与轮 2 的正常齿相啮合时，轮 1 驱动从动轮 2 转动；当轮 1 的锁止弧 S_1 与轮 2 的锁止弧 S_2 接触时，则从动轮 2 停歇不动并停止在确定的位置上，从而实现周期性的单向间歇运动。图 1-144 所示的不完全齿轮机构的主动轮每转 1 周，从动轮只转 1/4 周。为防止从动齿轮反过来带动主动齿轮转动，与槽轮机构一样，应设锁止弧。

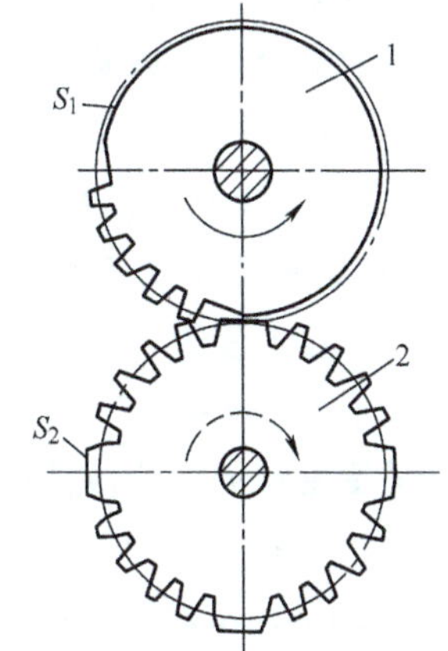

图 1-144　不完全齿轮机构

3. 不完全齿轮机构的工作特点和应用

不完全齿轮机构与其他间歇运动机构相比，优点是结构简单，制造方便，从动轮的运动时间和静止时间的比例不受机构结构的限制；缺点是从动轮在转动开始和终止时，角速度有突变，冲击较大，故一般只用于低速或轻载场合。如果用于高速，则可安装瞬心附加杆，使从动件的角速度由零逐渐增加到某一数值，以使机构传动平稳。

不完全齿轮机构常用于多工位自动机和半自动机工作台的间歇转位及某些间歇进给机构中，如蜂窝煤压制机工作台转盘的间歇转位机构等。

• 拓展实训 •

机构运动简图的测绘

一、实训目的

1）掌握平面机构运动简图测绘及其运动尺寸正确标注的方法。

2）掌握平面机构自由度的计算及机构运动是否确定的判别方法。

3）具有分析平面机构工作原理的基本技能。

二、实训原理

机构是由若干构件（其中有一构件为机架）用运动副连接起来的构件系统。为了着重表示机构的特征，略去构件的实际外形和运动副的具体构造，而采用特定的构件和运动副符号来表示机构，按长度比例尺画出的简图，称为机构运动简图。如不严格按照比例尺绘制的简图，则称为机构示意图。

三、实训设备和工具

1）机构实物或模型若干台套。

2）钢直尺（或三角板）、游标卡尺、铅笔、橡皮。

四、实训步骤

1. 分析构件特征

缓慢驱动被测绘的机构模型，由主动件开始，循着运动传递路线观察机构中有哪些从动件、哪些固定构件、同时确定构件的数目。

2. 判别运动副的类型

根据相连两构件的接触情况和运动特点，判断各运动副的类别，从中确定哪些是高副，哪些是低副，低副中哪些是转动副，哪些是移动副。

3. 绘制平面机构运动简图

测量机构中与机构运动有关的尺寸，如构件长度、导路位置或角度等，正确选择投影面和主动件的位置，按构件运动的传动路线顺序，用运动副和构件的规定符号，按照适当的长度比例尺μ_l，绘出平面机构运动简图。然后对机构中每一构件进行编号，在主动件上标注箭头。

长度比例尺$\mu_l=\dfrac{\text{构件实际尺寸}}{\text{构件图样尺寸}}$（单位：m/mm 或 mm/mm）。

4. 过程记录，结果核验

填写《机构运动简图的测绘》实训记录单（表 1-8），核验绘制结果与实物或模型是否相符，分析机构运动的确定性。

表 1-8　《机构运动简图的测绘》实训记录单

<table>
<tr><td>实训名称</td><td colspan="2"></td><td>班级</td><td></td><td>日期</td><td></td></tr>
<tr><td>组别</td><td></td><td>姓名</td><td colspan="2"></td><td>学号</td><td></td></tr>
<tr><td colspan="7">1. 机构名称：
绘制机构运动简图：

长度比例尺 $\mu_l=$

机构的自由度计算：$F=$

机构运动是否确定：</td></tr>
<tr><td colspan="7">2. 机构名称：
绘制机构运动简图：

长度比例尺 $\mu_l=$

机构的自由度计算：$F=$

机构运动是否确定：</td></tr>
</table>

（续）

3. 机构名称： 绘制机构运动简图：   长度比例尺 μ_l =   机构的自由度计算：F= 机构运动是否确定：
4. 机构名称： 绘制机构运动简图：   长度比例尺 μ_l =   机构的自由度计算：F= 机构运动是否确定：

注：上面所画的机构运动简图中，如有复合铰链、局部自由度、虚约束应在图中指明。

• 思考与练习 •

一、单项选择题

1-4-1　凸轮与从动件接触处的运动副属于________。

A. 高副　　B. 转动副　　C. 移动副　　D. 低副

1-4-2　使用滚子式从动件的凸轮机构，为避免运动规律失真，滚子半径 r 与凸轮理论轮廓曲线外凸部分最小曲率半径ρ_{min}的关系是________。

A. $r>\rho_{min}$　　B. $r=\rho_{min}$　　C. $r<\rho_{min}$　　D. $r=-\rho_{min}$

1-4-3　凸轮与移动式从动件接触点的压力角在机构运动时是________。

A. 恒定的　　B. 变化的　　C. 时有时无变化的　　D. 以上都不是

1-4-4　当凸轮转角δ和从动件行程H一定时，基圆半径r_b与压力角α的关系是________。

A. r_b越小则α越小　　B. r_b越小则α越大

C. r_b变化而α不变　　D. r_b越大则α越大

1-4-5　移动从动件凸轮机构中，从动件作等速运动时，其位移曲线形状是________。

A. 抛物线　　B. 双曲线　　C. 斜直线　　D. 圆弧线

二、判断题

1-4-6　凸轮机构广泛用于自动化机械中。

1-4-7　圆柱凸轮机构中，凸轮与从动杆在同一平面或相互平行的平面内运动。

1-4-8　平底从动杆不能用于具有内凹曲线的凸轮。

1-4-9　凸轮机构的等加速等减速运动，是从动杆先做等加速上升，然后再做等减速下降完成的。

1-4-10　凸轮压力角指凸轮轮廓上某点的受力方向和其运动速度方向之间的夹角。

1-4-11　凸轮机构从动件的运动规律是可按要求任意拟订的。

1-4-12　凸轮机构中，尖顶从动件可用于受力较大的高速机构中。

1-4-13　移动从动件凸轮机构中，从动件做等加速等减速运动规律，是指从动件上升时做等加速运动，而下降时做等减速运动。

三、简答题

1-4-14　凸轮机构三种常用的从动件运动规律各有何特点？各适用于何种场合？什么是刚性冲击和柔性冲击？如何避免刚性冲击？

1-4-15　凸轮轮廓的反转法设计依据的是什么原理？

1-4-16　什么是凸轮的理论轮廓线和实际轮廓线？当已知滚子从动件盘形凸轮机构的理论轮廓线，要求实际轮廓线时，能否直接由理论轮廓线上各点的向径减去滚子半径来求得？为什么？

1-4-17　滚子半径的选择原则是什么？在什么情况下会出现“运动失真”？

1-4-18　什么是间歇运动机构？常用的间歇运动机构有哪几种？各有何运动特点？

1-4-19　棘轮机构中调节从动棘轮转角大小的方法有哪几种？

1-4-20　对外啮合槽轮机构，决定槽轮每次转动角度的是什么参数？主动拨盘转动一周，决定从动轮运动次数的是什么参数？

1-4-21　几种间歇运动机构：棘轮机构、槽轮机构、不完全齿轮机构，在运动平稳性、加工难易和制造成本方面各具有哪些优缺点？各适用于什么场合？

四、训练题

1-4-22　图1-145所示为一尖顶对心直动从动件盘形凸轮机构。试在图中画出该凸轮的基圆、推程最大位移 h 和图示位置的凸轮机构压力角。

1-4-23　标出图 1-146 中各凸轮机构图示 A 位置的压力角 α_A 和再转过 45°时的压力角。

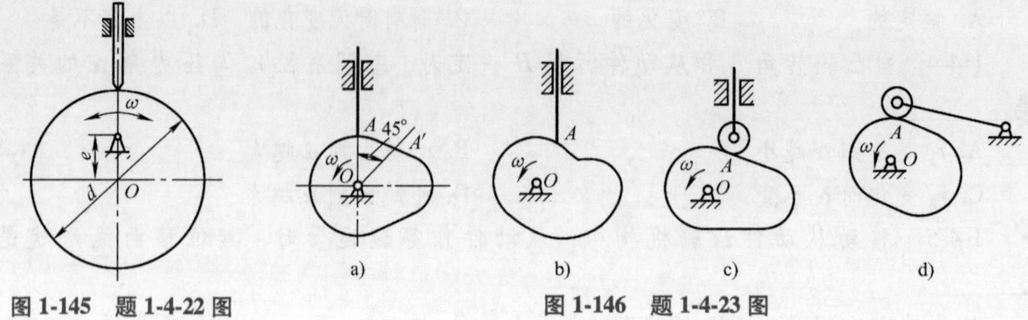

图 1-145　题 1-4-22 图　　　图 1-146　题 1-4-23 图

1-4-24　如图 1-147 所示，已知从动件的升程 $h=50\text{mm}$，推程运动角 $\delta_0=150°$，远停程角 $\delta_s=30°$，回程运动角 $\delta_0'=120°$，近停程角 $\delta_s'=60°$。试分别绘制从动件的位移线图，其运动规律如下：

1）以等加速等减速运动规律上升，以等速运动规律下降。

2）以简谐运动规律上升，以等加速等减速运动规律下降。

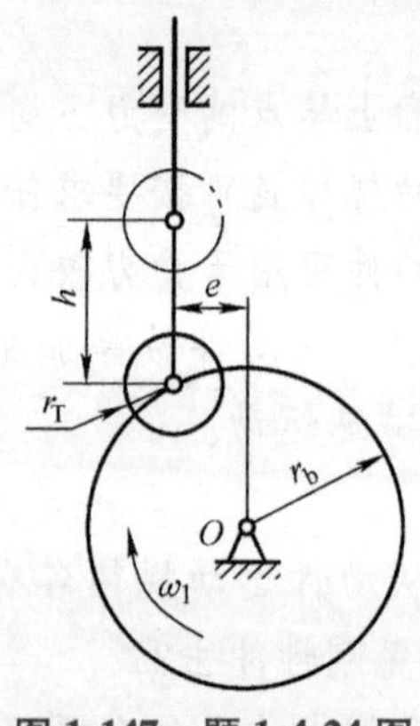

图 1-147　题 1-4-24 图

1-4-25　设计一偏置直动滚子从动件盘形凸轮机构。凸轮转动方向和从动件初始位置如图 1-147 所示。

已知：$e=10\text{mm}$、$r_b=40\text{mm}$、$r_T=10\text{mm}$，从动件运动规律如下：$\delta_0=180°$，$\delta_s=30°$，$\delta_0'=120°$，$\delta_s'=30°$，从动件以等加速等减速运动规律上升，升程 $h=30\text{mm}$，回程以简谐运动规律回到原处。试用图解法绘制凸轮轮廓曲线。

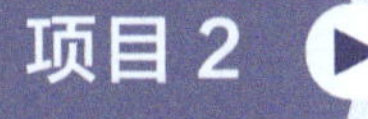

传动零部件的设计与选用

项目导入

压力机传动零部件包含带传动和齿轮传动。由电动机输出的动力通过带传动和齿轮传动传递给曲柄滑块机构来完成冲压工作。图 2-1 所示为压力机（精压机）传动系统，主传动系统由电动机驱动，动力经带传动传给齿轮传动。

本项目要完成压力机传动零部件的设计与选用，所需设备（工具）和材料有：压力机及其使用说明书、扳手、游标卡尺、计算器、多媒体等。通过完成带传动、齿轮传动的设计及轮系传动比的计算等任务，使学生掌握机器中传动零部件的设计和选用方法，培养学生机械设计的创新能力。

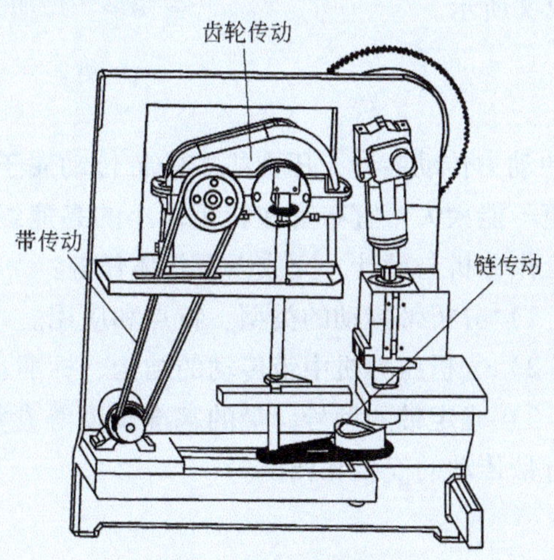

图 2-1　压力机传动系统

任务 2.1 带传动的设计与选用

任务目标

1）能够正确分析带传动的类型、应用和工作特征。

2）能够正确使用和维护带传动。

3）能够根据实际工作条件设计标准 V 带传动。

4）能够在完成任务过程中做到吃苦耐劳、精益求精。

5）培养严谨认真的工作态度和安全责任意识。

6）培养全面系统机械设计思维、创新意识、团队合作意识和爱国主义精神。

任务描述

设计压力机中的带传动。工作参数：带传动输入功率 7.28kW，主动带轮转速 720r/min。压力机中的带传动如图 2-2 所示。

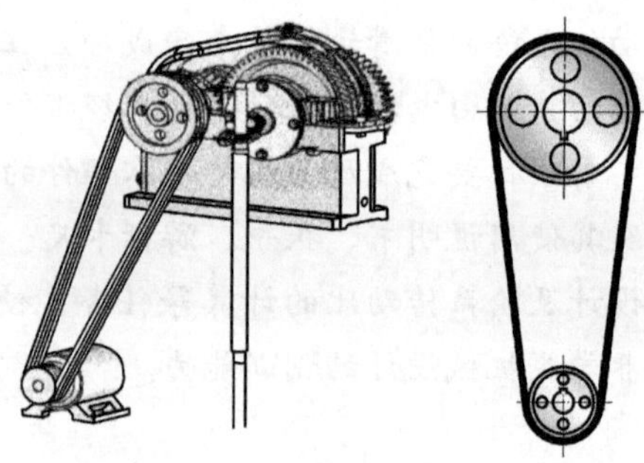

图 2-2　压力机中的带传动

任务分析

带传动是一种常用的动力传动装置，压力机中的带传动属于摩擦型带传动，传递的转矩不能太大，宜布置在转矩较小的高速级。通过压力机中带传动的工作分析与设计，完成以下具体任务：

1）分析带传动的类型、特点和应用。

2）分析压力机中带传动的结构、标准、工作原理和工作特性。

3）确定带的型号、带的基准长度等参数和尺寸，设计带传动，进行带传动的安装和调试。

动画

带传动

相关知识

一、带传动的类型和应用

1. 带传动的类型

带传动按工作原理可分为摩擦型带传动和啮合型带传动。

摩擦型带传动由主动轮、从动轮和环形挠性带组成，如图 2-3a 所示。它是靠挠性传动带与带轮间的摩擦力来传递运动和动力的。

啮合型带传动通常由主动同步带轮、从动同步带轮和环形同步带组成，如图 2-3b 所示。它是靠带内凸齿与带轮齿槽相啮合实现传动，属于啮合传动。带与带轮间无相对滑动，能保证准确的传动比，但价格较高，常用于要求传动比准确的场合。

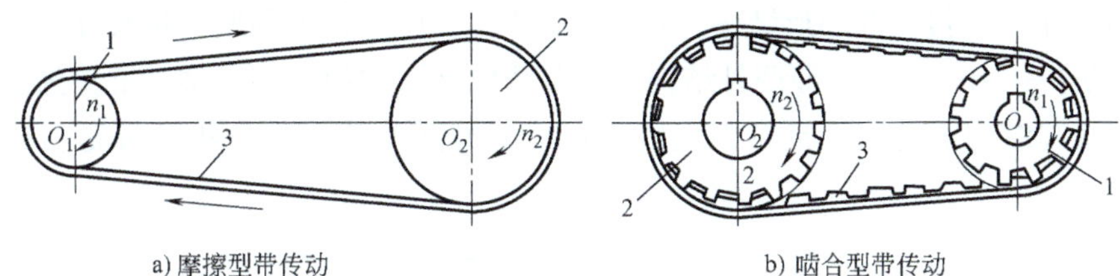

图 2-3　带传动的组成

1—主动带轮　2—从动带轮　3—传动带

摩擦型带传动按带的横截面形状还可分为平带传动（图 2-4a）、V 带传动（图 2-4b）、多楔带传动（图 2-4c）和圆带传动（图 2-4d）等。

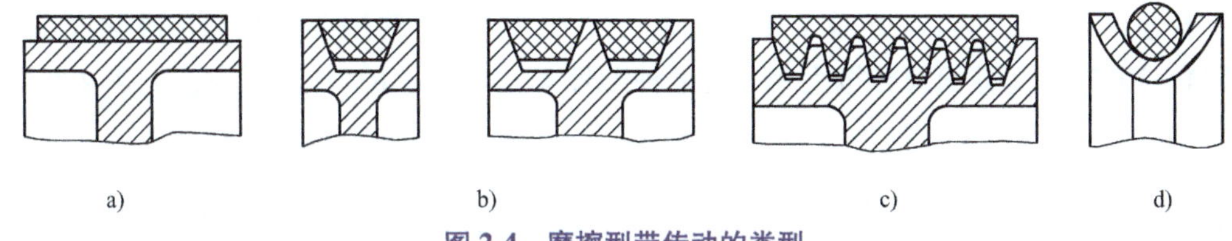

图 2-4　摩擦型带传动的类型

（1）平带传动　结构最简单，传动效率较高，在传动中心距较大的场合应用较多。

（2）V 带传动　主要用于传动能力较大，结构要求紧凑的场合，V 带传动较平带传动能力强，在机械设备中得到了广泛应用。

（3）多楔带传动　主要用于传递较大的功率、速度较高、结构要求紧凑的场合，但结构复杂、制造不便。

（4）圆带传动　传动能力较小，一般用于轻型和小型机械。

2. 带传动的特点和应用

摩擦型带传动的主要特点：

1）结构简单，制造、安装和维护较方便，且成本低廉。

2）带传动有良好的弹性，能缓冲吸振，传动平稳，噪声小。

3）过载时带在带轮上打滑，具有过载保护作用。

4）不能保证传动比 i 恒定不变，传动效率较低，带的寿命较短，外廓尺寸大。

5）不适用于高温、易爆和腐蚀介质的场合。

6）带必须张紧在带轮上，增加了对轴的压力。

摩擦型带传动一般传动功率 $P \leqslant 100\text{kW}$，带速 $v = 5 \sim 25\text{m/s}$，传动比 $i \leqslant 7 \sim 10$，传动效率 $\eta = 0.94 \sim 0.97$，在多级传动系统中，带传动常被放在高速级。

啮合型带传动中的同步带传动能保证准确的传动比，传动效率高（$\eta = 0.98 \sim 0.99$），适用的速度范围广（$v \leqslant 50\text{m/s}$），传动比大（$i \leqslant 12$），结构紧凑，广泛用于电子计算机、数控机床中。

二、V带和V带轮

1. V带的结构和标准

普通V带为无接头的环形结构，其结构如图2-5所示，由顶胶、抗拉体、底胶、包布组成。抗拉体有帘布、线绳两种结构。帘布结构制造方便，型号多，抗拉强度高，应用较广；线绳结构柔性好，抗弯强度高，有利于提高V带寿命，用于带轮直径较小的场合。

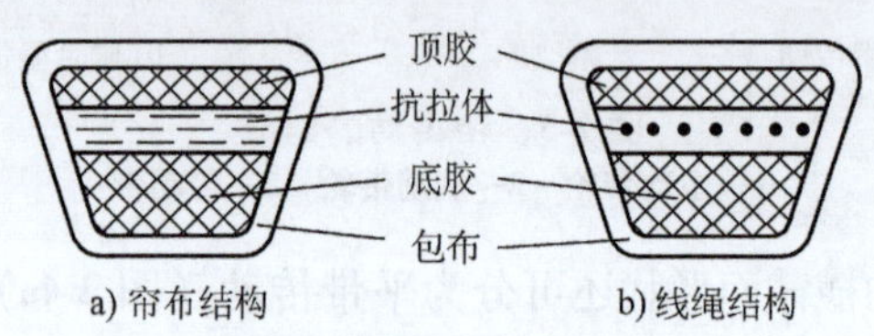

图2-5　普通V带的结构

普通V带是标准件，普通V带的规格、尺寸、性能、使用要求都已标准化（GB/T 11544—2012），其截面尺寸按大小分为七种型号Y、Z、A、B、C、D、E，见表2-1。

表2-1　普通V带、带轮轮槽尺寸

尺寸参数		V带型号						
		Y	Z	A	B	C	D	E
V带	节宽 b_p/mm	5.3	8.5	11.0	14.0	19.0	27.0	32.0
	顶宽 b/mm	6.0	10.0	13.0	17.0	22.0	32.0	38.0
	高度 h/mm	4.0	6.0	8.0	11.0	14.0	19.0	23.0
	楔角	40°						
	截面面积 A/mm^2	18	47	81	138	230	476	692
	每米带长质量 q/(kg/m)	0.02	0.06	0.10	0.17	0.30	0.63	0.97

（续）

<table>
<tr><th colspan="4" rowspan="2">尺寸参数</th><th colspan="7">V 带型号</th></tr>
<tr><th>Y</th><th>Z</th><th>A</th><th>B</th><th>C</th><th>D</th><th>E</th></tr>
<tr><td rowspan="12">V 带轮</td><td colspan="3">基准宽度 b_p/mm</td><td>5.3</td><td>8.5</td><td>11.0</td><td>14.0</td><td>19.0</td><td>27.0</td><td>32.0</td></tr>
<tr><td colspan="3">槽顶宽 b/mm</td><td>6.3</td><td>10.1</td><td>13.2</td><td>17.2</td><td>23.0</td><td>32.7</td><td>38.7</td></tr>
<tr><td colspan="3">基准线至槽顶高度 h_{amin}/mm</td><td>1.6</td><td>2.0</td><td>2.75</td><td>3.5</td><td>4.8</td><td>8.1</td><td>9.6</td></tr>
<tr><td colspan="3">基准线至槽底高度 h_{fmin}/mm</td><td>4.7</td><td>7.0</td><td>8.7</td><td>10.8</td><td>14.3</td><td>19.9</td><td>23.4</td></tr>
<tr><td colspan="3">第一槽对称线至端面距离 f/mm</td><td>7</td><td>8</td><td>10</td><td>12.5</td><td>17</td><td>23</td><td>29</td></tr>
<tr><td colspan="3">槽间距 e/mm</td><td>8</td><td>12</td><td>15</td><td>19</td><td>25.5</td><td>37</td><td>44.5</td></tr>
<tr><td colspan="3">最小轮缘厚度 δ_{min}/mm</td><td>5</td><td>5.5</td><td>6</td><td>7.5</td><td>10</td><td>12</td><td>15</td></tr>
<tr><td colspan="3">轮缘宽度 B/mm</td><td colspan="7">$B=(z-1)e+2f$（z 为轮槽数）</td></tr>
<tr><td rowspan="4">槽角</td><td>32°</td><td rowspan="4">d_d/mm</td><td>≤60</td><td>—</td><td>—</td><td>—</td><td>—</td><td>—</td><td>—</td></tr>
<tr><td>34°</td><td>—</td><td>≤80</td><td>≤118</td><td>≤190</td><td>≤315</td><td>—</td><td>—</td></tr>
<tr><td>36°</td><td>>60</td><td>—</td><td>—</td><td>—</td><td>—</td><td>≤475</td><td>≤600</td></tr>
<tr><td>38°</td><td>—</td><td>>80</td><td>>118</td><td>>190</td><td>>315</td><td>>475</td><td>>600</td></tr>
</table>

V 带绕过带轮弯曲时，外层受拉伸长，内面受压缩短，中间有一层保持长度不变，称为中性层。中性层称为节面，节面宽度称为节宽 b_p。在 V 带轮上，与 b_p 相对应的带轮直径称为基准直径 d_d。带在带轮基准直径上的周线长度称为基准长度 L_d，并以 L_d 表示 V 带的公称长度。带的基准长度已标准化，基准长度系列见表 2-5。

V 带标记：型号- L_d 国标号

例如：A－1400　GB/T 11544—2012

表示 A 型普通 V 带，基准长度为 1400mm。

带的标记通常压印在带的外表面上，以便使用识别。

2. V 带轮的结构

V 带轮的材料：带轮材料常采用灰铸铁、钢、铝合金或工程塑料，其中灰铸铁应用最广。当带轮的圆周速度在 25m/s 以下时，用 HT150 或 HT200；当转速较高时，可采用铸钢或钢板冲压焊接结构；传递小功率时可用铸铝或塑料，以减轻带轮重量。

V 带轮的结构：带轮由轮缘、轮辐、轮毂三部分组成。根据轮辐结构不同，分为实心式、辐板式和轮辐式。带轮直径<150mm 时常采用实心式（图 2-6a），带轮直径为 150~450mm 时常采用腹板式（图 2-6b）或孔板式（图 2-6c），直径>450mm 时常采用轮辐式（图 2-6d）。

V 带轮轮槽结构形状及其截面尺寸见表 2-1，其中带轮槽角 φ 随基准直径 d_d 变化，以适应带在弯曲时楔角 θ 的变化。为了保证带的两侧面工作面和带轮轮槽面充分接触，带轮轮槽角 φ 均小于 40°，并按带轮基准直径 d_d 不同分别为 32°、34°、36°、38°。

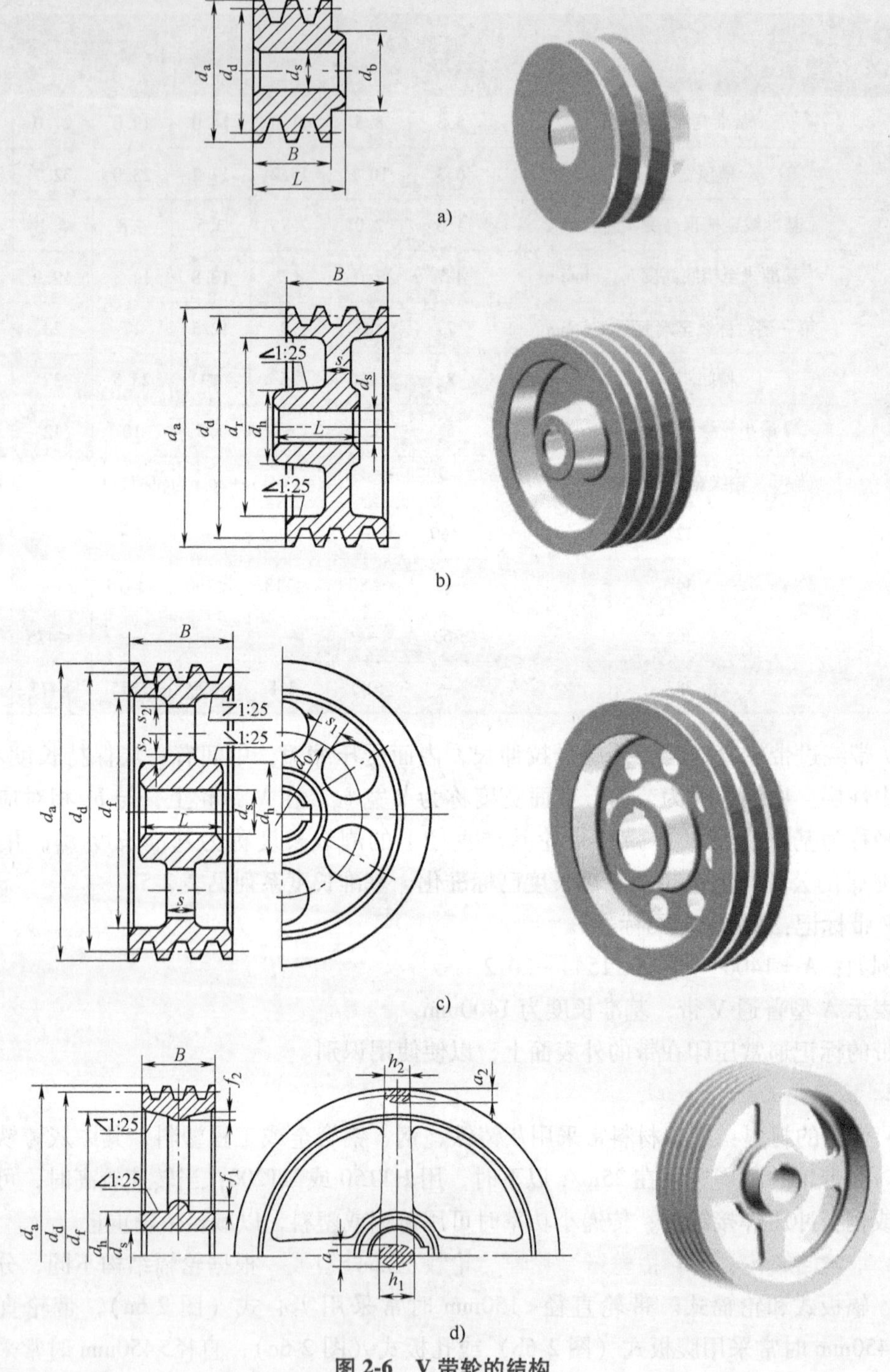

图 2-6　V 带轮的结构

三、带传动的工作情况分析

1. 带传动的受力分析

带传动安装时，带张紧在两带轮上，两边受到一定的初拉力 F_0，如图 2-7a 所示，带传动未工作时，带的两边各处的张紧力均等于 F_0。

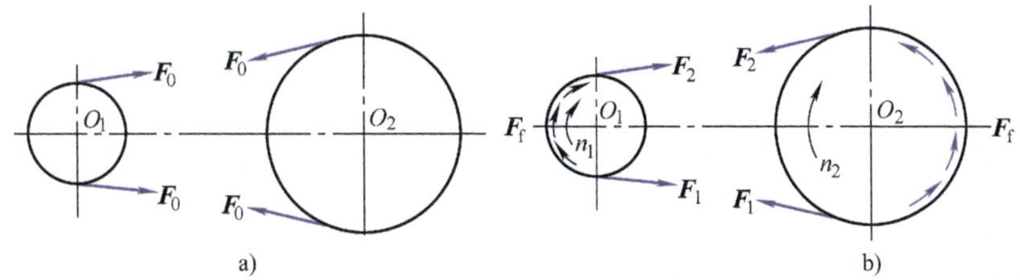

图 2-7　带传动的受力分析

传动带工作时，由于带与带轮的接触面间摩擦力的作用，绕入主动轮一边的带被拉紧，称为紧边，拉力由 F_0 增大到 F_1；绕出主动轮一边的带被放松，称为松边，拉力由 F_0 减至 F_2，如图 2-7b 所示。假设带工作时的总长度不变，则紧边拉力的增量应等于松边拉力的减少量，即

$$F_1-F_0=F_0-F_2$$

$$F_0=\frac{1}{2}(F_1+F_2) \tag{2-1-1}$$

若以主动轮一端为分离体，则有总摩擦力 ΣF_f 和两边拉力对轴心力矩的代数和为零，从而可得出

$$\Sigma F_f=F_1-F_2$$

在最大静摩擦力的范围内，带传动的有效拉力 F 与总摩擦力 ΣF_f 相等，带所传动的圆周力也等于有效拉力 F，即

$$F=\Sigma F_f=F_1-F_2 \tag{2-1-2}$$

带套在轮上越紧，初拉力越大，则摩擦力就越大，带传动的有效圆周力也越大。但 F_0 为一有限值，摩擦力也有一极限值，当带所传递的圆周力不超过极限摩擦力时，带就能正常工作，而当传递的圆周力太大，超过极限摩擦力时，带将打滑，传动失效。

实际工作中，带传动的有效拉力 F(N) 与所传递的功率 P(kW) 和带的速度 v(m/s) 的关系是

$$F=\frac{1000P}{v} \tag{2-1-3}$$

带将打滑时，紧边拉力与松边拉力的关系可用欧拉公式表示为

$$F_1=F_2e^{f_V\alpha} \tag{2-1-4}$$

式中　F_1、F_2——紧边拉力与松边拉力（N）；

e——自然对数的底，e≈2.718；

f_V——带与带轮的当量摩擦因数；

α——小带轮包角，即带与带轮接触弧所对的圆心角（rad）。

联立解式（2-1-1）、式（2-1-2）和式（2-1-4）可得有效拉力的最大值为

$$F_{max}=2F_0\frac{(e^{f_V\alpha}-1)}{(e^{f_V\alpha}+1)}=2F_0\left[1-\frac{2}{(e^{f_V\alpha}+1)}\right]=F_1\left(1-\frac{1}{e^{f_V\alpha}}\right) \tag{2-1-5}$$

F_{max} 越大，带的传动能力越强。F_{max} 的影响因素有：

（1）初拉力 F_0　F_0 与 F_{max} 成正比，增大 F_0 可提高带的传动能力，但 F_0 过大会加剧带的磨损，致使带过快松弛，缩短其工作寿命。

（2）当量摩擦因数 f_V　f_V 越大，摩擦力 F_f 就越大。f_V 与带和带轮的材料、表面状况、工作环境等有关。

（3）小带轮包角 α　包角 α 大，则接触面积大，摩擦力增加，所以能提高传动能力。因为小带轮包角小于大带轮包角，打滑首先发生在小带轮上，所以只需考虑小带轮的包角 α。对于水平装置的带传动，应置紧边在下，松边在上，以增大包角。

2. 带传动的应力分析

带传动工作时，在带的横截面上存在三种应力。

（1）拉应力　带传动工作时，紧边和松边的拉应力分别为

紧边拉应力

$$\sigma_1=\frac{F_1}{A}$$

松边拉应力

$$\sigma_2=\frac{F_2}{A}$$

式中　σ_1、σ_2——紧边拉应力、松边拉应力（MPa）；
F_1、F_2——紧边拉力与松边拉力（N）；
A——带的横截面面积（mm^2）。

（2）离心应力　带绕过带轮时做圆周运动而产生离心力，离心力将在截面上产生离心应力 σ_c。

$$\sigma_c=\frac{qv^2}{A}$$

式中　q——带单位长度的质量（kg/m）；
v——带速（m/s）；
A——带的横截面面积（mm^2）。

由上式分析可知，q 和 v 越大，σ_c 越大，故传动带的速度不宜过高。高速传动时，应采用材质较轻的带。

（3）弯曲应力　带绕过带轮时，由于弯曲变形而产生弯曲正应力。由材料力学可知，其弯曲应力 σ_b 大小为

$$\sigma_b=\frac{2Eh}{d_d}$$

式中　h——带的厚度（mm）；
E——材料的弹性模量（MPa）；
d_d——V 带轮的基准直径（mm）。

由上式可知，带越厚，带轮直径越小，则带所受的弯曲应力就越大。弯曲应力只发生在带的弯曲部分，且小带轮处的弯曲应力 σ_{b1} 大于大带轮处的弯曲应力 σ_{b2}，设计时应限制小带轮的直径 d_{dmin}。

上述三种应力在带上的分布情况如图 2-8 所示，最大应力发生在紧边带绕入小带轮

处，其值为

$$\sigma_{max}=\sigma_1+\sigma_c+\sigma_{b1} \tag{2-1-6}$$

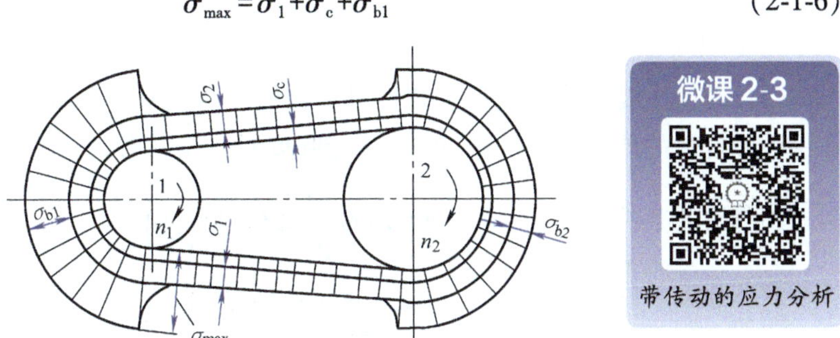

图 2-8　传动带的应力分析

微课 2-3

带传动的应力分析

由此可知，带某一截面上的应力分布是随着带的运转而变化的，显然，传动带在交变应力作用下工作，经历一定的应力循环次数后，最后导致疲劳断裂而失效。

3. 带传动的弹性滑动和打滑

带传动工作时，由于紧边和松边的拉力不同，带受到弹性变形也不同。带从紧边绕入带轮到松边的过程中，拉力逐步减小，带产生弹性收缩，带的运动滞后于带轮，带与主动轮缘之间发生微量的相对滑动。带从松边绕入带轮到紧边的过程中，带所受到的拉力逐步增加，带产生弹性伸长，带的运动超前于从动轮，也使带与带轮间产生相对滑动。这种由于带的弹性变形所引起的带与带轮间局部接触弧面上微量相对滑动现象称为弹性滑动。

由于弹性滑动的存在，从动轮的圆周速度低于主动轮，传动比不准确，传动效率下降，带的磨损增加。

带与带轮之间的摩擦力总和有一个极限值，当传递的有效拉力 F 的值超过极限值时，带将在带轮上发生明显相对滑动。这种由于过载所引起的带与带轮间明显相对滑动的现象称为打滑。

弹性滑动和打滑的区别：弹性滑动是因带两边所受到的拉力差使带两边的弹性变形不等所致，是带传动正常工作时不可避免的固有特性，不影响带的正常工作；打滑是因过载所致，其后果是严重的，使传动失效，同时也加剧了带的磨损，应尽量避免。

弹性滑动引起的从动轮的圆周速度的相对降低量称为滑差率，用 ε 表示。

微课 2-4

带传动的弹性滑动和打滑

$$\varepsilon=\frac{v_1-v_2}{v_1}=1-\frac{n_2d_{d2}}{n_1d_{d1}} \tag{2-1-7}$$

考虑弹性滑动影响的传动比为

$$i=\frac{n_1}{n_2}=\frac{d_{d2}}{d_{d1}(1-\varepsilon)} \tag{2-1-8}$$

式中　n_1、n_2——小带轮、大带轮的转速（r/min）；

d_{d1}、d_{d2}——小带轮、大带轮的基准直径（mm）。

通常带传动的滑差率 ε 为 1%~2%，在一般非精确计算中可以忽略不计。

四、V带传动的设计计算

1. V带传动的失效形式和设计准则

带传动的主要失效形式是过载打滑和带的疲劳破坏。因此，带传动的设计准则是：在保证不打滑的前提下，具有一定的疲劳强度和使用寿命。

不打滑的条件
$$F=1000\frac{P}{v}\leqslant F_1\left(1-\frac{1}{e^{f_V\alpha}}\right)$$

疲劳强度条件
$$\sigma_{max}=\sigma_1+\sigma_c+\sigma_{b1}\leqslant[\sigma]$$

或
$$\sigma_1=\frac{F_1}{A}=[\sigma]-\sigma_c-\sigma_{b1}$$

由以上公式可得同时满足两个条件的单根V带所允许传递的功率 P_1(kW) 为

$$P_1=\frac{Fv}{1000}=\frac{([\sigma]-\sigma_c-\sigma_{b1})\left(1-\frac{1}{e^{f_V\alpha}}\right)Av}{1000} \tag{2-1-9}$$

式（2-1-9）为计算各种摩擦带所允许传递功率的基本公式。

2. 单根V带的额定功率

通过试验和理论分析，可求得单根V带的基本额定功率 P_1，在实际使用条件与试验条件不相符时，应对 P_1 值进行修正。单根V带在实际工作条件下所允许传递的功率为

$$[P_1]=(P_1+\Delta P_1)K_\alpha K_L \tag{2-1-10}$$

式中 $[P_1]$——单根普通V带在实际工作条件下所允许传递的功率（kW）；

P_1——单根普通V带的基本额定功率（kW），查表2-2；

ΔP_1——$i\neq1$ 时单根普通V带的额定功率增量（kW），查表2-3；

K_α——小带轮包角修正系数（查表2-4）；

K_L——带长修正系数，查表2-5。

表2-2 单根普通V带的基本额定功率 P_1 （单位：kW）

槽型	d_d/mm	小带轮转速 n_1/(r/min)						
		400	700	800	960	1200	1450	2800
Z	50	0.06	0.09	0.10	0.12	0.14	0.16	0.26
	63	0.08	0.13	0.15	0.18	0.22	0.25	0.41
	71	0.09	0.17	0.20	0.23	0.27	0.31	0.50
	80	0.14	0.20	0.22	0.26	0.30	0.35	0.56
A	75	0.26	0.42	0.45	0.51	0.60	0.68	1.00
	90	0.39	0.63	0.68	0.79	0.93	1.07	1.64
	100	0.47	0.77	0.83	0.95	1.14	1.32	2.05
	112	0.56	0.93	1.00	1.15	1.39	1.61	2.51
	125	0.67	1.11	1.19	1.37	1.66	1.92	2.98
B	125	0.84	1.30	1.44	1.64	1.93	2.19	2.96
	140	1.05	1.64	1.82	2.08	2.47	2.82	3.85
	160	1.32	2.09	2.32	2.66	3.17	3.62	4.89
	180	1.59	2.53	2.81	3.22	3.85	4.39	5.76
	200	1.85	2.96	3.30	3.77	4.50	5.13	6.43

（续）

槽型	d_d /mm	小带轮转速 n_1/(r/min)						
		400	700	800	960	1200	1450	2800
C	200	2.41	3.69	4.07	4.58	5.29	5.84	5.01
	224	2.99	4.64	5.12	5.78	6.71	7.45	6.08
	250	3.62	5.64	6.23	7.04	8.21	9.04	6.56
	280	4.32	6.76	7.52	8.49	9.81	10.72	6.13
	315	5.14	8.09	8.92	10.05	11.53	12.46	4.16
	400	7.06	11.02	12.10	13.48	15.04	15.53	—

表2-3　单根普通V带的额定功率增量 ΔP_1　（单位：kW）

型号	传动比	小带轮转速 n_1/(r/min)											
		730	800	980	1200	1460	1600	2000	2400	2800	3200	3600	4000
A	1.52~1.99	0.08	0.09	0.10	0.13	0.15	0.17	0.22	0.26	0.30	0.34	0.39	0.43
	≥2.0	0.09	0.10	0.11	0.15	0.17	0.19	0.24	0.29	0.34	0.39	0.44	0.48
B	1.52~1.99	0.20	0.23	0.26	0.34	0.40	0.45	0.56	0.68	0.79	0.90	1.01	1.13
	≥2.0	0.22	0.25	0.30	0.38	0.46	0.51	0.63	0.76	0.89	1.01	1.14	1.27
C	1.52~1.99	0.55	0.63	0.74	0.94	1.14	1.25	1.57	1.72	1.88	2.04	2.19	2.44
	≥2.0	0.62	0.71	0.83	1.06	1.27	1.41	1.76	1.94	2.12	2.29	2.47	2.75

表2-4　小带轮包角修正系数 K_α

小带轮包角/(°)	180	175	170	165	160	155	150	145	140	135	130	125	120
K_α	1	0.99	0.98	0.96	0.95	0.93	0.92	0.91	0.89	0.88	0.86	0.84	0.82

表2-5　V带的基准长度系列和带长修正系数 K_L（摘自GB/T 13575.1—2008）

基准长度 L_d /mm	K_L					基准长度 L_d /mm	K_L					
	Y	Z	A	B	C		Z	A	B	C	D	E
200	0.81					2240		1.06	1.00	0.91		
224	0.82					2500		1.09	1.03	0.93		
250	0.84					2800		1.11	1.05	0.95	0.83	
280	0.87					3150		1.13	1.07	0.97	0.86	
315	0.89					3550		1.17	1.09	0.99	0.89	
355	0.92					4000		1.19	1.13	1.02	0.91	
400	0.96	0.87				4500			1.15	1.04	0.93	0.90
450	1.00	0.89				5000			1.18	1.07	0.96	0.92
500	1.02	0.91				5600			1.21	1.09	0.98	0.95
560		0.94				6300				1.12	1.00	0.97
630		0.96	0.81			7100				1.15	1.03	1.00
700		0.99	0.83			8000				1.18	1.06	1.02
800		1.00	0.85			9000				1.21	1.08	1.05
900		1.03	0.87	0.82		10000				1.23	1.11	1.07
1000		1.06	0.89	0.84		11200					1.14	1.10
1120		1.08	0.91	0.86		12500					1.17	1.12
1250		1.11	0.93	0.88		14000					1.20	1.15
1400		1.14	0.96	0.90		16000					1.22	1.18
1600		1.16	0.99	0.92	0.84							
1800		1.18	1.01	0.95	0.85							
2000			1.03	0.98	0.88							

3. V带传动的设计

设计的原始数据和条件：传动的用途和工作情况、传递的功率、主动轮的转速 n_1、从动轮的转速 n_2（或传动比 i）、原动机的类型、对外廓尺寸的要求等。

设计内容：带的型号、长度和根数，带轮的尺寸、结构和材料，传动的中心距，带的初拉力和压轴力，张紧及防护措施，带轮设计。

设计方法和步骤如下。

（1）确定设计功率 P_d

$$P_d = K_A P \tag{2-1-11}$$

式中 P——理论传递功率，一般为原动机的额定功率；

K_A——工况系数，根据带的工作情况查表2-6。

表2-6 工况系数 K_A

工作情况		K_A					
		空、轻载启动			重载启动		
		每天工作小时数/h					
		<10	10~16	>16	<10	10~16	>16
载荷变动很小	液体搅拌机、通风机和鼓风机（≤7.5kW）、离心式水泵和压缩机、轻负载输送机	1.0	1.1	1.2	1.1	1.2	1.3
载荷变动小	带式输送机（不均匀负载）、通风机（≤7.5kW）、旋转式水泵和压缩机（非离心式）、发电机、金属切削机床、印刷机、旋转筛、锯木机和木工机械	1.1	1.2	1.3	1.2	1.3	1.4
载荷变动较大	制砖机、斗式提升机、往复式水泵和压缩机、起重机、磨粉机、冲剪机床、橡胶机械、振动机、重载输送机	1.2	1.3	1.4	1.4	1.5	1.6
载荷变动大	破碎机（旋转式、颚式等）、磨碎机（球磨、棒磨、管磨）	1.3	1.4	1.5	1.5	1.6	1.8

（2）选择V带型号 根据设计功率 P_d 和小带轮转速 n_1，由图2-9选择普通V带型号。

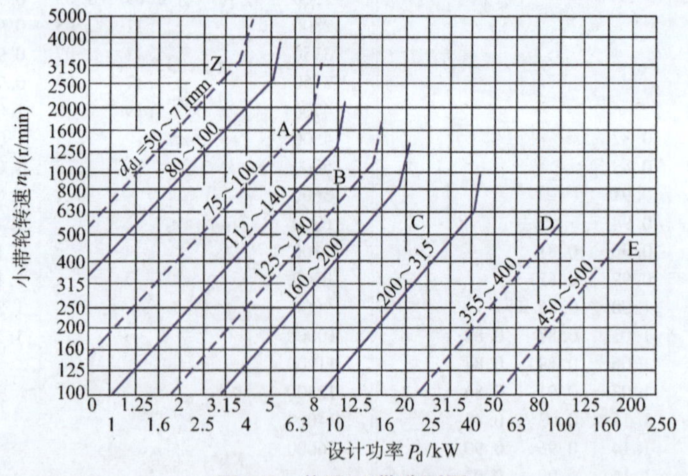

图2-9 普通V带选型图

（3）确定带轮基准直径 一般取 $d_{d1} \geqslant d_{dmin}$，再按传动比计算大带轮的基准直径。

$$d_{d2}=id_{d1} \tag{2-1-12}$$

d_{d1} 和 d_{d2} 都应按表 2-7 中所列基准直径系列选取。

表 2-7　普通 V 带轮基准直径系列（GB/T 11544—2012）　　（单位：mm）

型　号	Y	Z	A	B	C	D	E
带轮最小直径 d_{dmin}	20	50	75	125	200	355	500
带轮基准直径系列	28　31.5　35.5　40　45　50　56　63　71　75　80　90　100　112　125　140　150　160　180　200　224　250　280　315　355　400　450　500　560　630　710　800　1000　1120　1250　1400　1600　2000						

（4）验算带速 v(m/s)

$$v=\frac{n_1\pi d_{d1}}{60\times1000} \tag{2-1-13}$$

带速 v 太高，则离心力增大，使带与带轮间的正压力减小，会降低传动能力；若带速过小，则要求有效拉力 F 增大，所需 V 带根数增多。所以 V 带带速一般应控制在 5~25m/s 的范围内。

（5）确定传动中心距 a 和带的基准长度 L_d

1）初步确定中心距 a_0。若中心距未给出，则可按下式初定中心距 a_0

$$0.7(d_{d1}+d_{d2})<a_0<2(d_{d1}+d_{d2}) \tag{2-1-14}$$

2）初算带长 L_{d0}。

$$L_{d0}=2a_0+\frac{\pi}{2}(d_{d1}+d_{d2})+\frac{(d_{d2}-d_{d1})^2}{4a_0} \tag{2-1-15}$$

根据 L_{d0} 确定带的计算长度，查表 2-5 选取相近的基准长度 L_d。

3）确定实际中心距 a。

$$a\approx a_0+\frac{1}{2}(L_d-L_{d0}) \tag{2-1-16}$$

考虑安装和调整要求，带传动中心距的变动范围为

$$(a-0.015L_d)\sim(a+0.03L_d)$$

（6）验算小带轮包角 α_1

$$\alpha_1\approx180°-\frac{57.3°}{a}(d_{d2}-d_{d1}) \tag{2-1-17}$$

小带轮包角 α_1 过小，将影响带的传动能力。一般要求 $\alpha_1\geqslant120°$。当 $\alpha_1<120°$时，可通过加大中心距或加张紧轮等措施进行改进。

（7）确定 V 带根数 Z

$$Z\geqslant\frac{P_d}{[P]}=\frac{P_d}{(P_1+\Delta P_1)K_\alpha K_L} \tag{2-1-18}$$

带的根数应取整数。为避免载荷分布不均匀，带的根数不应过多，一般取 2~5 根为宜，最多不应超过 8 根，否则应改选较大型号的普通 V 带重新进行设计。

（8）计算预紧力 F_0　预紧力不足，带与轮槽间摩擦力小，传动能力不足，且易发生打滑现象；预紧力过大，会使带的寿命降低，并使轴和轴承工作压力增大。适当的预紧

力是保证带传动正常工作的重要因素之一。单根V带的预紧力 F_0 可按下式计算

$$F_0=500\times\frac{P_d(2.5-K_\alpha)}{K_\alpha Zv}+qv^2 \tag{2-1-19}$$

（9）计算带传动作用于轴上的力 F_Q　计算V带对轴的压力是为了设计安装带轮的轴和轴承。为了简化计算，可不考虑带两侧的拉力差，近似按带两边预紧力 F_0 的合力来计算。

$$F_Q=2ZF_0\cos\frac{\beta}{2}=2ZF_0\sin\frac{\alpha_1}{2} \tag{2-1-20}$$

式中　β——紧边带与松边带的夹角。

微课 2-5

V带传动的设计

（10）V带轮的设计　V带轮的设计主要是选择材料和结构形式，确定轮缘尺寸。V带轮的结构参见图2-6。

例　设计某铣床电动机与变速箱之间的普通V带传动。已知电动机额定功率 $P=4\text{kW}$，主动带轮转速 $n_1=1440\text{r/min}$，从动带轮转速 $n_2=400\text{r/min}$，要求中心距约为450mm，两班制工作，载荷变动较小。

解：设计步骤和过程如下：

序号	设计项目	计算内容	结　果
1	计算功率 P_d	查表2-6工况系数 $K_A=1.2$ $P_d=K_AP=1.2\times4\text{kW}=4.8\text{kW}$	$K_A=1.2$ $P_d=4.8\text{kW}$
2	选择V带型号	由 $P_d=4.8\text{kW}$ 和 $n_1=1440\text{r/min}$，查图2-9选取A型V带	A型V带
3	确定带轮基准直径 d_{d1}、d_{d2}	根据A型带，查表2-7，取 $d_{d1}=100\text{mm}$；带传动的传动比 $i=n_1/n_2=1440/400=3.6$ 大带轮基准直径 $d_{d2}=id_{d1}=3.6\times100\text{mm}=360\text{mm}$ 按表2-7基准直径系列取为355mm	$d_{d1}=100\text{mm}$ $d_{d2}=355\text{mm}$
4	验算带速 v	$v=\frac{\pi d_{d1}n_1}{60\times1000}=\frac{\pi\times100\times1440}{60\times1000}\text{m/s}=7.54\text{m/s}$	带速在5~25m/s范围内，故符合要求
5	初定中心距 a_0	根据已知条件取 $a_0=450\text{mm}$	$a_0=450\text{mm}$
6	确定带的基准长度 L_d	$L_{d0}=2a_0+\frac{\pi}{2}(d_{d1}+d_{d2})+\frac{(d_{d2}-d_{d1})^2}{4a_0}$ $=2\times450\text{mm}+\frac{3.14}{2}\times(100+355)\text{mm}+\frac{(355-100)^2}{4\times450}\text{mm}$ $=1650.8\text{mm}$ 由表2-5选取带的基准长度 $L_d=1600\text{mm}$	$L_d=1600\text{mm}$
7	确定中心距 a	$a=a_0+\frac{1}{2}(L_d-L_{d0})=450\text{mm}+\frac{(1600-1650.8)}{2}\text{mm}$ $=425\text{mm}$ $a_{min}=a-0.015L_d=425\text{mm}-0.015\times1600\text{mm}=401\text{mm}$ $a_{max}=a+0.03L_d=425\text{mm}+0.03\times1600\text{mm}=473\text{mm}$	$a=425\text{mm}$

（续）

序号	设计项目	计算内容	结　果
8	验算小带轮包角 α_1	$\alpha_1 \approx 180° - \frac{57.3°}{a}(d_{d2}-d_{d1})$ $=180° - \frac{355-100}{425} \times 57.3° = 145.6° \geqslant 120°$	α_1 符合要求
9	确定带的根数 Z	根据 d_{d1} 和 n_1 查表 2-2 得 $P_1 = 1.32\text{kW}$ 根据 $i=3.6$ 查表 2-3 得 $\Delta P_1 = 0.17\text{kW}$ 根据 $\alpha_1 = 145.6°$ 查表 2-4 得 $K_\alpha = 0.91$ 根据 $L_d = 1600\text{mm}$，查表 2-5 得 $K_L = 0.99$ $Z \geqslant \frac{P_d}{[P]} = \frac{P_d}{(P_1+\Delta P_1)K_\alpha K_L}$ $=\frac{4.8}{(1.32+0.17)\times 0.91 \times 0.99} = 3.58$ 取 $Z=4$ 根	$Z=4$ 根
10	计算单根 V 带的初拉力	$F_0 = 500 \times \frac{P_d(2.5-K_\alpha)}{K_\alpha Z v} + qv^2$ $=500 \times \frac{4.8}{7.54 \times 4}\left(\frac{2.5}{0.91}-1\right)\text{N} + 0.10 \times 7.54^2\text{N} = 144.7\text{N}$	$F_0 = 144.7\text{N}$
11	计算作用在轴上的力	$F_Q = 2ZF_0 \cos\frac{\beta}{2} = 2ZF_0 \sin\frac{\alpha_1}{2}$ $=2 \times 4 \times 144.7 \times \sin\frac{145.6°}{2}\text{N} = 1105.8\text{N}$	$F_Q = 1105.8\text{N}$
12	设计 V 带轮，画带轮工作图	以大带轮为例确定其结构和尺寸，由图 2-6 选择腹板式。大带轮工作图如图 2-10 所示	—

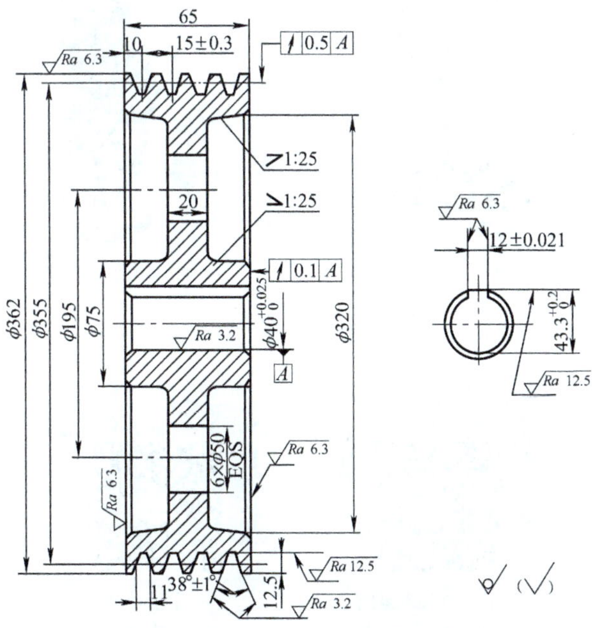

图 2-10　大带轮工作图

五、带传动的张紧、安装和维护

1. 带传动的张紧

安装带传动装置时，带是以一定的初拉力套在带轮上，但经过一定时间的运转后，会因塑性变形而伸长、松弛，导致传动能力下降甚至丧失。因此，带传动必须采用张紧装置，以保证必须的张紧力。常见的张紧方法有以下两大类。

（1）调整中心距　采用滑轨和调节螺钉改变中心距的张紧方法如图 2-11a 所示；采用摆动架和调节螺栓改变中心距的张紧方法如图 2-11b 所示；采用浮动架的张紧方法如图 2-11c 所示。

（2）采用张紧轮装置　对于中心距不可调节的 V 带传动，可利用张紧轮装置进行张紧，如图 2-11d 所示。张紧轮一般安装在带的松边内侧，尽量靠近大带轮处，以免使带

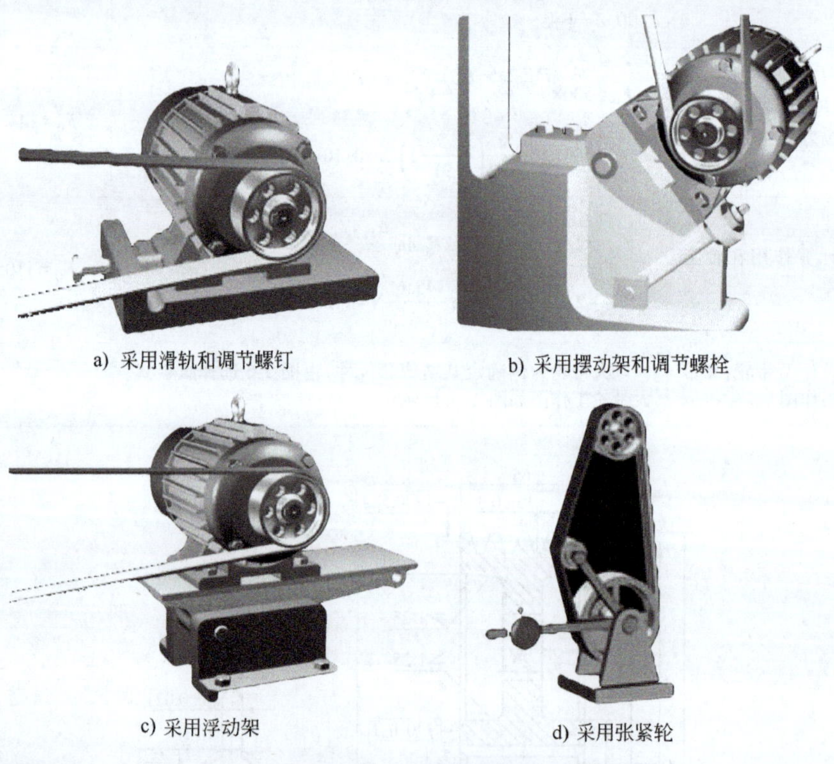

a) 采用滑轨和调节螺钉　b) 采用摆动架和调节螺栓　c) 采用浮动架　d) 采用张紧轮

图 2-11　带的张紧调整

动画

采用滑轨和调节螺钉的张紧方法

动画

采用摆动架和调节螺栓的张紧方法

动画

采用浮动架的张紧方法

动画

采用张紧轮的张紧方法

受双向弯曲应力作用以及小带轮包角减小过多。这种方法可以任意调节张紧力的大小，增大包角，容易装拆，但影响带的寿命，并且不能逆转。

2. 带传动的安装

为了保证 V 带传动正常工作，延长带的使用寿命，应对带传动进行正确安装、调整、使用和维护。V 带传动正确的安装要求见表 2-8。

表 2-8 V 带传动正确的安装要求

序号	图例	安装要求
1	正确　错误　错误	为保证 V 带截面与轮槽的正确位置，V 带的外边缘应与带轮的轮缘平齐
2	15	安装时，调小中心距或松开张紧轮套带，然后调整到合适的张紧程度，用大拇指将带按下 15mm 左右，则张紧程度合适。严禁将带强行撬入带轮
3	<20′　<20′　理想位置　允许位置	两带轮轴线应平行，两轮轮槽的对称平面应重合，其偏角误差应小于 20′

3. 带传动的维护

1）带传动应有防护罩，以免发生意外事故和保护带传动的工作环境，防止带与酸、碱或油接触而腐蚀带。

2）为了使每根带受力均匀，同组使用的 V 带，其型号、基准长度、公差等级、生产厂家应相同。

3）多根带并用时，其中一根损坏，应全部更换，以避免新旧带混用时因带长不等而加速新带磨损。

4）带传动的工作温度不宜超过 60℃。

5）定期检查，及时调整。

微课 2-6

带传动的张紧、安装和维护

任务实施

设计压力机中的带传动。工作参数：带传动输入功率 7.28kW，主动带轮转速 720r/min，带传动的传动比按照项目 1 任务 1.1 中的结果确定。载荷变动较大，单班制工作，原动机为 Y 系列异步电动机。

按照下面的步骤完成任务，并将过程和结果填写在表 2-9 中。

表 2-9　带传动设计

序号	设计步骤	设计计算内容	结果
1	计算功率 P_d		
2	选择V带型号		
3	确定带轮基准直径 d_{d1}、d_{d2}		
4	验算带速 v		
5	初定中心距 a_0		
6	确定带的基准长度 L_d		
7	确定中心距 a		
8	验算小带轮包角 α_1		

（续）

序号	设计步骤	设计计算内容	结果
9	确定带的根数 Z		
10	计算单根 V 带的初拉力		
11	计算作用在轴上的力		
12	设计 V 带，画带轮工作图		

实践中常见问题解析

1）小带轮直径选得太大，带传动结构尺寸不紧凑；选得太小，带承受的弯曲应力过大，所以，应按选型图中推荐的数据选取。

2）带传动的中心距不宜过大，否则将由于载荷变化引起带的颤动；带传动的中心距也不宜过小，否则在单位时间内带的应力变化次数过多，将加速带的疲劳破坏，还会使小带轮上包角过小，影响带的传动能力。

3）V 带在轮槽中要有正确的位置。V 带顶面要与轮槽外缘表面相平齐或略高出一些，底面与轮槽底部留有一定间隙，以保证带两侧面与轮槽接触良好，增加带传动的工作能力。如果带顶面高出轮槽外缘表面过多，则带与轮槽接触面积减小，摩擦力减小，带传动能力下降；如果带顶面过低，底部与轮槽底面接触，则摩擦力锐减，甚至丧失。

小　结

本学习任务分析了带传动的工作原理、特点和应用、维护方法和设计方法。学生在真实的设计工作中去掌握带传动设计选用的知识和技能，通过对带传动设计过程的思考和实践，培养学生的创新思维能力。

1）带传动的类型和特点：类型分为摩擦型带传动和啮合型带传动。摩擦型带传动按带的横截面形状还可分为平带、V带、多楔带和圆带传动。带传动的特点：结构简单，制造、安装和维护较方便，成本低廉；适用于两轴中心距较大的场合；能缓冲吸振，传动平稳，噪声小；具有过载保护作用；传动比 i 不准确，传动效率较低。

2）带传动的工作情况分析：①带的传动能力与带的初拉力 F_0、当量摩擦系数 f_V、小带轮包角 α 有关。适当增大 F_0、f_V、α 可提高带的传动能力；②带传动工作时横截面上产生拉应力、离心应力和弯曲应力，带在变应力作用下，会产生疲劳破坏；③弹性滑动和打滑现象：弹性滑动和打滑是两个不同的概念，弹性滑动是因带两边所受到的拉力差使带两边的弹性变形不等所致，是带传动正常工作时不可避免的固有特性，不影响带的正常工作；打滑是因过载所致，使传动失效，同时也加剧了带的磨损，应尽量避免。

3）带传动的设计步骤：①确定设计功率；②选择V带型号；③确定带轮基准直径；④确定带的基准长度和中心距；⑤确定带的根数；⑥绘制带轮工作图。

4）带传动的张紧、安装和维护。

知识拓展

链传动的工作情况分析

一、链传动的特点和类型

链传动由主动链轮1、从动链轮2和绕在链轮上的环形链条3所组成，如图2-12所示。它是靠链条与轮齿之间的啮合实现传动的，属于啮合传动。

链传动与带传动相比，具有传载能力大，两链轮的平均传动比恒定；链条张紧力小，压轴力较小，传动效率较高；能在高温、有油或潮湿等恶劣环境下工作；但瞬时传动比不稳定，传动平稳性差，工作噪声大，无过载保护作用。

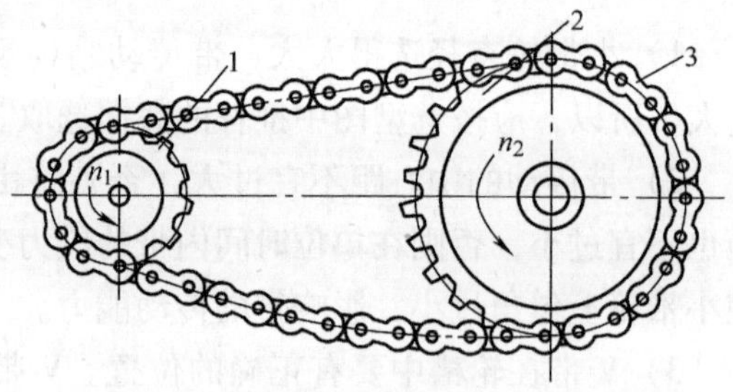

图2-12 链传动

1—主动链轮 2—从动链轮 3—环形链条

链传动一般控制传动功率 $P \leqslant 100$kW，链速 $v \leqslant 15$m/s，传动比 $i \leqslant 8$，中心距 $a \leqslant 6$m。主要用于中心距较大、低速重载条件下、平均传动比准确以及工作环境恶劣的场合，广泛应用于矿山、农业、石油化工及运输起重机械和机床、运输机械传动上。

链传动按用途不同分为三类：传动链、起重链、曳引链。传动链在一般机械中用来传递运动和动力；起重链用于起重机械中提升重物；曳引链用于运输机械驱动输送带等。

链传动按结构不同可分为滚子链（图2-13a）、套筒链（图2-13b）、齿形链（图2-13c）、成形链（图2-13d）。滚子链和齿形链都属于传动链，最常用的是滚子链。

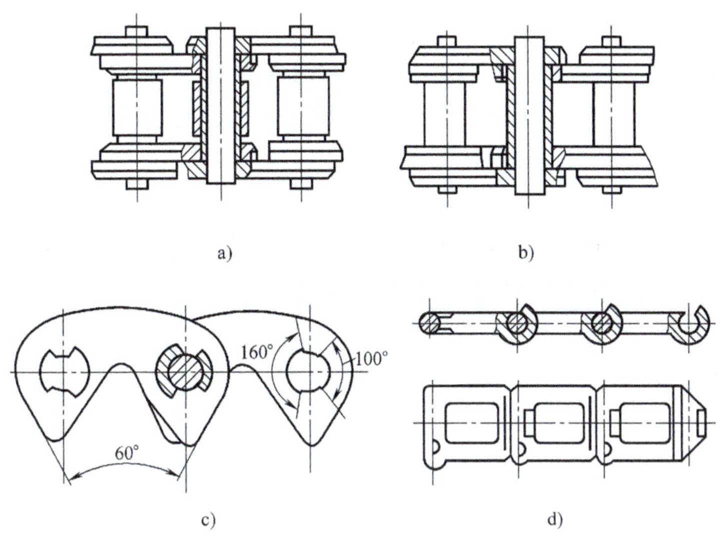

图 2-13　链传动的类型

二、滚子链和链轮

1. 滚子链的结构

滚子链由内链板、外链板、销轴、套筒和滚子组成。内链板与套筒、外链板与销轴都为过盈配合，外链板与销轴构成一个外链节，内链板与套筒构成一个内链节，内外链板交错连接构成铰链。而套筒与销轴、滚子与套筒间均为间隙配合，当内、外链板相对挠曲时，套筒可绕销轴自由转动。工作时滚子沿链轮的轮齿滚动，可以减轻链轮齿廓的磨损，提高效率。内外链板均制成“8”字形，以保证链板各横截面抗拉强度大致相等，并减轻链条的重量。相邻两滚子中心间的距离称为链节距，用 P 表示。它是链条的主要参数，齿距越大，链条各零件的尺寸也就越大，链条所能传递的功率就越大。

当传递的功率较大时，可采用同齿距的双排链或多排链。为了避免各排链受载不匀，链的排数不宜过多，常用双排链或三排链，四排以上很少用。

滚子链的接头方式如图 2-14 所示，当链条节数为偶数时，链条连接成环时正好是外链板与内链板相接，可用开口销（图 2-14a）或弹簧夹锁住销轴（图 2-14b）。当链条节数为奇数时，则采用过渡链节（图 2-14c）。过渡链节受拉时，要承受附加弯曲载荷，所以应尽量避免采用，最好用偶数链节。

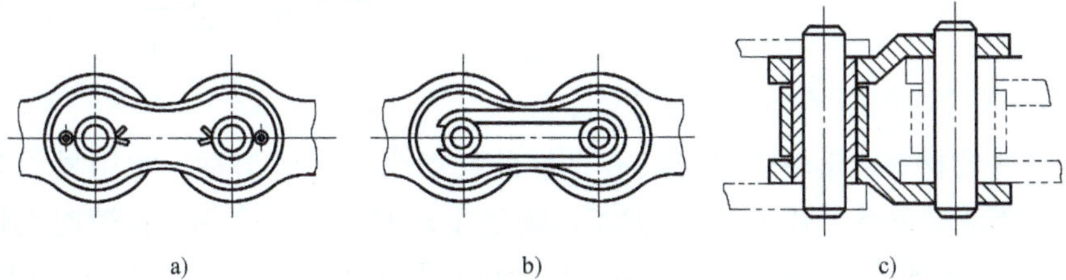

图 2-14　滚子链的接头方式

2. 滚子链的标准

滚子链已标准化，分为A、B两种系列，常用A系列。表2-10列出了A系列滚子链的主要参数和极限拉伸载荷。A系列滚子链适用于重载、高速和重要的传动；B系列滚子链适用于一般传动。

表2-10　A系列滚子链的主要参数和极限拉伸载荷

链号	节距 P /mm	排距 P_t /mm	滚子外径 d_1 /mm	内链节内宽 b_1/mm	销轴直径 d_2/mm	内链板高度 h_2/mm	极限拉伸载荷/N	每米质量 /(kg/m)
08A	12.70	14.38	7.92	7.85	3.98	12.07	13900	0.65
10A	15.875	18.11	10.16	9.40	5.09	15.09	21800	1.00
12A	19.05	22.78	11.91	12.57	5.96	18.08	31300	1.50
16A	25.40	29.29	15.88	15.75	7.94	24.13	55600	2.60
20A	31.75	35.76	19.05	18.90	9.54	30.17	87000	3.80
24A	38.10	45.44	22.23	25.22	11.11	36.20	125000	5.60
28A	44.45	48.87	25.40	25.22	12.71	42.23	170000	7.50

滚子链的标记：链号-排数×链节数　标准号

例如：标记为08A-1　GB/T 1243—2006，表示链号为08A、节距为12.7mm的单排滚子链。

3. 滚子链的链轮

（1）链轮的齿形　滚子链链轮是链传动的主要零件，链轮齿形应保证链节能自由地进入或退出啮合，受力均匀，不易脱链，便于加工。链轮的端面齿形在国家标准GB/T 1243—2006中规定。滚子链链轮的端面齿形如图2-15所示，链轮的齿形用标准刀具加工，工作图上一般不绘制端面齿形，只需标明按GB/T 1243—2006齿形制造和检验即可，但为了制造毛坯，需将轴向齿形画出。

（2）链轮的结构　链轮的结构如图2-16所示。直径小的链轮制成实心式（图2-16a），中等直径的链轮制成孔板式（图2-16b），直径较大的链轮可采用组合式结构（图2-16c）。

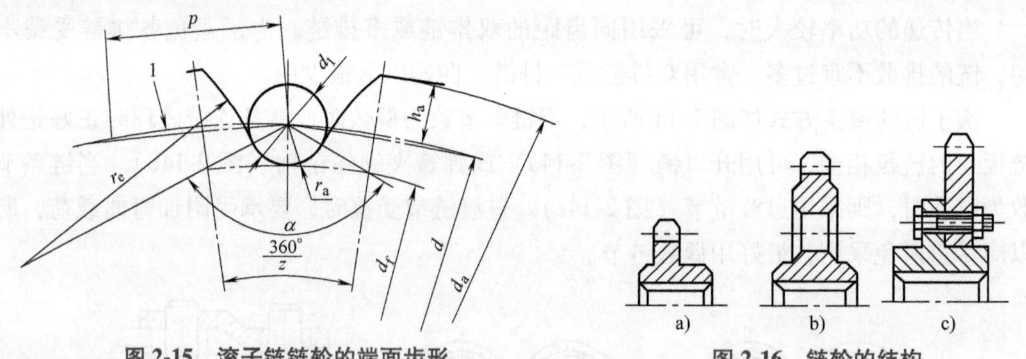

图2-15　滚子链链轮的端面齿形　　图2-16　链轮的结构

（3）链轮的材料　链轮轮齿应具有足够的接触强度和耐磨性，常用材料为中碳钢（35、45），不重要的场合用Q235、Q275，高速重载时采用合金钢，低速时大链轮可采用铸铁。由于小链轮的啮合次数多，小链轮的材料要优于大齿轮，并进行热处理。

三、链传动的布置、张紧和润滑

1. 链传动的布置

链传动的布置对传动的工作状态和使用寿命有较大的影响，应注意以下几点：

1）在链传动中，两链轮的转动平面应在同一平面上，两轴线必须平行，最好成水平布置，如图 2-17a 所示。

2）如需倾斜布置时，两链轮中心连线与水平线的夹角 φ 应小于 45°，如图 2-17b 所示。

3）垂直布置时，应在绕出小链轮侧放置张紧轮，如图 2-17c 所示。

链传动应使紧边在上，松边在下，这样可以避免由于松边的下垂使链条与链轮发生干涉或卡死。

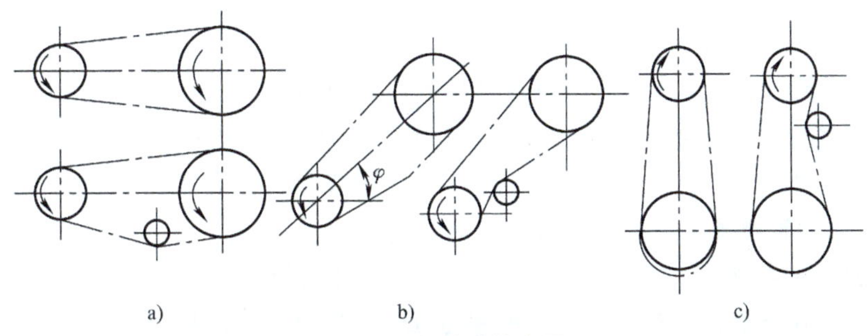

图 2-17　链传动的布置

2. 链传动的张紧

链传动的张紧目的主要是避免链条的垂度过大造成啮合不良及链条的振动，同时也为了增大链条与链轮的啮合包角。当传动中心距可以调整时，可通过调整中心距控制张紧程度；当中心距不能调整时，可设张紧轮，或在链条磨损伸长后从中取掉 1～2 个链节。张紧轮应设在松边靠近小链轮处外侧，如图 2-17 所示。

3. 链传动的润滑

润滑对链传动的影响很大，良好的润滑将减少磨损，缓和冲击，提高承载能力，延长链及链轮的使用寿命。环境温度高或载荷大时宜取黏度高的润滑油，反之宜取黏度低的润滑油。常用的润滑方式有：①油壶或油刷供油；②滴油润滑；③油浴或飞溅润滑；④油泵润滑。

• 思考与练习 •

一、单项选择题

2-1-1　摩擦型带传动主要是依靠__________来传递运动和功率的。

A. 带和两轮之间的正压力　　　B. 带和两轮接触面之间的摩擦力

C. 带的紧边拉力　　　D. 带的初拉力

2-1-2　V带比平带传动能力大的主要原因是__________。

A. 带的强度高　　B. 带没有接头

C. 产生的摩擦力大　　D. 产生的摩擦力小

2-1-3　普通V带传动中，V带的楔角是__________。

A. 36°　　B. 38°　　C. 39°　　D. 40°

2-1-4　V带传动中，一般要求带在小带轮上的包角不得小于__________。

A. 90°　　B. 100°　　C. 110°　　D. 120°

2-1-5　带传动采用张紧轮的目的是__________。

A. 减轻带的弹性滑动　　B. 提高带的寿命

C. 改变带的运动方向　　D. 调节带的初拉力

2-1-6　与齿轮传动和链传动相比，带传动的主要优点是__________。

A. 工作平稳，无噪声　　B. 传动的重量轻

C. 摩擦损失小，效率高　　D. 寿命较长

2-1-7　带传动正常工作时，不能保证准确的传动比是因为__________。

A. 带的材料不符合胡克定律　　B. 带容易变形和磨损

C. 带的弹性滑动　　D. 带在带轮上的打滑

2-1-8　V带轮槽角应小于带楔角的目的是__________。

A. 增加带的寿命　　B. 便于安装

C. 可以使带与带轮间产生较大的摩擦力　D. 使带的寿命延长

2-1-9　与齿轮传动相比，链传动的主要特点之一是__________。

A. 成本高　　B. 安装精度要求较低

C. 适用于高速　　D. 能过载保护

2-1-10　要求两轴中心距较大，且在低速、重载、温度较高、灰尘等不良环境下工作，宜选用__________。

A. 带传动　　B. 齿轮传送　　C. 链传动　　D. 以上都不是

二、判断题

2-1-11　摩擦型带传动是通过带与带轮之间产生的摩擦力来传递运动和动力的。

2-1-12　带传动不能保证瞬时传动比准确不变的原因是易发生打滑现象。

2-1-13　V带根数越多，受力越不均匀，故选用时V带根数一般不应超过8~10根。

2-1-14　带的弹性滑动是由于过载引起的，是完全可以避免的。

2-1-15　带传动中，无限地增大初拉力，就可以无限地提高传动能力。

2-1-16　带传动的打滑一般首先发生在小带轮上。

2-1-17　一组V带中，若发现其中有一根已不能使用，只要换上一根新的就行。

2-1-18　V带传动的张紧轮最好布置在松边带外侧靠近大带轮处。

2-1-19　在机械传动中，一般将带传动布置在高速级，而将链传动布置在低速级。

2-1-20　链传动中，链速一定时，链节距越大，链的承载能力越强，传动也越平稳。

三、简答题

2-1-21　带传动的主要优缺点是什么？带传动的主要类型有哪些？

2-1-22 带传动产生弹性滑动和打滑的原因是什么？是否可以避免？

2-1-23 带传动工作时，带截面上产生哪些应力？最大应力在何处？

2-1-24 什么是带轮包角？包角的大小对带传动能力有何影响？若小带轮包角过小，可通过什么措施增大？

2-1-25 链传动和带传动比较有哪些优缺点？

四、训练题

2-1-26 一普通V带传动，已知带为A型，两个V带轮的基准直径分别100mm和250mm，初定$a_0=400$mm，试求带的基准长度和实际中心距a。

2-1-27 上题中的普通V带传动，用于电动机与搅拌机之间的减速传动，每天工作8h，已知电动机功率$P=4$kW，转速$n=1440$r/min，求V带的根数。

2-1-28 有一带式输送装置，其电动机与齿轮减速器之间用普通V带传动。已知电动机型号为Y160M-6，额定功率$P=7.5$kW，转速$n=970$r/min，减速器输入轴转速$n=330$r/min，允许误差为±5%，每天工作16h。试设计此带传动。

任务2.2 直齿圆柱齿轮传动的设计与选用

任务目标

1）能够正确分析齿轮传动的类型、应用和工作特性。

2）能够正确进行直齿圆柱齿轮传动的几何尺寸计算。

3）能够根据实际工作条件设计直齿圆柱齿轮传动。

4）能够在完成任务过程中做到吃苦耐劳、精益求精。

5）培养严谨认真的工作态度和安全责任意识。

6）培养全面系统机械设计思维、创新意识、团队合作意识和爱国主义精神。

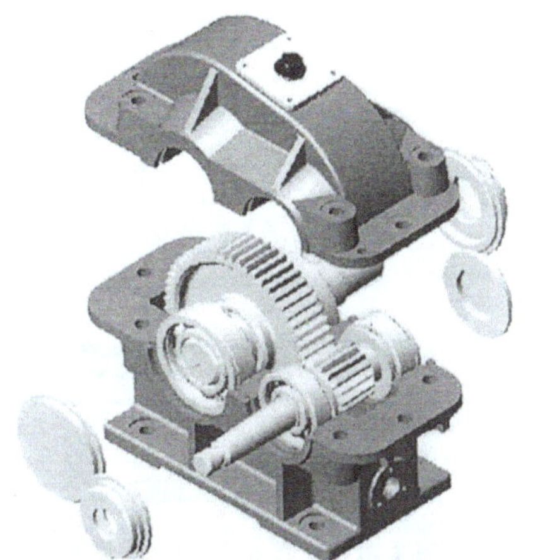

图2-18 减速器中的直齿圆柱齿轮传动

任务描述

设计压力机减速器中直齿圆柱齿轮传动（图2-18）。工作参数：主动齿轮轴输入功率$P=6.77$kW，主动齿轮轴转速$n=232$r/min，传动比按项目1任务1.1中的确定值。载荷有中等冲击，单班工作。

任务分析

压力机中采用齿轮传动进行减速增矩，齿轮传动具有传动可靠、传动平稳、效率高及传动比准确等优点，在机械传动中得到了广泛的应用。通过直齿圆柱齿轮传动的工作分析与设计，完成以下具体任务：

1）分析齿轮传动的类型、工作特性和应用。

2）计算直齿圆柱齿轮的几何尺寸。

3）设计压力机中直齿圆柱齿轮传动。

相关知识

齿轮发展简史

据史料记载，远在公元前400—公元前200年的中国古代就已开始使用齿轮。在我国山西出土的青铜齿轮是迄今发现的最古老齿轮（图2-19），作为反映古代科学技术成就的指南车是以齿轮机构为核心的机械装置（图2-20）。另外，还有东汉初年的人字齿轮（图2-21），《武备志》中记载的齿轮齿条传动装置（图2-22）等。由此可见，中国是最早发明齿轮的国家之一，中国古代对于齿轮的应用在世界历史上具有重大的意义。

图2-19　山西出土的青铜齿轮

图2-20　指南车上的齿轮

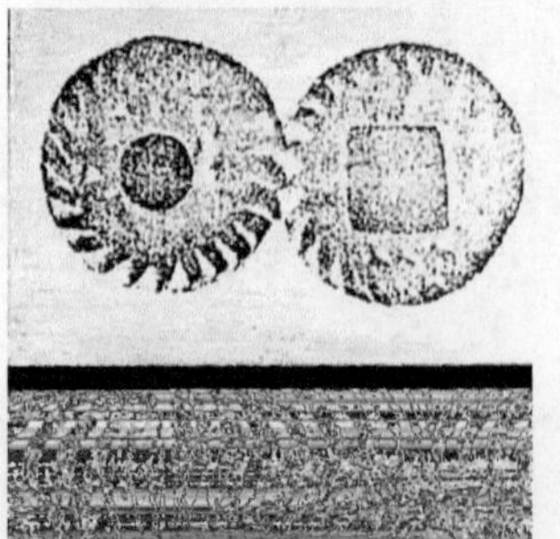

图2-21　东汉初年的人字齿轮

图2-22　《武备志》中记载的齿轮齿条传动装置

不过，古代的齿轮是用木料制造或用金属铸成的，只能传递轴间的回转运动，不能保证传动的平稳性，齿轮的承载能力也很小。17 世纪末，人们才开始研究能正确传递运动的轮齿形状。18 世纪，欧洲工业革命以后，齿轮传动的应用日益广泛，先是发展摆线齿轮，而后是渐开线齿轮，一直到 20 世纪初，渐开线齿轮已在应用中占据了优势。

一、齿轮传动的特点和类型

1. 齿轮传动的特点

齿轮传动用以传递任意两轴间的运动和动力，能传递较大的转矩，又具有结构紧凑、工作可靠和寿命较长等优点，因此齿轮传动得到了广泛的应用。齿轮传动在工作中一般会遇到齿面点蚀、齿面磨损、轮齿折断、齿面塑性变形和振动噪声等，根据这些情况，对于齿轮传动提出下面基本要求：足够的承载能力和较好的传动平稳性。

齿轮传动的特点：

1）两轮瞬时传动比恒定，传递运动准确可靠。

2）适用的功率、速度和尺寸范围大。

3）传动效率高，使用寿命长。

4）结构紧凑，体积小。

5）不适用于远距离传动，没有过载保护作用。

6）制造和安装要求较高，成本较高。

2. 齿轮传动的类型

根据齿轮机构所传递的运动、两轴线的相对位置、运动形式及齿轮的几何形状，齿轮机构分为以下几种基本类型。

（1）两轴平行的齿轮传动　两轴平行的齿轮传动为圆柱齿轮传动，有以下几种：

1）直齿圆柱齿轮传动，如图 2-23a（外啮合）、b（内啮合）所示。

2）齿轮齿条传动，如图 2-23c 所示。

3）斜齿圆柱齿轮传动，如图 2-23d 所示。

4）人字齿圆柱齿轮传动，如图 2-23e 所示。

（2）两轴相交的齿轮传动　锥齿轮传动，如图 2-23f 所示。

（3）两轴交错的齿轮传动

1）交错轴斜齿轮传动，如图 2-23g 所示。

2）蜗杆传动，如图 2-23h 所示。

按防护条件，齿轮传动可分为以下两种传动形式。

（1）开式齿轮传动　开式齿轮传动是指齿轮暴露在箱体之外的齿轮传动，工作时易落入灰尘杂质，不能保证良好的润滑，轮齿容易磨损。多用于低速或不太重要的场合。

（2）闭式齿轮传动　闭式齿轮传动是指齿轮安装在封闭的箱体内的齿轮传动，润滑和维护条件良好，安装精确。重要的齿轮传动都采用闭式齿轮传动。

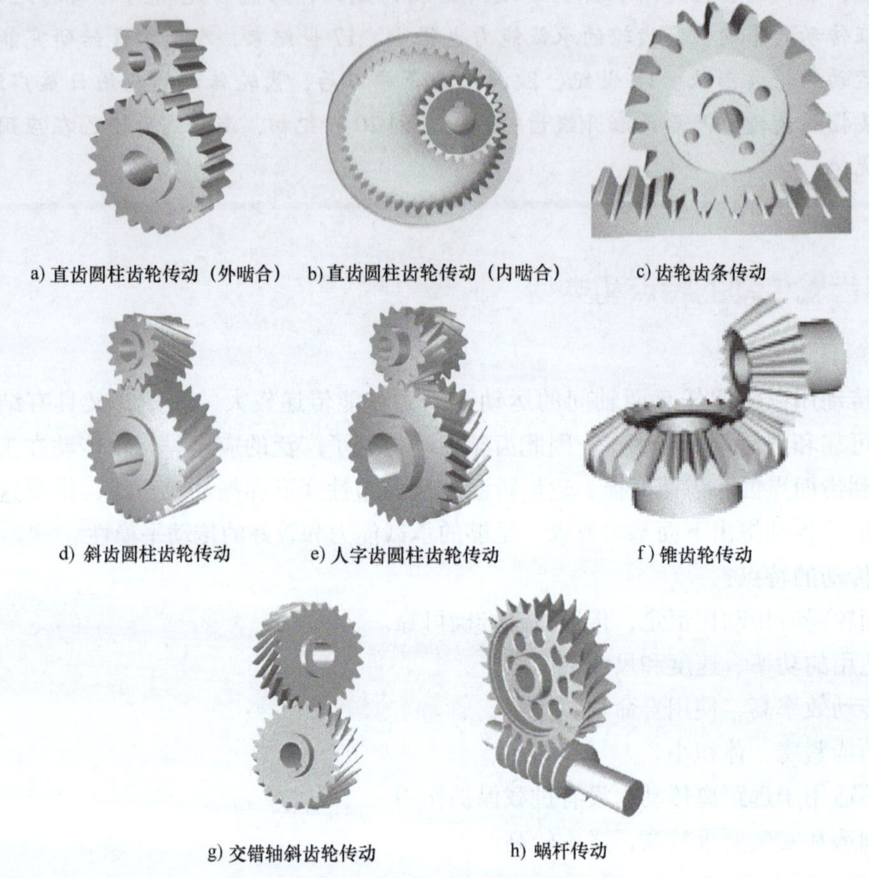

图 2-23　齿轮传动的类型

微课 2-7

齿轮传动的类型和特点

齿轮传动按齿廓曲线分类有：渐开线齿轮、摆线齿轮和圆弧齿轮等。其中渐开线齿轮容易制造、便于安装、互换性好，因而应用最广。

3. 齿轮传动的基本要求

（1）传动准确、平稳　为了提高齿轮的工作精度、适应高精度及高速传动的需要，要求齿轮在传动过程中，始终保持瞬时传动比恒定，这就必须采用合理的齿轮轮廓曲线。能达到此要求的轮廓曲线有渐开线、摆线和圆弧等，最常用的轮廓曲线为渐开线。

（2）承载能力强　为了延长齿轮传动的使用寿命、减小结构尺寸、传递较大的动力，要求齿轮具有足够的承载能力。

二、渐开线齿廓及其啮合特性

采用渐开线作为齿形曲线的齿轮称为渐开线齿轮，这是应用最为广泛的一种齿轮。齿轮机构靠齿轮轮齿的齿廓相互推动，在传递动力和运动时，如何保证瞬时传动比恒定以减小惯性力，得到平稳传动，其齿廓形状是关键因素。渐开线齿廓能满足瞬时传动比恒定，且制造方便，安装要求低，因而应用最普遍。

1. 渐开线的形成及其性质

如图 2-24 所示，当直线 NK 沿半径为 r_b 的圆周做纯滚动时，该直线上任意点 K 的轨迹 AK 称为该圆的渐开线。

形成渐开线的圆称为基圆，直线 NK 称为发生线，θ_K 称为展角，r_K 称为向径。根据渐开线的形成，可知渐开线具有以下性质：

1）发生线沿基圆滚过的长度，等于基圆上被滚过的圆弧长。

2）发生线 NK 是基圆的切线，也是渐开线在 K 点的法线。渐开线上某一点的法线（受力时，不计摩擦力时的正压力 F_n 的方向线）与该点速度 v_K 方向所夹的锐角 α_K，称为该点的压力角。

$$\cos\alpha_K=\frac{r_b}{r_K} \tag{2-2-1}$$

由式（2-2-1）可知，渐开线上各点压力角不相等，离基圆越远的点，其压力角越大。

3）渐开线上各点的曲率半径不等。N 点是渐开线上 K 点的曲率中心，NK 是渐开线上 K 点的曲率半径。可见离基圆越近，曲率半径越小；在基圆上，曲率半径为零。

4）渐开线的形状取决于基圆的大小。如图 2-25 所示，基圆越小，渐开线越弯曲；基圆越大，渐开线越平直；当基圆半径无穷大时，渐开线为直线。故渐开线齿条具有直线齿廓。

5）基圆内无渐开线。

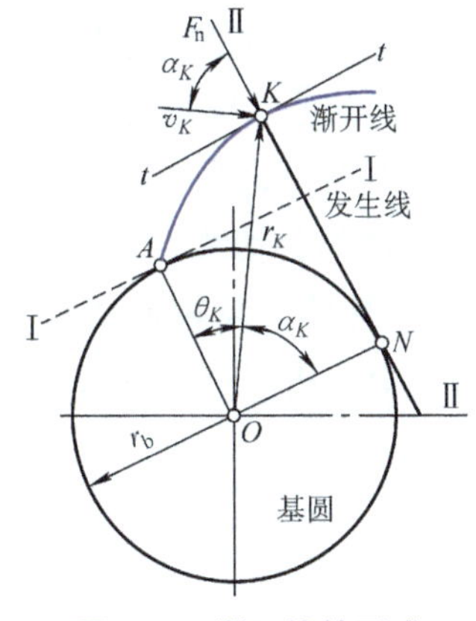

图 2-24　渐开线的形成

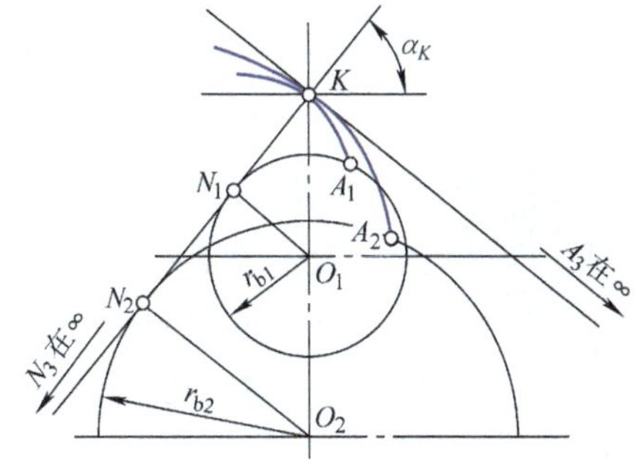

图 2-25　基圆的大小对渐开线的影响

2. 齿廓啮合基本定律

两相互啮合的齿廓在 K 点接触（图 2-26），过 K 点作两齿廓的公法线 n-n，它与连心线 O_1O_2 的交点 C 称为节点。以 O_1、O_2 为圆心，以 $O_1C(r'_1)$、$O_2C(r'_2)$ 为半径所作的圆称为节圆，因两齿轮的节圆在 C 点处做相对纯滚动，由此可推得

$$i_{12}=\frac{\omega_1}{\omega_2}=\frac{O_2C}{O_1C}=\frac{r'_2}{r'_1}$$

一对传动齿轮的瞬时角速度与其连心线被齿廓接触点的公法线所分割的两线段长度成反比，这个定律称为齿廓啮合基本定律。由此推论，欲使两齿轮瞬时传动比恒定不变，过接触点所作的公法线都必须与连心线交于一定点。

3. 渐开线齿廓的啮合特性

（1）渐开线齿廓满足齿廓啮合基本定律　如图 2-26 所示，渐开线齿廓 E_1 和 E_2 在 K 点接触，过 K 点作齿廓的公法线 n-n 与连心线 O_1O_2 交于 C 点。由渐开线的性质可知，N_1N_2 为两齿轮基圆的一条内公切线，由于两基圆的大小和位置都已确定，同一方向的内公切线只有一条，它与连心线的交点是一确定的点。故一对渐开线齿廓啮合传动时，能保证传动比恒定不变，即

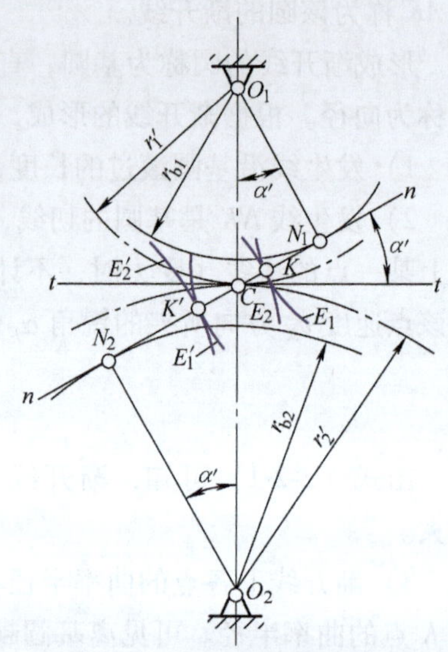

图 2-26　渐开线齿廓的啮合

$$i_{12}=\frac{\omega_1}{\omega_2}=\frac{O_2C}{O_1C}=\frac{r'_2}{r'_1}=\frac{r_{b2}}{r_{b1}} \tag{2-2-2}$$

（2）中心距可分性　由式（2-2-2）可知，两渐开线齿轮的传动比与两齿轮的基圆半径成反比。渐开线齿轮加工制成后，它们的基圆半径已经确定，即使在装配和工作中，由于装配误差、轴系磨损等原因造成两齿轮中心距稍有变化，也不会改变其瞬时传动比，这种性质称为渐开线齿轮的中心距可分性。这是渐开线齿轮传动获得广泛应用的重要原因。

（3）两齿廓间法向作用力方向不变　齿轮传动时其齿廓接触点的轨迹曲线称为啮合线。渐开线齿廓啮合时，由于无论在哪一点接触，过啮合点的公法线都与两基圆的内公切线 N_1N_2 重合，故渐开线齿廓的啮合线就是直线 N_1N_2。

微课 2-9
渐开线齿廓的啮合特性

如图 2-26 所示，过节点 C 作两节圆的公切线 t-t 与啮合线 N_1N_2 间的夹角 α' 称为齿轮传动的啮合角。显然，齿轮传动时啮合角不变，表明两齿廓间法向作用力方向不变，从而传动平稳。这也是渐开线齿廓传动的一大优点。

需要指出的是，只有一对齿轮相互啮合时，才有节圆和啮合角，单个齿轮没有节点，也就不存在节圆。

三、直齿圆柱齿轮传动

1. 齿轮各部分名称

渐开线标准直齿圆柱齿轮各部分的名称如图 2-27 所示。

（1）齿顶圆　轮齿顶部所在的圆称为齿顶圆，半径用 r_a 表示。

（2）齿根圆　齿槽底部所在的圆称为齿根圆，半径用 r_f 表示。

（3）分度圆　是一个用来计算尺寸的基准圆，处于齿顶圆和齿根圆之间，半径用 r 表示。

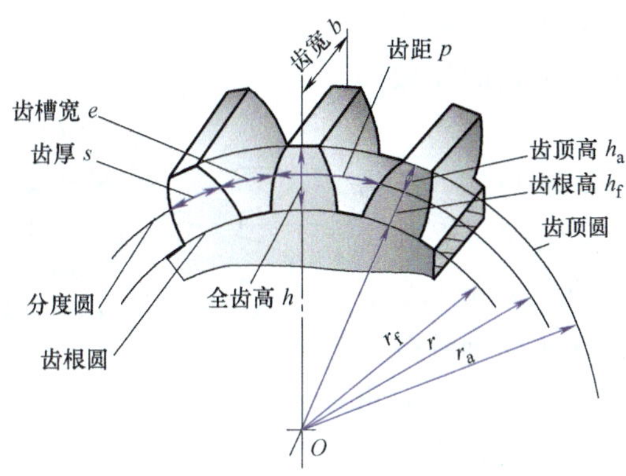

图 2-27　渐开线标准直齿圆柱齿轮各部分的名称

（4）分度圆齿厚　分度圆上一个齿的两侧端面齿廓之间的弧长称为齿厚，用 s 表示。

（5）分度圆齿槽宽　分度圆上一个齿槽的两侧端面齿廓之间的弧长称为齿槽宽，用 e 表示。

（6）分度圆齿距　分度圆上相邻两齿同侧端面齿廓之间的弧长称为齿距，用 p 表示，即 $p=s+e$。

（7）齿顶高　齿顶圆与分度圆之间的径向距离称为齿顶高，用 h_a 表示。

（8）齿根高　齿根圆与分度圆之间的径向距离称为齿根高，用 h_f 表示。

（9）齿高　齿顶圆与齿根圆之间的径向距离称为齿高，用 h 表示，即 $h=h_a+h_f$。

（10）齿宽　轮齿部分沿齿轮轴线方向的宽度，称为齿宽，用 b 表示。

2. 标准直齿圆柱齿轮的基本参数和几何尺寸计算

（1）基本参数　渐开线齿轮的基本参数有五个：齿数 z、模数 m、压力角 α、齿顶高系数 h_a^* 和顶隙系数 c^*。

1）模数 m。齿轮分度圆周长为　$\pi d=zp$

得

$$d=\frac{z}{\pi}p$$

上式中的 π 为无理数，计算得到的 d 也应是无理数，对设计制造都不方便。因此，定义模数 $m=\dfrac{p}{\pi}$。

则

$$d=mz$$

m 为整数或完整的有理数，应取标准值。标准模数系列见表 2-11。

表 2-11　渐开线圆柱齿轮标准模数系列（摘自 GB/T 1357—2008）（单位：mm）

第一系列	1　1.25　1.5　2　2.5　3　4　5　6　8　10　12　16　20　25　32　40　50
第二系列	1.125　1.375　1.75　2.25　2.75　3.5　4.5　5.5　(6.5)　7　9　11　14　18　22　28　35　45

注：1. 优先采用第一系列，应避免采用第二系列中括号内的模数 6.5。
2. 对斜齿轮，该表所示为法面模数。

m 反映出轮齿尺寸的大小，m 越大，p 也越大，轮齿越大，齿轮承载能力越高，抗弯能力越好。m 是齿轮计算的一个基本参数，单位为 mm。不同模数齿轮的比较如图 2-28 所示。

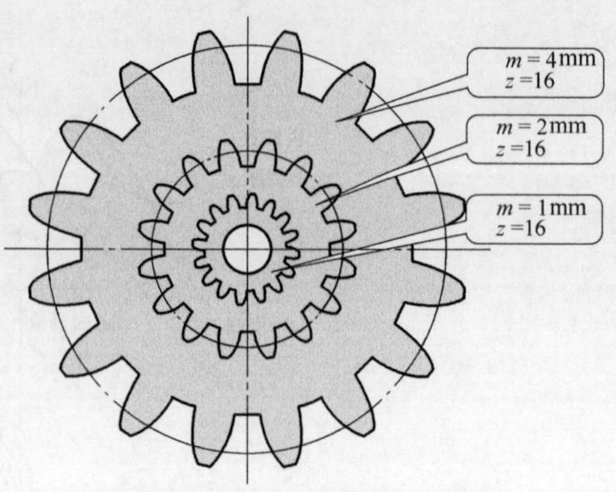

图 2-28　不同模数齿轮的比较

2）压力角 α。由图 2-24 可知，压力角是正压力 F 与速度方向之间所夹的锐角。在同一渐开线上，各点压力角大小不同，离基圆越远，压力角越大。渐开线齿轮上，齿顶圆压力角最大，基圆上压力角最小，等于零。通常所说的压力角是指分度圆上的压力角，用 α 表示。

为了便于设计、制造和互换性好，对分度圆上的压力角规定了标准值。我国规定标准压力角 $\alpha=20°$。

分度圆还定义为：在齿轮上具有标准模数和标准压力角的圆。

3）齿顶高系数 h_a^* 和顶隙系数 c^*。由式 $m=\dfrac{p}{\pi}$ 可知，p 与 m 成正比，为了使齿形匀称，国家标准还规定，齿高也与模数成正比。

齿顶高　$$h_a=h_a^* m$$

齿根高　$$h_f=h_a^*+c^* m$$

齿高　$$h=h_a+h_f=(2h_a^*+c^*)m$$

式中　h_a^*——齿顶高系数；

c^*——顶隙系数，顶隙 $c=c^* m$。

顶隙 c 是为了避免齿轮齿顶与啮合齿轮齿槽底发生干涉，以及便于贮存润滑油而留的间隙。

我国标准规定：对于正常齿制，$h_a^*=1$，$c^*=0.25$；短齿制，$h_a^*=0.8$，$c^*=0.3$。

（2）几何尺寸计算　标准齿轮定义为：参数 m、α、h_a^*、c^* 均为标准值，且分度圆上 $s=e$ 的齿轮。渐开线标准直齿圆柱齿轮几何尺寸计算公式见表 2-12。

表 2-12　渐开线标准直齿圆柱齿轮几何尺寸计算公式

名称	符号	外齿轮	内齿轮
齿顶高	h_a	$h_a=h_a^* m$	$h_a=h_a^* m$
齿根高	h_f	$h_f=(h_a^*+c^*)m$	$h_f=(h_a^*+c^*)m$
齿高	h	$h=h_f+h_a=(2h_a^*+c^*)m$	$h=h_f+h_a=(2h_a^*+c^*)m$
顶隙	c	$c=c^* m$	$c=c^* m$
齿距	p	$p=\pi m$	$p=\pi m$
齿厚	s	$s=p/2=\pi m/2$	$s=p/2=\pi m/2$
齿槽宽	e	$e=p/2=\pi m/2$	$e=p/2=\pi m/2$
分度圆直径	d	$d=mz$	$d=mz$

（续）

名称	符号	外齿轮	内齿轮
基圆直径	d_b	$d_b=d\cos\alpha$	$d_b=d\cos\alpha$
齿顶圆直径	d_a	$d_a=d+2h_a=m(z+2h_a^*)$	$d_a=d-2h_a=m(z-2h_a^*)$
齿根圆直径	d_f	$d_f=d-2h_f=m(z-2h_a^*-2c^*)$	$d_f=d+2h_f=m(z+2h_a^*+2c^*)$
标准中心距	a	外啮合 $a=\frac{1}{2}(d_2+d_1)=\frac{1}{2}m(z_2+z_1)$ 内啮合 $a=\frac{1}{2}(d_2-d_1)=\frac{1}{2}m(z_2-z_1)$	

（3）标准直齿圆柱齿轮的公法线长度

1）公法线长度测量。在检验齿轮的制造精度时，常需测量齿轮的公法线长度，用以控制轮齿齿侧间隙公差。如图 2-29 所示，卡尺的两个卡脚跨过 k 个齿（图中 $k=3$），与渐开线齿廓相切于 A、B 两点，此两点间的距离 AB 就称为被测齿轮跨 k 个齿的公法线长度，以 W_k 表示。由于 AB 是 A、B 两点的法线，所以 AB 必与基圆相切。

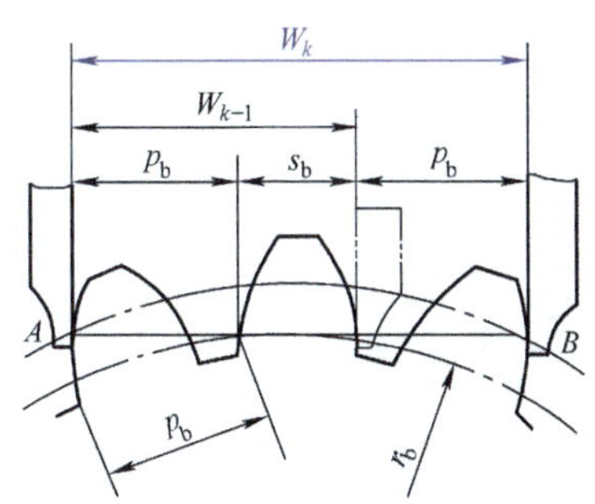

图 2-29　齿轮的公法线长度

微课 2-10
渐开线标准直齿圆柱齿轮的基本参数和几何尺寸计算

W_k 的计算公式为

$$W_k=(k-1)p_b+s_b \tag{2-2-3}$$

式中　k——跨齿数；

p_b——基圆齿距，$p_b=\pi m\cos\alpha$；

s_b——基圆齿厚。

式（2-2-3）可用于齿轮参数测定。将 p_b 和 s_b 的公式代入式（2-2-3），$\alpha=20°$时，标准直齿圆柱齿轮的公法线长度的计算公式为

$$W_k=m[2.9521(k-0.5)+0.014z] \tag{2-2-4}$$

测量齿轮公法线长度时，应尽可能使卡尺的卡脚与齿廓在分度圆附近相切，以保证测量准确。若跨齿数太多，卡尺的卡脚就会与齿廓顶部接触；若跨齿数太少，卡尺的卡脚就会与齿廓根部接触。卡脚与齿廓在分度圆附近相切时，合理的跨齿数 k 的计算公式为

$$k=\frac{z}{9}+0.5 \tag{2-2-5}$$

计算出的 k 值必须四舍五入圆整为整数后再代入式（2-2-4）计算 W_k。W_k 和 k 值也可以从机械设计手册中直接查得。

对于大模数（m>10mm）的圆柱齿轮和锥齿轮，通常测定固定弦齿厚。

2）分度圆弦齿厚测量。对于斜齿圆柱齿轮、锥齿轮、蜗轮及大模数（m>10mm）的直齿圆柱齿轮等，通常测量分度圆弦齿厚 $\bar{s}$，如图 2-30 所示。

微课 2-11

渐开线标准直齿圆柱齿轮的公法线长度和分度圆弦齿厚测量

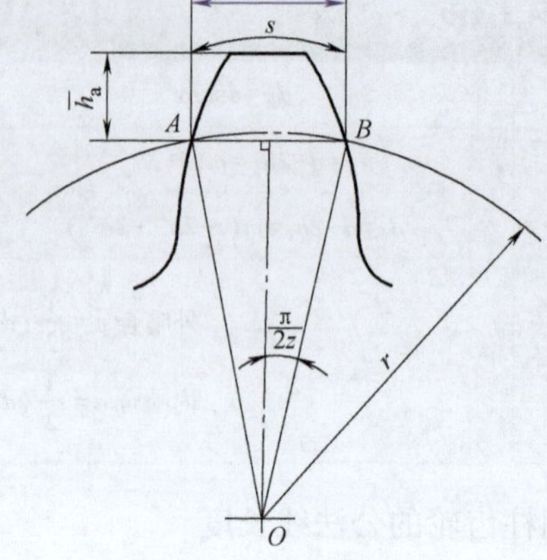

图 2-30　分度圆弦齿厚

动画

渐开线齿廓的啮合过程

3. 标准直齿圆柱齿轮的啮合传动

（1）齿轮传动的啮合过程　如图 2-31a 所示，齿轮 1 为主动轮，2 为从动轮，两轮基圆的内公切线为 N_1N_2。当两轮的一对齿开始啮合时，先是主动轮的齿根推动从动轮的齿顶，因而起始啮合点是从动轮的齿顶圆与 N_1N_2 的交点 B_2。随着啮合的进行，啮合点在 N_1N_2 线上移动，最后在主动轮的齿顶圆与 N_1N_2 的交点 B_1 脱离啮合。

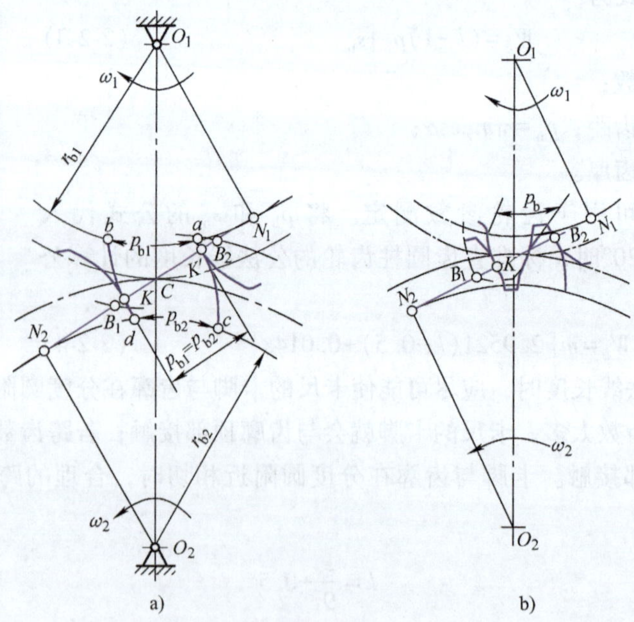

图 2-31　齿轮传动的啮合过程

理论啮合线：啮合点所走过的轨迹，即线段 N_1N_2。N_1、N_2 称为啮合极限点。

实际啮合线：啮合点实际所走过的轨迹，即线段 B_1B_2。

啮合线 N_1N_2 既是两轮基圆的内公切线，还是啮合点的公法线，也是轮齿作用力的方向线，故称为“四线合一”。

（2）一对渐开线齿轮的正确啮合条件　一对渐开线齿轮啮合传动时，由于两轮齿廓的啮合点是沿啮合线 N_1N_2 移动的，因此如图 2-31a 所示，当前一对轮齿在 K 点啮合，后一对轮齿同时在 K' 啮合时，要保证两齿轮正确啮合，两轮的法向齿距必须相等，即 $K_1K'_1=K_2K'_2=KK'$。根据渐开线的性质可知，KK'分别等于两轮的基圆齿距 p_{b1} 和 p_{b2}，即 $KK'=p_{b1}=p_{b2}$，而 $p_b=\pi m\cos\alpha$，故可得 $\pi m_1\cos\alpha_1=\pi m_2\cos\alpha_2$。

由于渐开线齿轮的模数 m 与压力角 α 都已标准化，所以两齿轮正确啮合条件为

$$\left.\begin{aligned}m_1=m_2=m\\ \alpha_1=\alpha_2=\alpha\end{aligned}\right\}\tag{2-2-6}$$

即一对渐开线直齿圆柱齿轮正确啮合的条件是：两齿轮的模数和压力角应分别相等。这样，一对齿轮的传动比公式可写为

$$i_{12}=\frac{\omega_1}{\omega_2}=\frac{d'_2}{d'_1}=\frac{d_{b2}}{d_{b1}}=\frac{d_2}{d_1}=\frac{z_2}{z_1}\tag{2-2-7}$$

（3）连续传动条件　齿轮传动是靠两轮的轮齿依次啮合而实现的。如图 2-31b 所示，在啮合过程中，如果前一对轮齿到达 B_1 点终止啮合时，后一对轮齿还没有进入啮合，齿轮传动将会中断。为了使齿轮连续平稳地传动，必须使前一对轮齿尚未脱离啮合时，后一对轮齿就已经进入啮合。因而，应使实际啮合线段长 B_1B_2 大于或等于 KK'线段长，即 B_1B_2 应大于或等于基圆齿距 p_b，$B_1B_2\geqslant p_b$。因此，齿轮连续传动条件为

$$\varepsilon=\frac{B_1B_2}{p_b}\geqslant 1\tag{2-2-8}$$

ε 称为重合度。ε 越大，表明齿轮同时参与啮合的轮齿对数越多，每对轮齿承受的载荷越小，齿轮传动也越平稳。因此，ε 是衡量齿轮传动质量的指标之一。

当 $\varepsilon=1$ 时，只有一对轮齿在啮合；当 $\varepsilon=2$ 时，有两对轮齿同时参与啮合；当 $1<\varepsilon<2$ 时，有时是有一对轮齿在啮合，有时是有两对轮齿在啮合。

对于标准齿轮，ε 的大小主要与齿轮的齿数有关，齿数越多，ε 越大，直齿圆柱齿轮传动的最大重合度 $\varepsilon=1.982$。

理论上 $\varepsilon=1$ 就能保证一对齿轮连续传动，但因齿轮有制造和安装等误差，实际应使 $\varepsilon>1$。一般机械中常取 $\varepsilon\geqslant 1.1\sim1.4$。

微课 2-12

渐开线齿轮的正确啮合条件与连续传动条件

（4）中心距与啮合角　在齿轮啮合传动时，为避免冲击、振动、噪声，保证传动精度，理论上齿轮传动应为无侧隙啮合。但实际工作中，为了保证齿面润滑，避免轮齿运转发生热变形而卡死及补偿加工误差等方面的因素，在两轮的齿侧间留有一定侧隙，实际侧隙由制造公差保证，在设计计算齿轮尺寸时按无侧隙安装处理。

如图 2-32a 所示，齿轮啮合时相当于一对节圆做纯滚动，标准齿轮无侧隙啮合传动时，侧隙 $\Delta=e'_1-s'_2=0$，即 $e'_1=s'_2$。对于标准齿轮，只有分度圆上 $e_1=s_2$，所以要实现标准齿轮无侧隙传动，齿轮安装时应使两轮节圆与分度圆重合，这种安装称为标准安装，其中心距 a 称为标准中心距。显然这时的啮合角 α'等于分度圆压力角 α。标准中心距为

$$a=r'_1+r'_2=r_1+r_2=\frac{1}{2}m(z_2+z_1) \tag{2-2-9}$$

若由于齿轮制造和安装的误差，使实际安装中心距 a'大于标准中心距 a 时，分度圆与节圆不重合，啮合角等于分度圆上的压力角，如图 2-32b 所示。即 $r'>r$，$\alpha'>\alpha$。此时的中心距为

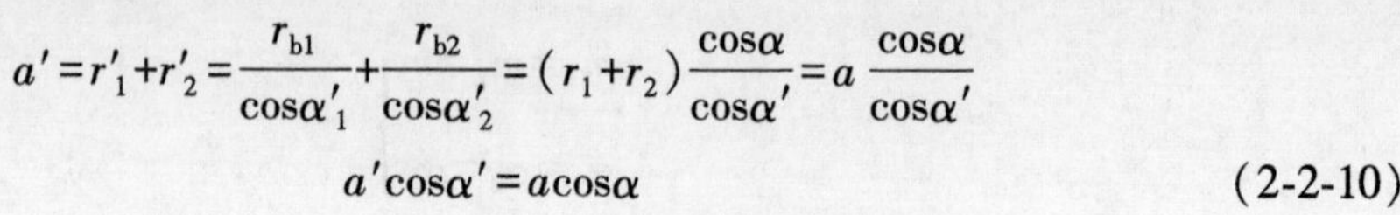

$$a'=r'_1+r'_2=\frac{r_{b1}}{\cos\alpha'_1}+\frac{r_{b2}}{\cos\alpha'_2}=(r_1+r_2)\frac{\cos\alpha}{\cos\alpha'}=a\frac{\cos\alpha}{\cos\alpha'}$$

即

$$a'\cos\alpha'=a\cos\alpha \tag{2-2-10}$$

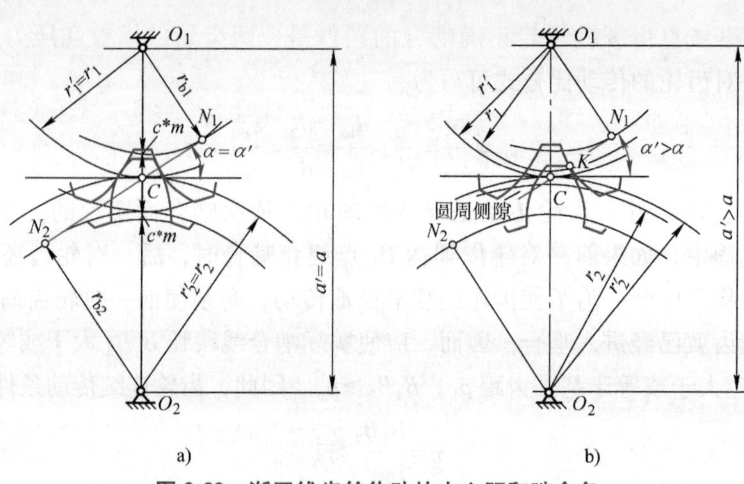

图 2-32　渐开线齿轮传动的中心距和啮合角

注意分度圆和节圆的区别：

1）分度圆是齿轮所具有的几何参数，每个齿轮必有一个，大小不变。

2）节圆是一对齿轮啮合时，过节点所作的圆，只在齿轮啮合时才存在，大小是按节点变化的。

例 2-2-1　一对外啮合标准直齿圆柱齿轮传动，其大齿轮已损坏，需选配。已知小齿轮齿数 $z_1=28$，测得其齿顶圆直径 $d_{a1}=91\text{mm}$，两齿轮传动标准中心距 $a=150\text{mm}$，试计算这对齿轮的传动比和大齿轮的主要几何尺寸。

解：对于正常齿制标准齿轮 $h_a^*=1$、$c^*=0.25$、$\alpha=20°$。

模数　$m=\dfrac{d_{a1}}{z_1+2h_a^*}=\dfrac{91}{28+2\times1}=3.03\text{mm}$，取 $m=3\text{mm}$

大齿轮齿数　$z_2=\dfrac{2a}{m}-z_1=\dfrac{2\times150}{3}-28=72$

传动比　$i=\dfrac{z_2}{z_1}=\dfrac{72}{28}=2.57$

大齿轮分度圆直径　$d_2=mz_2=3\times72\text{mm}=216\text{mm}$

大齿轮齿顶圆直径　$d_{a2}=m(z_2+2h_a^*)=3\times(72+2\times1)\text{mm}=222\text{mm}$

大齿轮齿根圆直径

$$d_{f2}=m(z_2-2h_a^*-2c^*)=3\times(72-2\times1-2\times0.25)\text{mm}=208.5\text{mm}$$

大齿轮基圆直径 $d_b = d_2\cos\alpha = 216\times\cos20° = 216\times0.94\text{mm} = 203\text{mm}$

齿距 $p = \pi m = 3.14\times3\text{mm} = 9.42\text{mm}$

齿厚和齿槽宽 $s = e = p/2 = (9.42\div2)\ \text{mm} = 4.71\text{mm}$

例 2-2-2 一对外啮合齿轮传动，齿数 $z_1 = 30$，$z_2 = 60$，模数 $m = 10\text{mm}$，压力角 $\alpha = 20°$。

1）当实际安装中心距 $a' = 470\text{mm}$ 时，求啮合角 α'。

2）若 $\alpha' = 23°30'$ 时，求实际中心距 a' 及传动时两节圆半径 r'_1、r'_2。

解： 1）求啮合角 α'。

标准中心距 $a = \frac{m}{2}(z_2+z_1) = \frac{10}{2}(30+60)\,\text{mm} = 450\text{mm}$

由式（2-2-10）得 $\cos\alpha' = \frac{a}{a'}\cos\alpha$

当 $a' = 470\text{mm}$ 时，有

$$\alpha' = \arccos\left(\frac{a}{a'}\cos\alpha\right) = \arccos\left(\frac{450}{470}\times\cos20°\right) = 25°52'$$

2）求中心距 a' 及节圆半径 r'_1、r'_2。

当 $\alpha' = 23°30'$ 时，实际中心距为

$$a' = a\frac{\cos\alpha}{\cos\alpha'} = 450\times\frac{\cos20°}{\cos23°30'} = 461.17\text{mm}$$

因为 $a' = r_1' + r_2' = 461.17\text{mm}$，且 $\frac{r_2'}{r_1'} = \frac{z_2}{z_1} = \frac{60}{30} = 2$

得 $r'_1 = 153.73\text{mm}$，$r'_2 = 307.44\text{mm}$

例 2-2-3 某企业技术改造需选配一对标准直齿圆柱齿轮，已知主动轴的转速 $n_1 = 350\text{r/min}$，要求从动轴的转速 $n_2 \approx 100\text{r/min}$，两轮中心距 $a = 100\text{mm}$，齿轮齿数 $z > 17$。试确定这对齿轮的模数和齿数。

解： 用试算法，先取 $z_1 = 18$

因 $i = \frac{n_1}{n_2} = \frac{350}{100} = 3.5$

得 $z_2 = iz_1 = 3.5\times18 = 63$

又 $m = \frac{2a}{z_1+z_2} = \frac{2\times100\text{mm}}{18+63} = 2.47\text{mm}$，取标准值 2.5mm

调整齿数
$$\begin{cases} z_1+z_2 = \dfrac{2a}{m} = \dfrac{2\times100}{2.5} = 80 \\ i = \dfrac{z_2}{z_1} = 3.5 \end{cases}$$

解方程组得 $z_1 = 18$，$z_2 = 80-18 = 62$

验算 n_2 $n_2 = \frac{z_1}{z_2}n_1 = \frac{18}{62}\times350\text{r/min} = 101.6\text{r/min} \approx 100\text{r/min}$

故可取　　$z_1=18,\ z_2=62,\ m=2.5\text{mm}$

4. 渐开线齿轮的加工和根切现象

（1）渐开线齿轮的切齿原理　齿轮制造的方法很多，如铸造、冲压、挤压及切削等，其中最常用的是切削。齿轮切削按加工原理可分为仿形法和展成法两类。

1）仿形法。仿形法是利用成形刀具的轴向剖面形状与齿轮齿槽形状相同的特点，在铣床上用成形铣刀切制齿轮的方法。加工时，先切出一个齿槽，然后用分度头将轮坯转过 360°/z，再加工第 2 个齿槽，依次进行，直到加工出全部齿槽为止，如图 2-33 所示。

常用的加工方法有盘形铣刀加工（图 2-33a）和指形齿轮铣刀加工（图 2-33b）两种。一般盘形铣刀加工模数 $m\leqslant10\text{mm}$ 的齿轮；指形齿轮铣刀加工模数 $m>10\text{mm}$ 的齿轮，也可用于切制人字齿轮。

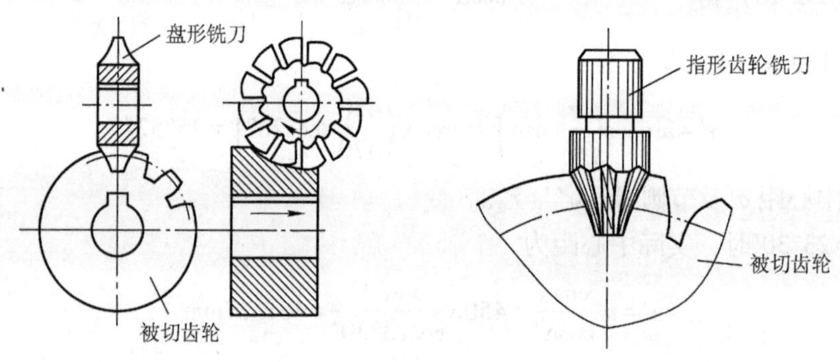

a）盘形铣刀加工　　b）指形齿轮铣刀加工

图 2-33　仿形法加工齿轮

由于渐开线齿廓的形状取决于基圆大小，而基圆直径 $d_b=mz\cos\alpha$，故齿廓的形状与 m、z、α 三个参数有关。当 m 和 α 一定时，齿廓的形状随齿轮齿数而变化，那么对于同一模数的齿轮，每一种齿数就需要一把相应的铣刀，这在实际生产中是做不到的。所以，工程中加工同样的 m 和 α 的齿轮时，一般只备 1~8 号八种齿轮铣刀，每把铣刀加工某一齿数范围的齿轮（表 2-13），因此仿形法加工的齿廓形状通常是近似的。仿形法加工齿轮的特点为：生产率低、精度低，但其加工方法简单，不需要专用机床，普通铣床即可，成本低，故适用于单件生产和精度要求不高的场合。

表 2-13　盘形铣刀加工齿数的范围

刀　号	1	2	3	4	5	6	7	8
齿数范围	12~13	14~16	17~20	21~25	26~34	35~54	55~134	135 以上

2）展成法。展成法是利用一对齿轮啮合传动时，两轮齿廓互为包络的原理来切制轮齿的加工方法。加工时，将其中一个齿轮（或齿条）制成刀具，当它的节圆与齿轮轮坯的节圆相切做纯滚动时，切削刃在轮坯上留下连续的切削刃廓线，其切削刃所形成的包络线即为被加工的轮齿齿廓。展成法是目前加工齿轮最常用的一种方法。

展成法加工常用的刀具有齿轮插刀、齿条插刀和齿轮滚刀，如图 2-34 所示。

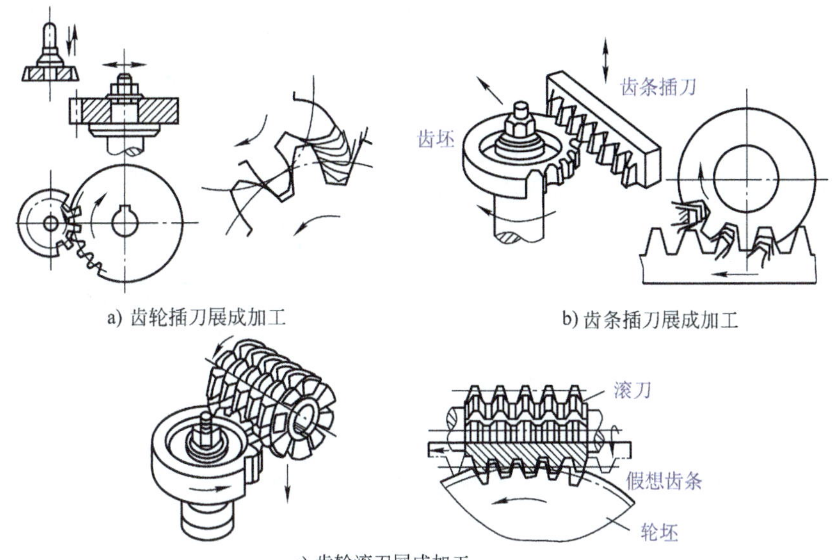

a) 齿轮插刀展成加工　　b) 齿条插刀展成加工

c) 齿轮滚刀展成加工

图 2-34　展成法切制齿轮

① 齿轮插刀展成加工。如图 2-34a 所示，刀具是一个具有切削刃的外齿轮。插齿时存在的运动有：插刀与轮坯按一定传动比的展成运动；插刀沿轮坯轴线方向做上下往复的切削运动；退刀时轮坯做小距离的让刀运动；插刀向轮坯中心移动的径向进给运动。

② 齿条插刀展成加工。如图 2-34b 所示，切齿时，刀具与轮坯的展成运动相当于齿轮与齿条的啮合传动，其切齿原理与齿轮插刀加工齿轮原理相同。

③ 齿轮滚刀展成加工。如图 2-34c 所示，滚刀形状象一螺旋，其轴面为一齿条，当滚刀连续转动时，相当于齿条做轴向移动，所以滚刀切齿原理与齿条插刀加工齿轮原理基本相同。滚刀除旋转之外，还需沿轮坯轴线方向做缓慢运动，以切制出整个轮齿宽度。

展成法加工齿轮时，只要刀具与被加工齿轮的模数和压力角相同，不管被加工齿轮的齿数是多少，都可以用同一把刀具来加工，这给生产带来了很大方便，生产率高。

齿轮插刀与齿条插刀加工齿轮均属于间断切削，影响了生产率；而齿轮滚刀加工属于连续切削，生产率较高，适于大批量生产。

（2）根切现象及标准齿轮不根切的最少齿数

1）根切现象。根切现象是指用展成法加工齿轮时，如果被加工齿轮的齿数过少，刀具的顶部就会切入轮齿的根部，把齿根部分渐开线切去的现象，如图 2-35a 所示。

微课 2-13

渐开线齿轮的切齿原理

严重的根切会导致传动不平稳，削弱轮齿的抗弯强度，降低重合度，易折断，因此应尽量避免根切现象的产生。

根切的原因是刀具的顶线超过了啮合极限点 N_1，就会把已切好的齿根再切去一部分，出现根切现象。

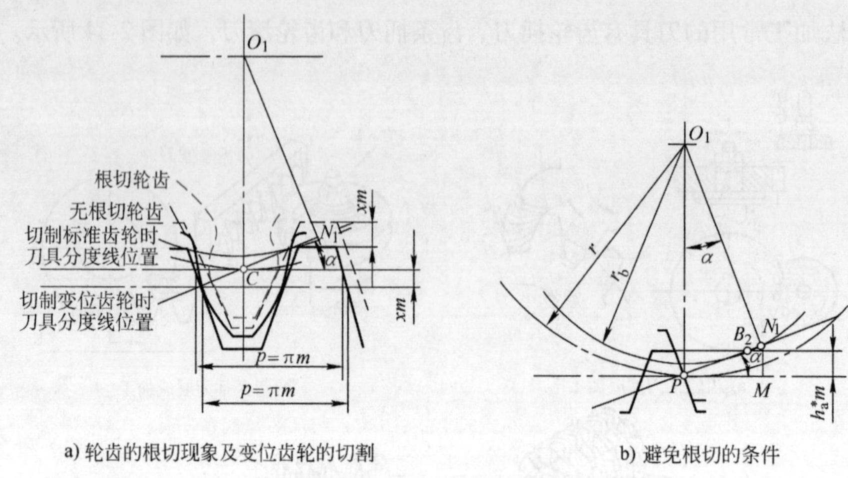

a) 轮齿的根切现象及变位齿轮的切割

b) 避免根切的条件

图 2-35 根切及变位原理

2）不产生根切的最少齿数 $z_{\min}$。如图 2-35b 所示，要避免根切，刀具的齿顶线与啮合线的交点 B_2 不能超过 N_1 点，即

$$PB_2 \leqslant PN_1$$

则

$$\frac{h_a^* m}{\sin\alpha} \leqslant \frac{mz}{2}\sin\alpha$$

得

$$z \geqslant \frac{2h_a^*}{\sin^2\alpha} \tag{2-2-11}$$

对于渐开线标准圆柱齿轮，当 $\alpha = 20°$、$h_a^* = 1$ 时，$z_{\min} = 17$；当 $\alpha = 20°$、$h_a^* = 0.8$ 时，$z_{\min} = 14$。

允许少量根切时，根据经验，正常齿制的 $z_{\min}$ 可取为 14。

5. 变位齿轮简介

（1）渐开线标准齿轮的局限性　渐开线标准齿轮设计计算简单，互换性好，因而应用广泛，但标准齿轮也存在一些不足：

1）齿数 z 不能少于不根切的最少齿数 $z_{\min}$，否则有根切现象的发生。

2）不能适应实际中心距 $a' \neq a$ 的场合，不易配凑中心距。如要利用旧机器的轴，中心距不能改变。

3）大小齿轮齿根弯曲能力有差别，无法调整。小齿轮的齿根厚度小于大齿轮的齿根厚度，而小齿轮的工作条件往往比大齿轮要求高，容易损坏。

（2）变位齿轮传动

1）变位原理。为了克服标准齿轮的上述缺点，采用变位齿轮传动。如图 2-35a 所示，齿条刀具上，齿厚等于齿槽宽的直线称为刀具分度线（又称刀具中线）。加工标准齿轮时，刀具分度线与轮坯分度圆相切，由于二者做纯滚动，所以切出在分度圆上 $s = e$ 的标准齿轮。当 $z < z_{\min}$ 时，刀具顶线超过啮合极限点 N_1，产生根切。为了不根切，将刀具移离轮坯中心一个距离。由于刀具向外移，刀具顶线不超过 N_1 点，就不会产生根切。

这种改变刀具与轮坯的相对位置来切制齿轮的方法，称为变位修正法，切出来的齿轮称为变位齿轮。

刀具相对轮坯移动的距离称为变位量 X，$X=xm$。式中，m 为模数，x 称为变位系数。

规定刀具向远离轮坯中心方向移动时，变位系数 $x>0$，加工出的齿轮为正变位齿轮；刀具向靠近轮坯中心方向移动时，变位系数 $x<0$，加工出的齿轮为负变位齿轮。

当 $x=0$，即 $X=0$ 时，刀具位置不变，为零变位，切制出标准齿轮。

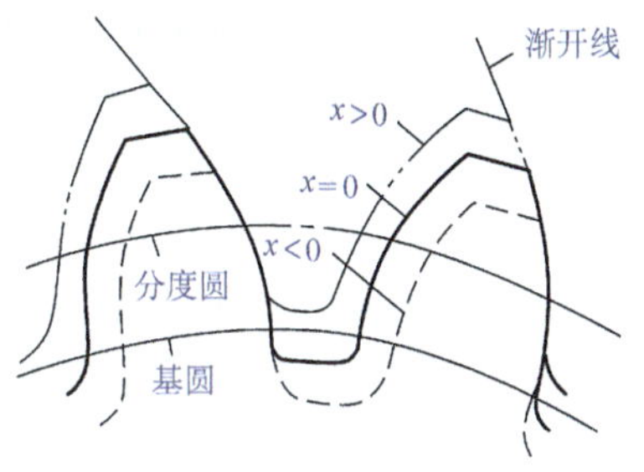

图 2-36　变位齿轮的齿廓

由变位原理可知，切制变位齿轮时，刀具与齿轮的运动关系及刀具参数都没有改变，因此，切制得的变位齿轮的模数、压力角、齿距、分度圆、基圆都不变。齿廓曲线仍是同一基圆形成的渐开线，只是取不同的部位使用，如图 2-36 所示。所以，变位齿轮仍能保持定传动比的啮合传动。

正变位齿轮与标准齿轮相比，齿厚增大，齿顶圆和齿根圆直径增大，齿槽宽减小。

2）变位齿轮传动类型。按照一对齿轮的变位系数之和 $x_\Sigma=x_1+x_2$ 的取值情况不同，可将变位齿轮传动分为三种基本类型。

① 零传动。总变位系数等于零，即 $x_1+x_2=0$。零传动又可分为两种情况，一种是 $x_1=x_2=0$，这种齿轮传动就是标准齿轮传动；另一种是 $x_1=-x_2$，这种齿轮传动称为高度变位齿轮传动。高度变位齿轮传动可使小齿轮采用正变位，在不改变中心距的情况下提高小齿轮强度，有利于提高传动的工作寿命。用于修复齿轮、缩小结构等场合。

② 正传动。总变位系数大于零，即 $x_1+x_2>0$。因为正传动时实际中心距 $a'>a$，啮合角 $\alpha'>\alpha$，称为正角度变位齿轮传动（正传动）。正传动有利于提高齿轮强度，避免根切，可配凑中心距。用于需提高齿轮强度和 $a'>a$ 的场合。

③ 负传动。总变位系数小于零，即 $x_1+x_2<0$。负传动时实际中心距 $a'<a$，啮合角 $\alpha'<\alpha$，称为负角度变位齿轮传动（负传动）。负传动使齿轮传动强度削弱，只用于安装中心距要求小于标准中心距，即 $a'<a$ 的场合。

6. 齿轮传动的精度

微课 2-14

齿轮根切现象与变位齿轮传动

齿轮在制造安装时存在一定的误差，这些误差将影响齿轮传动的工作质量，所以，设计齿轮时必须根据使用要求，适当地选择齿轮传动的精度。

（1）精度等级

1）轮齿同侧齿面偏差的精度等级。GB/T 10095.1—2008 对于分度圆直径为 5～10000mm、模数（法向模数）为 0.5～70mm、齿宽为 4～1000mm 的渐开线圆柱齿轮的 11 项同侧齿面偏差，规定了 0、1、2……12 共 13 个精度等级，0 级最高，12 级最低。通常将 3～5 级精度称为高精度等级，将 6～8 级精度称为中等精度等级，将 9～12 级精度称为低精度等级。

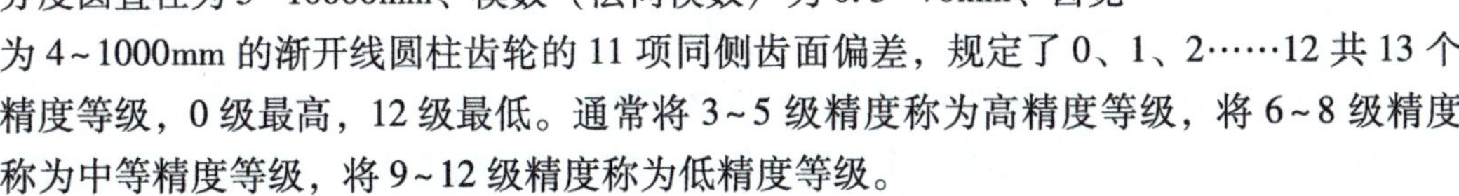

2）径向综合偏差的精度等级。GB/T 10095.2—2008 对于分度圆直径为 5～1000mm、模数（法向模数）为 0.2～10mm 的渐开线圆柱齿轮的径向综合偏差 F''_i 和一齿径向综合偏

差f''_i，规定了4、5……12共9个精度等级，4级最高，12级最低。

3）径向跳动的精度等级。GB/T 10095.2—2008在附录B中对于分度圆直径为5~1000mm、模数（法向模数）为0.5~70mm的渐开线圆柱齿轮的径向跳动，推荐了0、1、2……12共13个精度等级，0级最高，12级最低。

（2）齿轮精度等级的确定　确定齿轮传动的精度等级时，应根据传动的用途、使用条件、传递功率和圆周速度等来决定。确定齿轮精度等级的方法一般有计算法和类比法，目前通常采用类比法。类比法是指查阅类似机构的设计方法，根据已有的经验成果或一些参考手册来确定齿轮的精度的方法。常用的齿轮精度等级和使用范围见表2-14。

表2-14　常用的齿轮精度等级和使用范围

工作条件	精度等级	圆周速度/(m/s)		应用实例
		直齿	斜齿	
机床	6	>10~15	>15~30	Ⅴ级机床主传动的齿轮；Ⅲ级和Ⅲ级以上精度机床的进给齿轮、油泵齿轮
	7	>6~10	>8~15	Ⅳ级和Ⅳ级以上精度机床的进给齿轮
	8	<6	<8	一般精度机床的齿轮
动力传动	6	—	<30	高速传动齿轮、有高可靠性要求的工业机器齿轮、重型机械的功率传动齿轮、作业率很高的起重运输机械齿轮
	7	<15	<25	高速和适度功率或大功率和适度速度的齿轮；冶金、矿山、林业、石油、轻工、工程机械和小型工业齿轮箱（通用减速器）有可靠性要求的齿轮
	8	<10	<15	中等速度较平稳传动的齿轮；冶金、矿山、林业、石油、轻工、工程机械和小型工业齿轮箱（通用减速器）的齿轮
航空、船舶和车辆	6	20	35	高速传动有平稳性、低噪声要求的机车、航空、船舶和轿车的齿轮
	7	15	25	有平稳性、低噪声要求的航空、船舶和轿车的齿轮
	8	10	15	有中等速度、较平稳传动要求的重载汽车和拖拉机的齿轮

（3）齿轮精度等级在图样上的标注　当零件图或文件需叙述齿轮精度要求时，应注明GB/T 10095.1或GB/T 10095.2。具体标注方法如下：

1）当齿轮的检验项目同为一个精度等级时，可标注精度等级和标准号。例如，齿轮的检验项目都为7级精度，标注为

7 GB/T 10095.1—2008或7 GB/T 10095.2—2008

2）当齿轮的检验项目不是一个精度等级时，如齿廓总偏差F_α为7级，而单个齿距偏差f_{pt}、齿距累计总偏差F_p、螺旋线总偏差F_β均为6级时，标注为

7（F_α）、6（f_{pt}、F_p、F_β）GB/T 10095.1—2008

3）当齿轮的径向综合偏差要求为 6 级精度时，标注为

6（F''_{i}、f''_{i}）GB/T 10095. 2—2008

7. 齿轮传动的失效形式和设计准则

（1）失效形式　齿轮轮齿的失效形式主要有：轮齿折断、齿面点蚀、齿面磨损、齿面胶合和齿面塑性变形等。

1）轮齿折断。轮齿折断是指齿轮的一个或多个齿的整体或局部断裂，有疲劳折断和过载折断两种，如图 2-37a 所示。

疲劳折断的疲劳
扩展区断口光滑
瞬时折断的断口
比较粗糙

a）轮齿折断　　b）齿面疲劳点蚀

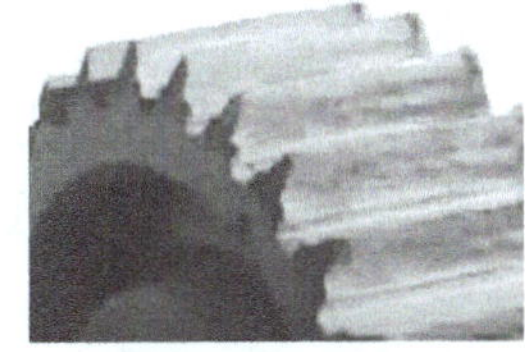

c）齿面磨损

d）齿面胶合

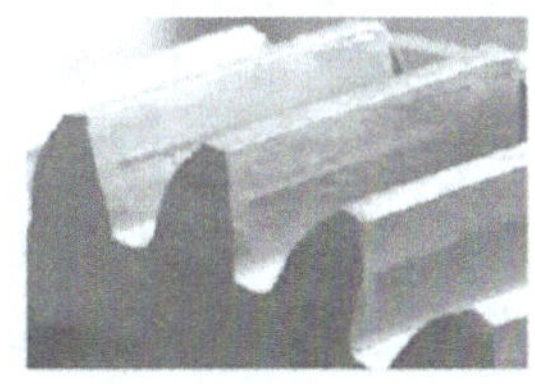

e）齿面塑性变形

图 2-37　齿轮传动失效形式

轮齿工作时，齿根部位产生的弯曲应力最大，再加上齿根过渡部分存在应力集中，当轮齿反复受载时，齿根部分在交变弯曲应力的作用下将产生疲劳裂纹，并逐渐扩展。当轮齿剩余断面上的应力超过轮齿的极限应力时，轮齿就会发生疲劳折断。在齿轮正常使用中，疲劳折断是轮齿折断的主要形式。

当轮齿短时间严重过载，或经严重磨损后齿厚过薄时，由于静强度不足，也会发生轮齿折断，称为过载折断。用淬火钢或铸铁制成的齿轮，容易会发生这种折断。

提高轮齿抗折断能力的措施有：增大齿根过渡圆角和降低齿根表面粗糙度值，以降低应力集中；改善材料的力学性能，在齿根处施加适当的强化措施（如喷丸），以提高齿根强度；使轮齿心部具有足够的韧性等。

2）齿面疲劳点蚀。齿面疲劳点蚀是一种齿面呈麻点状的齿面接触疲劳破坏，如图 2-37b 所示。

轮齿工作时，其接触表层上产生很大接触应力，轮齿在脉动循环变化的接触应力作用下，齿面表层会产生不规则的细微疲劳裂纹，随着应力循环次数的增加，裂纹逐渐扩展，致使齿面表层的金属微粒剥落，形成齿面麻点（或麻坑），这种现象称为疲劳点蚀，又称点蚀。点蚀常发生在闭式传动中的软齿面（齿面硬度≤350HBW）齿轮上。对于开式齿轮传动，由于齿面磨损较快，点蚀未形成之前就已被磨掉，因而一般不会发生点蚀破坏。点蚀将引起齿轮传动冲击和振动，引起传动不平稳。

为防止齿面发生疲劳点蚀，可采用提高齿面硬度，降低表面粗糙度值；增大润滑油黏度；使用正变位齿轮传动等措施。

3）齿面磨损。齿面磨损是在齿轮啮合过程中，轮齿接触表面上的材料摩擦损耗的现象。因轮齿在啮合过程中存在相对滑动，当其工作面间进入灰尘、砂粒、金属屑等杂质时，将引起磨粒磨损，如图 2-37c 所示。当齿面严重磨损后，渐开线齿廓被破坏，齿侧间隙加大，引起冲击和振动。严重时会因轮齿变薄，抗弯强度降低而折断。齿面磨损是开式传动的主要失效形式。

为减轻齿面磨损，可采用闭式传动，保持良好的润滑条件和维护，提高齿面硬度，减小齿面粗糙度值及采用清洁的润滑油等措施。

4）齿面胶合。齿面胶合是一种严重的黏着磨损现象。在高速重载的齿轮传动中，齿面间的高压、高温使润滑油黏度降低，油膜破坏，两金属表面直接接触，而摩擦面瞬时产生的高热，使齿面接触区熔化并黏结在一起。当齿面相互滑动时，较软的金属表面沿滑动方向被撕下，形成沟纹，这种现象称为胶合，如图 2-37d 所示。

提高齿面硬度和降低表面粗糙度值，限制油温、增加油的黏度，采用黏度较大或有添加剂的抗胶合润滑油等方法，将有利于提高轮齿齿面抗胶合的能力。

5）齿面塑性变形。在低速重载时，硬度较低的软齿面齿轮，由于齿面压力过大，轮齿表面材料在摩擦力作用下产生局部的金属塑性流动现象而失去原来的齿形，这种现象称为齿面塑性变形，如图 2-37e 所示。

为防止轮齿产生塑性变形，可采取提高齿面硬度，选用屈服强度较高的材料，采用黏度较高的润滑油，避免频繁起动和过载等措施。

齿轮传动在不同的工作和使用条件下，有着不同的失效形式，针对不同的失效形式应分别确定相应的设计准则。由于目前对于齿面磨损、胶合等尚无可靠的计算办法，在工程实际中通常只进行齿根弯曲疲劳强度（轮齿折断）和齿面接触疲劳强度（齿面疲劳点蚀）的计算。

（2）设计准则　以上几种齿轮的失效形式，在工作中不大可能同时发生，但相互影响。例如，轮齿产生点蚀后，实际接触面积减少将导致磨损的加剧，而过大的磨损又会导致轮齿的折断。在进行齿轮传动设计时，应分析具体工作条件，判断可能发生的主要失效形式，按主要失效形式进行设计。

一般工作条件的闭式软齿面齿轮传动中（齿面硬度≤350HBW），主要失效形式为齿面疲劳点蚀，故设计准则为按齿面接触疲劳强度设计，确定齿轮的主要参数和尺寸，再按齿根弯曲疲劳强度进行校核。

微课 2-15

齿轮的失效形式与设计准则

对于闭式硬齿面齿轮（齿面硬度>350HBW），主要失效形式是轮齿折断，故设计准则为按齿根弯曲疲劳强度设计，确定模数和尺寸，然后按齿面接触疲劳强度进行校核。

对于开式齿轮传动，主要失效形式是齿面磨损和因磨损导致的轮齿折断，因为磨损的机理比较复杂，目前还没有成熟的具体计算方法，一般只按齿根弯曲疲劳强度进行设计计算，确定齿轮的模数。考虑磨损因素，再将模数增大 10%~20%，无须校核齿面接触疲劳强度。

8. 齿轮的材料选择

对齿轮材料的基本要求：齿面具有足够的硬度和耐磨性，轮心具有较好的韧性，还要有良好的加工工艺性和热处理性能。

常用的齿轮材料有锻钢、铸钢、铸铁。在某些情况下也选用工程塑料等非金属材料。

锻钢（即各种牌号的优质碳素结构钢和合金结构钢）的强度高，韧性好，并能通过各种热处理方法来改善材料的力学性能，应用最多。

铸钢适用于较大尺寸（d>400mm~600mm）或结构复杂不容易锻造的齿轮。

低速轻载、大尺寸的开式传动齿轮，可选用铸铁。

钢制齿轮的热处理方法主要有以下几种。

（1）表面淬火　常用于中碳钢和中碳合金钢，如 45、40Cr 等。由于齿心部未淬硬，齿轮仍有足够的韧性，能承受不大的冲击载荷。

（2）渗碳淬火　常用于低碳钢和低碳合金钢，如 20、20Cr 等。轮齿的抗弯强度和齿面接触强度高，耐磨性较好，常用于受冲击载荷的重要齿轮传动。

（3）渗氮　渗氮是一种表面化学热处理。渗氮后不需要进行其他热处理，渗氮处理后的齿轮硬度高，工艺温度低，变形小，故适用于内齿轮和难以磨削的齿轮。

（4）调质　调质一般用于中碳钢和中碳合金钢，如 45、40Cr、35SiMn 等。因硬度不高，轮齿精加工可在热处理后进行。

（5）正火　正火能消除内应力，细化晶粒，改善力学性能和切削性能。机械强度要求不高的齿轮可采用中碳钢正火处理，大直径的齿轮可采用铸钢正火处理。

常用的齿轮材料、热处理及许用应力见表 2-15。

表 2-15　常用的齿轮材料、热处理及许用应力

材料	牌号	热处理	抗拉强度 R_m/MPa	齿面硬度	许用接触应力 [σ_H] /MPa	许用弯曲应力 [σ_F] /MPa	应用范围
优质碳钢	45	正火 调质	610~700 750~900	170~200HBW 220~250HBW	468~513 513~545	280~301 301~315	一般传动
		表面淬火	750	45~50HRC	972~1053	427~504	体积小的闭式传动、重载有冲击
合金钢	35SiMn	调质	750	200~260HBW	585~648	388~420	一般传动
	40Cr 40SiMn 40MnB	调质	900~1000	250~280HBW	612~675	399~427	一般传动
		表面淬火	1000	50~55HRC	1035~1098	483~518	体积小的闭式传动、重载有冲击
	20Cr 20SiMn 20MnB	渗碳淬火	800	56~62HRC	1350	645	冲击载荷
	20CrMnTi 20MnVB	渗碳淬火	1100	56~62HRC	1350	645	高速、中载、大冲击

（续）

材料	牌号	热处理	抗拉强度 R_m/MPa	齿面硬度	许用接触应力 $[\sigma_H]$/MPa	许用弯曲应力 $[\sigma_F]$/MPa	应用范围
铸钢	ZG270-500	正火	500	140~176HBW	270~301	171~189	v<6m/s 的一般传动
	ZG310-570	正火	550	160~210HBW	288~306	182~196	
	ZG340-640	正火	600	180~210	300~320	190~210	
球墨铸铁	QT600-3	正火	600	190~270HBW	436~535	262~315	v<4m/s 的一般传动
灰铸铁	HT200	—	200	170~230HBW	290~347	80~105	v<3m/s 的一般传动
	HT300	—	300	190~250HBW	290~347	80~105	
夹布胶木	—	—	85~100	30~40HBW	—	—	高速、轻载
塑料	MC 尼龙	—	90	20HBW	—	—	中低速、轻载

注：齿轮圆周速度 v<25m/s 为低速；v=25~40m/s 为中速；v>40m/s 为高速。

选取齿轮的材料和热处理方法时，必须根据机器对齿轮传动的要求，本着既可靠又经济的原则来确定，应使齿轮不但有足够的承载能力和使用寿命，还要尺寸小、重量轻和成本低。一般要求的齿轮传动可采用软齿面齿轮。由于小齿轮的齿数少，齿根较薄，受载次数多，轮齿的磨损大，为使配对的大小两齿轮工作寿命相当，小齿轮应比大齿轮选用较好一点的材料。在设计传递动力的齿轮时，常把小齿轮的齿面硬度选得比大齿轮高出30~50HBW，传动比越大，硬度的差值也应越大。对于高速、重载或重要的齿轮传动，可采用硬齿面齿轮组合，齿面硬度可大致相同。

9. 直齿圆柱齿轮的强度计算

（1）轮齿的受力分析　图2-38所示为一对标准直齿圆柱齿轮轮齿啮合时的受力情况。若忽略齿面间的摩擦力，将齿面上的沿齿宽方向分布的载荷简化为齿宽中点处的集中力，轮齿间的相互作用力为 $\boldsymbol{F}_n$，该力沿着啮合线 N_1N_2 方向，垂直指向齿廓，这个力称为法向力 $\boldsymbol{F}_n$。将 $\boldsymbol{F}_n$ 分解为互相垂直的两个分力：圆周力 $\boldsymbol{F}_t$ 和径向力 $\boldsymbol{F}_r$，各力的计算公式如下：

$$F_t=\frac{2T_1}{d_1} \tag{2-2-12}$$

$$F_r=F_t\tan\alpha \tag{2-2-13}$$

$$F_n=\frac{F_t}{\cos\alpha}=\frac{2T_1}{d_1\cos\alpha} \tag{2-2-14}$$

式中　d_1——主动轮的分度圆直径（mm）；

α——分度圆的压力角；

T_1——作用在主动轮上的转矩（N·mm）。

若已知小齿轮传递的功率 P_1（kW）及其转速 n_1（r/min），则转矩为

$$T_1=9.55\times10^6\times\frac{P_1}{n_1} \tag{2-2-15}$$

作用在主动轮和从动轮上的各对力为作用力和反作用力的关系，如图2-38b所

示。即

$$F_{n1}=-F_{n2},\ F_{t1}=-F_{t2},\ F_{r1}=-F_{r2}。$$

各力的方向：圆周力 $\boldsymbol{F}_{t1}$ 的方向在主动轮上与啮合点的圆周速度方向相反，在从动轮上的圆周力 $\boldsymbol{F}_{t2}$ 与啮合点的圆周速度方向相同；径向力 $\boldsymbol{F}_{r1}$ 与 $\boldsymbol{F}_{r2}$ 的方向分别指向各自的轮心。

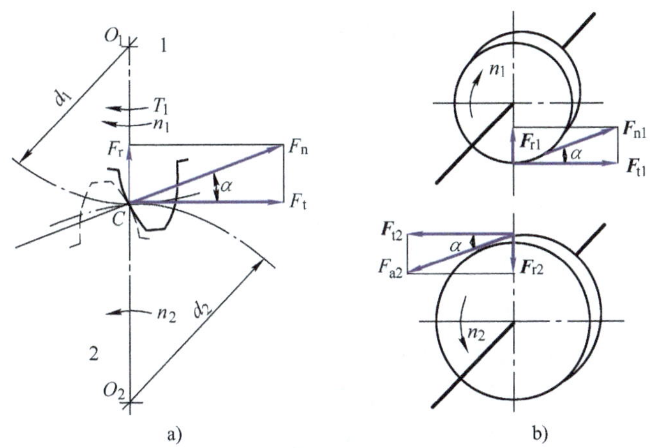

图 2-38　直齿圆柱齿轮受力分析

（2）计算载荷　上述轮齿上的法向力 $\boldsymbol{F}_n$ 是齿轮在理想的平稳工作条件下所承受的名义载荷，并且理论上是沿齿轮齿宽方向均匀分布的。实际上由于制造、安装误差，受载后轴、轴承、轮齿的变形，原动机和工作机的不同特性等均会引起附加载荷。因此，计算齿轮强度时，考虑这些附加载荷的影响，通常按计算载荷 F_{nc} 计算。计算载荷 F_{nc} 按下式确定

$$F_{nc}=KF_n$$

式中　K——载荷系数，可查表 2-16 选取。

表 2-16　载荷系数 K

工作机械	载荷特性	原动机		
		电动机	多缸内燃机	单缸内燃机
均匀加料的运输机和加料机、轻型卷扬机、发电机、机床辅助传动	平稳、轻微冲击	1~1.2	1.2~1.6	1.6~1.8
不均匀加料的运输机和加料机、重型卷扬机、球磨机、机床主传动	中等冲击	1.2~1.6	1.6~1.8	1.8~2.1
压力机、钻床、轧床、破碎机、挖掘机	较大冲击	1.6~1.8	1.8~2.0	2.2~2.4

注：斜齿、圆周速度低、精度高、齿宽系数小、齿轮在两轴承间对称布置时取小值。直齿、圆周速度高、精度低、齿宽系数大、齿轮在两轴承间不对称布置时取大值。

（3）齿面接触疲劳强度计算　轮齿的齿面疲劳点蚀是因为接触应力过大而引起的，进行齿面接触疲劳强度计算是为了避免齿轮齿面疲劳点蚀失效。两齿轮啮合时，疲劳点蚀一般发生在节线附近，因此，应使齿面接触处所产生的最大接触应力小于齿轮的许用

接触应力，即

$$\sigma_H \leqslant [\sigma_H]$$

经推导整理简化可得渐开线标准直齿圆柱齿轮传动的齿面接触疲劳强度计算公式为

校核公式 $$\sigma_H = 3.52 Z_E \sqrt{\frac{KT_1(u \pm 1)}{bd_1^2 u}} \leqslant [\sigma_H] \tag{2-2-16}$$

设计公式 $$d_1 \geqslant \sqrt[3]{\left(\frac{3.52 Z_E}{[\sigma_H]}\right)^2 \frac{KT_1(u \pm 1)}{\psi_d u}} \tag{2-2-17}$$

式中 σ_H——齿面工作时产生的最大接触应力（MPa）；

Z_E——材料的弹性系数，查表2-17；

K——载荷系数，查表2-16；

T_1——小齿轮传动的转矩（N·mm）；

b——轮齿的工作宽度（mm）；

d_1——小齿轮的分度圆直径（mm）；

±——“+”用于外啮合，“-”用于内啮合；

u——齿数比，即大齿轮与小齿轮的齿数之比，$u = z_2/z_1$；

ψ_d——齿宽系数，$\psi_d = \dfrac{b}{d_1}$；

$[\sigma_H]$——齿轮材料的接触疲劳许用应力（MPa），查表2-15。

表2-17 材料的弹性系数 Z_E

两齿轮材料	两齿轮均为钢	钢与铸铁	两齿轮均为铸铁
Z_E	189.8	165.4	144

应用式（2-2-16）和式（2-2-17）时应注意以下几点：

1）因为两轮的法向压力相同，即 $F_{n1} = F_{n2}$，所以，两轮的齿面接触应力也相同，即 $\sigma_{H1} = \sigma_{H2}$。

2）若两轮材料齿面硬度不同，则两轮的接触疲劳许用应力不同，进行强度计算时应选较小值代入计算，一般 $[\sigma_H]_{min} = [\sigma_H]_2$。

3）当 d_1 保持不变，相应改变 m 和 z 时，σ_H 不变，所以，齿轮的齿面接触应力 σ_H 与模数 m 无关，而取决于齿轮直径或中心距。

（4）齿根弯曲疲劳强度计算 轮齿的疲劳折断主要与齿根弯曲应力的大小有关。为了防止轮齿根部的疲劳折断，应限制齿根弯曲应力，即

$$\sigma_F \leqslant [\sigma_F]$$

在计算弯曲应力时，为简化计算并考虑安全性，假定载荷作用于齿顶，且全部载荷由一对轮齿承受，此时齿根部分产生的弯曲应力最大。经推导可得轮齿齿根弯曲疲劳强度的计算公式为

校核公式 $$\sigma_F = \frac{2KT_1}{bm^2 z_1} Y_F Y_S \leqslant [\sigma_F] \tag{2-2-18}$$

设计公式　　$$m \geqslant \sqrt[3]{\frac{2KT_1 Y_F Y_S}{\psi_d z_1^2 [\sigma_F]}} \tag{2-2-19}$$

式中　σ_F——齿根危险截面的最大弯曲应力（MPa）；

m——模数（mm）；

z_1——主动轮齿数；

Y_F——齿形系数，当齿廓的基本参数已定时，齿形取决于齿数 z 和变位系数 x，对于标准齿轮，只取决于齿数 z，查表 2-18；

Y_S——应力修正系数，查表 2-18；

$[\sigma_F]$——齿轮材料的弯曲疲劳许用应力（MPa），查表 2-15。

表 2-18　标准外齿轮的齿形系数 Y_F 和应力修正系数 Y_S

z	17	18	19	20	22	25	28	30	35	40	45	50	60	80	100	≥200
Y_F	2.97	2.91	2.85	2.81	2.75	2.65	2.58	2.54	2.47	2.41	2.37	2.35	2.30	2.25	2.18	2.14
Y_S	1.53	1.54	1.55	1.56	1.58	1.59	1.61	1.63	1.65	1.67	1.69	1.71	1.73	1.77	1.80	1.88

应用式（2-2-18）和式（2-2-19）时应注意：由于 m、z_1、Y_F 是反映齿形大小的参数，因此齿轮弯曲强度取决于轮齿的形状大小，最主要的影响参数是模数 m，而与齿轮直径无关。在强度计算时，因两齿轮的齿数不同，故 Y_F 和 Y_S 都不相等，而且两轮材料的弯曲疲劳许用应力 $[\sigma_F]_1$、$[\sigma_F]_2$ 也不一定相等，因此必须分别校核两齿轮的齿根弯曲强度。在设计计算时，应将两齿轮的 $\frac{Y_F Y_S}{[\sigma_F]}$ 值进行比较，取其中较大者代入式（2-2-19）中计算，计算所得模数应圆整成标准值。

例 2-2-4　有一单级标准直齿圆柱齿轮减速器，已知齿轮的模数 $m=5\text{mm}$，齿数 $z_1=29$，$z_2=71$，齿宽 $b=100\text{mm}$，小齿轮的材料为 45 钢（调质），大齿轮的材料为 45 钢（正火）。现打算把此减速器用于球磨机上，其高速轴直接与电动机相连，电动机功率 $P=75\text{kW}$，转速 $n_1=1470\text{r/min}$，载荷有中等冲击，试校核此齿轮传动。

解：查表 2-15，取许用接触应力 $[\sigma_H]_1=530\text{MPa}$，$[\sigma_H]_2=500\text{MPa}$，许用弯曲应力 $[\sigma_F]_1=310\text{MPa}$，$[\sigma_F]_2=290\text{MPa}$。

（1）计算小齿轮所传递的转矩

$$T_1=9.55\times10^6\times\frac{P}{n_1}=9.55\times10^6\times\frac{75}{1470}\text{N}\cdot\text{mm}=487245\text{N}\cdot\text{mm}$$

查表 2-16，取载荷系数 $K=1.4$；查表 2-17，取 $Z_E=189.8$

齿数比　　$$u=\frac{z_2}{z_1}=\frac{71}{29}=2.45$$

小齿轮分度圆直径为　　$d_1=z_1 m=29\times5\text{mm}=145\text{mm}$

（2）校核齿面接触疲劳强度

$$\sigma_H=3.52Z_E\sqrt{\frac{KT_1(u+1)}{bd_1^2 u}}=3.52\times189.8\times\sqrt{\frac{1.4\times487245\times3.45}{100\times145^2\times2.45}}\text{MPa}=452\text{MPa}$$

因为 $\sigma_H=452\text{MPa}<500\text{MPa}$，所以，齿面接触强度足够。

（3）校核齿根弯曲疲劳强度

查表2-18，取　$Y_{F1}=2.54$，$Y_{F2}=2.27$，$Y_{S1}=1.63$，$Y_{S2}=1.75$

计算齿根弯曲应力

$$\sigma_{F1}=\frac{2KT_1}{bm^2z_1}Y_{F1}Y_{S1}=\frac{2\times1.4\times487245}{100\times5^2\times29}\times2.54\times1.63\text{MPa}=78\text{MPa}$$

$$\sigma_{F2}=\frac{2KT_1}{bm^2z_1}Y_{F2}Y_{S2}=\frac{2\times1.4\times487245}{100\times5^2\times29}\times2.27\times1.75\text{MPa}=75\text{MPa}$$

因为 $\sigma_{F1}=78\text{MPa}<310\text{MPa}$，$\sigma_{F2}=75\text{MPa}<290\text{MPa}$，所以，齿根弯曲强度足够。

四、直齿圆柱齿轮传动的设计

1. 齿轮传动参数的选择

（1）齿数 z　对闭式传动中的软齿面齿轮，一般是先按齿面接触强度计算出齿轮的分度圆直径，再确定齿数和模数。当齿轮分度圆直径一定时，齿数大，模数就小，齿数越多，重合度越大，传动越平稳。但模数小会使轮齿的弯曲强度降低。因此，设计时在保证弯曲强度的条件下，尽量选取较多的齿数。

对于闭式软齿面齿轮传动，常取 $z_1\geqslant20\sim40$。闭式软齿面齿轮载荷变动不大时，宜取较大值，以使传动平稳。在闭式硬齿面齿轮和开式齿轮传动中，其承载能力主要由齿根弯曲疲劳强度决定。为使轮齿不致过小，应适当减少齿数以保证有较大的模数，通常取 $z_1=17\sim20$。

（2）模数 m　传递动力的齿轮，其模数不宜小于2mm。普通减速器、机床及汽车变速器中的齿轮模数一般在2~8mm之间。

齿轮模数必须取标准值。为加工测量方便，一个传动系统中，齿轮模数的种类应尽量少。

（3）齿宽系数　齿宽系数 ψ_d 的大小表示齿宽 b 的相对值，$\psi_d=b/d_1$。ψ_d 小，则 b 小 d 大；ψ_d 大，则 b 大 d 小。齿宽大，齿轮的承载能力就高。但 ψ_d 越大，载荷沿齿宽分布越不均匀，载荷集中严重。因此应合理选择 ψ_d。ψ_d 的选择可参见表2-19。

表2-19　齿宽系数 ψ_d

齿轮相对于轴承的位置	齿面硬度	
	软齿面（≤350HBW）	硬齿面（>350HBW）
对称布置	0.8~1.4	0.4~0.9
不对称布置	0.6~1.2	0.3~0.6
悬臂布置	0.3~0.4	0.2~0.25

在一般精度的圆柱齿轮减速器中，为补偿加工和装配的误差，保证齿轮传动时有足够的接触齿宽，一般小齿轮齿宽略宽于大齿轮，通常取 $b_2=\psi_d d_1$，$b_1=b_2+(5\sim10)\text{mm}$。

2. 齿轮传动设计步骤

1）根据给出的已知条件，如功率 P、转速 n、传动比 i 等，明确设计要求。

2）分析失效形式，判定设计准则。闭式齿轮主要失效形式为齿面疲劳点蚀和齿根弯曲疲劳破坏，设计时应控制齿面接触疲劳应力和齿根弯曲疲劳应力。

开式齿轮主要失效形式为齿面磨损和齿根弯曲疲劳破坏。设计时要选耐磨材料，进行齿根弯曲疲劳强度计算，并将计算所得模数加大 10%～20%考虑磨损的影响。

各类齿轮要采取相应的润滑和密封措施。

3）选择材料，计算许用应力。

4）确定参数，初定齿数 z_1、z_2，齿宽系数 ψ_d 等。

5）设计计算，进行齿面接触疲劳强度或齿根弯曲疲劳强度设计计算，求出满足强度要求的参数计算值。

6）进行齿面接触疲劳强度或齿根弯曲疲劳强度校核，使 $\sigma \leqslant [\sigma]$。

7）齿轮结构设计。齿轮结构设计的主要任务是确定齿轮的轮毂、轮辐、轮缘等部分的尺寸大小和结构形式。通常是先按齿轮的直径大小选定合适的结构形式，再根据经验公式和数据进行结构设计。齿轮常用的结构形式有以下几种：

① 齿轮轴。对于直径较小的钢制齿轮，当齿轮的齿顶圆直径小于轴孔直径的 2 倍，或圆柱齿轮的齿根圆至键槽底部的距离 $\delta \leqslant 2.5m_n$ 时，将齿轮和轴做成一体，称为齿轮轴，如图 2-39 所示。

标准直齿圆柱齿轮传动的设计

② 实心式齿轮。当齿轮的齿顶圆直径 $d_a \leqslant 200$mm 时，可做成实心式结构，如图 2-40 所示。

③ 腹板式齿轮。当齿轮的齿顶圆直径 $d_a = 200 \sim 500$mm 时，可采用腹板式结构，如图 2-41 所示。腹板上常开 4～6 个孔，以减轻重量和加工方便。各部分尺寸由图中经验公式确定。

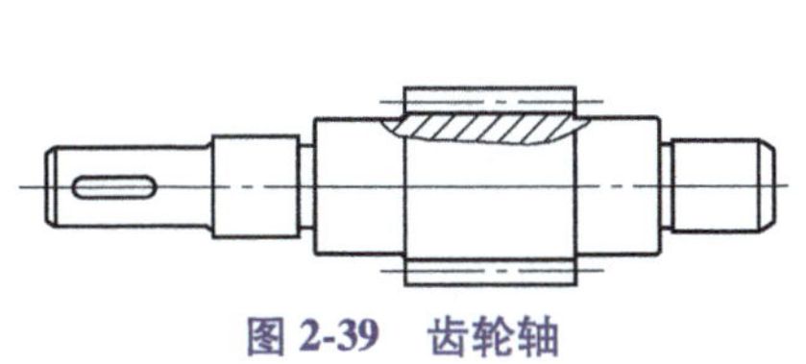
图 2-39　齿轮轴

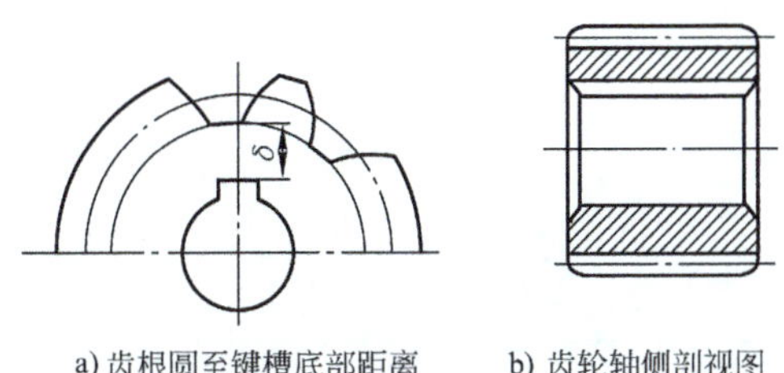

a) 齿根圆至键槽底部距离　　b) 齿轮轴侧剖视图

图 2-40　实心式圆柱齿轮

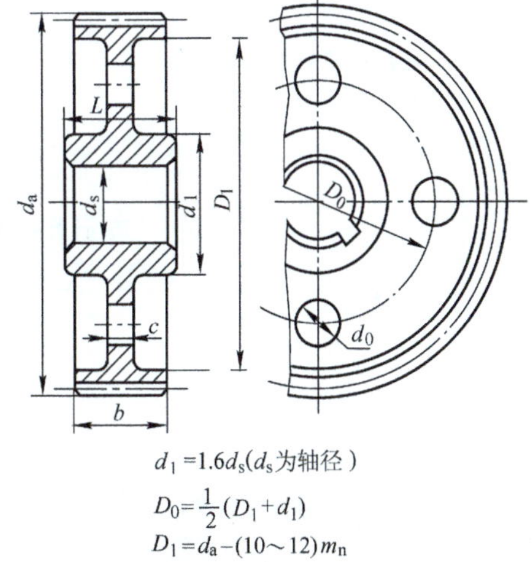

$d_1 = 1.6d_s$（d_s为轴径）

$D_0 = \frac{1}{2}(D_1 + d_1)$

$D_1 = d_a - (10 \sim 12)m_n$

$d_0 = 0.25(D_1 - d_1)$

$c = 0.3b$

$L = (1.2 \sim 1.3)d_s \geqslant b$

图 2-41　腹板式圆柱齿轮

④ 轮辐式齿轮。当齿轮的齿顶圆直径 $d_a > 500$mm 时，可采用轮辐式结构，如图 2-42 所示。这种结构常采用铸铁或铸钢齿轮，轮辐的截面一般为十字形。对 $d_a > 300$mm 的铸造锥齿轮，可做成带加强肋的腹板式结构。

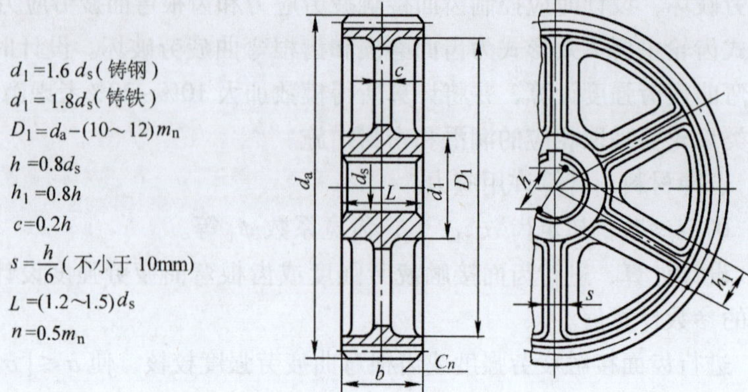

图 2-42　铸造轮辐式圆柱齿轮

8）绘制齿轮工作图。

任务实施

设计压力机减速器中直齿圆柱齿轮传动。工作参数：主动齿轮轴输入功率 $P=6.77\text{kW}$，主动齿轮轴转速 $n=232\text{r/min}$，传动比按项目1任务1.1中的确定值。载荷有中等冲击，单班工作。

按照下面的步骤完成任务，并将过程和结果填写在表2-20中。

表 2-20　直齿圆柱齿轮传动设计

序号	设计步骤	设计计算内容	结果
1	选择齿轮材料及精度等级，确定许用应力		
2	按齿面接触疲劳强度设计	1）计算齿轮转矩 T_1	
		2）确定载荷系数 K	
		3）确定齿数 z_1 和齿宽系数 ψ_d	

（续）

序号	设计步骤	设计计算内容	结果
2	按齿面接触疲劳强度设计	4）计算齿数比 u	
		5）确定材料弹性系数 Z_E	
		6）按齿面接触疲劳强度设计	
		7）计算主要几何尺寸	
3	校核齿根弯曲疲劳强度		
4	计算齿轮结构尺寸，绘制齿轮零件图		

实践中常见问题解析

1）齿轮齿数的选择，应尽量为互质数，并满足传动比。小齿轮齿数要大于最少齿数，以避免根切。模数要选择标准数值，满足齿轮弯曲强度要求，满足结构尺寸要求。

2）当大小齿轮都是软齿面时，由于小齿轮齿根较薄，弯曲疲劳强度较低，故在选择材料和热处理时，应把小齿轮的齿面硬度选得比大齿轮高出 30~50HBW。硬齿面齿轮的承载能力较强，但需专门设备磨齿，常用于要求结构紧凑或生产批量大的场合。当大小齿轮都是硬齿面时，小齿轮的硬度应略高，也可与大齿轮相等。

3）设计齿轮传动时，为保证啮合和装配可靠，应将小齿轮宽度设计得比大齿轮宽度大5mm左右。

小　结

本学习任务分析了齿轮传动的工作原理、特点和应用；齿轮传动的啮合特性；直齿圆柱齿轮传动的几何尺寸计算；直齿圆柱齿轮传动的设计方法。学生通过对实际的齿轮设计掌握直齿圆柱齿轮传动设计的知识和技能，通过对直齿圆柱齿轮传动设计过程的思考和实践，培养创新思维能力。

1）齿轮传动的特点：①两轮瞬时传动比恒定；②适用的功率、速度和尺寸范围大；③传动效率高，使用寿命长；④结构紧凑；⑤不适用于远距离传动；⑥制造和安装要求较高，成本较高。

2）渐开线的性质：①发生线沿基圆滚过的长度，等于基圆上被滚过的圆弧长；②发生线是基圆的切线，也是渐开线在K点的法线；③渐开线上各点的曲率半径不等；④渐开线的形状取决于基圆的大小；⑤基圆内无渐开线。

3）渐开线标准直齿圆柱齿轮参数和几何尺寸计算。

4）渐开线齿轮的正确啮合条件：两轮的模数和压力角分别相等。

5）齿轮连续传动条件：重合度$\varepsilon=\dfrac{B_1B_2}{p_b}\geqslant 1$。

6）根切现象：根切现象是指用展成法加工齿轮时，如果被加工齿轮的齿数太少，刀具的顶部就会切入轮齿的根部，把齿根部分渐开线切去的现象。标准齿轮（正常齿制）不根切的最少齿数是17。

7）齿轮传动的失效形式和设计准则。

① 失效形式：轮齿折断、齿面疲劳点蚀、齿面磨损、齿面胶合和齿面塑性变形。

② 设计准则：a. 闭式软齿面齿轮（齿面硬度≤350HBW），按齿面接触疲劳强度设计，确定齿轮的主要参数和尺寸，再按齿根弯曲疲劳强度进行校核；b. 闭式硬齿面齿轮（齿面硬度>350HBW），按齿根弯曲疲劳强度设计，确定模数和尺寸，然后按齿面接触疲劳强度进行校核；c. 开式齿轮传动，按齿根弯曲疲劳强度进行设计计算，确定齿轮的模数。考虑磨损因素，再将模数增大10%～20%，无须校核齿面接触疲劳强度。

思考与练习

一、单项选择题

2-2-1　齿轮上具有标准模数和标准压力角的圆是__________。

A. 齿顶圆　　B. 齿根圆　　C. 基圆　　D. 分度圆

2-2-2　当齿轮安装中心距稍有变化时，__________保持原值不变的性质称为中心距的可分性。

A. 传动比　　B. 压力角　　C. 啮合角　　D. 基圆直径

2-2-3　影响齿轮承载能力大小的主要参数是__________。

A. 齿数　　B. 压力角　　C. 啮合角　　D. 模数

2-2-4　要保证一对直齿圆柱齿轮连续传动，其重合度 ε 应满足的条件是__________。

A. $\varepsilon=0$　　B. $\varepsilon=1$　　C. $\varepsilon<1$　　D. $\varepsilon\geqslant1$

2-2-5　一对齿轮要正确啮合，它们的__________必须相等。

A. 直径　　B. 宽度　　C. 齿数　　D. 模数

2-2-6　对于开式齿轮传动，在工程设计中，一般__________。

A. 按接触强度计算齿轮尺寸，再验算弯曲强度

B. 按弯曲强度计算齿轮尺寸，再验算接触强度

C. 只需按接触强度设计计算

D. 只需按弯曲强度设计计算

2-2-7　对于齿面硬度≤350HBW 的齿轮传动，当采取同样钢材来制造时，一般将__________处理。

A. 小齿轮淬火，大齿轮调质　　B. 小齿轮淬火，大齿轮正火

C. 小齿轮调质，大齿轮正火　　D. 小齿轮正火，大齿轮调质

2-2-8　一对圆柱齿轮，在确定大小齿轮的宽度时，通常把小齿轮得齿宽做得比大齿轮大一些，其主要原因是__________。

A. 为了使小齿轮的弯曲强度和接触强度比大齿轮高一些

B. 为了便于安装，保证接触线长度

C. 为了使传动平稳，提高效率

D. 以上都不是

2-2-9　低速中载、开式传动齿轮，一般易发生__________失效形式。

A. 齿面疲劳点蚀　　B. 轮齿折断　　C. 齿面胶合　　D. 齿面磨损

2-2-10　圆柱齿轮的结构形式一般根据__________选定。

A. 齿顶圆直径　　B. 宽度　　C. 齿数　　D. 模数

二、判断题

2-2-11　渐开线形状取决于基圆大小。

2-2-12　渐开线齿轮上，基圆直径一定比齿根圆直径大。

2-2-13　直齿圆柱齿轮上，可以直接测量直径的有齿顶圆和齿根圆。

2-2-14　齿数少于 17 的正常齿制标准直齿圆柱齿轮，无论采用何种加工方法加工，都会产生根切。

2-2-15　变位齿轮与相应的标准齿轮相比，其参数和几何尺寸都发生了变化。

2-2-16　变位齿轮负传动一定是由两个负变位的齿轮组成。

2-2-17　圆柱齿轮精度等级，主要根据其承受载荷的大小确定。

2-2-18　对于齿面硬度≤350HBW 的闭式齿轮传动，设计时一般先按齿根弯曲疲劳

强度条件计算。

2-2-19　对齿面硬度≤350HBW的闭式钢齿轮传动，主要的失效形式是齿面疲劳点蚀。

2-2-20　高速重载齿轮传动中，当散热条件不良时，齿轮的主要失效形式是齿面胶合。

三、简答题

2-2-21　渐开线的基本性质有哪些？举例说明渐开线性质的具体应用。

2-2-22　渐开线齿轮齿廓上各点的压力角是否相等？哪一点的压力角为标准值？哪一点的压力角最大？哪一点的压力角最小？

2-2-23　“齿轮的分度圆就是节圆”这种说法对吗？两者的区别是什么？

2-2-24　直齿圆柱齿轮的正确啮合条件是什么？

2-2-25　标准直齿圆柱齿轮的基本参数有哪些？决定渐开线形状的基本参数是什么？

2-2-26　根切现象产生的原因是什么？如何避免根切？

2-2-27　设计直齿圆柱齿轮传动时，其许用接触应力是按小齿轮取还是按大齿轮取？

2-2-28　一对齿轮传动时，大、小齿轮上齿根处的弯曲应力是否相等，许用弯曲应力是否相等？设计时是直接取较小者计算吗？

四、训练题

2-2-29　有一个正常齿的标准渐开线直齿圆柱齿轮，测得顶圆直径 $d_a=257.5$mm，齿数 $z=101$，问其模数是多少？并计算齿轮的分度圆直径、基圆直径、齿高以及齿距。

2-2-30　某企业拟使用现有的两个标准直齿圆柱齿轮，已测得齿数 $z_1=24$，$z_2=89$，小齿轮齿顶圆直径 $d_{a1}=130$mm，大齿轮的齿高 $h=11.25$mm，试判定这两个齿轮能否正确啮合传动？

2-2-31　一对正确安装的标准渐开线直齿圆柱齿轮传动，已知其中心距 $a=264$mm，模数 $m=6$mm，传动比 $i=3$。试求这对齿轮的齿数各是多少，并计算它们的分度圆直径、齿顶圆直径。

2-2-32　某企业技改需选配一对标准直齿圆柱齿轮，已知主动轴转速 $n_1=640$r/min，要求从动轴的转速 $n_2=160$r/min，两轮中心距为125mm，齿数 $z_1\geqslant17$。试确定这对齿轮的模数和齿数。

2-2-33　现有一个标准渐开线直齿圆柱齿轮，测得其齿顶圆直径 $d_{a1}=67.5$mm，齿数 $z_1=26$，拟找一个大齿轮与其配对，要求传动的安装中心距 $a=112.5$mm，试计算这对齿轮的模数及大齿轮的主要尺寸。

2-2-34　有一个标准直齿圆柱齿轮，跨3个齿，用游标卡尺测量出公法线长为11.595mm，跨4个齿测量得16.020mm，问这个齿轮的模数是多少？

2-2-35　一闭式直齿圆柱齿轮传动，已知：传递功率 $P=3$kW，转速 $n_1=960$r/min，模数 $m=2$mm，齿数 $z_1=28$，$z_2=90$，齿宽 $b_1=65$mm，$b_2=60$mm。小齿轮材料为45钢（调质），大齿轮材料为ZG310-570（正火）。载荷平稳，电动机驱动，单向转动，预期使用寿命10年，两班制。试校核这对齿轮传动的强度。

2-2-36　设计直齿圆柱齿轮减速器中的齿轮传动。已知传递的功率 $P=6$kW，小齿轮

转速 $n_1=960r/min$，大齿轮转速 $n_2=250r/min$，齿轮为对称布置，载荷有中等冲击，电动机驱动，预期使用寿命 10 年，单班制工作。

任务 2.3　斜齿圆柱齿轮传动的设计与选用

任务目标

1）能够正确分析斜齿圆柱齿轮传动的应用和工作特性。

2）能够正确进行斜齿圆柱齿轮传动的几何尺寸计算。

3）能够根据实际工作条件设计斜齿圆柱齿轮传动。

4）能够在完成任务过程中做到吃苦耐劳、精益求精。

5）培养严谨认真的工作态度和安全责任意识。

6）培养全面系统机械设计思维、创新意识、团队合作意识和爱国主义精神。

任务描述

设计压力机中的斜齿圆柱齿轮传动（图 2-43）。工作参数：主动齿轮轴输入功率 6.77kW，主动齿轮轴转速 232r/min，载荷有中等冲击，单班工作。

图 2-43　斜齿圆柱齿轮传动

任务分析

J23-25 型开式可倾压力机采用斜齿圆柱齿轮传动，工作平稳、冲击小、噪声低。通过斜齿圆柱齿轮传动的工作分析与设计，完成以下具体任务：

1）分析斜齿圆柱齿轮传动的工作特性和应用。

2）计算斜齿圆柱齿轮传动的几何尺寸。

3）设计压力机中的斜齿圆柱齿轮传动。

动画

斜齿圆柱齿轮传动

相关知识

一、斜齿圆柱齿轮齿廓曲面的形成和啮合特点

图 2-44 所示为直齿圆柱齿轮和斜齿圆柱齿轮齿廓曲面的形成过程。

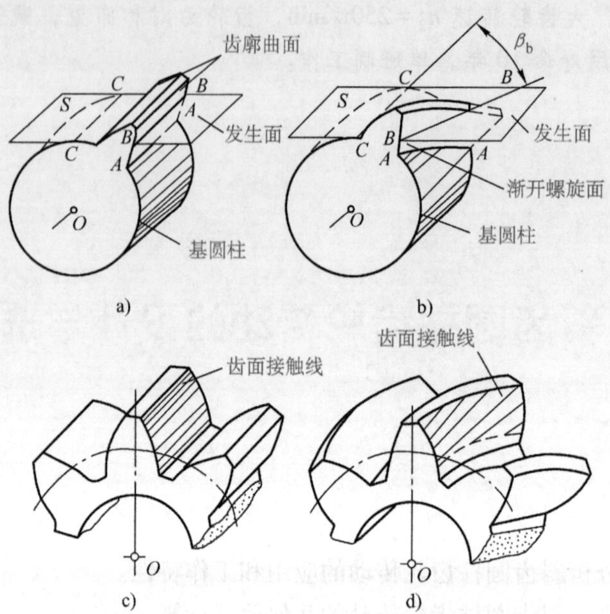

图 2-44　圆柱齿轮齿廓曲面的形成及齿面接触线

如图 2-44a 所示，直齿圆柱齿轮的齿廓实际上是由与基圆柱相切做纯滚动的发生面 S 上一条与基圆柱轴线平行的任意直线 BB 展成的渐开线曲面。当一对直齿圆柱齿轮啮合时，轮齿的接触线是与轴线平行的直线，如图 2-44c 所示，轮齿沿整个齿宽突然同时进入啮合和退出啮合，载荷沿齿宽突然加上及卸下，所以易引起冲击、振动和噪声，传动平稳性差。

斜齿轮齿面形成的原理和直齿轮类似，所不同的是形成渐开线齿面的直线 BB 与基圆柱轴线偏斜了一角度 β_b（图 2-44b），BB 线展成斜齿轮的齿廓曲面，称为渐开线螺旋面。该曲面与任意一个以轮轴为轴线的圆柱面的交线都是螺旋线。由斜齿轮齿面的形成原理可知，在端平面上，斜齿轮与直齿轮一样具有准确的渐开线齿形。

如图 2-44d 所示，斜齿轮啮合时，齿面接触线与齿轮轴线相倾斜，逐渐进入啮合及退出啮合。接触线的长度由零逐渐增加，又逐渐缩短，直至脱离接触，载荷沿齿宽逐渐加上及卸下。因此传动平稳性好，承载能力强，重合度大，噪声和冲击小，适用于高速和大功率场合。

斜齿轮传动的缺点是有轴向力 F_a。F_a 的存在使轴承支承结构变得较为复杂。为此可改用人字齿轮，以使轴向力相互平衡。但人字齿轮制造困难且精度较低，主要用于低速重型机械。

二、斜齿圆柱齿轮主要参数和几何尺寸计算

由于斜齿圆柱齿轮的齿廓曲面是渐开螺旋面，因此，在垂直于齿轮轴的端面上和垂直于齿廓螺旋面方向的法向上的参数是不同的，在计算斜齿轮的几何尺寸时，必须注意端面和法向参数的换算关系。

1. 螺旋角 β

在斜齿圆柱齿轮各个不同的圆柱面上，其螺旋角是不相同的。通常用分度圆柱上的

螺旋角 β 来进行几何尺寸计算。螺旋角 β 越大，轮齿越倾斜，则传动的平稳性越好，但轴向力也越大，采用人字齿轮可使轴向力相互抵消一部分，如图 2-45a 所示。

设计时，斜齿轮螺旋角可取 $\beta=8°\sim20°$，人字齿可达 $25°\sim45°$。

斜齿轮按其齿廓渐开螺旋面的旋向，可以分为左旋和右旋两种，如图 2-45b 所示。

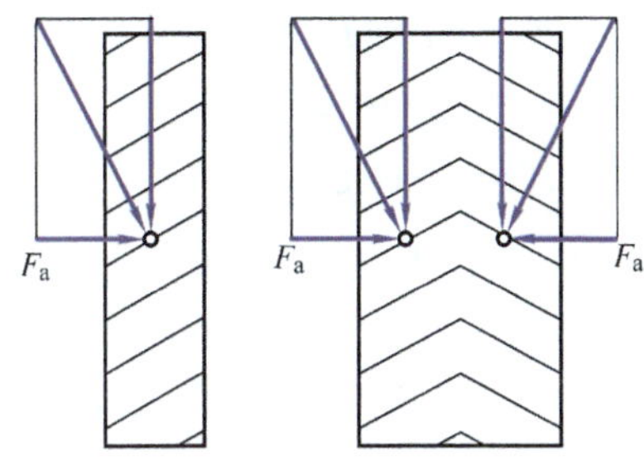

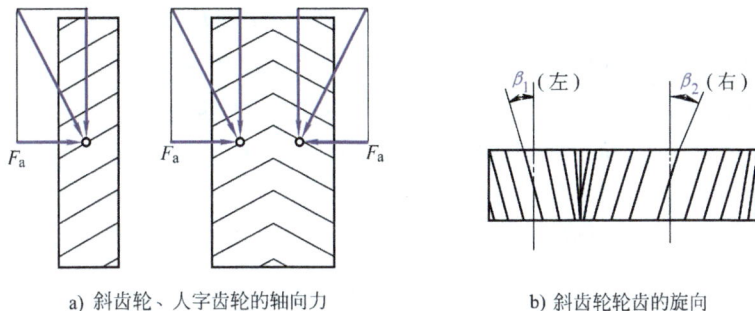

a) 斜齿轮、人字齿轮的轴向力　　b) 斜齿轮轮齿的旋向

图 2-45　斜齿轮轴向力和轮齿旋向

2. 端面参数和法向参数

垂直于斜齿轮轴线的平面称为斜齿轮的端面，垂直于分度圆柱上螺旋线切线的平面称为斜齿轮的法平面。采用铣刀切削斜齿轮时，由于刀具的进刀方向是垂直于轮齿法平面的，因此，斜齿轮的法向参数与刀具参数相同。所以规定，斜齿轮的法向参数 m_n、α_n、h_{an}^*、c_n^* 为标准值，且与直齿圆柱齿轮的参数标准值相同。

但斜齿轮的直径和传动中心距等几何尺寸计算，是在端面内进行的，因此必须掌握法向参数与端面参数之间的换算关系。

（1）法向模数 m_n 和端面模数 m_t　图 2-46a 为斜齿轮分度圆柱面的展开图，p_n 为法向齿距，p_t 为端面齿距，由图中几何关系可得

$$p_n=p_t\cos\beta$$

因 $p=\pi m$，故 m_n 和 m_t 的关系为

$$m_n=m_t\cos\beta \tag{2-3-1}$$

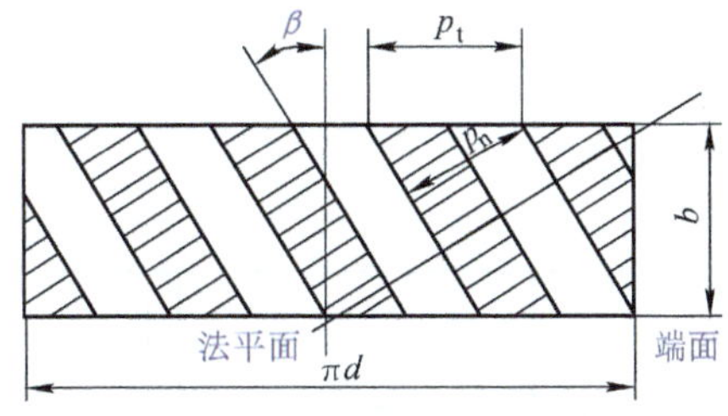

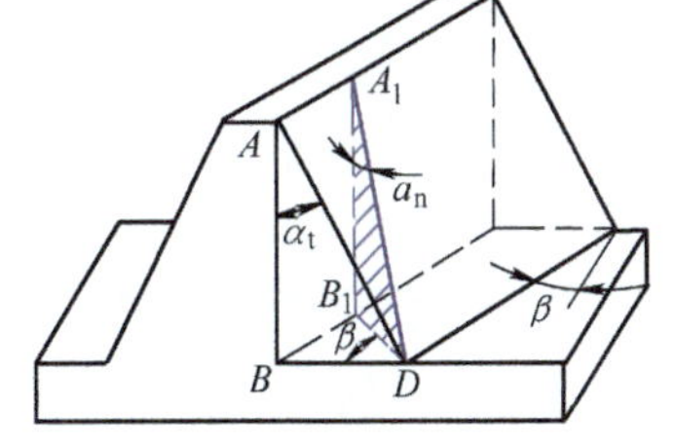

a) 斜齿轮分度圆柱面的展开图　　b) 斜齿条

图 2-46　斜齿轮法向参数和端面参数间的关系

（2）法向压力角 α_n 和端面压力角 α_t　借助于斜齿条，由图 2-46b 可得 α_n 和 α_t 的关系为

$$\tan\alpha_n=\tan\alpha_t\cos\beta \tag{2-3-2}$$

α_n 为标准值，取 $\alpha_n=20°$。

（3）齿顶高系数和顶隙系数　由图 2-46b 可知，在端面上和在法向上的齿高是相

等的。

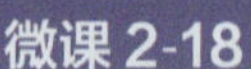

斜齿圆柱齿轮的啮合特点、参数和几何尺寸计算

因为 $h_a = h_{at}^* m_t = h_{an}^* m_n$

$$h_f = (h_{at}^* + c_t^*) m_t = (h_{an}^* + c_n^*) m_n$$

$$c = c_t^* m_t = c_n^* m_n$$

$$m_n = m_t \cos\beta$$

故
$$h_{at}^* = h_{an}^* \cos\beta \tag{2-3-3}$$

$$c_t^* = c_n^* \cos\beta \tag{2-3-4}$$

h_{an}^* 和 c_n^* 是标准值，取 $h_{an}^* = 1$，$c_n^* = 0.25$

3. 几何尺寸计算

外啮合标准斜齿圆柱齿轮主要几何尺寸计算公式见表2-21。

表2-21　外啮合标准斜齿圆柱齿轮主要几何尺寸计算公式

序号	名称	符号	计算公式
1	齿顶高	h_a	$h_a = h_{at}^* m_t = h_{an}^* m_n$
2	齿根高	h_f	$h_f = (h_{an}^* + c_n^*)\ m_n$
3	齿高	h	$h = (2h_{an}^* + c_n^*)\ m_n$
4	分度圆直径	d	$d = m_t z = \frac{m_n z}{\cos\beta}$
5	齿顶圆直径	d_a	$d_a = d + 2h_a = m_n\left(\frac{z}{\cos\beta} + 2h_{an}^*\right)$
6	齿根圆直径	d_f	$d_f = d - 2h_f = m_n\left(\frac{z}{\cos\beta} - 2h_{an}^* - 2c_n^*\right)$
7	标准中心距	a	$a = \frac{m_t}{2}(z_2 + z_1) = \frac{m_n}{2\cos\beta}(z_1 + z_2)$

斜齿轮的中心距与螺旋角 β 有关。当一对斜齿轮的模数、齿数一定时，可以通过在一定范围内调整螺旋角 β 的大小来配凑中心距，这也是斜齿轮的优点。

三、斜齿圆柱齿轮的啮合传动

1. 正确啮合条件

一对外啮合斜齿圆柱齿轮传动的正确啮合条件为：两齿轮的法向模数相等；两齿轮的法向压力角相等；两斜齿轮的螺旋角大小相等，方向相反（外啮合）。

$$\left.\begin{aligned} m_{n1} &= m_{n2} = m_n \\ \alpha_{n1} &= \alpha_{n2} = \alpha_n \\ \beta_1 &= -\beta_2 (\text{内啮合 } \beta_1 = \beta_2) \end{aligned}\right\} \tag{2-3-5}$$

2. 重合度

在计算斜齿轮重合度时，还必须考虑螺旋角 β 的影响。图2-47所示为两个端面参数

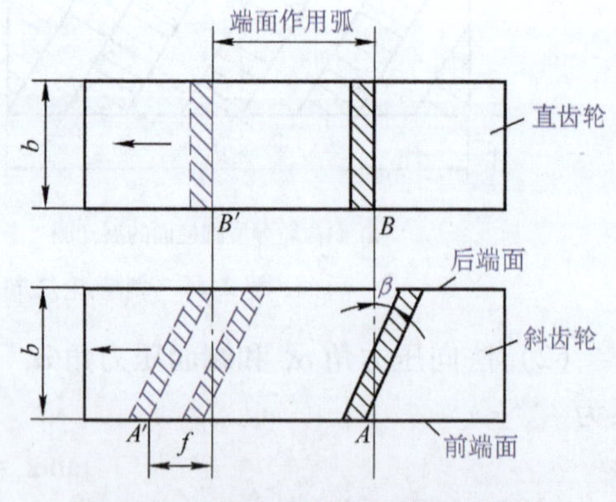

图2-47　标准直齿轮和标准斜齿轮的分度圆柱面展开图

完全相同的标准直齿轮和标准斜齿轮的分度圆柱面（即节圆柱面）展开图。因此，平行轴斜齿轮传动的重合度为端面重合度和纵向重合度之和。平行轴斜齿轮的重合度随螺旋角 β 和齿宽 b 的增大而增大，其值可以达到很大。工程设计中常根据齿数和（z_1+z_2）以及螺旋角 β 查表求重合度。

微课 2-19
斜齿圆柱齿轮的正确啮合条件和连续传动条件

例 2-3-1　一标准斜齿圆柱齿轮传动，已知传动的中心距 $a=190\text{mm}$，齿数 $z_1=30$，$z_2=60$，模数 $m_n=4\text{mm}$，试计算这对齿轮的主要几何尺寸。

解：由 $a=\dfrac{m_n}{2\cos\beta}(z_1+z_2)$，得

$$\cos\beta=\frac{m_n}{2a}(z_1+z_2)=\frac{4}{2\times190}\times(30+60)=0.9474$$

故
$$\beta=18°40'$$

由
$$\tan\alpha_t=\tan\alpha_n/\cos\beta=\tan20°/\cos18°40'=0.3842$$

得
$$\alpha_t=21°1'$$

所以
$$d_1=\frac{m_nz_1}{\cos\beta}=\frac{4\times30}{0.9474}\text{mm}=126.662\text{mm}$$

$$d_2=\frac{m_nz_2}{\cos\beta}=\frac{4\times60}{0.9474}\text{mm}=253.325\text{mm}$$

$$d_{a1}=d_1+2h_a=d_1+2h_{an}^*m_n=126.662\text{mm}+2\times4\text{mm}=134.662\text{mm}$$

$$d_{a2}=d_2+2h_a=d_2+2h_{an}^*m_n=253.325\text{mm}+2\times4\text{mm}=261.325\text{mm}$$

$$d_{b1}=d_1\cos\alpha_t=126.662\times0.9335\text{mm}=118.239\text{mm}$$

$$d_{b2}=d_2\cos\alpha_t=253.325\times0.9335\text{mm}=236.479\text{mm}$$

$$p_{n1}=p_{n2}=\pi m_n=3.14\times4\text{mm}=12.56\text{mm}$$

$$s_{n1}=s_{n2}=e_{n1}=e_{n2}=p_n/2=6.28\text{mm}$$

例 2-3-2　某企业原有一对直齿圆柱齿轮机构，已知 $z_1=20$，$z_2=40$，$m=4\text{mm}$，$\alpha=20°$，$h_n^*=1$。为了提高齿轮的平稳性，现要求在传动比和模数都不变的条件下，将标准直齿圆柱齿轮机构改换成标准斜齿圆柱齿轮机构，试求这对斜齿轮的齿数 z_1、z_2 和螺旋角 β。

解：传动比 $i=\dfrac{z_2}{z_1}=\dfrac{40}{20}=2$，中心距 $a=\dfrac{m(z_1+z_2)}{2}=\dfrac{4\times(20+40)}{2}\text{mm}=120\text{mm}$

由
$$a=\frac{m_n(z_1+z_2)}{2\cos\beta}$$

得
$$\cos\beta=\frac{m_n(z_1+z_2)}{2a}=\frac{m_nz_1(1+i)}{2a}=\frac{4\times(1+2)z_1}{2\times120}=\frac{z_1}{20}$$

因为 $\cos\beta<1$，所以 z_1 只能取小于 20 的数。

用试算法：

若取 $z_1=18$，则 $\cos\beta=\dfrac{18}{20}=0.9$，$\beta=25°50'31''$

若取 $z_1=19$，则 $\cos\beta=\dfrac{19}{20}=0.95$，$\beta=18°11'42''$。

一般要求 β 应在 8°～20°范围内，可取 $z_1=19$，则

$$z_2=2z_1=38,\quad \beta=18°11'42''$$

β 在 8°～20°范围内，合适。

四、斜齿圆柱齿轮的当量齿轮和当量齿数

仿形法加工斜齿轮时，斜齿轮的齿数是在端面数的，而加工齿轮时，铣刀是沿着法向切削的，切削刃形状与法向齿廓相同。另外，计算斜齿轮强度时，力是作用在法向的，所以也需要知道它的法向齿廓。

图 2-48a 所示为斜齿轮法平面剖开图，图 2-48b 所示为斜齿轮的分度圆柱，过任一齿厚中点 C 作垂直于螺旋线的法平面，与分度圆柱的截交线得一椭圆。只有 C 点处的法向齿廓与刀具参数最接近。以椭圆上 C 点的曲率半径 ρ 为分度圆半径作一圆柱齿轮，这个假想的直齿圆柱齿轮称为该斜齿轮的当量齿轮，其齿廓近似于法向齿廓，其齿数为当量齿数 z_v，z_v 为选择成形刀具的依据。

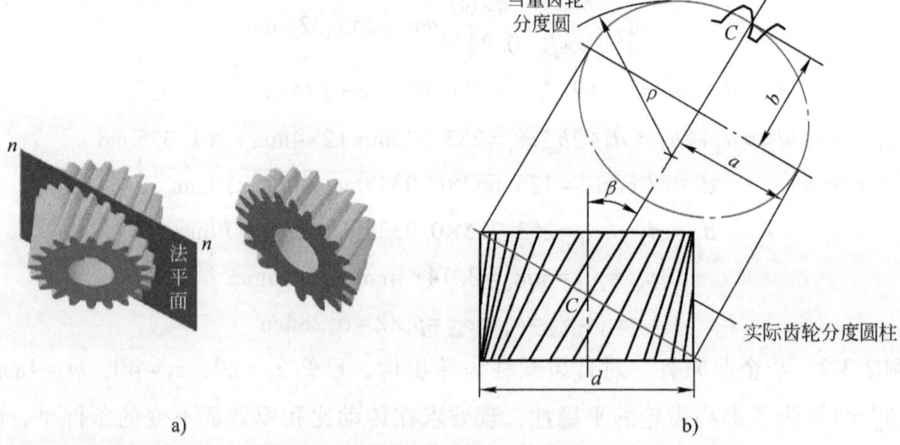

图 2-48　斜齿圆柱齿轮的当量齿轮

当量齿数的计算公式为

$$z_v=\frac{z}{\cos^3\beta} \tag{2-3-6}$$

微课 2-20

斜齿圆柱齿轮的当量齿轮和当量齿数

因为 $\cos\beta<1$，所以 $z_v>z$（z_v 不一定是整数）。

由斜齿轮当量齿轮不产生根切的最少齿数 z_{vmin}，可得斜齿轮不根切的最少齿数 $z_{min}=z_{vmin}\cos^3\beta=17\cos^3\beta<17$（正常齿制）。若 $\beta=15°$，斜齿轮不根切的最少齿数 $z_{min}\approx15.3$，取 16 以上即不根切。

当量齿数可用于选择铣刀号、斜齿轮弯曲强度计算、斜齿轮变位系数选择和齿厚测量计算等。

五、斜齿圆柱齿轮的传动特点

与直齿圆柱齿轮传动相比，平行轴斜齿轮传动具有以下特点：

1）平行轴斜齿轮传动中齿廓接触线是斜直线，轮齿是逐渐进入和脱离啮合的，故工作平稳，冲击和噪声小，适用于高速传动。

2）重合度较大，承载能力强，传动的平稳性好。

3）不根切的最少齿数小于直齿轮的最少齿数 z_{min}。

4）传动中存在轴向力，为克服此缺点，可采用人字齿轮。

六、斜齿圆柱齿轮的强度计算

1. 斜齿圆柱齿轮传动的受力分析

图2-49所示为斜齿圆柱齿轮传动中主动轮的受力分析。当轮齿上作用转矩 T_1 时，若不计摩擦力，作用在轮齿上的法向力 F_n（垂直于齿廓）可分解为互相垂直的三个分力：圆周力 F_t、径向力 F_r 和轴向力 F_a。

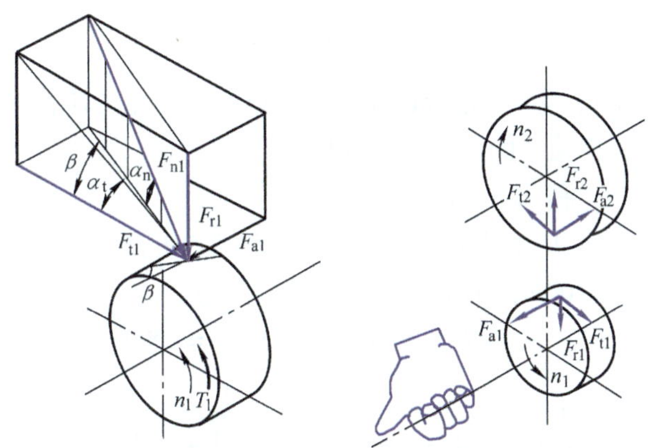

图2-49 斜齿圆柱齿轮传动中主动轮的受力分析

各个分力的大小为

$$F_t = \frac{2T_1}{d_1} \tag{2-3-7}$$

$$F_r = \frac{F_t \tan\alpha_n}{\cos\beta} \tag{2-3-8}$$

$$F_a = F_t \tan\beta \tag{2-3-9}$$

圆周力和径向力方向的判定方法与直齿圆柱齿轮相同。主动轮上的轴向力方向可根据“主动轮左、右手螺旋法则”判定：左旋用左手，右旋用右手环握齿轮轴线，如图2-49所示，弯曲的四指顺着齿轮的转向，拇指的指向即为轴向力的方向。从动轮上的轴向力与主动轮方向相反。

微课2-21

斜齿圆柱齿轮传动的受力分析

作用在从动轮和主动轮上的各对力为作用力和反作用力的关系，如图2-49所示。即

$$F_{n1}=-F_{n2},\ F_{t1}=-F_{t2},\ F_{r1}=-F_{r2}$$

例 2-3-3 图 2-50 所示为一对啮合传动的斜齿轮，主动轮 1 逆时针转动。在啮合点画出各分力的方向。

解： 图 2-50a、b 为在两个视图上的受力方向。图 2-50c 为将所有力集中画在轴面图上。F_a 会对轴产生压力和弯矩，但在某些情况下，通过合理地选择齿轮旋向，可以减小或抵消轴向力的影响。

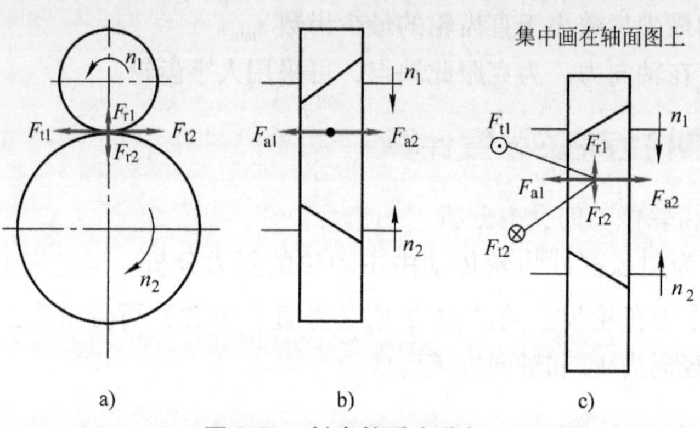

图 2-50　斜齿轮受力分析

例 2-3-4 图 2-51a 所示为齿轮减速器，已知第一对齿轮的旋向和转向，若要求中间轴上的轴向力最小时，齿轮 3 的旋向应如何取？

解： 先判断 F_{a1}、F_{a2} 和 n_2。

为使 F_{a3} 与 F_{a2} 反向，应取齿轮 3 为右旋，如图 2-51b 所示。

设 $F_{a2}=200\text{N}$，$F_{a3}=100\text{N}$，则中间轴上的轴向力为

$$F_{a\text{II}}=F_{a2}-F_{a3}=200\text{N}-100\text{N}=100\text{N}$$

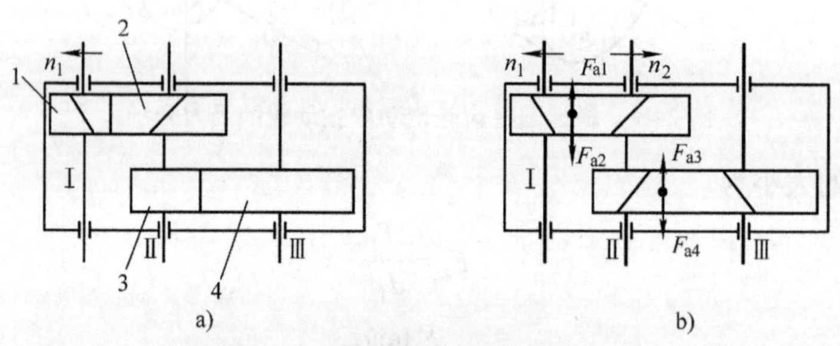

图 2-51　齿轮减速器中斜齿轮受力分析

2. 斜齿圆柱齿轮传动的强度计算

斜齿圆柱齿轮传动的强度计算方法与直齿圆柱齿轮相似。但由于斜齿轮的重合度大，齿面接触线是倾斜的，故其接触应力和弯曲应力都比直齿轮有所降低。其强度计算公式为

（1）齿面接触疲劳强度

校核公式
$$\sigma_H=3.17Z_E\sqrt{\frac{KT_1(u\pm1)}{bd_1^2u}}\leqslant[\sigma_H] \tag{2-3-10}$$

设计公式
$$d_1 \geqslant \sqrt[3]{\left(\frac{3.17Z_E}{[\sigma_H]}\right)^2 \frac{KT_1(u \pm 1)}{\psi_d u}} \tag{2-3-11}$$

（2）齿根弯曲疲劳强度

校核公式
$$\sigma_F = \frac{1.6KT_1\cos\beta}{bm_n^2 z_1} Y_F Y_S \leqslant [\sigma_F] \tag{2-3-12}$$

设计公式
$$m_n \geqslant \sqrt[3]{\frac{1.6KT_1\cos^2\beta}{\psi_d z_1^2} \frac{Y_F Y_S}{[\sigma_F]}} \tag{2-3-13}$$

斜齿轮传动的设计方法和参数选择原则与直齿轮传动基本上相同。齿形系数 Y_F、应力修正系数 Y_S 应按斜齿轮的当量齿数 z_v 由表 2-18 选取。

七、斜齿圆柱齿轮传动的设计

斜齿圆柱齿轮传动设计时，参数选择和设计步骤可参考任务 2.2 中的“四、直齿圆柱齿轮传动的设计”内容。一般斜齿圆柱齿轮螺旋角在 8°～20°之间，初选时可根据载荷大小在 8°～20°范围内取适当的值。对于人字齿轮或两对左右对称配置的斜齿轮，由于轴向力抵消，可取 β= 25°～40°。

斜齿圆
柱齿轮传动的设计

设计中，常在模数 m_n 和齿数 z_1、z_2 确定后，为圆整中心距或配凑标准中心距而需根据以下几何关系计算螺旋角 β

$$\beta = \arccos \frac{m_n(z_1+z_2)}{2a}$$

任务实施

设计压力机中斜齿圆柱齿轮传动（图 2-43）。工作参数：主动齿轮轴输入功率 6.77kW，主动齿轮轴转速为 232r/min，传动比为 3.5。载荷有中等冲击，单班工作。

按照下面的步骤完成任务，并将过程和结果填写在表 2-22 中。

表 2-22　斜齿圆柱齿轮传动设计

序号	设计步骤	设计计算内容	结果
1	选择齿轮材料及精度等级，确定许用应力		
2	按齿面接触疲劳强度设计	1）计算齿轮转矩 T_1	
		2）确定载荷系数 K	

（续）

序号	设计步骤	设计计算内容	结果
2	按齿面接触疲劳强度设计	3）确定齿数 z_1 和齿宽系数 ψ_d	
		4）计算齿数比 u	
		5）确定材料弹性系数 Z_E	
		6）按齿面接触疲劳强度设计	
		7）计算主要几何尺寸	
3	校核齿根弯曲疲劳强度		
4	计算齿轮结构尺寸，绘制齿轮零件图		

实践中常见问题解析

1）齿轮齿数的选择，尽量为互质数，并满足传动比。小齿轮齿数要大于最少齿数，避免根切。

2）齿轮模数要选择标准数值，满足齿轮弯曲强度要求，满足结构尺寸要求。

3）斜齿圆柱齿轮螺旋角一般选 8°～15°。选择时需要注意：若 β 过小，则显不出斜齿轮传动平稳、重合度大等优势；但 β 过大，则会使轴向力增大，影响轴承寿命。

小　结

本学习任务分析了斜齿圆柱齿轮传动的工作原理、特点和应用；斜齿圆柱齿轮传动的几何尺寸计算和设计方法。学生通过对实际的设计掌握斜齿轮传动设计的知识和技能，通过对斜齿轮传动设计过程的思考和实践，培养创新思维能力。

1）斜齿圆柱齿轮主要参数和几何尺寸计算。

2）斜齿圆柱齿轮的啮合传动：①正确啮合条件为两齿轮的法向模数相等；两齿轮的法向压力角相等；两斜齿轮的螺旋角大小相等，方向相反（外啮合）；②重合度为端面重合度和纵向重合度之和。平行轴斜齿轮的重合度随螺旋角 β 和齿宽 b 的增大而增大。

3）斜齿圆柱齿轮的传动特点：①工作平稳，冲击和噪声小，适用于高速传动；②重合度较大，承载能力强，传动的平稳性好；③不根切的最少齿数小于直齿轮的最小齿数；④传动中存在轴向力，为克服此缺点，可采用人字齿轮。

4）斜齿轮传动的设计步骤：①根据工作条件，明确设计要求；②分析失效形式，确定设计准则；③选择材料，计算许用应力；④确定参数，初定齿数 z_1、z_2，螺旋角 β，齿宽系数 ψ_d 等；⑤进行齿面接触疲劳强度或齿根弯曲疲劳强度设计计算，求出满足强度要求的参数计算值；⑥进行齿面接触疲劳强度或齿根弯曲疲劳强度校核；⑦齿轮结构设计；⑧绘制齿轮工作图。

知识拓展一

直齿锥齿轮传动

一、锥齿轮传动的应用、特点和分类

锥齿轮传动用于两相交轴间的传动，轴交角 Σ 可以是任意的，但常用 $\Sigma=90°$ 的传动。锥齿轮的轮齿分布在一个截锥体上，从大端到小端逐渐收缩，如图 2-52 所示。

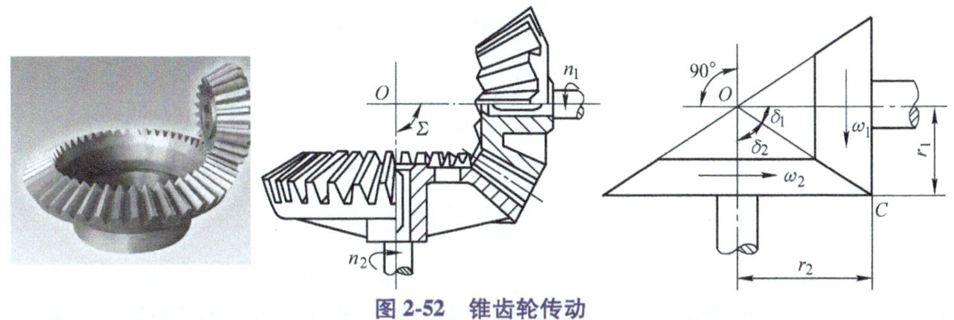

图 2-52　锥齿轮传动

与圆柱齿轮的“圆柱”对应，锥齿轮包括基圆锥、分度圆锥、齿顶圆锥、齿根圆锥。一对锥齿轮的运动可以看成是两个锥顶共点的圆锥体相互做纯滚动，这两个锥顶共点的圆锥体就是节圆锥。对于正确安装的标准锥齿轮传动，其节圆锥与分度圆锥应该重合。

锥齿轮的轮齿分为直齿、斜齿和曲齿三种类型。其中直齿锥齿轮易于制造安装，应用广泛，故只讨论应用最广的轴交角 $\Sigma=90°$ 的直齿锥齿轮传动。

二、直齿锥齿轮的主要参数、几何尺寸和正确啮合条件

1. 主要参数

图 2-52 所示为一对 $\Sigma=90°$ 的标准直齿锥齿轮，δ_1 和 δ_2 分别为两齿轮的分度圆锥角，r_1、r_2 分别为大端分度圆半径，齿数分别为 z_1、z_2。

当 $\Sigma=\delta_1+\delta_2=90°$ 时，传动比为

$$i=\frac{n_1}{n_2}=\frac{z_2}{z_1}=\frac{d_2}{d_1}=\frac{r_2}{r_1}=\tan\delta_2=\cot\delta_1 \tag{2-3-14}$$

为了反映锥齿轮的结构尺寸，便于测量和计算，锥齿轮的参数和尺寸均以大端为标准值。即规定锥齿轮的大端模数 m 为标准值，压力角 $\alpha=20°$，齿顶高系数 $h_a^*=1$，顶隙系数 $c^*=0.2$。其标准模数系列见表 2-23。

表 2-23　锥齿轮的标准模数系列（摘自 GB/T 12368—1990）　（单位：mm）

1，1.125，1.25，1.375，1.5，1.75，2，2.25，2.5，2.75，3，3.25，3.5，3.75，4，4.5，5，5.5，6，6.5，7，8，9，10，11，12，14，16，18，20，22，25，28，30，32，36，40，45，50

2. 几何尺寸计算

图 2-53 所示为 $\Sigma=\delta_1+\delta_2=90°$ 的标准直齿锥齿轮传动，齿轮各部分名称及几何尺寸计算公式见表 2-24。

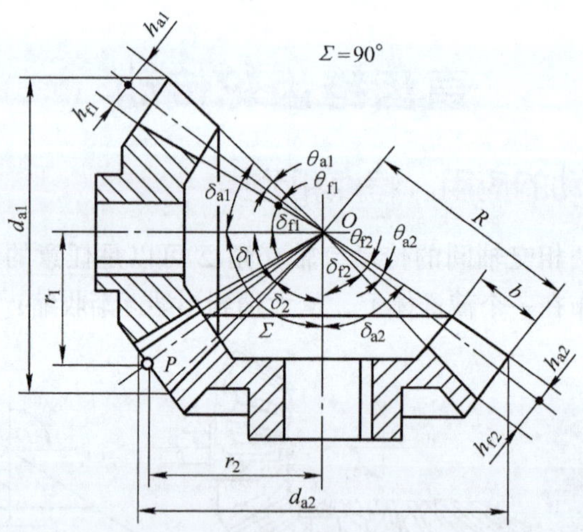

图 2-53　标准直齿锥齿轮传动

表 2-24　标准直齿锥齿轮传动（$\Sigma=90°$）的主要几何尺寸计算公式

名称	符号	计算公式
分度圆锥角	δ	$\delta_1=\operatorname{arccot}\frac{z_2}{z_1}$，$\delta_2=90°-\delta_1$
分度圆直径	d	$d_1=mz_1$，$d_2=mz_2$
齿顶高	h_a	$h_{a1}=h_{a2}=h_a^* m$

（续）

名称	符号	计算公式
齿根高	h_f	$h_{f1}=h_{f2}=(h_a^*+c^*)m$
齿顶圆直径	d_a	$d_{a1}=d_1+2h_a\cos\delta_1$，$d_{a2}=d_2+2h_a\cos\delta_2$
齿根圆直径	d_f	$d_{f1}=d_1-2h_f\cos\delta_1$，$d_{f2}=d_2-2h_f\cos\delta_2$
锥距	R	$R=\frac{1}{2}\sqrt{d_1^2+d_2^2}=\frac{m}{2}\sqrt{z_1^2+z_2^2}$
齿宽	b	$b=\psi_R R$，$\psi_R\approx 0.25\sim0.30$
齿顶角	θ_a	$\theta_{a1}=\theta_{a2}=\arctan\frac{h_a}{R}$
齿根角	θ_f	$\theta_{f1}=\theta_{f2}=\arctan\frac{h_f}{R}$
顶锥角	δ_a	$\delta_a=\delta+\theta_a$
根锥角	δ_f	$\delta_f=\delta-\theta_f$

为了便于锥齿轮的加工及保证齿轮小端轮齿有足够的刚度，锥齿轮的齿宽 b 一般不大于 $0.35R$。齿宽系数 $\psi_R=b/R$，常取 $\psi_R=0.25\sim0.30$。

微课 2-23

直齿锥齿轮传动的类型、特点和几何尺寸计算

3. 正确啮合条件

一对直齿锥齿轮的正确啮合条件是：两轮的大端模数和压力角分别相等且等于标准值，即 $m_1=m_2=m$，$\alpha_1=\alpha_2=\alpha$。

三、直齿锥齿轮的当量齿轮和当量齿数

直齿锥齿轮齿廓曲线是空间球面渐开线，由于球面无法展开成平面，使得锥齿轮设计和制造存在很大的困难，故采用近似方法。

锥齿轮大端齿廓所在的圆锥称为背锥，背锥母线与锥齿轮的分度圆锥母线相垂直，如图 2-54a 所示。将背锥展成平面，可得一扇形齿轮，以扇形齿轮的半径为分度圆半径将齿轮补充完整，则得一模数和压力角均与锥齿轮大端模数和压力角相同的直齿圆柱齿轮，其齿形十分近似于该锥齿轮大端齿形，故称其为锥齿轮的当量齿轮，如图 2-54b 所示。其齿数称为当量齿数，用 z_v 表示。

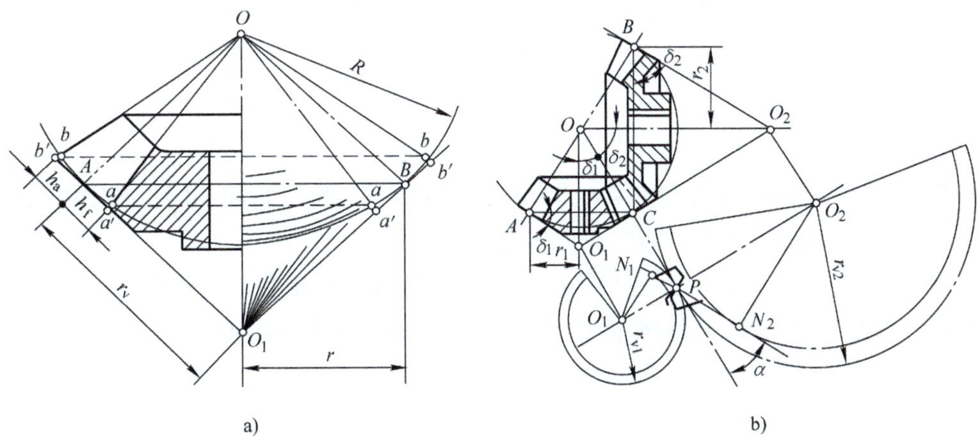

图 2-54　锥齿轮的背锥和当量齿轮

由图 2-50a 知，当量齿轮的分度圆半径为

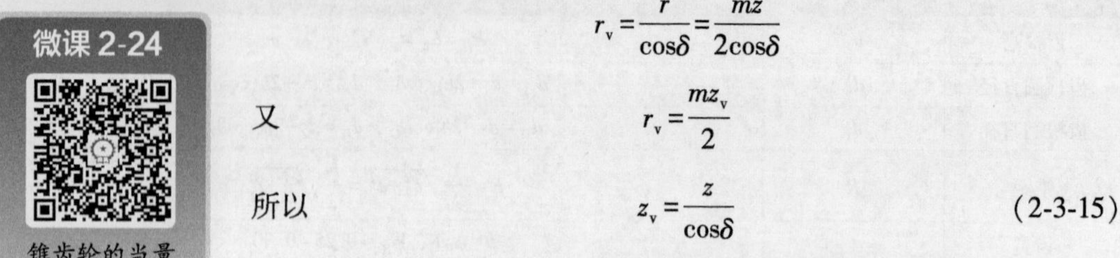

$$r_v=\frac{r}{\cos\delta}=\frac{mz}{2\cos\delta}$$

又

$$r_v=\frac{mz_v}{2}$$

所以

$$z_v=\frac{z}{\cos\delta} \tag{2-3-15}$$

因 $\cos\delta<1$，故 $z_v>z$，可知锥齿轮不根切的最少齿数小于 17。

锥齿轮当量齿数可用于仿形法加工时选择铣刀的刀号、轮齿弯曲强度计算及确定不产生根切的最少齿数等。

四、直齿锥齿轮的强度计算

1. 受力分析

锥齿轮传动时，轮齿受力沿齿宽方向的分布并不均匀。但为简便，假设轮齿间的作用力近似地作用于齿宽节线的中点处，图 2-55 所示为锥齿轮传动的受力情况。轮齿间的法向作用力为 F_n，F_n 可分解成三个互相垂直的分力：圆周力 F_t、径向力 F_r 及轴向力 F_a。各分力大小为

$$F_{t1}=\frac{2T_1}{d_{m1}} \tag{2-3-16}$$

$$F_{r1}=F'\cos\delta_1=F_t\tan\alpha\cos\delta_1 \tag{2-3-17}$$

$$F_{a1}=F'\sin\delta_1=F_t\tan\alpha\sin\delta_1 \tag{2-3-18}$$

式中　d_{m1}——主动小齿轮齿宽中点处分度圆直径，$d_{m1}=d_1(1-0.5\psi_R)$。

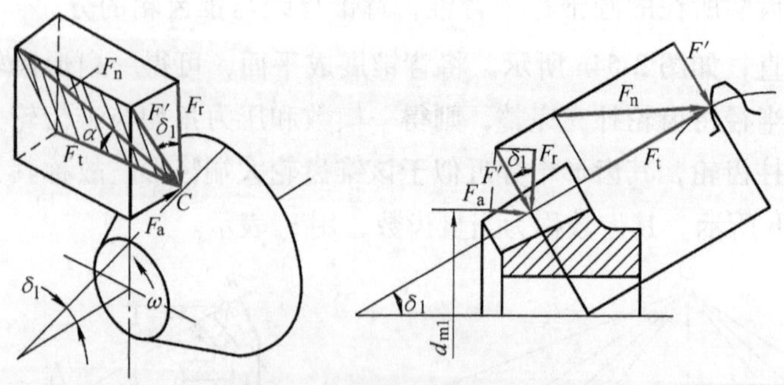

图 2-55　锥齿轮的受力分析

各力的方向判断：圆周力和径向力方向的判定方法与圆柱齿轮相同，两轮的轴向力方向都是沿着各自轴线方向并指向轮齿的大端。

注意：主动轮上的轴向力是与从动轮上的径向力大小相等，方向相反；而主动轮上的径向力是与从动轮上的轴向力大小相等，方向相反，即 $F_{t1}=-F_{t2}$，$F_{r1}=-F_{a2}$，$F_{a1}=-F_{r2}$。

2. 强度计算

计算直齿锥齿轮的强度时，为简化计算，可按齿宽中点处一对当量直齿圆柱齿轮传

动做近似计算。当两轴交角 $\Sigma=90°$ 时，其强度计算公式为

（1）齿面接触疲劳强度

校核公式
$$\sigma_H=\frac{4.98Z_E}{1-0.5\psi_R}\sqrt{\frac{KT_1}{\psi_R d_1^3 u}}\leqslant[\sigma_H] \tag{2-3-19}$$

设计公式
$$d_1\geqslant\sqrt[3]{\left(\frac{4.98Z_E}{(1-0.5\psi_R)[\sigma_H]}\right)^2\frac{KT_1}{\psi_R u}} \tag{2-3-20}$$

（2）齿根弯曲疲劳强度

校核公式
$$\sigma_F=\frac{4.7KT_1}{\psi_R(1-1.5\psi_R)^2 m^3 z_1^2\sqrt{u^2+1}}Y_F Y_S\leqslant[\sigma_F] \tag{2-3-21}$$

设计公式
$$m\geqslant\sqrt[3]{\frac{4.7KT_1}{\psi_R(1-0.5\psi_R)^2 z_1^2\sqrt{u^2+1}}\frac{Y_F Y_S}{[\sigma_F]}} \tag{2-3-22}$$

式中各项符号的意义与直齿圆柱齿轮相同。计算得到的模数 m 应取标准值。

齿轮的制造工艺复杂，大尺寸的锥齿轮加工更困难，因此在设计时应尽量减小其尺寸。如在传动中同时有锥齿轮传动和圆柱齿轮传动时，应尽可能将锥齿轮传动放在高速级，这样可使设计的锥齿轮的尺寸较小，便于加工。为了使大锥齿轮的尺寸不致过大，通常齿数比 $u<5$。

五、齿轮传动装置的润滑

齿轮传动时对轮齿进行润滑，可以减少齿面间的摩擦和磨损，还可以防锈和降低噪声，从而可提高传动效率和延长齿轮寿命，所以，润滑对齿轮传动是非常重要的。

1. 润滑方式

闭式齿轮传动的润滑方式有浸油润滑和喷油润滑两种，一般可根据齿轮的圆周速度进行选择。

（1）浸油润滑　当齿轮的圆周速度 $v\leqslant12\text{m/s}$ 时，通常采用浸油润滑方式，如图 2-56a、b 所示。浸入油中的深度约为一个齿高，但不小于 10mm。浸油过深会增大运动阻力，并使油温升高。注意浸油齿轮的齿顶距离油箱底面的距离一般为 30~50mm，以免搅起箱底的杂质，如图 2-56a 所示。在多级齿轮传动中，可采用带油轮将油带到未浸入油池内的轮齿面上，如图 2-56b 所示，同时将油甩到齿轮箱壁上散热，有利于冷却。

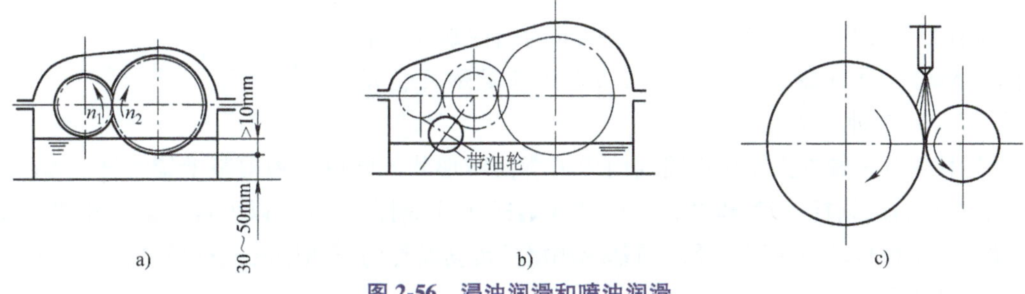

图 2-56　浸油润滑和喷油润滑

（2）喷油润滑　当齿轮的圆周速度 $v>12\text{m/s}$ 时，由于圆周速度大，齿轮搅油剧烈，

且因离心力较大，会使黏附在齿廓面上的油被甩掉，因此不宜采用浸油润滑，可采用喷油润滑。喷油润滑是用油泵将具有一定压力的润滑油经喷嘴喷到齿面上，如图2-56c所示。

对于开式齿轮传动的润滑，由于传动速度较低，通常采用人工定期加油润滑方式。

2. 润滑剂的选择

齿轮传动的润滑剂多采用润滑油。通常根据齿轮材料和圆周速度选取油的黏度，并由选定的黏度再确定润滑油的牌号（参看有关机械设计手册）。润滑油的黏度可参考表2-25选用。

表2-25　齿轮传动润滑油荐用值

齿轮材料	抗拉强度 R_m/MPa	圆周速度 v/(m/s)						
		<0.5	0.5~1	1~2.5	2.5~5	5~12.5	12.5~25	>25
		运动黏度 ν/(mm²/s)（40℃）						
塑料、青铜、铸铁	—	320	220	150	100	68	46	—
钢	450~1000	460	320	220	150	100	68	46
	1000~1250	460	460	320	220	150	100	68
渗碳或表面淬火钢	1250~1580	1000	460	460	320	220	150	100

注：对于多级齿轮传动，应采用各级传动圆周速度的平均值来选取润滑油的黏度。

知识拓展二

蜗杆传动

在运动转换中，常需要进行空间交错轴之间的运动转换，在要求大传动比的同时，又希望传动机构的结构紧凑，采用蜗杆传动机构则可以满足上述要求。蜗杆传动广泛应用于机床、汽车、仪器、起重运输机械、冶金机械以及其他机械制造工业中。

蜗杆传动如图2-57所示，主要由蜗杆和蜗轮组成，通常用于传递空间交错的两轴之间的运动和动力，通常轴间交角为90°。一般情况下，蜗杆为主动件，蜗轮为从动件。

图2-57　蜗杆传动

一、蜗杆传动的类型和特点

1. 蜗杆传动的类型

根据蜗杆的不同形状，蜗杆传动可分为圆柱蜗杆传动（图2-58a）、环面蜗杆传动（图2-58b）和锥蜗杆传动（图2-58c）三种类型。

圆柱蜗杆按螺旋齿面在相同剖面内齿廓曲线形状不同可分为阿基米德蜗杆（ZA蜗杆）、法面直廓蜗杆（ZN蜗杆）和渐开线蜗杆（ZI蜗杆）。其中以阿基米德蜗杆加工最简便，在机械传动中应用广泛。阿基米德蜗杆传动又称为普通圆柱蜗杆传动，本小节仅讨论这种传动。

阿基米德蜗杆是用直线刃刀具车削或铣削加工的，切削刃平面安装在与蜗杆轴线重合的同一水平面内，如图 2-59 所示。加工出来的蜗杆，在轴向剖面Ⅰ-Ⅰ内的齿廓为具有梯形齿条形的直齿廓，而在法向剖面 $N-N$ 内齿廓外凸；在垂直于轴线的剖面（端面）上，齿廓曲线为阿基米德螺旋线，故称阿基米德蜗杆。

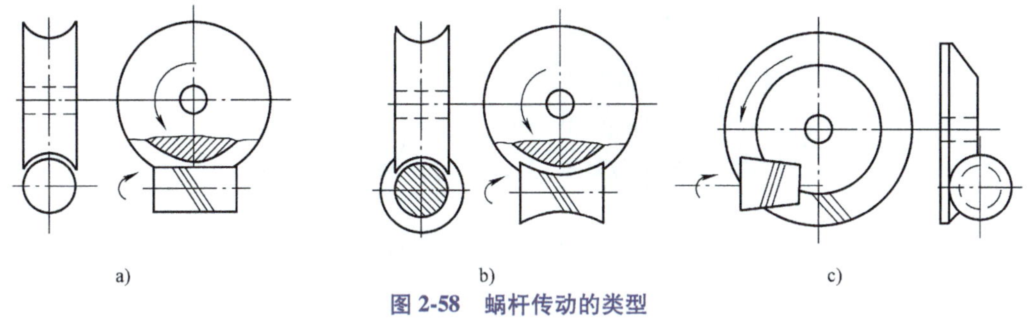

图 2-58　蜗杆传动的类型

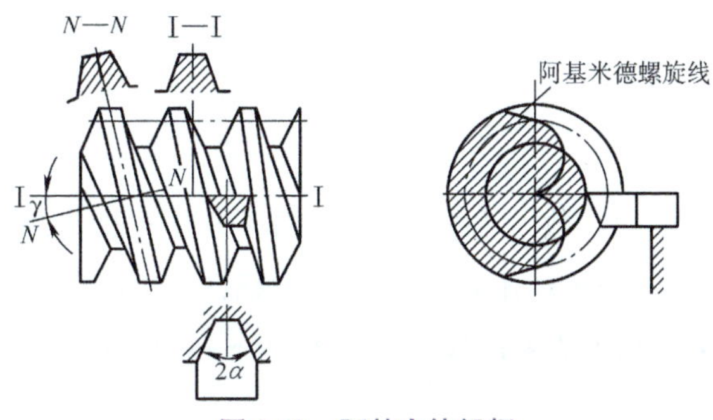

图 2-59　阿基米德蜗杆

蜗杆依据轮齿螺旋线的旋向，分为右旋蜗杆和左旋蜗杆。

2. 蜗杆传动的特点

与齿轮传动相比，蜗杆传动有以下特点：

1）传动平稳、噪声低、结构紧凑。

2）传动比大。在动力传动中一般 $i=8\sim100$，在分度机构中传动比 i 可达 1000。

3）具有自锁性。当蜗杆的导程角小于轮齿间的当量摩擦角时，可实现自锁。即蜗杆能带动蜗轮旋转，而蜗轮不能带动蜗杆转动。

4）传动效率低。蜗杆传动由于齿面间相对滑动速度大，齿面摩擦严重，故在制造精度和传动比相同的条件下，蜗杆传动的效率比齿轮传动低，一般只有 0.7~0.8。具有自锁功能的蜗杆机构，效率则一般不大于 0.5。

5）制造成本高。为了降低摩擦，减小磨损，提高齿面抗胶合能力，蜗轮齿圈部分常用减摩性能好的有色金属制造，成本较高。

蜗杆传动常用于交错轴交角 $\Sigma=90°$ 的两轴间传递运动和动力。由于传动效率较低，故大功率连续传动一般不用。在一些起重设备中，可用蜗杆传动的自锁性起安全保护作用。

二、蜗杆传动的主要参数和几何尺寸计算

如图 2-60 所示，通过蜗杆轴线并垂直于蜗轮轴线的平面称为中间平面（或称为主平

面）。在中间平面上，蜗轮与蜗杆的啮合相当于渐开线齿轮与齿条的啮合。因此，设计蜗杆传动时，其参数和尺寸均在中间平面内确定，并沿用渐开线圆柱齿轮传动的计算公式。

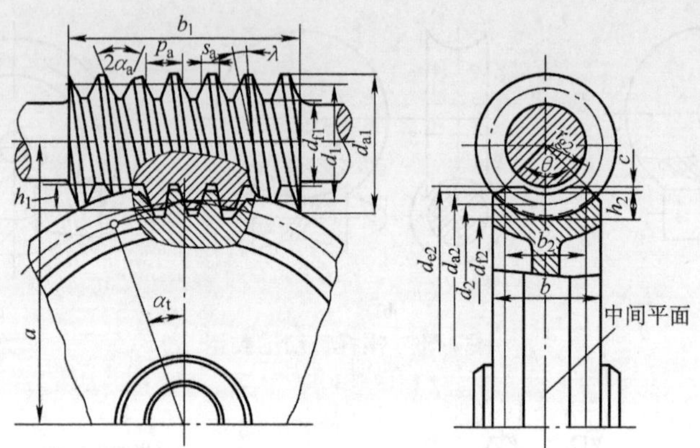

图 2-60　蜗杆传动的主要参数和几何尺寸

1. 蜗杆传动的主要参数

（1）蜗杆头数 z_1、蜗轮齿数 z_2 和传动比 i　蜗杆头数 z_1 即为蜗杆螺旋线的数目，蜗杆的头数一般取 $z_1=1\sim4$。当传动比大于 40 或要求蜗杆自锁时，取 $z_1=1$；当传递功率较大时，为提高传动效率、减少能量损失，常取 $z_1=2\sim4$。蜗杆头数越多，加工精度越难保证。

通常情况下取蜗轮齿数 $z_2=28\sim80$。若 $z_2<28$，会使传动的平稳性降低，且易产生根切；若 z_2 过大，蜗轮直径增大，与之相应蜗杆的长度增加，刚度减小，从而影响啮合的精度。

蜗杆传动的传动比 i 等于蜗杆与蜗轮的转速之比。通常蜗杆为主动件，当蜗杆转一周时，蜗轮转过 z_1 个齿，即转过 z_1/z_2 周，所以可得下式

$$i=\frac{n_1}{n_2}=\frac{z_2}{z_1} \tag{2-3-23}$$

式中　n_1、n_2——蜗杆、蜗轮的转速（r/min）；

z_1、z_2——蜗杆头数、蜗轮齿数，可根据传动比 i 按表 2-26 选取。

表 2-26　蜗杆头数 z_1、蜗轮齿数 z_2 推荐值

传动比 $i=z_2/z_1$	5~6	7~8	9~13	14~24	25~27	28~40	>40
蜗杆头数 z_1	6	4	3~4	2~3	2~3	1~2	1
蜗轮齿数 z_2	29~36	28~32	27~52	28~72	50~81	28~80	>40

（2）模数 m 和压力角 α　在中间平面上蜗杆与蜗轮的啮合可看作齿条与齿轮的啮合（图 2-60），蜗杆的轴向齿距 p_{a1} 应等于蜗轮的端面齿距 p_{t2}，即蜗杆的轴向模数 m_{a1} 应等于蜗轮的端面模数 m_{t2}，蜗杆的轴向压力角 α_{a1} 应等于蜗轮的端面压力角 α_{t2}。规定中间平面上的模数和压力角为标准值。

蜗杆传动标准模数值见表 2-27。

表 2-27　蜗杆传动标准模数（$\Sigma = 90°$）（GB/T 10085—1988）

模数 m /mm	分度圆直径 d_1/mm	蜗杆头数 z_1	直径系数 q	m^2d_1 /mm³
1	18	1	18.000	18
1.25	20	1	16.000	31.25
	22.4	1	17.920	35
1.6	20	1，2，4	12.500	51.2
	28	1	17.500	71.68
2	(18)	1，2，4	9.000	72
	22.4	1，2，4，6	11.200	89.6
	(28)	1，2，4	14.000	112
	35.5	1	17.750	142
2.5	(22.4)	1，2，4	8.960	140
	28	1，2，4，6	11.200	175
	(35.5)	1，2，4	14.200	221.9
	45	1	18.000	281
3.15	(28)	1，2，4	8.889	278
	35.5	1，2，4，6	11.27	352
	(45)	1，2，4	14.286	446.5
	56	1	17.778	556
4	(31.5)	1，2，4	7.875	504
	40	1，2，4，6	10.000	640
	(50)	1，2，4	12.500	800
	71	1	17.750	1136
	(40)	1，2，4	8.000	1000
5	50	1，2，4，6	10.000	1250
	(63)	1，2，4	12.600	1575
	90	1	18.000	2250
6.3	(50)	1，2，4	7.936	1985
	63	1，2，4，6	10.000	2500
6.3	(80)	1，2，4	12.698	3175
	112	1	17.778	4445
8	(63)	1，2，4	7.875	4032
	80	1，2，4，6	10.000	5120
	(100)	1，2，4	12.500	6400
	140	1	17.500	8960
10	(71)	1，2，4	7.100	7100
	90	1，2，4，6	9.000	9000
	(112)	1，2，4	11.200	11200
	160	1	16.000	16000
12.5	(90)	1，2，4	7.200	14062
	112	1，2，4	8.960	17500
	(140)	1，2，4	11.200	21875
	200	1	16.000	31250
16	(112)	1，2，4	7.000	28672
	140	1，2，4	8.750	35840
	(180)	1，2，4	11.250	46080
	250	1	15.625	64000
20	(140)	1，2，4	7.000	56000
	160	1，2，4	8.000	64000
	(224)	1，2，4	11.200	89600
	315	1	15.750	126000
25	(180)	1，2，4	7.200	112500
	200	1，2，4	8.000	125000
	(280)	1，2，4	11.200	175000
	400	1	16.000	250000

注：括号中的数字尽可能不采用。

（3）蜗杆导程角 λ　蜗杆螺旋面与分度圆柱面的交线为螺旋线。如图 2-61 所示，将蜗杆分度圆柱展开，其螺旋线与端面的夹角即为蜗杆分度圆柱上的螺旋线升角 λ，或称为蜗杆的导程角。由图可得蜗杆螺旋线的导程为

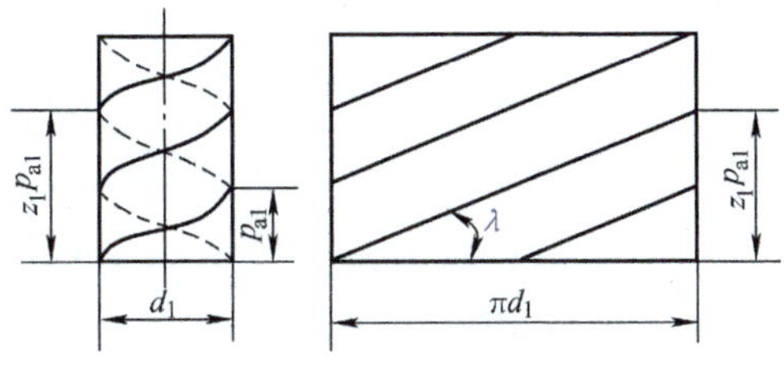

图 2-61　蜗杆分度圆柱展开图

$$L = z_1 p_{a1} = z_1 \pi m$$

蜗杆分度圆柱上螺旋线升角 λ 与导程的关系为

$$\tan\lambda=\frac{z_1 p_{a1}}{\pi d_1}=\frac{z_1 \pi m}{\pi d_1}=\frac{z_1 m}{d_1} \tag{2-3-24}$$

根据传动原理，轴交角为90°的蜗杆传动正确啮合的条件为

$$\left.\begin{aligned} m_{a1}&=m_{t2}=m \\ \alpha_{a1}&=\alpha_{t2}=20^\circ \\ \lambda&=\beta \end{aligned}\right\} \tag{2-3-25}$$

通常蜗杆的导程角 $\lambda=3.5^\circ\sim33^\circ$。导程角小时传动效率低，但可实现自锁（$\lambda=3.5^\circ\sim4.5^\circ$）；导程角大时传动效率高，但蜗杆的车削加工困难。要求效率较高的传动时，可采用多头蜗杆。β 为蜗轮的螺旋角。

（4）蜗杆分度圆直径 d_1 和蜗杆直径系数 q　加工蜗轮的滚刀的直径和齿形参数必须与相应的蜗杆相同。由式（2-3-24）可知，蜗杆分度圆直径 d_1 不仅和模数 m 有关，而且随 $z_1/\tan\lambda$ 的数值而变。即使模数相同，也会有很多直径不同的蜗杆，也就是要求配备很多相应直径的滚刀，这是很不经济的。为了减少滚刀的数量，并使刀具标准化，国家标准规定蜗杆的分度圆直径 d_1 为标准值（见表2-27）。

蜗杆分度圆直径 d_1 与模数 m 的比值称为蜗杆直径系数，用 q 表示，即

$$q=\frac{d_1}{m} \tag{2-3-26}$$

微课 2-25

蜗杆传动的类型和特点、参数和几何尺寸计算

式中的 d_1、m 均为标准值，导出的 q 值不一定为整数。将式（2-3-26）代入式（2-3-24）可得

$$\tan\lambda=\frac{z_1}{q} \tag{2-3-27}$$

当模数一定时，q 值增大，则蜗杆直径 d_1 增大，蜗杆的刚度提高。因此，对于小模数蜗杆一般规定了较大的 q 值，以使蜗杆有足够的刚度。

2. 圆柱蜗杆传动的几何尺寸计算

圆柱蜗杆传动的几何尺寸计算公式见表2-28。

表 2-28　圆柱蜗杆传动的几何尺寸计算公式

名称	计算公式	
	蜗杆	蜗轮
齿顶高	$h_{a1}=m$	$h_{a2}=m$
齿根高	$h_{f1}=1.2m$	$h_{f2}=1.2m$
分度圆直径	$d_1=mq$	$d_2=mz_2$
齿顶圆直径	$d_{a1}=m(q+2)$	$d_{a2}=m(z_2+2)$
齿根圆直径	$d_{f1}=m(q-2.4)$	$d_{f2}=m(z_2-2.4)$
顶隙	$c=0.2m$	
蜗杆轴向齿距 蜗轮端面齿距	$p_{a1}=p_{t2}=\pi m$	
蜗杆的导程角	$\lambda=\arctan z_1/q$	—

（续）

名称	计算公式	
	蜗杆	蜗轮
蜗轮的螺旋角	—	$\beta=\lambda$
中心距	$a=\frac{m}{2}(q+z_2)$	
蜗杆螺纹部分长度	$z_1=1$、2，$b_1\geqslant(11+0.06z_2)m$ $z_2=4$，$b_1\geqslant(12.5+0.09)m$	—
蜗轮咽喉母圆半径	—	$r_{g2}=a-\frac{1}{2}d_{a2}$
蜗轮最大外圆直径	—	$z_1=1$，$d_{e2}\leqslant d_{a2}+2m$ $z_1=2\sim3$，$d_{e2}\leqslant d_{a2}+1.5m$ $z_1=4\sim6$，$d_{e2}\leqslant d_{a2}+m$
蜗轮轮缘宽度	—	$z_1=1$、2，$b_2\leqslant0.75d_{a1}$ $z_1=4\sim6$，$b_2\leqslant0.67d_{a1}$
蜗轮轮齿包角	—	$\theta=2\arcsin(b_2/d_1)$ 一般动力传动 $\theta=70°\sim90°$ 高速动力传动 $\theta=90°\sim130°$ 分度传动 $\theta=45°\sim60°$

三、蜗杆传动的失效形式和设计准则

1. 齿面间相对滑动速度 v_s

蜗杆传动中齿廓间有较大的相对滑动，滑动速度 v_s 沿蜗杆螺旋线的切线方向。如图 2-62 所示，v_1 为蜗杆的圆周速度，v_2 为蜗轮的圆周速度，v_1 与 v_2 相互垂直，所以滑动速度为

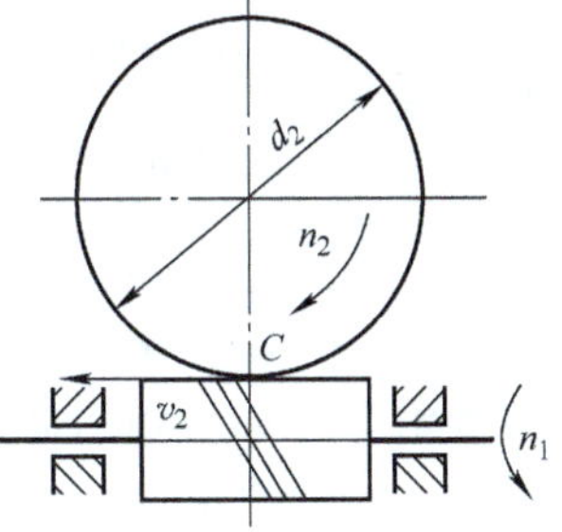

$$v_s=\sqrt{{v_1}^2+{v_2}^2}=\frac{v_1}{\cos\lambda}$$

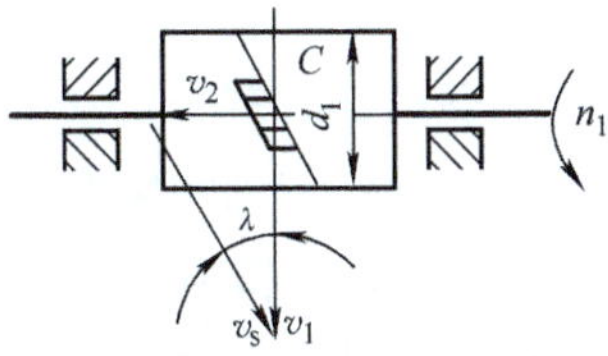

图 2-62　蜗杆传动的滑动速度

由于齿廓间较大的相对滑动产生热量，使润滑油温度升高而变稀，润滑条件变差，传动效率降低。

2. 轮齿的失效形式和计算准则

（1）失效形式　在蜗杆传动中，蜗杆、蜗轮的齿廓间相对滑动速度较大，发热量大而效率低，因此传动的主要失效形式为齿面胶合和磨损。由于材料和结构上的原因，蜗杆的强度高于蜗轮的强度，所以失效常发生在蜗轮轮齿上。当润滑条件差及散热不良时，闭式传动极易出现胶合。开式传动以及润滑油不清洁的闭式传动中，轮齿磨损的速度很快。

（2）计算准则　传动的强度计算，主要是针对蜗轮进行。对于闭式蜗杆传动，通常按齿面接触疲劳强度来设计，并校核齿根弯曲疲劳强度；对于开式传动，通常只需按齿根弯曲疲劳强度进行计算。

蜗杆传动的齿面接触疲劳强度以及齿根弯曲疲劳强度的设计计算公式可参照有关资料。此外，由于蜗杆传动时摩擦严重、发热大、效率低，对连续工作的闭式蜗杆传动还

必须做热平衡计算，以免发生胶合失效。

四、蜗杆蜗轮的材料和结构

1. 蜗杆蜗轮的材料

根据蜗杆传动失效形式可知，制造蜗杆副的组合材料首先应具有良好的磨合性、减摩性、耐磨性和抗胶合能力，并具有足够的强度。

蜗杆一般用碳钢或合金钢制造，其常用的材料及应用见表 2-29。

表 2-29　蜗杆常用材料及应用

材料牌号	热处理	硬度	表面粗糙度值 Ra/μm	应用
40Cr，42CrMo，40CrNi	表面淬火	45~55HRC	1.6~0.8	中速、中载、一般传动
15CrMn，20CrNi，20CrMnTi	渗碳淬火	58~63HRC	1.6~0.8	高速、重载、重要传动
45	调质	<270HBW	6.3	低速、轻、中载，不重要传动

蜗轮常用的材料为铸锡青铜或铝青铜、灰铸铁等，其常用材料及应用见表 2-30。

表 2-30　蜗轮的常用材料及应用

材料	牌号	适用的滑动速度 v_s/(m/s)	特性	应用
铸造锡青铜	ZCuSn10Pb1	≤25	耐磨性、磨合性、抗胶合能力、切削性能均较好，但强度低，成本高	连续工作的高速、重载的重要传动
	ZCuSn5Pb5Zn5	≤12		速度较高的轻、中、重载传动
铸造铝青铜	ZCuAl10Fe3	≤10	耐冲击，强度较高，切削性能好，抗胶合能力较差，价格较低	速度较低的重载传动
	ZCuAl10Fe3Mn2	≤10		速度较低，载荷稳定的轻、中载传动
铸造黄铜	ZCuZn38Mn2Pb2	≤10		
灰铸铁	HT150 HT200 HT250	≤2	铸造性能、切削性能好，价格低，抗点蚀和抗胶合能力强，抗弯强度低，冲击韧度差	低速、不重要的开式传动；蜗轮尺寸较大的传动；手动传动

2. 普通圆柱蜗杆传动的精度等级选择及其安装和维护

（1）蜗杆传动的精度等级选择　在 GB/T 10089—1988 中规定了圆柱蜗杆传动 12 个精度等级，1 级精度最高，12 级精度最低。对于动力蜗杆传动，一般选用 6~9 级。表 2-31 中列出 6~9 级精度的应用范围、加工方法及允许的相对滑动速度，可供选用时参考。

表 2-31　蜗杆传动的精度等级和应用

精度等级	滑动速度 v_s/(m/s)	加工方法		应用
		蜗杆	蜗轮	
6	>10	淬火、磨光和抛光	滚切后用蜗杆形剃齿刀精加工，加载磨合	速度较高的精密传动，中等精密的机床分度机构，发动机调速器的传动
7	≤10	淬火、磨光和抛光	滚切后用蜗杆形剃齿刀精加工，加载磨合	速度较高的中等功率传动，中等精度的工业运输机的传动

（续）

精度等级	滑动速度 v_s/(m/s)	加工方法		应用
		蜗杆	蜗轮	
8	≤5	调质、精车	滚切后建议加载磨合	速度较低或短时间工作的动力传动，或一般不太重要的传动
9	≤2	调质、精车	滚切后建议加载磨合	不重要的低速传动或手动

（2）蜗杆传动的安装和维护　蜗杆传动的安装精度要求很高，安装时根据蜗杆传动的啮合特点，应使蜗轮的中间平面通过蜗杆的轴线，如图 2-63 所示。蜗轮的轴向安装定位要求很准，装配时必须调整蜗轮的轴向位置。可采用垫片组调整蜗轮的轴向位置及轴承的间隙，还可以利用蜗轮与轴承之间的套筒做较大距离的调整，调整时可以改变套筒的长度，实际使用中有时这两种方法可以联用。

蜗轮中间平面

图 2-63　蜗杆传动的安装位置

为保证蜗杆传动的正确啮合，工作时蜗轮的中间平面不允许有轴向移动，因此蜗轮轴的支承不允许有游动端，应采用两端固定的支承方式。

由于蜗杆轴的支承跨距大，轴的热伸长大，其支承多采用一端固定另一端游动的支承方式。支承的固定端一般采用套杯结构，以便于固定轴承，游动端根据具体需要确定是否采用套杯。对于支承跨距较短（L≤300mm）、传动功率小的上置式蜗杆，或间断工作、发热量不大的蜗杆传动，蜗杆轴的热伸长较小，此时也可采用两端固定的支承方式。

蜗杆传动的维护很重要。由于蜗杆传动的发热量大，应随时注意周围的通风散热条件是否良好。蜗杆传动工作一段时间后应测试油温，如果超过油温的允许范围应停机或改善散热条件。润滑对于保证蜗杆传动的正常工作及延长其使用期限很重要。蜗杆置于下方时应设法使蜗轮能得到润滑，如采用加刮油板、溅油轮等方法。蜗杆浸油润滑时油面不宜太高，为防止过多的油进入轴承，轴承内侧应设挡油环。当蜗杆圆周速度较大（v>4m/s）时，可采用蜗杆上置式。

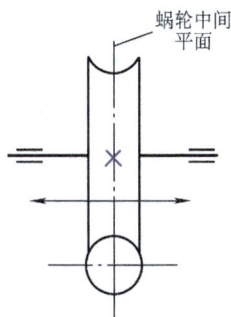

五、蜗杆传动的强度计算

微课 2-26

蜗轮转向的判断

1. 蜗轮转向判断

已知蜗杆转向和旋向，判断蜗轮转向可用左右手螺旋法则判断。如图 2-64a 所示，右旋蜗杆用右手，四指顺着蜗杆转向握起来，大拇指沿蜗杆轴线所指的相反方向即为蜗轮上节点速度方向；当蜗杆为左旋时，则用左手按相同方法判定蜗轮转向，如图 2-64b 所示。

2. 蜗杆传动的受力分析

蜗杆传动的受力分析与斜齿圆柱齿轮的受力分析相似，齿面上的法向力 F_n 可分解

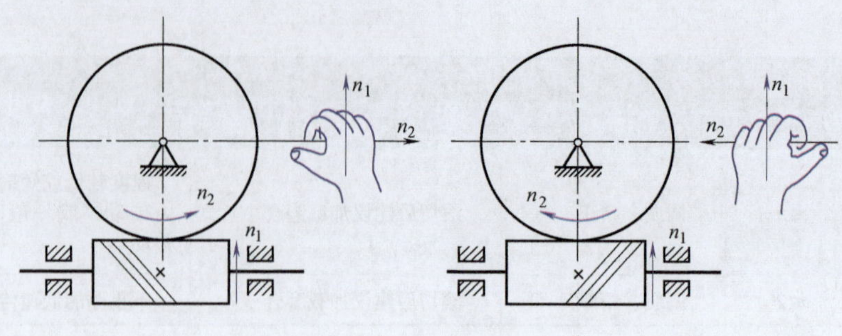

图 2-64 蜗轮转向判断

为三个相互垂直的分力：圆周力 F_t、轴向力 F_a、径向力 F_r，如图 2-65a 所示。

蜗杆受力方向：轴向力 F_{a1} 的方向由主动轮左右手法则确定，图 2-65b 为右旋蜗杆，则用右手握住蜗杆，四指所指方向为蜗杆转向，拇指所指方向为轴向力 F_{a1} 的方向；圆周力 F_{t1} 方向与主动蜗杆转向相反；径向力 F_{r1} 方向指向蜗杆轴心。

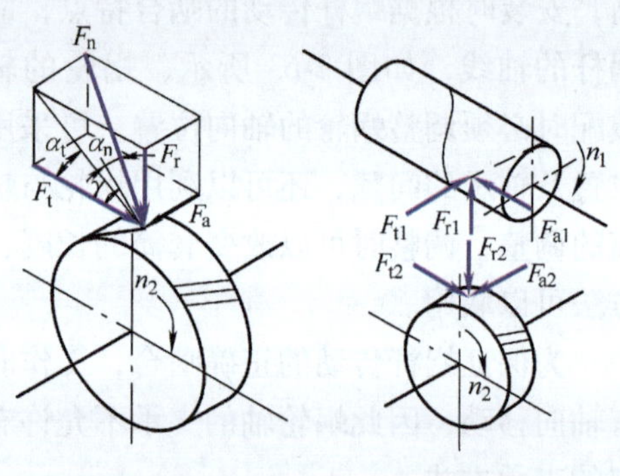

图 2-65 蜗杆传动受力分析

蜗轮受力方向：因为 F_{a1} 与 F_{t2}、F_{t1} 与 F_{a2}、F_{r1} 与 F_{r2} 是作用力与反作用力关系，所以蜗轮上的三个分力方向如图 2-65b 所示。径向力 F_{r2} 指向轮心，圆周力 F_{t2} 驱动蜗轮转动，轴向力 F_{a2} 与轮轴平行。力的大小可按下式计算

$$F_{t1}=-F_{a2}=\frac{2T_1}{d_1} \tag{2-3-28}$$

$$F_{a1}=-F_{t2}=-\frac{2T_2}{d_2} \tag{2-3-29}$$

$$F_{r1}=-F_{r2}=-F_{t2}\tan\alpha \tag{2-3-30}$$

式中 T_1、T_2——作用在蜗杆和蜗轮上的转矩（N · mm）。$T_2=T_1 i\eta$，η 为蜗杆传动的效率；

d_1、d_2——蜗杆和蜗轮的分度圆直径（mm）；

α——中间平面分度圆上的压力角，$\alpha=20°$。

3. 蜗杆传动的强度计算

在中间平面内，蜗杆与蜗轮的啮合相当于齿条与斜齿轮啮合，因此蜗杆传动的强度计算方法与齿轮传动相似。

（1）蜗轮齿面接触强度计算　对于钢制的蜗杆，与青铜或铸铁制的蜗轮配对，其蜗轮齿面接触疲劳强度计算公式为

校核公式
$$\sigma_H=480\sqrt{\frac{KT_2\cos\lambda}{d_1 d_2^2}}\leqslant[\sigma_H] \tag{2-3-31}$$

设计公式
$$m^2 d_1\geqslant KT_2\cos\lambda\left(\frac{480}{z_2[\sigma_H]}\right)^2 \tag{2-3-32}$$

式中 K——载荷系数，一般取 $K=1.1\sim1.3$；

T_2——蜗轮上的转矩（N·mm）；

$[\sigma_H]$——蜗轮许用接触应力。

（2）蜗轮齿根弯曲疲劳强度计算 蜗轮齿形复杂，难以精确计算齿根弯曲疲劳强度，只能进行条件性的估算，把蜗轮近似看作斜齿轮，并根据蜗杆传动特点，得蜗轮齿根弯曲疲劳强度计算公式为

校核公式
$$\sigma_F=\frac{1.64KT_2}{d_1d_2m}Y_{FS}Y_\beta\leqslant[\sigma_F] \tag{2-3-33}$$

设计公式
$$m^2d_1\geqslant\frac{1.64KT_2}{z_2[\sigma_F]}Y_{FS}Y_\beta \tag{2-3-34}$$

式中 Y_{FS}——蜗轮复合齿形系数，按当量齿数查技术资料；

Y_β——螺旋角系数，$Y_\beta=1-(\lambda/140°)$；

$[\sigma_F]$——蜗轮许用弯曲应力。

设计闭式蜗杆传动时，先选择蜗杆头数 z_1、蜗轮齿数 z_2，再由强度计算公式求出 m^2d_1 的值，然后确定 m 和 d_1，进而计算几何尺寸。最后进行齿根弯曲疲劳强度校核及热平衡计算。

六、蜗杆传动的效率和热平衡计算

1. 蜗杆传动的效率

闭式蜗杆传动的功率损失包括三部分：蜗杆传动的啮合摩擦损失、搅油损失、轴承摩擦损失。后两项损失不大，一般效率为0.95~0.97。

设计初始，蜗杆传动效率 η 可按表2-32初步选取。

表2-32 蜗杆传动效率估算值

蜗杆头数 z_1	1	2	4、6
蜗杆传动效率 η	0.7~0.8	0.80~0.86	0.87~0.92

2. 蜗杆传动的润滑

针对蜗杆传动的特点，其摩擦、磨损、发热量远远比齿轮传动严重，因此润滑剂和润滑方式的合理选择，对维护蜗杆传动的正常运行、提高寿命更为重要。润滑油的黏度和润滑方法一般根据载荷和相对滑动速度选用，见表2-33。

表2-33 蜗杆传动的润滑油黏度及润滑方法

滑动速度 v_s/(m/s)	<1	<2.5	<5	>5~10	>10~15	>15~20	>25
工作条件	重载	重载	中载	—	—	—	—
运动黏度 ν /(mm²·s⁻¹)(40℃)	1000	680	320	220	150	100	68
润滑方法	浸油			浸油或喷油	压力喷油润滑及其压力/MPa		
					0.07	0.2	0.3

采用油池浸油润滑，当 $v_s \leqslant 5\text{m/s}$ 时，常用蜗杆下置式，如图2-66a、b所示，浸油深度约为一个齿高，但油面不得超过蜗杆轴承的最低滚动体中心；当 $v_s > 5\text{m/s}$ 时，搅油阻力太大，可采用蜗杆上置式，如图2-66c所示，油面允许达到蜗轮半径的$\frac{1}{3}$处。

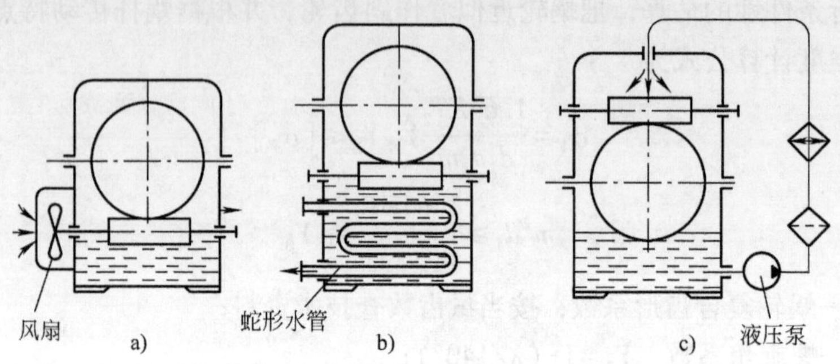

图2-66　蜗杆传动的润滑（冷却）方法

3. 蜗杆传动的热平衡计算

由于蜗杆传动效率较低，发热量大，润滑油温升增加，润滑油黏度下降，润滑状态恶劣，易导致齿面胶合失效，所以对连续运转的蜗杆传动须做热平衡计算。

蜗杆传动中，转化为热量所消耗的功率为

$$P_S = 1000P_1(1-\eta)$$

式中　P_S——蜗杆传动损耗的功率（W）；

P_1——蜗杆传动输入功率（kW）；

η——蜗杆传动的效率。

从箱体外壁散发的热量所相当的功率为

$$P_c = K_s A(t_1 - t_0)$$

式中　K_s——箱体表面散热系数，一般取 $K_s = 8.5 \sim 17.5\text{W}/(\text{m}^2 \cdot ℃)$，通风条件良好（如箱体周围空气循环好，外壳上无灰尘杂物）时取大值，可取 $K_s = 14 \sim 17.5\text{W}/(\text{m}^2 \cdot ℃)$，否则取小值；

A——箱体散热面积（m^2），散热面积是指箱体内表面被润滑油浸到（或飞溅到），而外表面又能被自然循环的空气所冷却的面积。箱体凸缘、散热片等的散热面积，按表面积的0.5倍计算；

t_0——周围空气的温度，通常取 $t_0 = 20℃$；

t_1——热平衡时的工作温度（℃），一般 t_1 应小于60℃，最高不超过80℃。

热平衡条件是：在允许的润滑油工作温升范围内，箱体外表面散发出热量的相当功率应大于或等于传动损耗的功率，即

$$P_c \geqslant P_S$$

$$K_s A(t_1 - t_0) \geqslant 1000P_1(1-\eta)$$

$$t_1 \geqslant \frac{1000P_1(1-\eta)}{K_s A} + t_0 \qquad (2\text{-}3\text{-}35)$$

若润滑油的工作温度 t_1 超过允许值或散热面积不足时，应采取下列办法提高散热能力。

1）在箱体外表面加散热片以增加散热面积。

2）在蜗杆的端面安装风扇，加速空气流通，以提高散热系数。

3）在油池中安装蛇形水管，用循环水冷却，如图 2-66b 所示。

4）采用压力喷油循环润滑，如图 2-66c 所示。

• 思考与练习 •

一、单项选择题

2-3-1 斜齿圆柱齿轮，螺旋角取得越大，则传动的承载能力________。

A. 越差 B. 越强 C. 没有影响 D. 以上都不是

2-3-2 要实现两相交轴的传动，应采用的传动类型是________。

A. 直齿圆柱齿轮传动 B. 斜齿圆柱齿轮传动

C. 锥齿轮传动 D. 蜗杆传动

2-3-3 计算蜗杆传动比时，下面哪个公式是错误的？

A. ω_1/ω_2 B. z_2/z_1 C. d_2/d_1 D. n_1/n_2

2-3-4 比较理想的蜗杆和蜗轮的材料组合是________。

A. 钢和青铜 B. 钢和铸铁 C. 钢和钢 D. 青铜和铸铁

2-3-5 铣刀加工标准斜齿圆柱齿轮时，选择铣刀号所依据的齿数是________。

A. 实际齿数 B. 当量齿数 C. 最少齿数 D. 假想齿数

二、判断题

2-3-6 斜齿轮的法向参数取标准值。

2-3-7 直径较大的腹板式齿轮，常在腹板上制有几个圆孔，其主要原因是节省材料、减轻重量和便于安装。

2-3-8 当齿轮的齿顶圆直径不大或与相配轴直径相差很小时，应将齿轮与轴制成一体。

2-3-9 锥齿轮的大端参数取标准值。

2-3-10 锥齿轮传动中，轮齿上的轴向力总是指向其大端。

2-3-11 蜗杆传动主平面的参数取标准值。

2-3-12 规定蜗杆的直径系数是为了便于蜗杆的标准化。

2-3-13 直齿锥齿轮传动和斜齿锥齿轮传动可以用于两轴相交的场合。

三、简答题

2-3-14 斜齿圆柱齿轮传动与直齿圆柱齿轮传动相比有什么特点？

2-3-15 斜齿圆柱齿轮轮齿上有几个分力？如何判断分力的方向？

2-3-16 什么是斜齿轮的当量齿轮和当量齿数？如何计算斜齿轮的当量齿数？

2-3-17 什么是锥齿轮的当量齿轮和当量齿数？如何计算锥齿轮的当量齿数？

2-3-18 蜗杆传动有什么特点？

2-3-19　蜗杆传动为什么要进行热平衡计算？若散热条件不足，可采用什么措施？

2-3-20　蜗杆传动中，已知蜗杆转向和旋向，如何判断蜗轮的转向？

四、训练题

2-3-21　图2-67所示为斜齿轮传动机构，应如何合理选择Ⅱ轴上的斜齿轮螺旋线的旋向，使Ⅱ轴所受的轴向力最小？并分别画出轮1为主动轮时各轮分力的方向。

2-3-22　图2-68所示的锥齿轮-斜齿轮减速器中，若要求使齿轮2和齿轮3上的轴向力方向相反，试确定齿轮3的轮齿旋向，并分别画出两对齿轮在啮合处的受力图。

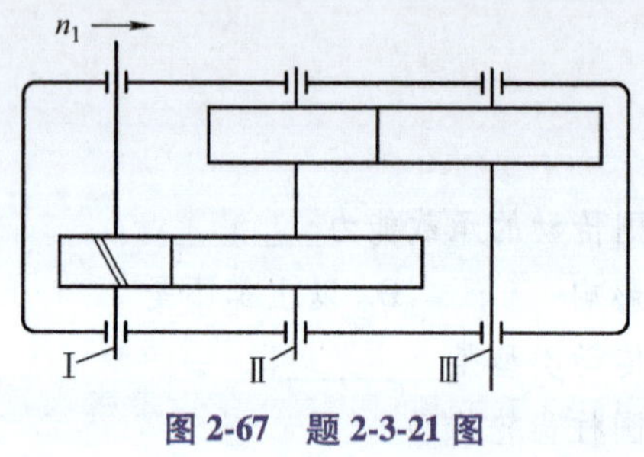

图2-67　题2-3-21图

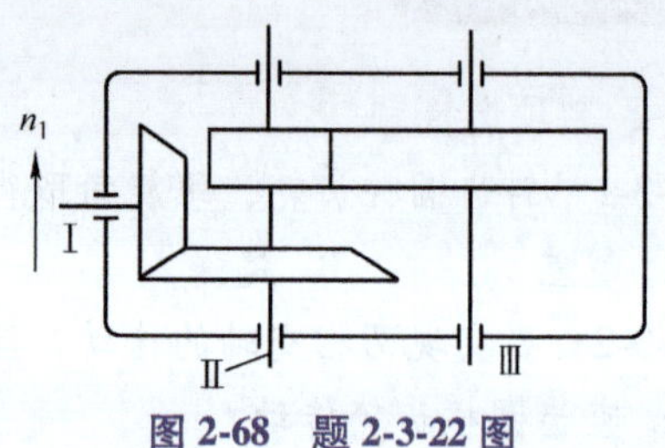

图2-68　题2-3-22图

2-3-23　已知一对斜齿圆柱齿轮传动 $m_n = 2.5$mm，$z_1 = 20$，$z_2 = 108$，$\alpha_n = 20°$，$\beta = 12°$，试计算其中心距应为多少？如果除β角外各参数均不变，现需将中心距圆整为以0或5结尾的整数，则应如何改变β角的大小？

2-3-24　设计一单级斜齿圆柱齿轮传动。已知所传递的功率为10kW，转速 $n_1 = 1460$r/min，要求传动比 $i=3$，小齿轮材料为45钢（调质），大齿轮材料为45钢（正火），载荷平稳，齿轮相对轴承为对称布置，电动机驱动，使用寿命为8年，单班制工作。

2-3-25　一对标准直齿锥齿轮传动，已知齿数 $z_1 = 21$，$z_2 = 74$，模数 $m = 4$mm，轴交角 $\Sigma = 90°$。试求两个锥齿轮的分度圆直径、齿顶圆直径、分度圆锥角、锥距及当量齿数。

任务 2.4　轮系传动比的计算

任务目标

1）能够正确分析轮系类型、应用和工作特性。

2）能够正确进行定轴轮系、周转轮系和复合轮系传动比的计算。

3）能够正确分析减速器结构和工作原理。

4）能够在完成任务过程中做到吃苦耐劳、精益求精。

5）培养严谨认真的工作态度。

6）培养创新意识、团队合作意识和爱国主义精神。

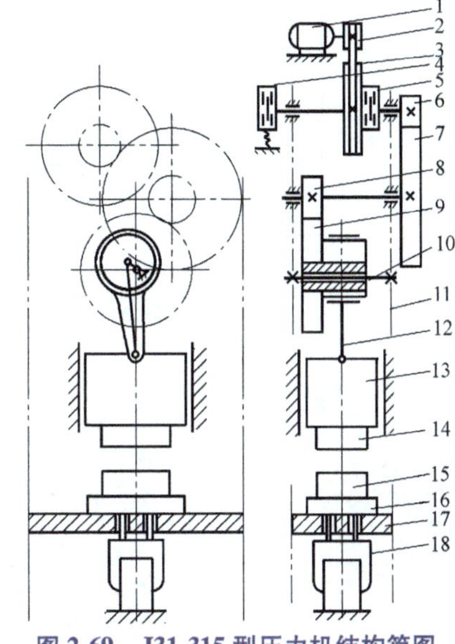

图 2-69 J31-315 型压力机结构简图

1—电动机 2、3—带轮 4—制动器 5—离合器 6、7、8、9—齿轮 10—芯轴 11—机身 12—连杆 13—滑块 14—上模 15—下模 16—垫板 17—工作台 18—液压气垫

任务描述

计算压力机中轮系（图 2-69 中 6、7、8、9 齿轮传动部分构成的轮系）的传动比。工作参数：轮系动力由齿轮 6 输入，由齿轮 9 输出，输入功率为 28.8kW，输出转速 20r/min，$z_6=18$，$z_7=58$，$z_8=25$，$z_9=75$。

任务分析

曲柄压力机可以采用多级齿轮传动，以 J31-315 型压力机为例，电动机带动传动带传动，动力通过两级齿轮传动减速传到曲柄连杆机构。这样的两级或多级齿轮传动就构成了轮系，轮系是机器中广泛应用的传动系统。通过轮系传动比的计算，完成以下具体任务：

1）分析轮系的类型、特点和应用。

2）计算定轴轮系、周转轮系和复合轮系的传动比。

相关知识

一、轮系类型及判断

在机械传动中，只用一对齿轮传动常常不能满足工作要求，故常采用一系列互相啮合的齿轮构成的齿轮传动系统组成轮系来完成传动要求。这种由若干个齿轮组成的传动系统称为轮系。

轮系可分为三种基本类型：定轴轮系、周转轮系和混合轮系。

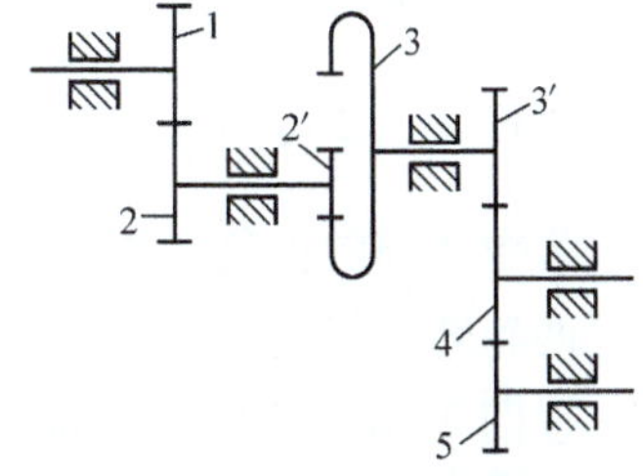

图 2-70 定轴轮系

(1) 定轴轮系 轮系中每个齿轮的轴线相对于机架的位置都是固定不动的，这种轮系称为定轴轮系，如图 2-70 所示。

(2) 周转轮系 轮系中至少有一个齿轮的轴线绕其他齿轮固定轴线回转，这种轮系称为周转轮系，如图 2-71 所示。

(3) 混合轮系 轮系中既有定轴轮系又有周转轮系，则称为混合轮系，如图 2-72 所示。

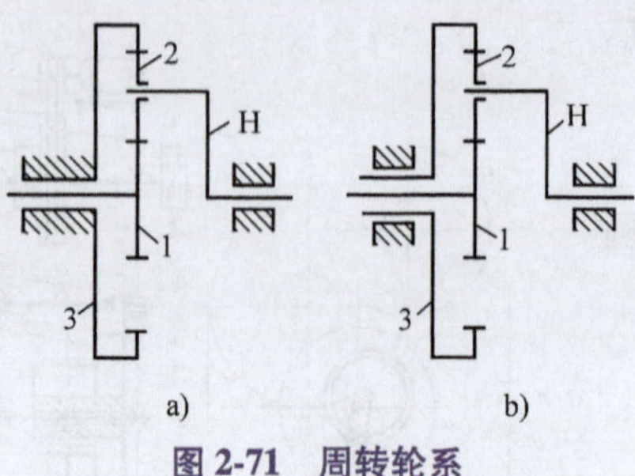

图 2-71 周转轮系

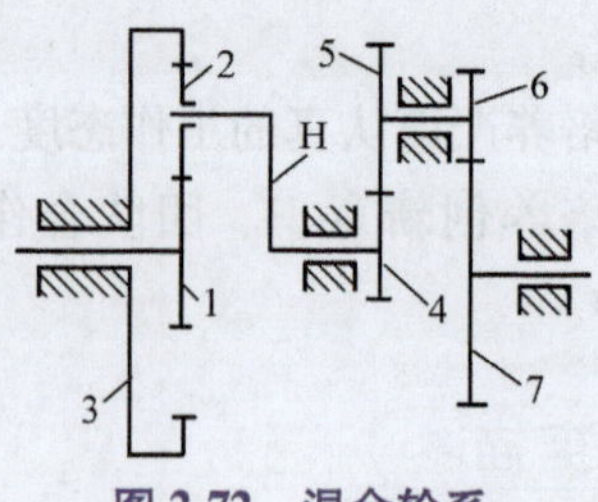

图 2-72 混合轮系

二、定轴轮系传动比的计算

定轴轮系按轴线分布情况不同有两类：一类是所有齿轮的轴线都相互平行，称为平行轴定轴轮系（亦称平面定轴轮系）；另一类是轮系中有相交或交错的轴线，称为非平行轴定轴轮系（亦称空间定轴轮系）。

轮系传动比是指轮系中输入轴与输出轴的转速（或角速度）之比，用 i_{1K} 表示，下标 1、K 表示输入轴和输出轴的代号。

1. 平行轴定轴轮系传动比的计算

整个轮系输入轴与输出轴转速之比称为轮系的传动比，即首轮与末轮转速之比，即

$$i_{1K}=\frac{n_1}{n_K}$$

轮系传动比的计算包含两方面内容：传动比的大小；输出轴（末轮）的转向（相对于首轮）。

由任务 2.2 可知，一对齿轮的传动比：$i_{12}=\frac{n_1}{n_2}=\pm\frac{z_2}{z_1}$

齿数比前的正负号的含义为：内啮合取“+”，表示两轮转向相同；外啮合取“-”，表示两轮转向相反。

以图 2-70 所示定轴轮系为例，可推导出定轴轮系传动比。各对齿轮的传动比为

$$i_{12}=\frac{n_1}{n_2}=-\frac{z_2}{z_1};i_{2'3}=\frac{n_{2'}}{n_3}=\frac{z_3}{z_{2'}}$$

$$i_{3'4}=\frac{n_{3'}}{n_4}=-\frac{z_4}{z_{3'}};i_{45}=\frac{n_4}{n_5}=\frac{z_5}{z_4}$$

各式连乘得　　$i_{12}i_{2'3}i_{3'4}i_{45}=\dfrac{n_1 n_{2'} n_{3'} n_4}{n_2 n_3 n_4 n_5}=\left(-\dfrac{z_2}{z_1}\right)\left(\dfrac{z_3}{z_{2'}}\right)\left(-\dfrac{z_4}{z_{3'}}\right)\left(-\dfrac{z_5}{z_4}\right)$

则

$$i_{15}=\frac{n_1}{n_5}=(-1)^3\frac{z_2z_3z_4z_5}{z_1z_{2'}z_{3'}z_4}$$

由此得一般平行轴定轴轮系传动比的计算公式为

$$i_{1K}=\frac{n_1}{n_K}=(-1)^m\frac{\text{从轮 1 至轮 }K\text{ 所有从动轮齿数的乘积}}{\text{从轮 1 至轮 }K\text{ 所有主动轮齿数的乘积}} \tag{2-4-1}$$

注意问题：

1）公式中的 m 表示外啮合齿轮的对数。结果为正表示 1、K 两轮的转向相同，结果为负表示 1、K 两轮的转向相反。

2）弄清主从动关系：齿轮 4 既是前一级的从动轮又是后一级的从动轮，它的齿数不影响轮系的大小，但影响末轮的转向，称为过轮或惰轮，计算传动比时可以不计它的齿数，但不能从轮系中去掉。

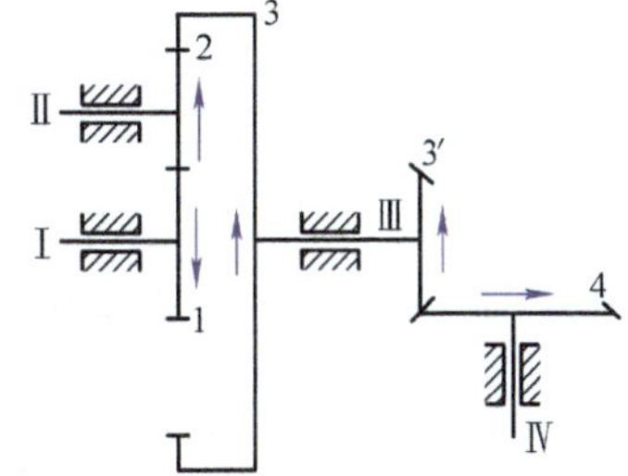

图 2-73　非平行轴定轴轮系

2. 非平行轴定轴轮系传动比的计算

图 2-73 所示的非平行轴定轴轮系，其传动比的大小仍可用平行轴定轴齿轮系的传动比计算公式计算，但因各轴线并不全部相互平行，故不能用 $(-1)^m$ 来确定主动轮与从动轮的转向关系，只能用画箭头的方式在图上标注出各轮的转向。

例 2-4-1　计算图 2-74 所示车床主轴传动系统中图示位置时Ⅵ轴的转速 n_6。已知Ⅰ轴转速 $n_1=820\text{r/min}$，各齿轮齿数为 $z_1=51$，$z_2=43$，$z_3=22$，$z_4=58$，$z_5=20$，$z_6=80$，$z_7=20$，$z_8=80$，$z_9=26$，$z_{10}=58$。

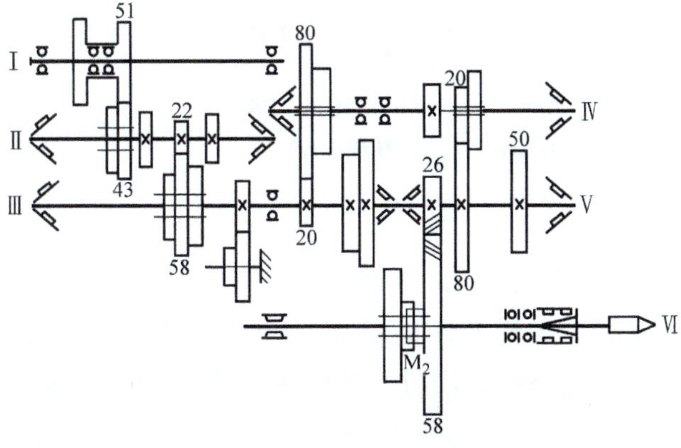

图 2-74　车床主轴传动系统

解：这是一个定轴轮系，齿轮 10 的转速就是Ⅵ轴的转速 n_6。

根据式（2-4-1），有

$$i_{16}=\frac{n_1}{n_6}=(-1)^5\frac{z_2z_4z_6z_8z_{10}}{z_1z_3z_5z_7z_9}$$

$$=-\frac{43\times58\times80\times80\times58}{51\times22\times20\times20\times26}=-79.3$$

所以
$$n_6=\frac{n_1}{i_{16}}=\frac{820}{-79.3}=-10.3\text{r/min}$$

负号表示Ⅵ轴的转向与Ⅰ轴相反。

例 2-4-2 一提升装置如图 2-75 所示，各齿轮齿数为 $z_1=20$，$z_2=50$，$z_{2'}=16$，$z_3=30$，$z_{4'}=18$，$z_4=40$，$z_5=52$，蜗杆 3′为右旋单头蜗杆，蜗轮齿数 $z_4=40$。试求：

1）传动比 i_{15} 为多少，并指出提升重物时轮 1 的转向；

2）若卷筒直径 $D=250\text{mm}$，当 $n_1=1000\text{r/min}$ 时，重物上升速度 v 为多少。

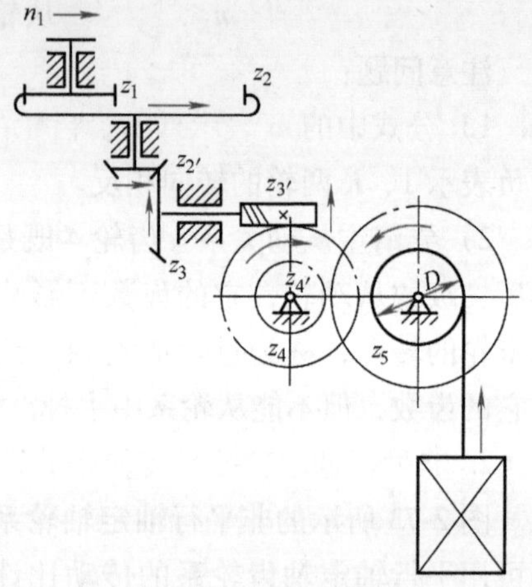

图 2-75 提升装置

解：1）轮系中有锥齿轮、蜗轮蜗杆，故只能用式（2-4-1）计算轮系传动比的大小，去掉 $(-1)^m$，然后再用画箭头的方法确定轮 1 的转向。

$$i_{15}=\frac{n_1}{n_5}=\frac{z_2z_3z_4z_5}{z_1z_{2'}z_{3'}z_{4'}}$$

$$=\frac{50\times30\times40\times52}{20\times16\times1\times18}=542$$

当提升重物时，轮 1 的转向用画箭头的方法确定，如图 2-75 中箭头所示。

2）求重物上升速度 v

因为
$$i_{15}=\frac{n_1}{n_5}=542$$

所以
$$n_5=\frac{n_1}{i_{15}}=\frac{1000}{542}=1.845\text{r/min}$$

得重物上升速度
$$v=\frac{\pi Dn_5}{1000\times60}=\frac{3.14\times250\times1.845}{1000\times60}\text{mm/s}=0.024\text{m/s}$$

三、周转轮系传动比的计算

图 2-71 所示为周转轮系，齿轮 1、3 和构件 H 均绕固定的互相重合的几何轴线转动（行星轮系中齿轮 3 不动），齿轮 2 空套在构件 H 上，与齿轮 1、3 相啮合。齿轮 2 一方面绕其自身轴线 O_2 转动（自转），同时又随构件 H 绕轴线 O_1 转动（公转）。齿轮 2 称为行星轮，H 称为行星架或系杆，齿轮 1、3 称为太阳轮（或中心轮）。一个基本周转轮系有且只有一个行星架，行星架与太阳轮的几何轴线必须重合，否则便不能转动。

周转轮系有两种类型，图 2-76a 所示的周转轮系，只有一个太阳轮能转动，机构的自由度为 1，称为行星轮系；图 2-76b 所示的周转轮系，其两个太阳轮都能转动，机构的自由度为 2，称为差动轮系。在周转轮系中，由于行星轮的运动不是绕定轴的简单运动，因此不能套用定轴轮系传动比公式来进行计算。周转轮系传动比的计算，可应用转化轮系法，即根据相对运动原理，假想对整个周转轮系加上一个绕主轴线 O_1 转动的公共转速 $-n_H$。显然各构件的相对运动关系并不变，但此时系杆 H 的转速变为 $n_H-n_H=0$，即相对静止不动，而齿轮 1、2、3 则成为绕定轴转动的齿轮，原周转轮系便转化为假想的定轴轮系。该假想的定轴轮系称为原周转轮系的转化轮系，如图 2-76b 所示。

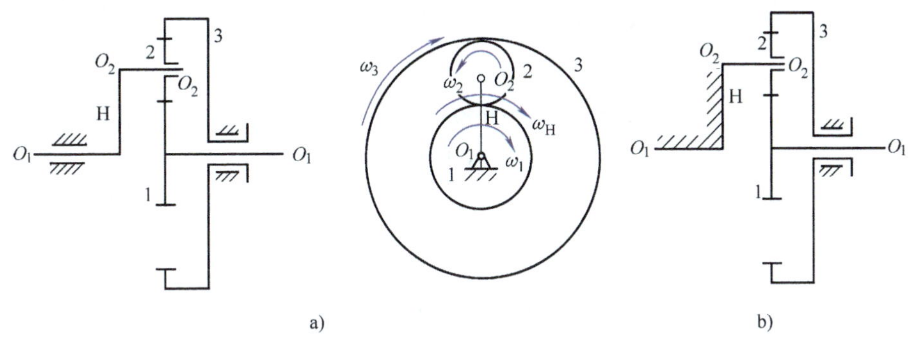

图 2-76　周转轮系的转化机构

转化轮系各构件的转速见表 2-34。

表 2-34　转化轮系各构件的转速

构件	原有的转速	转化轮系中的转速	构件	原有的转速	转化轮系中的转速
太阳轮 1	n_1	$n_1^H=n_1-n_H$	太阳轮 3	n_3	$n_3^H=n_3-n_H$
行星轮 2	n_2	$n_2^H=n_2-n_H$	行星架 H	n_H	$n_H^H=n_H-n_H=0$

所以转化轮系中齿轮 1 对齿轮 3 的传动比 i_{13}^H 为

$$i_{13}^H=\frac{n_1-n_H}{n_3-n_H}=-\frac{z_3}{z_1}$$

将上式推广到一般情况，可得

$$i_{1K}^H=\frac{n_1-n_H}{n_K-n_H}=(-1)^m\frac{\text{从轮 1 至轮 }K\text{ 所有从动轮齿数的乘积}}{\text{从轮 1 至轮 }K\text{ 所有主动轮齿数的乘积}} \tag{2-4-2}$$

注意问题：

微课 2-29
周转轮系传动比的计算

1）轮 1、轮 K 和 H 三个构件的轴线应互相平行，而且将 n_1、n_K、n_H 的值代入上式计算时，必须带正号或负号。对差动轮系，如两构件转速相反时，一构件用正值代入，另一个构件则以负值代入，第三个构件的转向用所求得的正负号来判别。

2）$i_{1K}^H \neq i_{1K}$。i_{1K}^H 是行星轮系转化机构的传动比，即齿轮 1、K 相对于行星架 H 的传动比，而 $i_{1K}=\frac{n_1}{n_K}$ 是行星轮系中 1、K 两齿轮的传动比。

3）空间行星轮系的两齿轮 1、K 和行星架 H 的轴线互相平行时，其转化机构的传动比 i_{13}^H 仍可用式（2-4-2）来计算，但其正负号应根据转化机构中 1、K 两齿轮的转向来确定，如图 2-77 所示，1、K 两齿轮转向相反，则 $i_{13}^H=-\frac{n_1-n_H}{n_3-n_H}$。

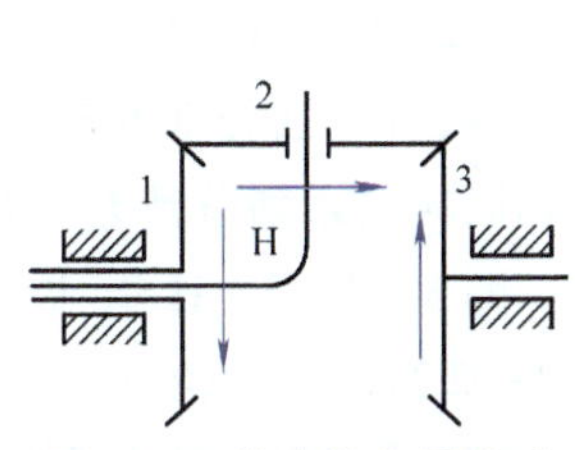

图 2-77　锥齿轮行星轮系

例 2-4-3 图 2-78 所示为一读数机构，它可实现很大的传动比。已知其中各齿轮齿数为 $z_1=100$，$z_2=101$，$z_{2'}=100$，$z_3=99$。试求传动比 $i_{\text{H}1}$。

解：此轮系为一行星轮系，其转化轮系的传动比为

$$i_{13}^{\text{H}}=\frac{n_1-n_{\text{H}}}{n_3-n_{\text{H}}}=\frac{n_1-n_{\text{H}}}{0-n_{\text{H}}}=1-\frac{n_1}{n_{\text{H}}}=1-i_{1\text{H}}$$

故

$$i_{1\text{H}}=1-i_{13}^{\text{H}}$$

又

$$i_{13}^{\text{H}}=(-1)^2\frac{z_2z_3}{z_1z_{2'}}=\frac{101\times99}{100\times100}$$

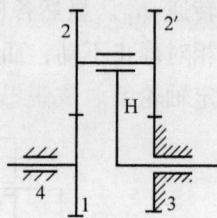

$$i_{1\text{H}}=1-i_{13}^{\text{H}}=1-\frac{101\times99}{100\times100}=\frac{1}{10000}$$

所以

$$i_{\text{H}1}=\frac{1}{i_{1\text{H}}}=10000$$

图 2-78 读数机构

即当系杆 H 转 10000 转时，齿轮 1 才转 1 转，且两构件转向相同。本例也说明，行星轮系用少数几个齿轮就能获得很大的传动比。

若将 z_3 由 99 改为 100，则 $i_{\text{H}1}=\dfrac{n_{\text{H}}}{n_1}=-100$

若将 z_2 由 101 改为 100，则 $i_{\text{H}1}=\dfrac{n_{\text{H}}}{n_1}=100$

由此结果可见，同一种结构形式的行星轮系，由于某一齿轮的齿数略有变化，其传动比则会发生巨大变化，同时转向也会改变。

四、混合轮系传动比的计算

由于混合轮系中既包含定轴轮系，又包含行星轮系，所以计算混合轮系的传动比时，不能将整个轮系单纯地按求定轴轮系或周转轮系传动比的方法来计算，而应将混合轮系中的定轴轮系和周转轮系区别开，分别列出它们的传动比计算公式，最后联立求解。

分析混合轮系的关键是先找出行星轮系。方法是先找出行星轮与行星架，再找出与行星轮相啮合的太阳轮。行星轮、太阳轮、行星架构成一个周转轮系。找出所有的周转轮系后，剩下的就是定轴轮系。

例 2-4-4 在图 2-79 所示轮系中，已知各齿轮齿数为 $z_1=24$，$z_2=36$，$z_3=20$，$z_4=40$，$z_5=80$。轮 1 的转速 $n_1=600\text{r/min}$，试求传动比 $i_{1\text{H}}$ 行星架 H 的转速 n_{H}。

解：1）划分基本轮系。先判断轮系是混合轮系，将定轴轮系和周转轮系划分清楚。齿轮 3、4、5、行星架 H 组成周转轮系，即 3—4—5—H 组成周转轮系；齿轮 1、2 组成定轴轮系，即 1—2 组成定轴轮系。

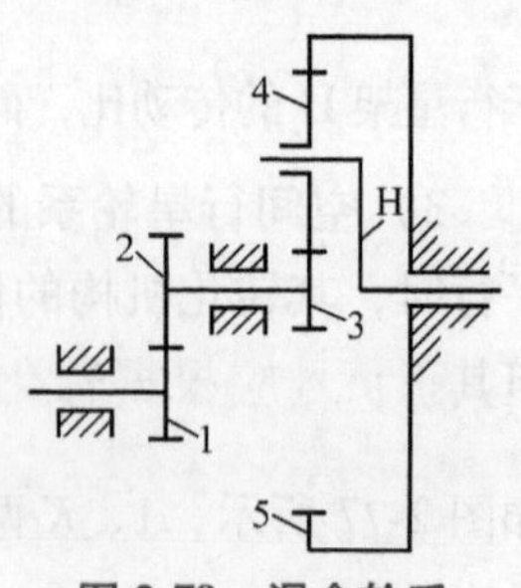

图 2-79 混合轮系

2）分别列出基本轮系的传动比计算公式，联立求解

定轴轮系传动比　$i_{12}=\frac{n_1}{n_2}=-\frac{z_2}{z_1}=-\frac{36}{24}=-\frac{3}{2}$　①

周转轮系传动比　$i_{35}^{H}=\frac{n_3-n_H}{n_5-n_H}=-\frac{z_5}{z_3}=-\frac{80}{20}=-4$　②

由①式得　$n_2=-\frac{2}{3}n_1=-\frac{2}{3}\times 600\text{r/min}=-400\text{r/min}$

将 $n_3=n_2=-400\text{r/min}$，$n_5=0$ 代入②式得

$$\frac{-400\text{r/min}-n_H}{0-n_H}=-4$$

解得　$n_H=-80\text{r/min}$

由计算结果可知 n_2、n_H 均为负值，表示齿轮 2 和行星架 H 的转向相同，而与齿轮 1 的转向相反。

五、轮系的应用

轮系的应用非常广泛，可归纳为以下几个方面：

1）用于相距较远的两轴之间的传动。

2）实现变速和换向传动。

3）获取大的传动比。

4）实现分路传动。

5）实现运动的合成和分解。

任务实施

计算压力机中轮系（图 2-69 中 6、7、8、9 齿轮传动部分构成的轮系）的传动比。工作参数：轮系动力由齿轮 6 输入，由齿轮 9 输出，输入功率为 28.8kW，输出转速 20r/min，$z_6=18$，$z_7=58$，$z_8=25$，$z_9=75$。

按照下面的步骤完成任务，并将过程和结果填写在表 2-35 中。

表 2-35　轮系传动比的计算

序号	计算步骤	计算过程	结果
1	判断轮系类型		
2	选用相应的轮系传动比计算公式		

（续）

序号	计算步骤	计算过程	结果
3	代入已知参数进行轮系传动比计算		

实践中常见问题解析

1）轮系传动比计算时，首先应判断轮系的类型，然后再选择相应的传动比计算公式进行计算。

2）由锥齿轮组成的周转轮系，其转化机构的传动比仍可用式（2-4-2）来计算，但其正负号应先根据转化机构中 1、K 两齿轮的转向来确定。

小　结

本学习任务分析了轮系的类型、特点和应用；轮系传动比的计算方法。学生在实际分析中掌握计算轮系传动比的知识和技能，通过对轮系传动比计算过程的思考和实践，培养自己计算轮系有关问题的能力。

1）轮系的基本类型：定轴轮系、周转轮系和混合轮系。

2）定轴轮系传动比的计算。

① 平行轴定轴轮系传动比的计算

$$i_{1K}=\frac{n_1}{n_K}=(-1)^m\frac{\text{从轮 1 至轮 }K\text{ 所有从动轮齿数的乘积}}{\text{从轮 1 至轮 }K\text{ 所有主动轮齿数的乘积}}$$

② 非平行轴定轴轮系传动比的计算：上面的公式去掉 $(-1)^m$，只计算传动比的大小，末轮转向的判断通过在图中画箭头得出。

3）周转轮系传动比的计算：转化轮系的传动比

$$i_{1K}^{\mathrm{H}}=\frac{n_1-n_{\mathrm{H}}}{n_K-n_{\mathrm{H}}}=(-1)^m\frac{\text{从轮 1 至轮 }K\text{ 所有从动轮齿数的乘积}}{\text{从轮 1 至轮 }K\text{ 所有主动轮齿数的乘积}}$$

4）混合轮系传动比的计算：①区分基本轮系定轴轮系和周转轮系；②分别列出定轴轮系和周转轮系的传动比计算公式，联立求解。

5）轮系的应用：①用于相距较远的两轴之间的传动；②实现变速和换向传动；③获取大的传动比；④实现分路传动；⑤实现运动的合成和分解。

知识拓展

齿轮减速器简介

齿轮减速器是原动机与工作机之间独立的闭式齿轮传动装置，用来降低转速并相应增大转矩。此外，在某些场合，也有用作增速的装置。减速器大部分已标准化，一般根据工作机的需要进行选择。

一、减速器的类型和特点

减速器的种类很多，常用的有圆柱齿轮减速器、锥齿轮减速器、蜗杆减速器等，按齿轮的级数还可分为单级、两级和多级齿轮减速器。单级圆柱齿轮减速器的最大传动比一般为 $i_{max}=8\sim10$。齿轮减速器的特点是效率高、寿命长、使用维护方便，因而应用十分广泛。

常用齿轮减速器的类型如图 2-80 所示。

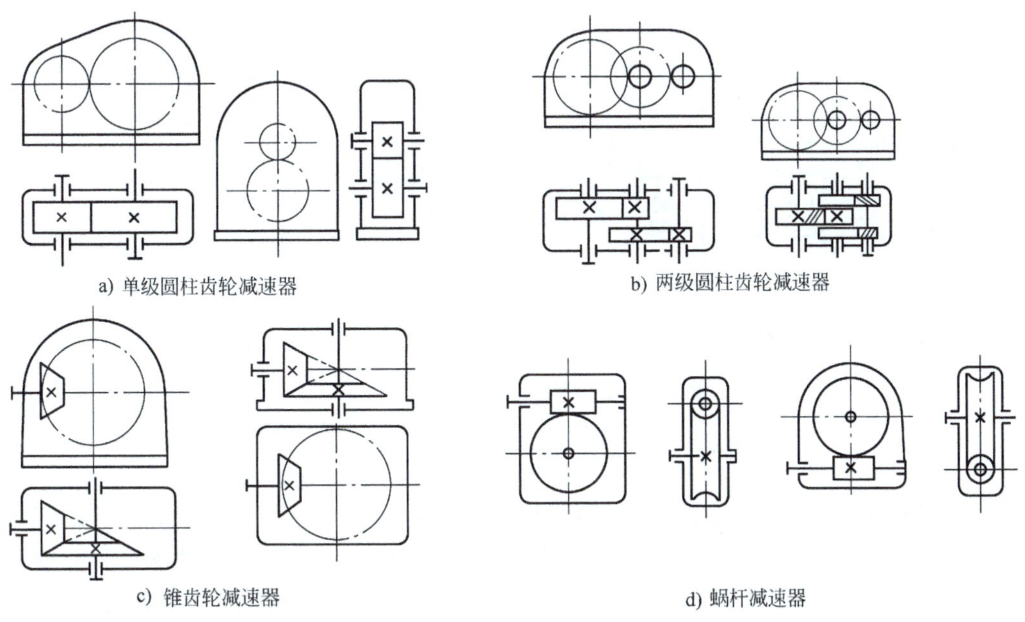

图 2-80 常用齿轮减速器类型

1. 单级圆柱齿轮减速器

单级圆柱齿轮减速器结构简单，价格低，为了避免外廓尺寸过大，一般传动比 $i=5\sim8$。

2. 两级圆柱齿轮减速器

两级圆柱齿轮减速器应用广泛，一般传动比 $i=6\sim50$。其运动简图有展开式、分流式和同轴式等。

3. 蜗杆减速器

蜗杆减速器的特点是在外廓尺寸不大的情况下，可获得大的传动比，工作平稳，噪声较小，但效率较低。

动画

齿轮减速器结构和拆装

二、减速器的结构

图 2-81a 所示为单级圆柱齿轮减速器的结构，它主要由箱体、轴承、轴、齿轮（或蜗杆蜗轮）和附件等组成。箱体应有足够的强度和刚度，为保证箱体的刚度和散热，常在箱体外壁上制有加强肋。

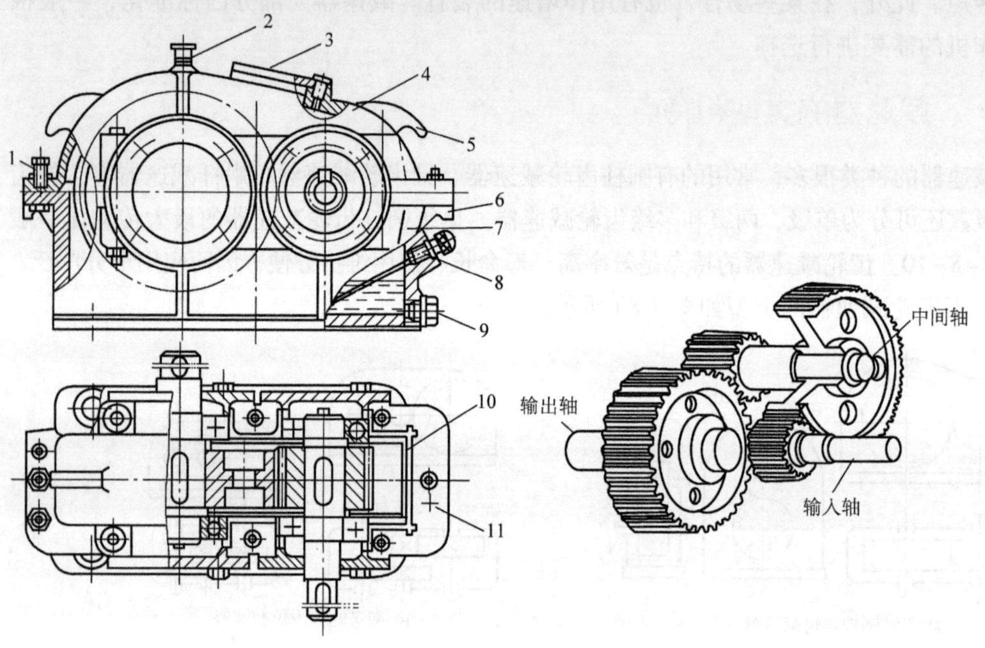

a）单级圆柱齿轮减速器　　b）两级圆柱齿轮减速器

图 2-81　圆柱齿轮减速器结构

1—起盖螺钉　2—通气器　3—视孔盖　4—箱盖　5—吊耳　6—吊钩　7—箱座　8—油标尺　9—油塞　10—导油沟　11—定位销

减速器的箱体为剖分式结构，由箱盖和箱座组成，剖分线通过齿轮轴线平面。部分剖面上铣出导油沟，将飞溅到箱盖上的润滑油沿内壁流入油沟，引入轴承室润滑轴承。为方便减速器的制造、装配及使用，还在减速器上设置一系列附件，如窥视孔、通气器、油标尺或油面指示器、起盖螺钉、吊耳、定位销等。

拓展实训

渐开线齿廓的展成

一、实训目的

1）掌握展成法加工渐开线齿廓的原理。

2）了解根切产生的原因及避免根切的方法。

3）能够分析比较标准齿轮与变位齿轮的异同点。

二、实训原理

展成法（也称包络法）是利用一对渐开线齿轮或齿条与齿轮相互啮合时，其共轭齿廓互为包络线的原理来切制齿轮的一种方法。加工时如果把其中一个齿轮（或齿条）制成刀具，另一齿轮看成轮坯，使两者以恒定的传动比转动（展成运动），则在各个瞬时所画切削刃位置的包络线，便在轮坯上形成了渐开线齿廓。为了能清楚地观察到加工切削刃相对齿坯的各个位置和包络线形成的全过程，通常采用齿轮展成仪来进行展成实训。

齿轮展成仪有多种结构形式，常用的是齿轮齿条啮合传动，如图2-82所示。齿轮展成仪由圆形托盘、压环螺母、齿条刀具、溜板、锁紧螺钉等组成，圆形托盘背面上装有齿轮，它和溜板上的齿条啮合。使用时，首先用绘图纸做成圆齿坯，用压环螺母固定在托盘上，齿条刀具安装在移动溜板中，并用锁紧螺钉固定。推动溜板，齿条刀具可随溜板做水平左右移动，通过齿条齿轮纸坯随托盘轴线转动。松开锁紧螺钉，可调节齿条刀具相对齿坯中心径向位置，用来展成变位齿轮齿廓。

图2-82　齿轮展成仪

三、实训设备和工具

1）齿轮展成仪。

2）钢直尺、三角板、圆规、铅笔。

3）绘图纸、剪刀。

四、实训步骤

1. 准备工作

根据展成仪齿条刀具的模数、齿坯的齿数，先计算出齿坯的分度圆直径 d、基圆直径 d_b、齿根圆直径 d_f 和齿顶圆直径 d_a，并在绘图纸上绘出标准齿轮的齿根圆、基圆、分度圆、齿顶圆，以及变位齿轮的齿根圆、齿顶圆（变位系数 x 值由指导教师给出）。

2. 绘制标准齿轮齿廓

1）将齿坯装在圆盘上，并压在齿条刀具下后用压环螺母固定。

2）松开锁紧螺钉，调整刀具径向位置，使刀具的节线与齿坯分度圆相切，拧紧锁紧螺钉。

3）将齿条刀具推至左边（或右边）极限位置，用笔在轮坯上画出齿条刀具的齿廓曲线，然后向右（或左）每次移动刀具3~5mm，画一次刀具齿廓曲线，直到绘出2~3个完整的齿廓。这些齿廓的包络线即为标准渐开线齿轮的齿廓。

3. 绘制变位齿轮齿廓

1）重新安装轮坯。

2）调整刀具径向位置，使齿条刀具的分度线相对于绘制标准齿轮的位置下移 xm 距离（正变位）或上移 xm 距离（负变位）。

3）按绘制标准齿轮齿廓的方法，绘出2~3个完整齿的变位齿轮齿廓。

4. 过程记录，结果分析

填写“渐开线齿廓的展成”实训记录单（表2-36），分析绘制的变位齿轮齿廓与标准齿轮齿廓相比有哪些变化。

表2-36 “渐开线齿廓的展成”实训记录单

实训名称			班级		日期	
组别		姓名			学号	

1. 原始已知数据

1）齿条刀具：模数 $m=20\text{mm}$、压力角 $\alpha=20°$、齿顶高系数 $h_a^*=1$、顶隙系数 $c^*=0.25$。

2）被加工齿轮齿数 $z=10$、变位量 $X=xm=\pm10\text{mm}$。

2. 计算结果

序号	项目	计算公式	计算结果		
			标准齿轮	正变位齿轮	负变位齿轮
1	分度圆直径 d/mm				
2	齿顶圆直径 d_a/mm				
3	齿根圆直径 d_f/mm				
4	基圆直径 d_b/mm				
5	齿距 p/mm				
6	分度圆齿厚 s/mm				
7	分度圆齿槽宽 e/mm				
8	变位系数 x				

后附：绘制的轮齿齿廓图。

3. 变位齿轮齿廓与标准齿轮齿廓比较

变位齿轮与标准齿轮相比，参数和几何尺寸有变化时填写增大或减小，无变化时填写不变

项目	参数（齿数、模数、压力角、齿顶高系数、顶隙系数）	分度圆直径 d	基圆直径 d_b	齿顶圆直径 d_a	齿根圆直径 d_f	齿距 p	齿厚 s	齿槽宽 e
正变位齿轮								
负变位齿轮								

思考与练习

一、简答题

2-4-1 轮系的主要类型有哪些？

2-4-2 定轴轮系与周转轮系的主要区别是什么？

2-4-3 为什么用“转化机构法”求周转轮系的传动比？

2-4-4 如何求混合轮系的传动比？

2-4-5 分析图2-74中的传动系统，车床主轴Ⅵ可能具有的转速有多少种？

二、训练题

2-4-6 图2-83所示的轮系中，设已知 $z_1=16$，$z_2=32$，$z_{2'}=20$，$z_3=40$，$z_{3'}=2$，$z_4=40$，均为标准齿轮传动。已知轮1的转速 $n_1=1000\text{r/min}$，试求轮4的转速及转动方向。

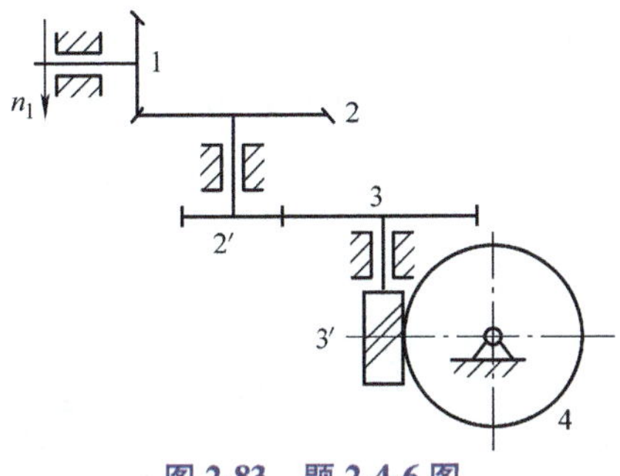

图2-83 题2-4-6图

2-4-7 图2-84所示为一提升装置，其中各轮齿数均为已知，试求传动比 i_{15}，并画出当提升重物时电动机轴的转向。

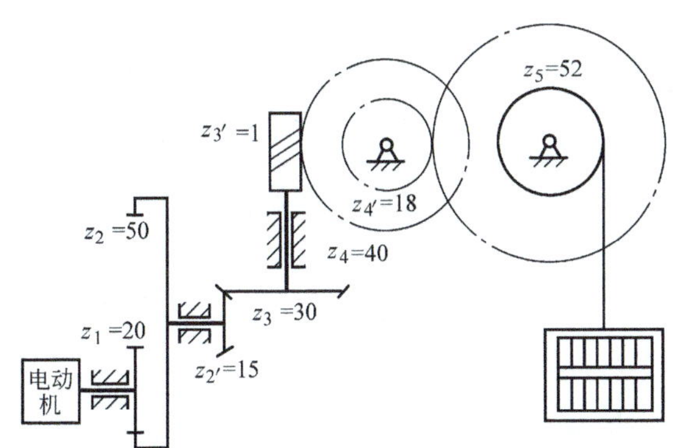

图2-84 题2-4-7图

2-4-8 图2-85所示的轮系中，已知各齿轮的齿数为 $z_1=20$，$z_2=40$，$z_{2'}=15$，$z_3=60$，$z_{3'}=18$，$z_4=18$，$z_7=20$，齿轮7的模数 $m=3\text{mm}$，蜗杆头数为1（左旋），蜗轮齿数 $z_6=40$。齿轮1为主动轮，转向如图所示，转速 $n_1=100\text{r/min}$，试求齿条8的速度和移动方向。

2-4-9 图2-86所示为车床溜板箱手动操纵机构。已知齿轮1、2的齿数 $z_1=16$，$z_2=80$，齿轮3的齿数 $z_3=13$，模数 $m=2.5\text{mm}$，与齿轮3啮合的齿条被固定在床身上。试求当溜板箱移动速度为 1m/min 时的手轮转速。

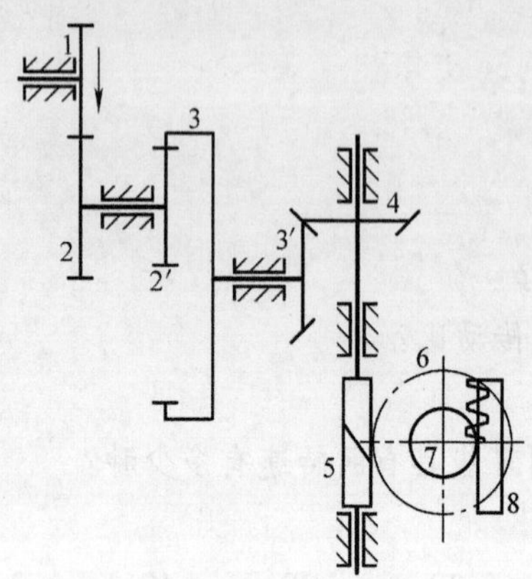

图 2-85　题 2-4-8 图

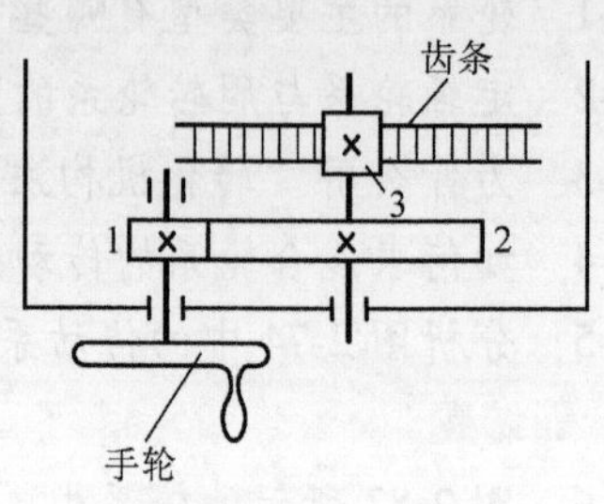

图 2-86　题 2-4-9 图

2-4-10　如图 2-87 所示轮系中，已知 $z_1=48$，$z_2=27$，$z_{2'}=45$，$z_3=102$，$z_4=120$，设输入转速 $n_1=3750\text{r/min}$，试求传动比 i_{14} 和 n_4。

2-4-11　如图 2-88 所示轮系中，各轮的齿数为 $z_1=36$，$z_2=60$，$z_3=23$，$z_4=49$，$z_{4'}=69$，$z_5=30$，$z_6=131$，$z_7=94$，$z_8=36$，$z_9=167$。设输入转速 $n_1=3549\text{r/min}$，试求行星架 H 的转速 n_H。

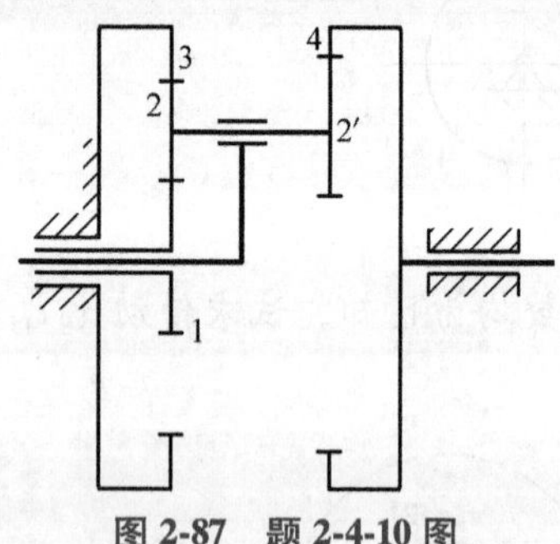

图 2-87　题 2-4-10 图

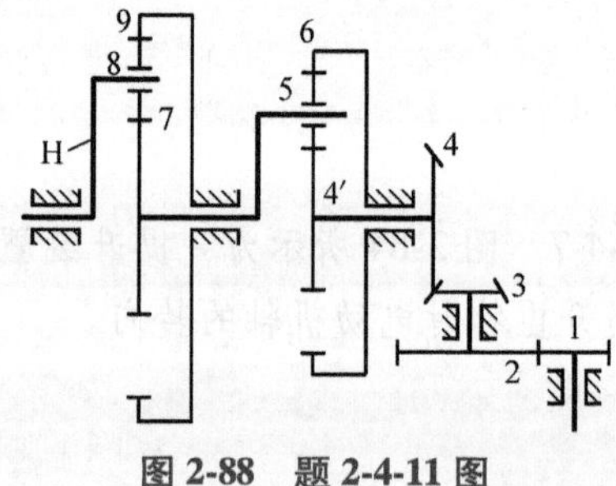

图 2-88　题 2-4-11 图

项目 3 ▶ 轴系零部件的设计与选用

项目导入

机器中很多轴上零件需要彼此连接，它们的性能互相影响，因此将轴及轴上零部件统称为轴系零部件。图 3-1 所示为压力机单级齿轮减速器中的轴系零部件，包括输入轴（高速轴）、输出轴、轴承和轴上回转零件（齿轮、带轮等）等。轴上回转零件（齿轮、带轮等）要装配在轴上才能回转，而轴的回转又靠轴承来支承。

本项目要完成压力机轴系零部件的设计与选用，所需设备（工具）和材料有：压力机及其使用说明书、扳手、游标卡尺、计算器、多媒体等。通过完成轴、滚动轴承和滑动轴承的设计等任务，使学生掌握机器中轴系零部件的设计和选用方法，培养学生机械设计创新能力。

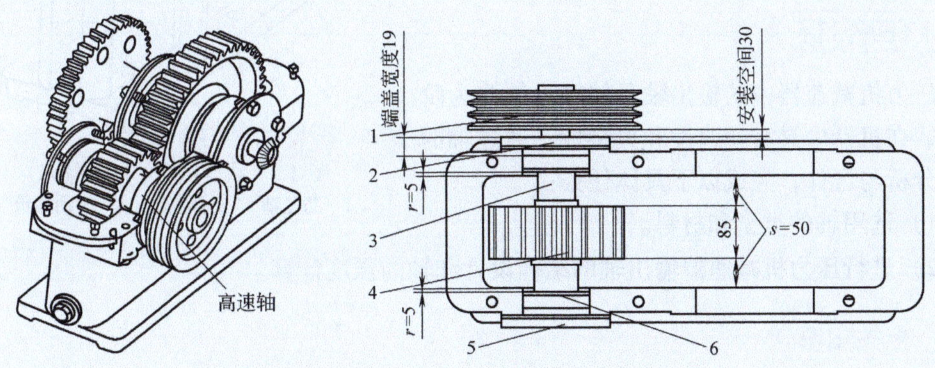

图 3-1 压力机单级齿轮减速器中的轴系零部件

1—大带轮 2—轴承端盖（透盖） 3—轴 4—小齿轮 5—轴承端盖（闷盖） 6—轴承

任务 3.1 轴的设计与选用

任务目标

1）能够正确分析轴的类型、应用和工作特性。

2）能够根据实际工作条件正确选择轴的材料。

3）能够正确设计轴的结构，进行轴的强度校核计算。

4）能够在完成任务过程中做到吃苦耐劳、精益求精。

5）培养严谨认真的工作态度和安全责任意识。

6）培养全面系统机械设计思维、创新意识、团队合作意识和爱国主义精神。

任务描述

设计压力机所用的减速器输出轴（图 3-2）。工作参数：减速器输出轴功率为 6.18kW，输出轴转速 $n=58\text{r/min}$。大齿轮轴端离合器轮毂宽 50mm，轴上斜齿轮的参数和尺寸与项目 2 中任务 2.3 的设计数据相同。

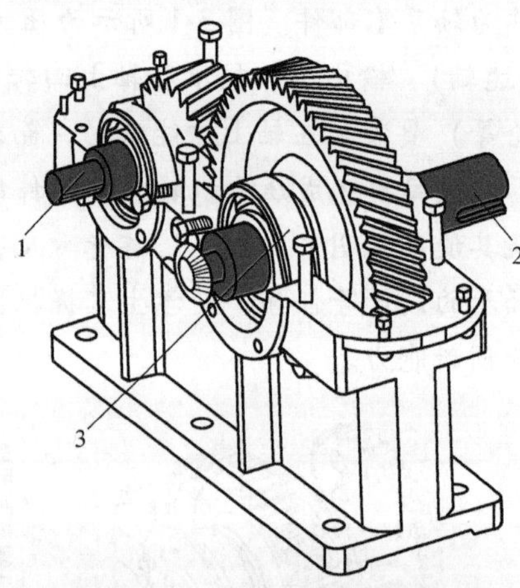

图 3-2 减速器中的轴和轴承
1—高速轴 2—低速轴 3—滚动轴承

任务分析

压力机减速器中的输出轴是转轴，结构为阶梯形，在机器中具有普遍性和典型性。通过轴的工作分析与设计，完成以下具体任务：

1）选用轴的类型和材料。

2）进行压力机减速器输出轴的结构设计和轴的强度计算。

相关知识

一、减速器结构与拆装

通过单级圆柱齿轮减速器的拆装，掌握减速器整体结构和轴系结构，掌握连接件应用情况。单级圆柱齿轮减速器结构如图 3-3 所示。

减速器拆装步骤：

1. 拆卸

1）拆卸轴承端盖紧固螺钉（嵌入式端盖无紧固螺钉）。

2）拆卸箱体与箱盖连接螺栓，起出定位销钉，然后拧动起盖螺钉，卸下箱盖。

3）从箱体中取出各传动轴部件。

图 3-3　单级圆柱齿轮减速器结构

1—轴承盖　2—箱座　3—螺钉　4—螺栓垫圈　5—透气螺栓　6—窥视孔盖　7—箱盖　8—定位销　9—油标　10—放油螺塞　11—小齿轮　12—输入轴　13—轴承　14—大齿轮　15—输出轴

4）拆卸输入轴部件。

5）拆卸输出轴部件。

2. 装配

1）检查箱体内有无零件及其他杂物留在箱体内后，擦净箱体内部。

2）装配输出轴部件、装配输入轴部件。

3）将各传动轴部件装入箱体内。

4）将嵌入式端盖装入轴承压槽内，并用调整垫圈调整好轴承的工作间隙。

5）将箱内各零件，用棉纱擦净，并涂上机油防锈。再用手转动高速轴，观察有无零件干涉。无误后，经指导老师检查后合上箱盖。

6）松开起盖螺钉，装上定位销，并拧紧。装上螺栓、螺母用手逐一拧紧后，再用扳手分多次均匀拧紧。

7）装好轴承小盖，观察所有附件是否都装好。用棉纱擦净减速器外部，放回原处，摆放整齐。

8）清点好工具，擦净后交还指导教师验收。

单级圆柱齿轮减速器箱盖如图 3-4 所示，箱座如图 3-5 所示，低速轴如图 3-6 所示，高速轴如图 3-7 所示。

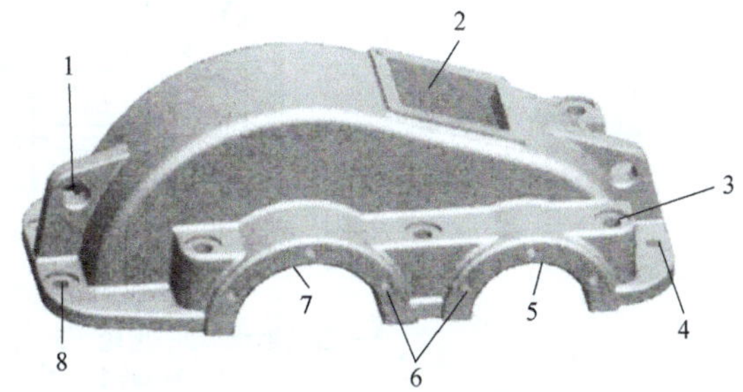

图 3-4　单级圆柱齿轮减速器箱盖

1—吊耳（孔）　2—窥视孔　3—轴承旁连接螺栓孔　4—起盖螺钉孔　5—轴承孔　6—轴承盖螺钉孔　7—轴承孔　8—上、下箱体连接螺栓孔

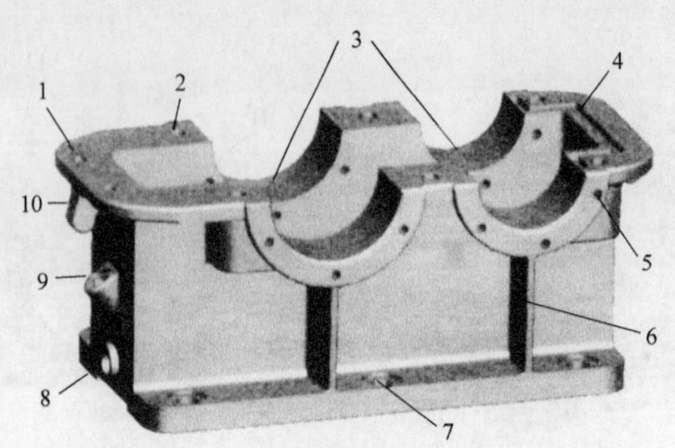

图 3-5　单级圆柱齿轮减速器箱座

1—上、下箱体连接螺栓孔　2—轴承旁连接螺栓孔　3—轴承孔　4—油沟　5—轴承盖螺钉孔　6—加强肋　7—地脚螺栓孔　8—放油螺塞孔　9—油标孔　10—吊耳

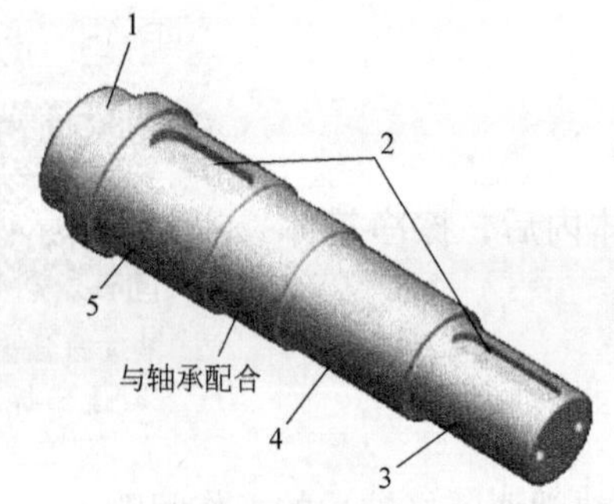

图 3-6　低速轴

1—与轴承配合　2—键槽　3—与带轮配合　4—与密封圈配合　5—与齿轮配合

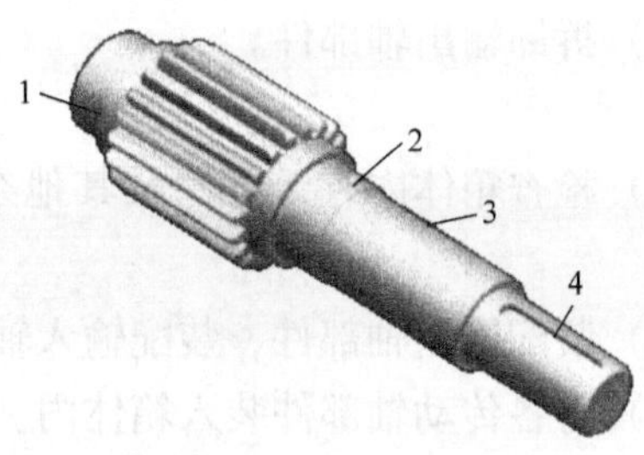

图 3-7　高速轴（齿轮轴）

1—与轴承配合　2—与轴承配合　3—与密封圈配合　4—键槽

二、轴的功用和类型

轴的主要功用是支承旋转零件并传递运动和转矩，是组成机器的重要零件之一。减速器中的轴系如图 3-8 所示，轴上装配零件如图 3-9 所示。

图 3-8　减速器中的轴系

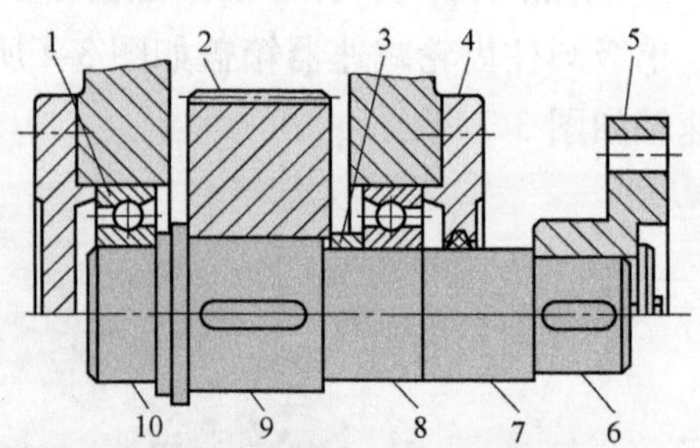

图 3-9　减速器中的阶梯轴

1—滚动轴承　2—齿轮　3—套筒　4—轴承盖　5—联轴器　6、9—轴头　7—轴身　8、10—轴颈

常用的轴一般按承载情况不同，可分为以下三种：

（1）传动轴　只承受转矩而不承受弯矩，或承受弯矩很小的轴。如汽车中连接变速器与后桥的传动轴（图3-10）。

（2）心轴 只承受弯矩、不承受转矩（或转矩小到可忽略不计）的轴。如铁路机车的轮轴（图3-11a）、自行车的前轮轴（图3-11b）。

（3）转轴 同时承受弯矩和转矩的轴。如齿轮减速器的输出轴（图3-9）。

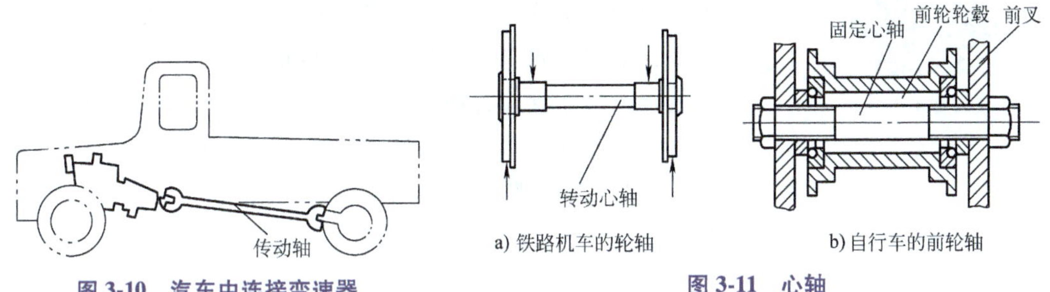

图3-10 汽车中连接变速器与后桥的传动轴

图3-11 心轴

根据轴线形状的不同，轴又可分为直轴（图3-12）、曲轴（图3-13）和挠性钢丝轴（图3-14）。直轴应用最广泛。根据外形，直轴又可分为光轴（图3-12a）和阶梯轴（图3-12b）。光轴形状简单、应力集中源少，主要用作传动轴。阶梯轴各轴段直径不同，使各轴段的强度相近，而且便于轴上零件的固定和装拆，在机器中的应用最为广泛。为提高刚度，有时制成空心轴（图3-12c）。

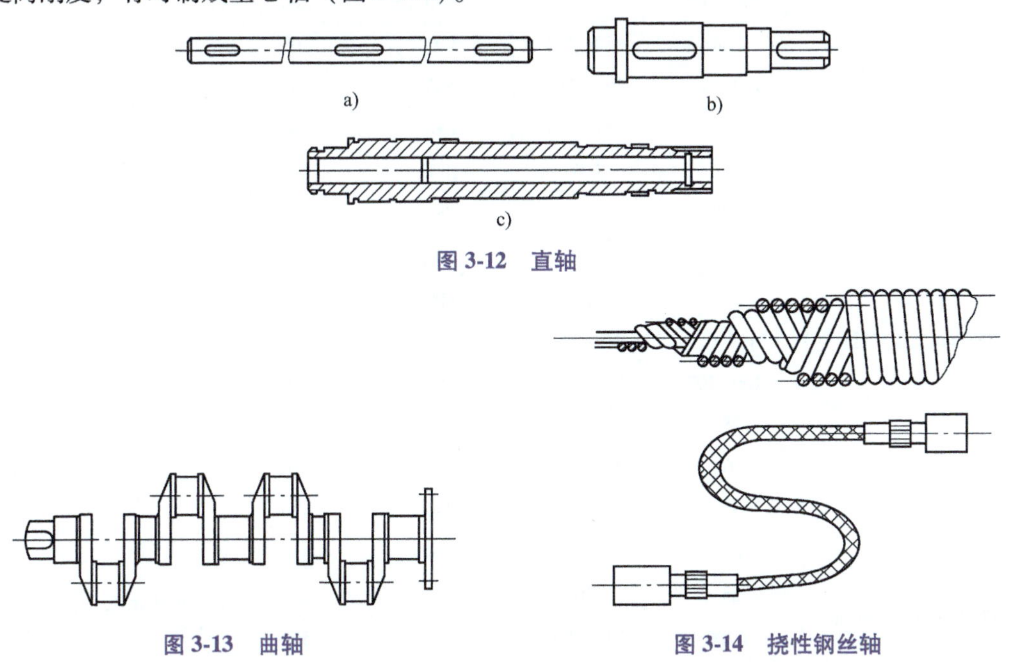

图3-12 直轴

图3-13 曲轴

图3-14 挠性钢丝轴

三、轴的材料

轴的主要失效形式是疲劳断裂。轴的材料应有足够的强度、韧性、耐磨性、耐蚀性，易于加工和热处理，对应力集中敏感性小及价格合理。

轴的材料主要采用碳素钢和合金钢。轴的毛坯一般采用碾压件和锻件。碳素钢的成本比合金钢低，且对应力集中的敏感性小，得到了广泛的应用。

轴的类型和常用材料

常用的碳素钢有 30、40、45 钢等，其中最常用的是 45 钢。对轴的材料要进行调质或正火处理，以保证轴的力学性能。当轴承受的载荷较小或不重要的场合时，轴可采用 Q235A、Q275A 等材料。

当轴传递的功率较大、要求减轻轴的重量和提高轴颈的耐磨性时，可采用合金钢，如 20Cr、40Cr、35SiMn 等。

外形复杂或尺寸较大的轴，可选用球墨铸铁，如内燃机中的曲轴。球墨铸铁吸振性好，对应力集中不敏感，价格低。但铸造轴的质量不容易控制，可靠性较差。

轴的常用材料及其力学性能见表 3-1。

表 3-1　轴的常用材料及其力学性能

材料牌号	热处理类型	毛坯直径/mm	硬度（HBW）	抗拉强度 R_m/MPa	屈服极限 R_{eL}/MPa	应用说明
Q275～Q235	—	—	—	149～610	275～235	用于不重要的轴
35	正火	≤100	149～187	520	270	用于一般轴
		>100～300	143～187	500	260	
	调质	≤100	156～207	560	300	
		>100～300		540	280	
45	正火	≤100	170～217	600	300	用于强度、韧性中等的重要轴
		>100～300	162～217	580	290	
	调质	≤200	217～255	650	360	
40Cr	调质	25	207	1000	800	用于强度高、磨损严重、冲击小的重要轴
		≤100	241～286	750	550	
		>100～300		700	500	
35SiMn	调质	25	229	900	750	可代替 40Cr，用于中、小型轴
		≤100	229～286	800	520	
		>100～300	217～269	750	450	
42SiMn	调质	25	220	900	750	与 35SiMn 相同，但专供表面淬火用
		≤100	229～286	800	520	
		>100～200	217～269	750	470	
		>200～300	217～255	700	450	
40MnB	调质	25	207	1000	800	可代替 40Cr，用于小型轴
		≤200	241～286	750	500	
35CrMo	调质	25	229	1000	350	用于重要的轴
		≤100	207～269	750	500	
		>100～300		700	500	
38CrMnMo	调质	≤100	229～285	750	600	可代替 35CrMo
		>100～300	217～269	700	550	

四、传动轴的工作情况分析与设计

1. 扭转时轴横截面上的扭矩和扭矩图

传动轴主要以传递转矩为主，工作时横截面上承受转矩。

（1）外力偶矩的计算　轴的两端受到大小相等、方向相反的外力偶矩的作用时，横截面绕轴线产生相对转动，使轴产生扭转变形，由于相对转动形成的角位移称为扭转角，以符号 φ 表示（图3-15）。

在工程实际中，如给出轴所传递的功率 P 和轴的转速 n，外力偶矩 M 可用下式求得

$$M=9550\times\frac{P}{n} \tag{3-1-1}$$

式中　M——作用在轴上的外力偶矩（N·m）；

P——轴所传递的功率（kW）；

n——轴的转速（r/min）。

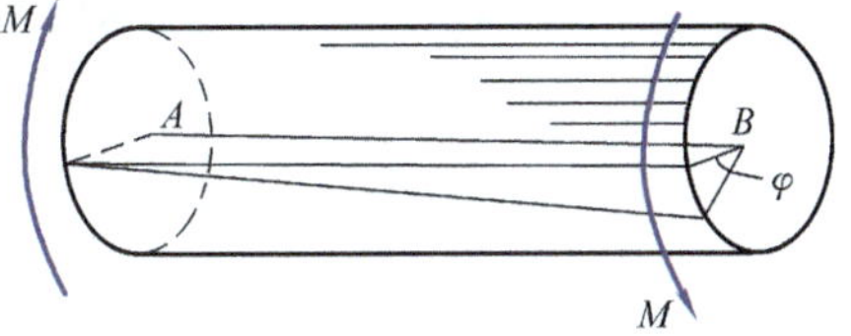

图3-15　受力偶矩作用的圆轴

（2）转矩　如图3-16所示，圆轴在外力偶矩的作用下，横截面上就产生了抵抗变形和破坏的内力，可用截面法求出内力。现用假想平面 m-m 将轴截开，取左段为研究对象（图3-16b），由平衡关系可知，横截面上的内力合成为内力偶矩，这个内力偶矩称为转矩，用 T 表示。由平衡条件可求得 T

$$\Sigma M=0$$

$$T-M=0$$

$$T=M$$

也可取右段为研究对象（图3-16c）来求 T。为了使取左段或右段所求得的转矩在符号上一致，采用右手螺旋法则来规定转矩的正负。如图3-17所示，以右手四指弯曲表示转矩的转向，则拇指指向离开截面时转矩为正，反之为负。

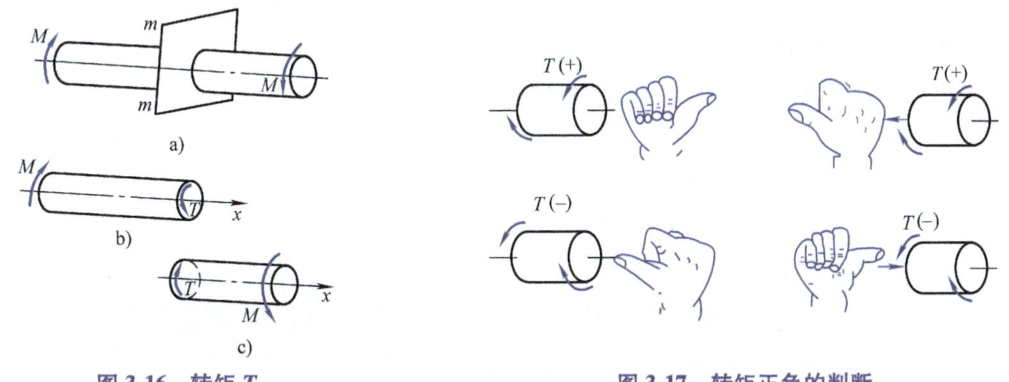

图3-16　转矩 T

图3-17　转矩正负的判断

当轴上作用多个外力偶矩时，任一截面上的转矩等于该截面左段（或右段）所有外力偶矩的代数和。

（3）转矩图　工程上，为了形象地表示各截面转矩的大小和正负，以便分析危险截面，常需画出各截面转矩随截面位置变化的分析图，称为转矩图。其画法为：取平行于

轴线的横坐标 x 表示各截面位置，垂直于轴线的纵坐标表示相应截面上的转矩 T，正转矩画在 x 轴上方，负转矩画在 x 轴下方。

例 3-1-1 某机器传动轴（图 3-18a）的功率由 A 轮输入，由 B、C 轮输出，输入轮功率 $P_A=40\text{kW}$，输出轴功率 $P_B=25\text{kW}$、$P_C=15\text{kW}$，轴的转速 $n=200\text{r/min}$，求：

1）AB 段和 BC 段各截面上的转矩。

2）画出传动轴的转矩图，并求出最大转矩值 $T_{\max}$。

3）如果将 A 轮和 B 轮的位置互换（图 3-18b），画出传动轴的转矩图，求出最大转矩值 $T_{\max}$，并分析两种情况哪种载荷分布较为合理？

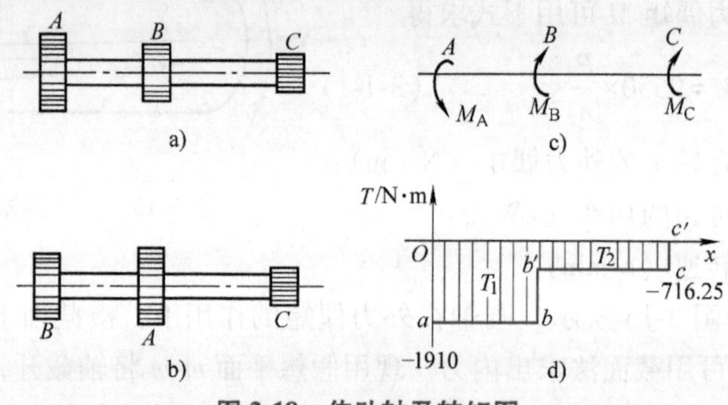

图 3-18 传动轴及转矩图

解：1）计算外力偶矩和转矩。各轮作用于轴上的外力偶矩分别为

$$M_A=9550\times\frac{P_A}{n}=9550\times\frac{40}{200}\text{N}\cdot\text{m}=1910\text{N}\cdot\text{m}$$

$$M_B=9550\times\frac{P_B}{n}=9550\times\frac{25}{200}\text{N}\cdot\text{m}=1193.75\text{N}\cdot\text{m}$$

$$M_C=9550\times\frac{P_C}{n}=9550\times\frac{15}{200}\text{N}\cdot\text{m}=716.25\text{N}\cdot\text{m}$$

由图 3-18c 可知：

AB 段各截面转矩　$T_1=M_A=1910\text{N}\cdot\text{m}$

BC 段各截面转矩　$T_2=M_C=716.25\text{N}\cdot\text{m}$

2）画转矩图，求最大转矩 $T_{\max}$。转矩图如图 3-18d 所示，由转矩图可知，轴 AB 段各截面的转矩最大，$T_{\max}=1910\text{N}\cdot\text{m}$。

3）将 A 轮和 B 轮的位置互换时的情况请读者自行分析。

2. 传动轴横截面上的应力

为了研究应力，先看一下扭转实验的现象。如图 3-19 所示的圆轴，在其表面上画出圆周线和纵向线。在 M 的作用下，轴产生变形，可以观察到：

1）纵向线仍近似地为直线，只是都倾斜了同一角度。

2）圆周线均绕轴线转过一个角度，但圆周线的形状、大小及圆周线之间的距离均无变化。

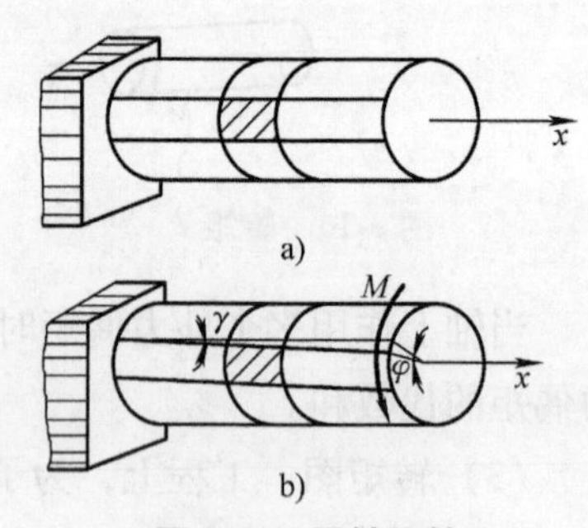

图 3-19 圆轴扭转

由此可见，圆轴扭转时，没有发生纵向变形，所以横截面上没有正应力。由于相临截面相对地转过一个角度，即各横截面之间发生了绕轴线的相对错动，因而横截面上有切应力，且与半径垂直。

切应力计算公式可由几何关系、力学知识等导出。圆轴扭转时横截面上任意点处的切应力计算公式为

$$\tau_{\rho}=\frac{T\rho}{I_{P}} \tag{3-1-2}$$

式中　τ_{ρ}——横截面上任意点的切应力（MPa）；

T——横截面上的转矩（N·m）；

ρ——截面任意点到圆心的距离（mm）；

I_P——截面的极惯性矩（mm^4），与截面的形状和尺寸有关。

由上式可见，截面上各点切应力的大小与该点到圆心的距离成正比，并沿半径方向呈线性分布，轴圆周边缘的切应力最大，切应力分布规律如图3-20所示。

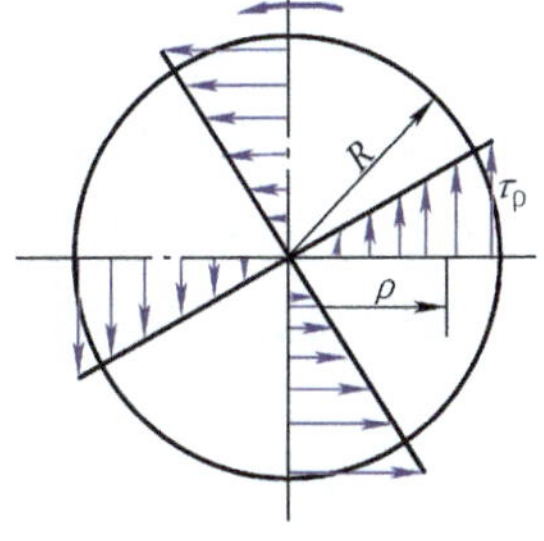

图3-20　切应力分布规律

当$\rho=R$时，切应力值最大

$$\tau_{max}=\frac{TR}{I_P}$$

令$W_P=\dfrac{I_P}{R}$，则

$$\tau_{max}=\frac{T}{W_P} \tag{3-1-3}$$

式中　W_P——圆轴的抗扭截面系数（mm^3）。

极惯性矩与抗扭截面系数的大小与截面的形状和尺寸有关。工程上常用的实心圆轴与空心圆轴的极惯性矩与抗扭截面系数按下式计算：

实心轴

$$I_P=\frac{\pi}{32}d^4\approx0.1d^4$$

$$W_P=\frac{\pi}{16}d^3\approx0.2d^3$$

式中　d——轴径（mm）。

空心轴

$$I_P=\frac{\pi}{32}D_1^4(1-\alpha^4)\approx0.1D_1^4(1-\alpha^4)$$

$$W_P=\frac{\pi}{16}D_1^3(1-\alpha^4)\approx0.2D_1^3(1-\alpha^4)$$

式中　D_1——空心轴的外径；

d_1——内径，$\alpha=d_1/D_1$。

3. 传动轴的强度计算

圆轴扭转时，为了保证轴能正常工作，应限制轴上危险截面的最大切应力不超过材料的许用切应力，即

$$\tau_{max}=\frac{T}{W_P}\leqslant[\tau] \tag{3-1-4}$$

式中　$[\tau]$——材料的许用切应力，可在有关手册中查得。

式（3-1-4）称为圆轴扭转强度条件，应用此式可以求解传动轴强度校核、截面设计和确定许可载荷三方面实际应用问题。

4. 传动轴的刚度计算

圆轴扭转变形时，任意两横截面产生相对角位移，称为扭转角，扭转角过大，轴将产生过大的扭转变形，影响机器的精度和使用寿命。由图3-19所示的圆轴扭转变形可以看出，两横截面相距越远，它的扭转角 φ 就越大。因此，扭转角的大小与轴的长度 L 和转矩 T 成正比，并计入比例常数 G，得圆轴两端相对扭转角为

$$\varphi=\frac{TL}{GI_P} \tag{3-1-5}$$

式中　φ——扭转角（rad）；

G——材料的剪切模量（GPa）。

由上式看出，当转矩 T 和轴的长度 L 一定时，G 越大，扭转角 φ 越小。GI_P 反映了圆轴抵抗扭转变形的能力，称为轴的抗扭刚度。

机械中通常限制轴的单位长度扭转角 θ，使 θ 不超过许用值［θ］，即

$$\theta=\frac{\varphi}{L}=\frac{T}{GI_P}\leqslant[\theta] \tag{3-1-6}$$

式中　θ——单位长度扭转角（rad/m）。

式（3-1-6）称为圆轴扭转时的刚度条件。

实际应用中，常用单位度/米（°/m）来衡量［θ］，由于 $1\text{rad}=180°/\pi$，故刚度条件可写成

$$\theta_{max}=\frac{T}{GI_P}\cdot\frac{180°}{\pi}\leqslant[\theta] \tag{3-1-7}$$

［θ］的取值，可查阅有关手册，或按下列范围选取：

精度要求不高的传动轴　　$[\theta]=1°\sim4°/m$

一般传动轴　　$[\theta]=0.5°\sim1°/m$

精密机器的轴　　$[\theta]=0.25°\sim0.5°/m$

例3-1-2　例3-1-1中，实心轴的各段直径均为 $d=50$mm，轴材料的切变模量 $G=80$GPa，许用切应力［τ］＝80MPa，许用扭转角［θ］＝2.5°/m，试校核轴的强度和刚度。

解：（1）强度校核　由转矩图3-18d可知，AB 段转矩最大，$T_{max}=1910\text{N}\cdot\text{m}$，$AB$ 段为危险截面。由式（3-1-3）得

$$\tau_{max}=\frac{T}{W_P}=\frac{T_{max}}{0.2d^3}=\frac{1910\times10^3}{0.2\times50^3}\text{MPa}=76.4\text{MPa}<[\tau]=80\text{MPa}$$

满足强度条件。

（2）刚度校核　由式（3-1-7）得

$$\theta_{max}=\frac{T_{max}}{GI_P}\cdot\frac{180°}{\pi}=\frac{1910}{80\times10^9\times0.1\times0.05^4}\times\frac{180°}{\pi}=2.2°/\mathrm{m}<[\theta]=2.5°/\mathrm{m}$$

满足刚度条件。

例 3-1-3　传动轴如图 3-21a 所示，齿轮 1 和 3 的输出功率分别为 $P_1=0.76\mathrm{kW}$ 和 $P_3=2.9\mathrm{kW}$，轴的转速为 $n=180\mathrm{r/min}$，材料为 45 钢，$G=80\mathrm{GPa}$，$[\tau]=40\mathrm{MPa}$，$[\theta]=0.25°/\mathrm{m}$，试确定该传动轴的直径 d。

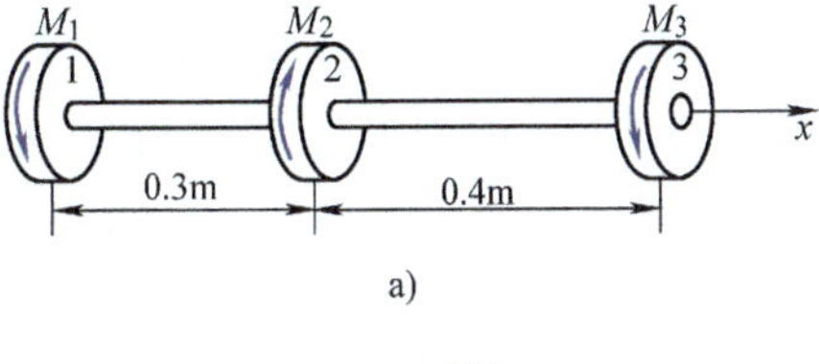

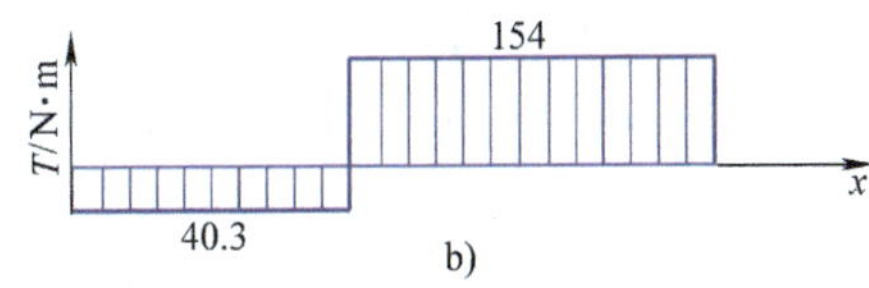

图 3-21　传动轴与转矩图

解：（1）求作用在齿轮 1 和 3 上的外力偶矩

$$M_1=9550\cdot\frac{P_1}{n}=9550\times\frac{0.76}{180}\mathrm{N\cdot m}=40.3\mathrm{N\cdot m}$$

$$M_3=9550\cdot\frac{P_3}{n}=9550\times\frac{2.9}{180}\mathrm{N\cdot m}=154\mathrm{N\cdot m}$$

由平衡条件可得：$M_2=M_1+M_3=194.3\mathrm{N\cdot m}$

（2）画传动轴的转矩图，求出 T_{max}　转矩图如图 3-21b 所示，从图中可得

$$T_{max}=154\mathrm{N\cdot m}$$

（3）按强度条件计算轴径　由式（3-1-4）得

$$\tau_{max}=\frac{T}{W_P}=\frac{T_{max}}{0.2\times d^3}\leqslant[\tau]=40\mathrm{MPa}$$

所以

$$d\geqslant\sqrt[3]{\frac{154}{0.2\times40\times10^6}}\mathrm{m}=0.027\mathrm{m}$$

（4）按刚度条件计算轴径　由式（3-1-7）得

$$\theta_{max}=\frac{T}{GI_P}\cdot\frac{180°}{\pi}=\frac{T_{max}}{0.1d^4G}\times\frac{180°}{\pi}\leqslant[\theta]=0.25°/\mathrm{m}$$

所以

$$d\geqslant\sqrt[4]{\frac{154\times180}{0.1\times80\times10^9\times3.14\times0.25}}\mathrm{m}=0.046\mathrm{m}$$

为同时满足强度条件和刚度条件，确定轴径 $d=0.046\mathrm{m}=46\mathrm{mm}$。

五、心轴的工作情况分析与设计

工程实际中，心轴的弯曲变形是一种常见的变形，这种变形的特点是：作用在轴上的外力垂直于轴的轴线，使轴产生弯曲变形。如火车轮轴（图 3-22）和承受弯曲变形的齿轮轴（图 3-23）。

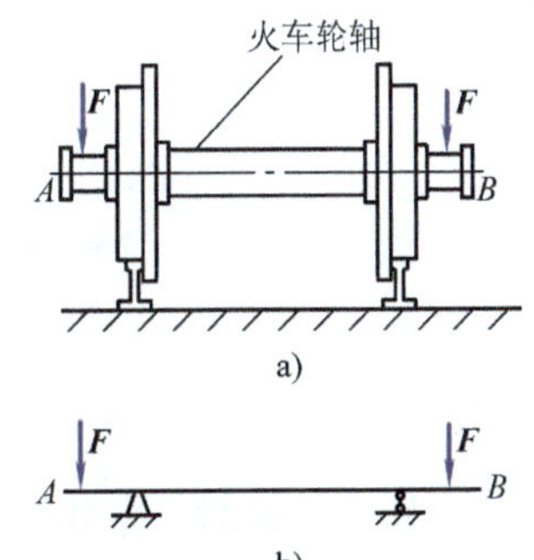

图 3-22　火车轮轴

1. 轴的计算简图和载荷的简化

对心轴分析计算时，以直线表示轴，轴承简化为铰链支座。如图 3-22a 所示的火车轮轴和图 3-23a 所示的齿轮轴

的计算简图分别如图 3-22b 和图 3-23b 所示。

2. 心轴弯曲时横截面上的弯矩和弯矩图

（1）弯矩　轴横截面上的内力仍可由截面法求出。设 AB 轴（图 3-24a）的跨度为 l，在 C 点处作用一集中力 F，由静力平衡方程求出支座反力为

$$F_A=\frac{Fb}{l},F_B=\frac{Fa}{l}$$

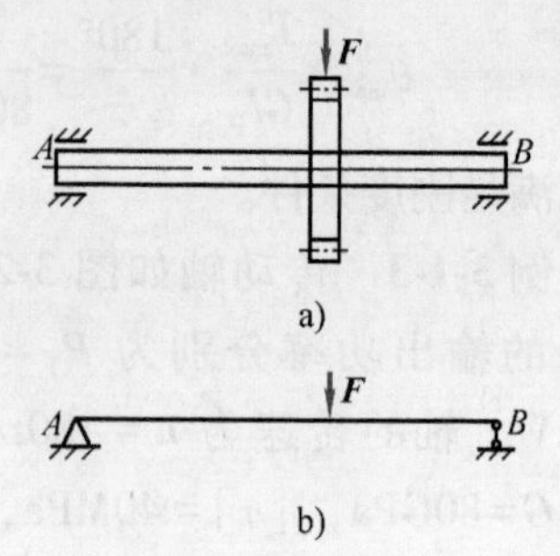

图 3-23　齿轮轴

为了分析某一截面上的内力，用截面 m-m 将轴分为左、右两段（图 3-24b、c）。由于整个轴是平衡的，它的任一部分也是平衡的，现取左段为研究对象，左段上的内力与外力应保持平衡。由于外力 F_A 有使左段上移和顺时针转动的作用，因此截面 m-m 上必有垂直向下的内力 F_Q 和逆时针转动的内力偶 M 与之平衡，如图 3-24b 所示。由静力平衡方程

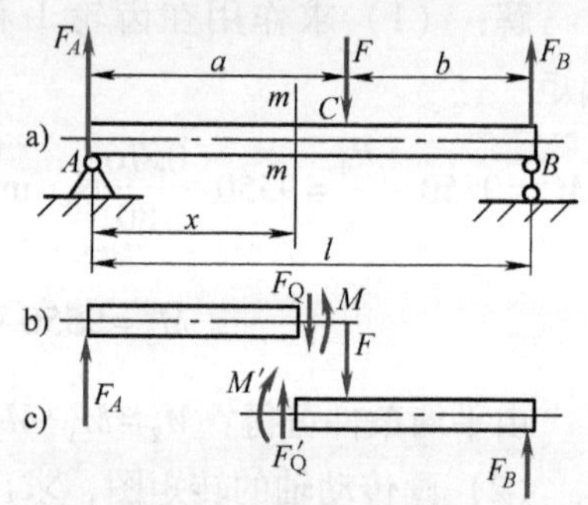

图 3-24　轴截面上的内力

$$\Sigma F_y=0 \qquad F_A-F_Q=0 \qquad F_Q=F_A$$

$$\Sigma M=0 \qquad M-F_Ax=0 \qquad M=F_Ax=\frac{Fb}{l}x$$

通过上面分析可知，轴 AB 段发生弯曲变形时，横截面上的内力由两部分组成：作用线切于截面并通过截面形心的内力 F_Q 和位于纵向对称面内的力偶 M，它们分别称为剪力和弯矩。剪力 F_Q 的单位是 N，弯矩 M 的单位是 N · m。

当然，也可取右段为研究对象来求 m-m 截面上的剪力和弯矩。它们与取左段为研究对象时求得的剪力和弯矩分别大小相等，方向（转向）相反（图 3-24c）。

工程上，对于一般的轴（轴的跨度 l 与横截面直径 d 之比小于 5 的短轴除外），弯矩起着主要作用，而剪力则是次要因素，在强度计算中可以忽略。下面仅讨论有关弯矩的一些问题。

为使取左段或取右段得到的同一截面两边的弯矩在正负符号上统一起来，根据轴的变形情况，对弯矩的符号作如下规定：截面处的弯曲变形上凹时，弯矩为正（图 3-25a）；反之，若下凹，弯矩为负（图 3-25b）。

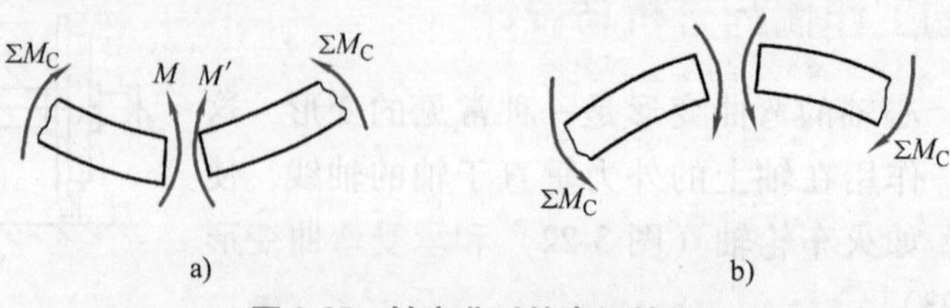

图 3-25　轴弯曲时的弯矩符号

在具体计算时，弯矩的大小和正负号有以下规律：若取轴的左段为研究对象，横截面上弯矩的大小等于此截面左段轴上所有外力（包括力偶）对截面形心力矩的代数和，此合力矩为顺时针时，截面上的弯矩为正，反之为负；若取轴的右段为研究对象，横截

面上弯矩的大小等于此截面右段轴上所有外力（包括力偶）对截面形心力矩的代数和，此合力矩为逆时针时，截面上的弯矩为正，反之为负。

在实际计算时，可以直接利用上述规律求出轴上任意截面的弯矩，而不必用假想截面将轴截开，再列平衡方程求解，这样就给计算带来了方便。

（2）弯矩图　轴上任意截面的弯矩大小、方向随截面位置变化而变化，若取 x 表示截面的位置，弯矩可以表示为 x 的函数，弯矩方程一般表达式为

$$M=M(x) \tag{3-1-8}$$

作弯矩图的基本方法是：先建立弯矩方程，然后按方程描点作图。实际作弯矩图时可找出几个特殊点，再根据弯矩图的形状作出。下面举例说明弯矩图的作法。

例 3-1-4　齿轮轴受集中力作用（图 3-26），试作轴的弯矩图。

解：（1）求支座反力　如图 3-26a 所示，建立平衡方程

$$\sum M_A=0 \qquad F_B l-Fa=0 \qquad F_B=\frac{Fa}{l}$$

$$\sum M_B=0 \qquad F_A l-Fb=0 \qquad F_A=\frac{Fb}{l}$$

（2）建立弯矩方程

AC 段　$M(x)=F_A x=\dfrac{Fb}{l}x$

BC 段　$M(x)=F_B(l-x)=\dfrac{Fa}{l}(l-x)$

（3）作弯矩图　由弯矩方程可知，弯矩均为 x 的一次函数，弯矩图均为斜直线（图 3-26c）。

例 3-1-5　轴的自重为均布载荷（图 3-27），载荷集度为 q，轴长为 l，试作轴的弯矩图。

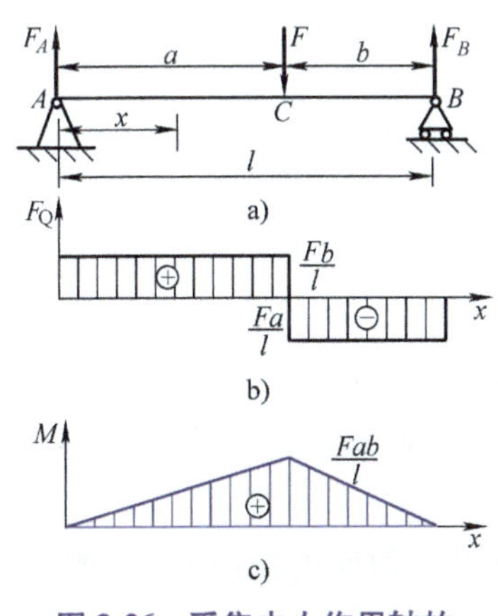

图 3-26　受集中力作用轴的剪力图和弯矩图

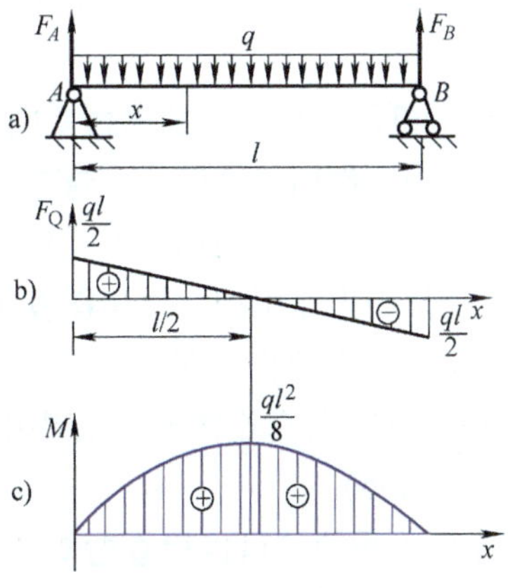

图 3-27　受均布载荷作用轴的剪力图和弯矩图

解：（1）求支座反力　取轴为研究对象，建立平衡方程得

$$F_A=F_B=\frac{1}{2}ql$$

（2）建立弯矩方程　任意截面的位置用 x 表示，取截面左段为研究对象，弯矩方程为

$$M(x)=\frac{1}{2}qlx-\frac{1}{2}qx^2$$

（3）作弯矩图　弯矩是 x 的二次函数，说明弯矩是一抛物线，至少要确定三个点（本题确定五点），用描点法作图。

$x=0$ 时，$M=0$；$x=\frac{1}{4}l$ 时，$M=\frac{3}{32}ql^2$；$x=\frac{3}{4}l$ 时，$M=\frac{3}{32}ql^2$；$x=l$ 时，$M=0$；$x=\frac{1}{2}l$ 时，$M=\frac{1}{8}ql^2$。

将以上五点用光滑曲线连成弯矩图（图3-27c）。

例3-1-6　齿轮轴 C 处受集中力偶 M 作用（图3-28），试作轴的弯矩图。

解：（1）求支座反力　建立平衡方程

$$\sum M_A=0 \qquad F_Bl+M=0 \qquad F_B=-\frac{M}{l}$$

$$\sum M_B=0 \qquad -F_Al+M=0 \qquad F_A=\frac{M}{l}$$

（2）建立弯矩方程　分段建立弯矩方程

AC 段　$M(x)=F_Ax=\frac{M}{l}x$

BC 段　$M(x)=F_B(l-x)=-\frac{M}{l}x$

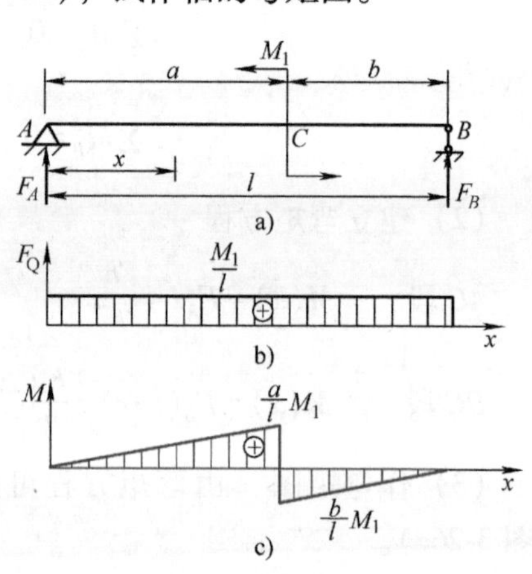

图3-28　受集中力偶作用轴的剪力图和弯矩图

（3）作弯矩图　弯矩图是有突变的斜直线，突变值等于该处的力偶矩（图3-28c）。若力偶为顺时针，则弯矩图从左向右向上突变；反之，向下突变。

由以上例题，可以总结出弯矩图与载荷之间的一些规律：

1）集中力作用的轴段上，弯矩图为斜直线（例3-1-4）。

2）均布载荷作用的轴段上，弯矩图为抛物线（例3-1-5）。

3）在集中力作用处，弯矩图发生转折（例3-1-4）。

4）在集中力偶作用处，其左右两截面的弯矩值发生突变，突变值等于集中力偶矩的大小。自左向右作图时，若集中力偶为顺时针，则弯矩图向上突变；反之，向下突变（例3-1-6）。

利用以上规律，可以检查弯矩图的正确性，还可以无须列出弯矩方程，就可以快捷地画出弯矩图。

3. 心轴横截面上的应力

平面弯曲轴横截面上的两种内力会引起两种不同的应力：剪力 F 引起弯曲切应力 τ，弯矩 M 引起弯曲正应力 σ。如前所述，对于一般的轴（短轴除外），弯曲正应力 σ 是影响其弯曲强度的主要因素，故这里只讨论弯曲正应力。

（1）弯曲正应力分布规律　轴弯曲变形时，如果忽略剪力引起的剪切弯曲，轴横截面上只有弯矩而无剪力，则称为纯弯曲。

分析轴横截面上正应力分布规律的方法与扭转类似。在一矩形截面构件的表面画上纵向线 *aa*、*bb* 和横向线 *mm*、*nn*（图 3-29a）。在构件的两端作用一对位于纵向对称面内的力偶，构件会发生弯曲变形（图 3-29b），可以观察到如下现象：

1）纵向线弯曲成弧线，靠近外凸一侧纵向线伸长了，靠近内凸一侧纵向线缩短了。

2）横向线仍为直线，相对地转过一个微小角度，且和纵向线正交。

通过以上试验可以认为：构件平面弯曲时，其横截面保持为平面，但产生了相对转动，构件一部分纵向纤维伸长，一部分纵向纤维缩短，由伸长区到缩短区必存在一层既不伸长也不缩短的纤维，称为中性层（图 3-29c）。中性层与横截面的交线称为中性轴（图 3-29c）。中性层是构件上伸长区和缩短区的分界面，伸长区截面上各点受拉应力，缩短区截面上各点受压应力。

根据变形分析可知，距中性层越远的纵向纤维伸长量（或缩短量）越大。由胡克定律可知，横截面上拉、压应力的变化规律与纵向纤维变形的变化规律相同（图 3-30）。因此，横截面上距中性轴越远的点正应力越大，其大小与点到中性轴的距离成正比，正应力呈线性分布，离中性轴最远的点正应力最大；横截面上距中性轴距离相等的各点，正应力相同；中性轴上各点（$y=0$ 处）正应力为零。

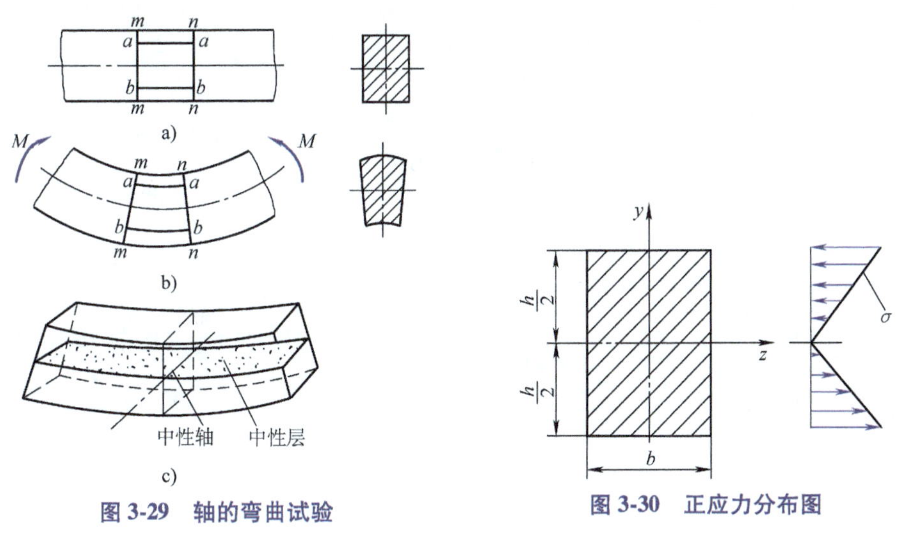

图 3-29　轴的弯曲试验

图 3-30　正应力分布图

（2）弯曲正应力的计算　当轴横截面上的弯矩为 M 时，该截面距中性轴 z 为 y 的点的正应力 σ 计算公式为

$$\sigma=\frac{My}{I_z}$$

式中　σ——横截面上任意点处的正应力（MPa）；

M——横截面上的弯矩（N · m）；

I_z——横截面对中性轴 z 的惯性矩（mm^4）；

y——横截面上该点到中性轴的距离（mm）。

当 $y=y_{max}$ 时，弯曲正应力达最大值，最大正应力为

$$\sigma=\frac{My_{max}}{I_z}$$

式中　y_{max}——横截面上、下边缘距中性轴的最大距离。

令 $W_z=\frac{I_z}{y_{max}}$，W_z 称为抗弯截面系数（mm^3），上式可写成

$$\sigma_{max}=\frac{M}{W_z} \tag{3-1-9}$$

I_z、W_z 是只与横截面形状、尺寸有关的几何量。常用截面的 I_z、W_z 计算公式见表3-2。

表3-2　常用截面的 I_z、W_z 计算公式

截面形状	矩形（b、h）	圆形（d）	圆环（D_1、d_1）
惯性矩	$I_z=\frac{bh^3}{12}$ $I_y=\frac{hb^3}{12}$	$I_z=I_y=\frac{\pi d^4}{64}\approx 0.05d^4$	$I_z=I_y=\frac{\pi}{64}(D_1{}^4-d_1{}^4)\approx 0.05D_1^4(1-\alpha^4)$ 式中 $\alpha=\frac{d_1}{D_1}$
抗弯截面系数	$W_z=\frac{bh^2}{6}$ $W_y=\frac{hb^2}{6}$	$W_z=W_y=\frac{\pi d^3}{32}\approx 0.1d^3$	$W_z=W_y=\frac{\pi D_1^3}{32}(1-\alpha^4)\approx 0.1D_1^3(1-\alpha^4)$ 式中 $\alpha=\frac{d_1}{D_1}$

4. 心轴的强度计算

轴弯曲变形时，产生最大应力的截面为危险截面。轴的弯曲强度条件是：最大弯曲正应力不超过材料的许用应力，即

$$\sigma_{max}=\frac{M}{W_z}\leqslant[\sigma] \tag{3-1-10}$$

式中　M——危险截面上的弯矩（N·m）；

W_z——危险截面的抗弯截面系数（mm^3）；

$[\sigma]$——材料的许用应力（MPa）。

应用式（3-1-10）可以解决三方面实际应用问题：强度校核、设计截面尺寸和计算许可载荷。

例 3-1-7　如图 3-31 所示，火车轮轴承受的重力 $F=35\text{kN}$，轴的直径 $d=115\text{mm}$，材料的许用应力 $[\sigma]=80\text{MPa}$，试校核轴的弯曲强度。

解：（1）作弯矩图，确定最大弯矩　弯矩图如图 3-31b 所示，最大弯矩 $M_{max}=8.4\text{kN}\cdot\text{m}$。

（2）校核危险截面的弯曲强度　由式（3-1-10）得

$$\sigma_{max}=\frac{M}{W_z}=\frac{8.4\times10^6}{0.1\times115^3}\text{MPa}=55.2\text{MPa}<[\sigma]=80\text{MPa}$$

故轴的弯曲强度足够。

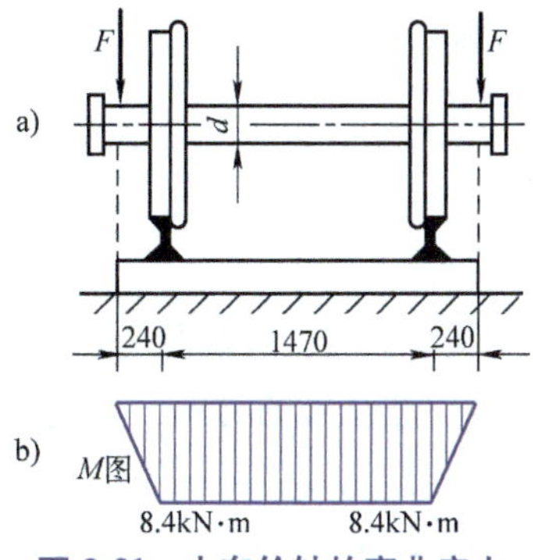

图 3-31　火车轮轴的弯曲应力

六、转轴的工作情况分析与设计

1. 转轴的受力分析

转轴同时承受弯矩和转矩，产生弯曲和扭转组合变形。下面以电动机轴（图 3-32）为例，讨论转轴弯曲和扭转组合变形时的受力情况。

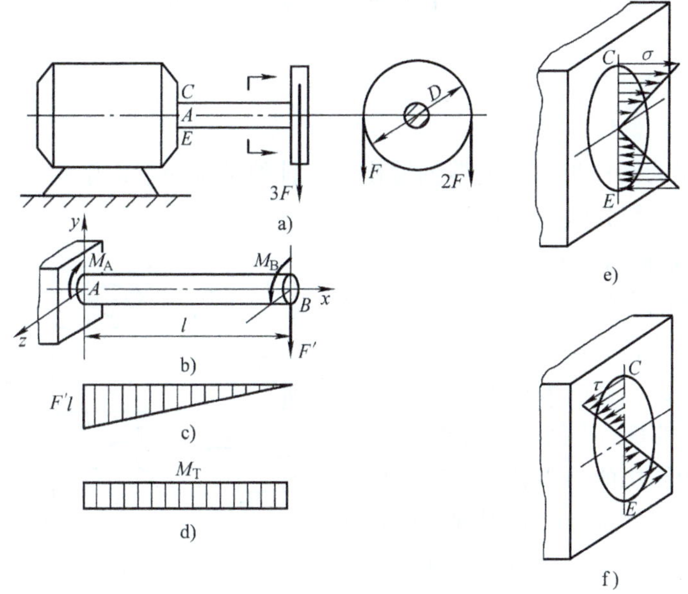

图 3-32　弯曲和扭转组合变形的圆轴

电动机轴的外伸端装有带轮，转矩由电动机输入，由带传动输出。

（1）外力分析　设带轮受到带的拉力为 F 和 $2F$，带轮直径为 D。按力平移定理，将力平移到轴心，得一合力 $F'=3F$ 和附加力偶 M_T，$M_T=\dfrac{FD}{2}$。

垂直于轴线的力 F' 使轴产生弯曲，附加力偶 M_T 使轴产生扭转，电动机轴则产生弯曲和扭转的组合变形。弯矩图和转矩图分别如图 3-32c、d 所示。

（2）内力及危险截面分析　由弯矩图和转矩图可知，固定端为危险截面。危险截面上的弯矩和转矩分别为

弯矩　$$M=F'l$$

转矩 $$T=\frac{FD}{2}$$

2. 轴设计的基本要求和设计步骤

轴设计的基本要求是：①具有足够的承载能力，即具有足够的强度和刚度；②具有合理的结构尺寸，满足轴上零件的定位、固定及装拆要求，满足良好的工艺性要求。

设计轴的一般步骤为：

1）选择轴的材料，确定许用应力。

2）按扭转强度估算轴的最小直径。

3）轴的结构设计。具体包括以下几项内容：

① 拟订轴上零件装配方案。

② 确定轴上零件的位置和固定方式。

③ 确定各轴段的直径。

④ 确定各轴段的长度。

⑤ 结构细节设计，确定其余尺寸，如键槽、倒角、圆角、退刀槽、砂轮越程槽等。

4）按弯扭组合校核轴的强度。若危险截面强度不够或裕度太大时，必须重新修改轴的结构。

5）绘制轴的零件图。

3. 转轴的结构设计

图 3-33 所示为圆柱齿轮减速器的输出轴。轴的结构一般由轴头、轴颈、轴肩、轴环、轴端和轴身等部分组成。轴与传动零件（齿轮、带轮、联轴器等）配合的部分称为轴头，轴与轴承配合的部分称为轴颈，轴头与轴颈之间的部分称为轴身。轴头、轴颈的直径应取标准值，直径的大小由与之配合零件的内孔决定；轴身的直径应取整数。

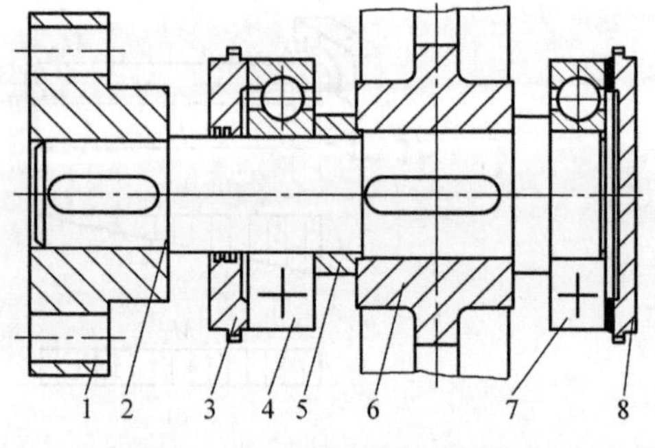

图 3-33 圆柱齿轮减速器输出轴
1—联轴器 2—轴肩 3、8—轴承盖 4、7—轴承 5—套筒 6—齿轮

由于影响轴结构的因素较多，所以轴没有标准的结构形式。设计时要根据不同情况进行分析。不论什么情况，轴的合理结构应满足以下基本要求：①轴上零件的准确定位与固定；②轴上零件便于装拆和调整；③良好的加工工艺性；④尽量减小应力集中。

微课 3-2
减速器
结构与拆装

（1）轴的最小直径的估算 在轴的结构设计没有进行前，还不知道轴上零件的位置和支承点位置，无法确定轴的受力情况。工程上，通常在进行轴的结构设计前，按扭转情况对轴的最小直径进行估算，然后再进行结构设计，对轴进行受力分析及强度、刚度等校核。

圆轴扭转时的强度条件为 $\tau=\frac{T}{W_P}\leqslant[\tau]$，式中轴所传递的转矩

$T=9.55\times10^6\cdot\dfrac{P}{n}$(N·mm)，抗扭截面系数 $W_P\approx0.2d^3$。将 T 和 W_P 代入强度条件中，得

$$\tau=\frac{9.55\times10^6P}{0.2d^3n}\leqslant[\tau] \tag{3-1-11}$$

轴的最小直径估算公式为

$$d\geqslant C\sqrt[3]{\frac{P}{n}} \tag{3-1-12}$$

式中　P——轴所传递的功率（kW）；

n——轴的转速（r/min）；

C——由轴的材料和载荷情况确定的常数。

常用材料的［τ］值和 C 值可查表 3-3。

表 3-3　常用材料的［τ］值和 C 值

轴的材料	Q235、20	35	45	40Cr、35SiMn
[τ]/MPa	12~20	20~30	30~40	40~52
C	160~135	135~118	118~107	107~98

注：轴所承受的弯矩较小或只承受转矩时，C 取较小值；否则取较大值。

由式（3-1-12）计算出的直径需圆整为标准直径并与相配合的零件（联轴器、带轮等）的孔径相一致，作为轴的最小直径。考虑到轴上开有键槽会削弱轴的强度，可将轴径适当增大。轴上开有一个键槽时，轴径可增大 3%左右，轴的同一截面开有两个键槽，轴径可增大 7%左右。轴的标准直径见表 3-4。

表 3-4　轴的标准直径　　（单位：mm）

10	12	14	16	18	20	22	24	25	26	28	30	32	34	36
38	40	42	45	48	50	53	56	60	63	67	71	75	80	85

（2）轴的结构设计　轴的结构设计主要是确定轴的各段直径和长度以及轴上的一些结构细节（键槽、倒角、圆角等）。

1）轴上零件的装配方案。为了便于安装和拆卸，转轴一般都制成中间大、两头小的阶梯轴（图 3-33）。从左端装拆的零件为齿轮 6、套筒 5、轴承 4、轴承盖 3 和联轴器 1。从右端装拆的零件为轴承 7 和轴承盖 8。

2）轴上零件的周向固定。为了避免轴上零件与轴的相对转动，以传递运动和转矩，轴上零件必须周向固定。常用的周向固定方法有键连接、花键连接、销连接和过盈配合等。

3）轴上零件的轴向定位。零件在轴上应有准确的轴向位置，为了防止轴上零件的轴向移动，必须轴向定位。常用的轴上零件轴向定位和固定方式、特点及应用见表 3-5。

表 3-5　轴上零件轴向定位和固定方式、特点及应用

轴向定位和固定方式		特点及应用
轴肩和轴环	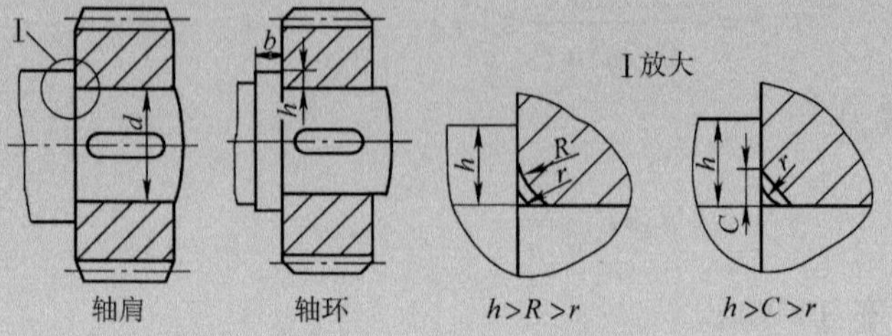	能承受较大的轴向力，加工方便、定位可靠、应用广泛 定位轴肩高 $h=(0.07\sim0.1)d$，轴环的宽度 $b\geqslant1.4h$
套筒	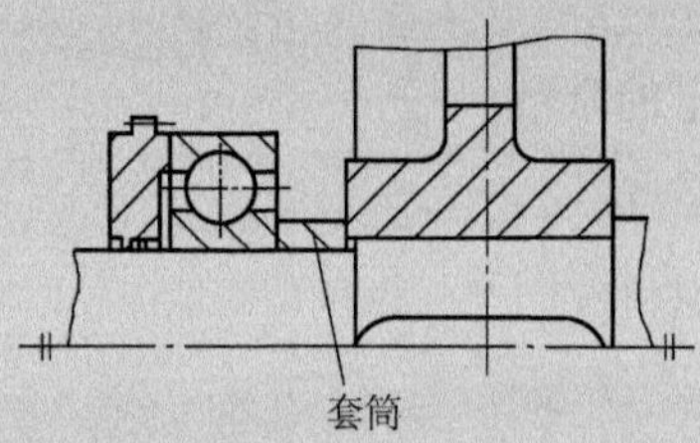	定位可靠、加工方便、可同时给两个零件进行定位，用于两零件间距不大的轴向定位和固定
圆螺母和止动垫圈	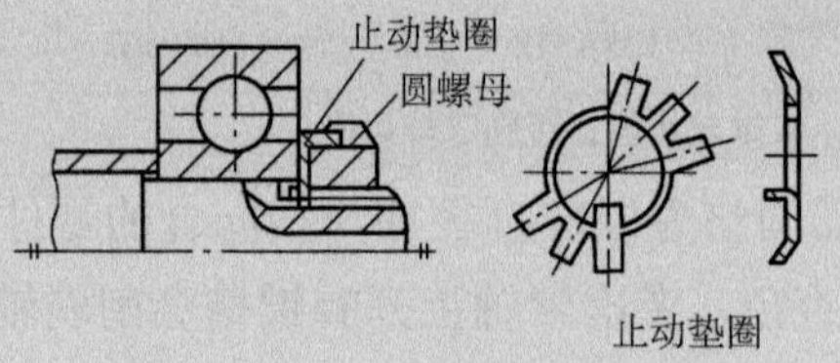	能承受较大的轴向力，固定可靠
轴端挡圈	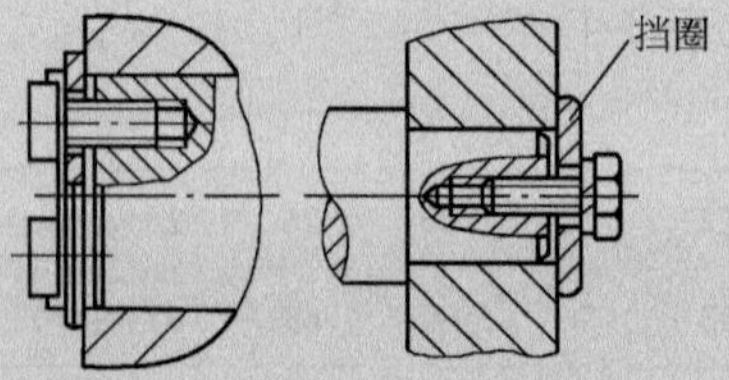	常用于轴端零件的固定，能承受较大的轴向力和冲击载荷
圆锥面	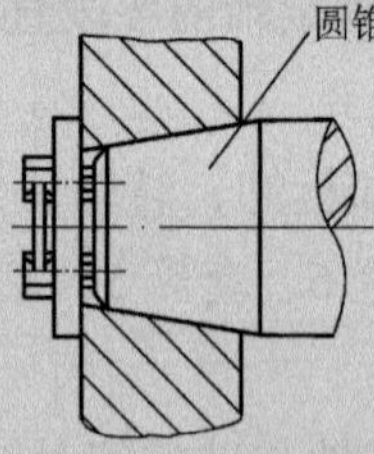	常用于轴端零件的固定和定位，能承受较大的冲击载荷
弹性挡圈	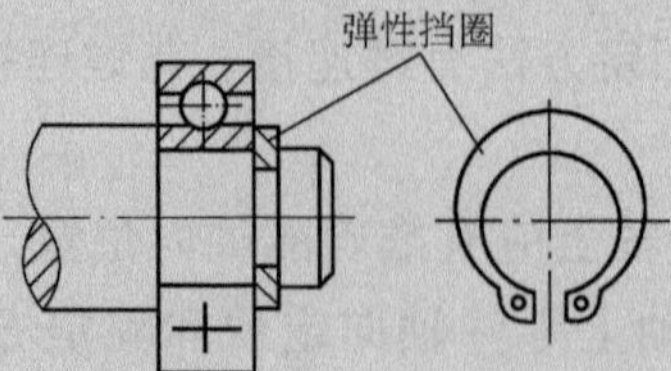	常用于滑移齿轮的限位和滚动轴承的固定，能承受较小的轴向力、装拆方便，但可靠性差

轴肩可分为定位轴肩和非定位轴肩两类。用轴肩和轴环定位时，为使轴上零件端面能与轴肩平面贴紧，轴肩和轴环的高度 h 必须大于零件孔端的圆角半径 R 和倒角 C，轴

肩的圆角半径 r 必须小于 R 和 C（见表 3-5）。轴肩尺寸 h、零件孔端圆角半径 R 和倒角 C 的值见表 3-6。滚动轴承的定位轴肩高度必须小于轴承内圈高度，以便于轴承的拆卸，有关尺寸可在机械零件设计手册中查取。

非定位轴肩是为了加工和装配方便而设置的，其高度无严格的规定，可取 1~2mm。

表 3-6　轴肩尺寸 h、零件孔端圆角半径 R 和倒角 C 的值　　（单位：mm）

轴径 d	>10~18	>18~30	>30~50	>50~80	>80~100
r	0.8	1.0	1.6	2.0	2.5
R 或 C	1.6	2.0	3.0	4.0	5.0
h_{min}	2.0	2.5	3.5	4.5	5.5
b	轴环的宽度 $b \geq 1.4h$				

（3）轴的结构工艺性

1）轴上阶梯数尽可能少，以减少应力集中。轴上各段的键槽、圆角、倒角、中心孔等尺寸尽可能统一，以利于加工和检验。

2）轴上需磨削的轴段应设计出砂轮越程槽（图 3-34），需车制螺纹的轴段应留有螺纹退刀槽（图 3-35）。

3）轴上有多处键槽时，应使各键槽位于轴的同一母线上，以便于加工和装配。

4）为便于零件的装配，轴端应有倒角。轴的两端采用标准中心孔作为加工和测量基准。

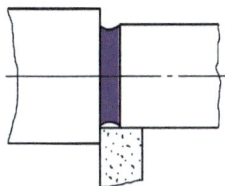

图 3-34　砂轮越程槽

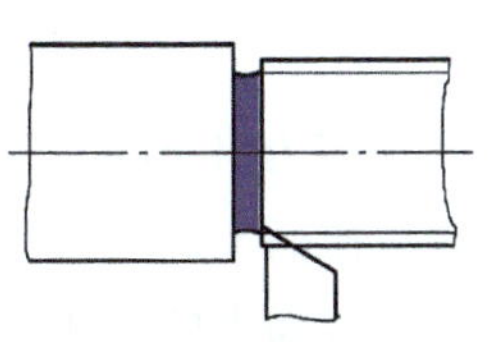

图 3-35　螺纹退刀槽

（4）提高轴疲劳强度的措施　轴的疲劳破坏是由疲劳裂纹引起的，而裂纹主要出现在轴的表面和应力集中处。因此，提高轴的疲劳强度，要从这两方面因素考虑。

1）提高轴的表面质量。可采取以下措施来提高轴的表面质量：减小轴的表面粗糙度值；对轴最大应力所在的表面采取表面强化措施，如喷丸、滚压、表面淬火、渗碳和渗氮的方法；在运输、装配及检修中，尽量避免在轴表面上造成伤痕，以引起应力集中。

2）减小应力集中。减小应力集中的基本方法有：①避免轴直径尺寸的急剧变化，相邻轴段直径差不能过大；②在直径尺寸突变处，应制出圆角，圆角半径尽量取足够大（图 3-36a）；③在重要结构

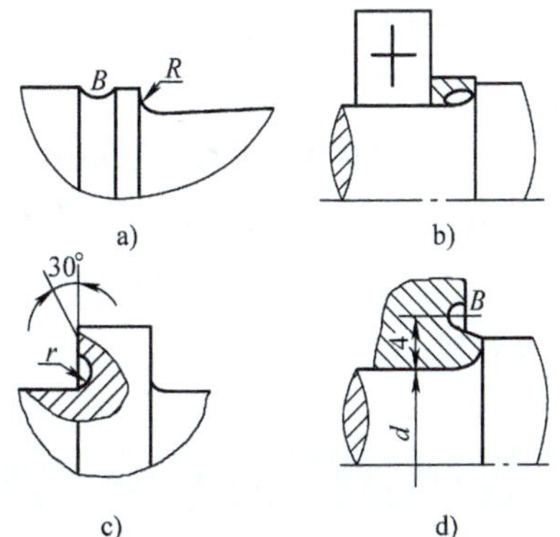

图 3-36　减小应力集中的方法

处，可采用过渡肩环（图3-36b）或凹切圆角（图3-36c），以增大圆角半径；④零件与轴过盈配合时，在零件轮毂上制出减载槽（图3-36d），能够减少配合处的应力集中。

4. 转轴的强度计算

如图3-32e所示，危险截面处最大弯曲正应力 σ 在轴直径的两端。AB 段切应力均相同，最大切应力 τ 在轴的圆周边（图3-32f）。σ 和 τ 分别由下式计算

弯曲正应力 $$\sigma=\frac{M}{W_z}$$

扭转切应力 $$\tau=\frac{T}{W_P}$$

式中 W_z——抗弯截面系数（mm^3），实心圆轴 $W_z=\frac{\pi d^3}{32}\approx 0.1d^3$；

W_P——抗扭截面系数（mm^3），实心圆轴 $W_P=\frac{\pi d^3}{16}\approx 0.2d^3$。

根据强度理论，弯曲与扭转组合变形的转轴强度条件为

$$\sigma_e=\sqrt{\sigma^2+4\tau^2}\leqslant[\sigma]$$

对实心圆轴，$W_P=2W_z$。一般转轴的弯曲正应力为对称循环变应力，而扭转切应力一般情况下可以认为是不变的静应力，但实际上由于机器运转的不均匀性，一般假设扭转切应力按脉动循环变化，从对轴的强度影响来看，它没有对称循环的影响大。考虑两者不同循环特性的影响，将扭转切应力的变化特性转换成与弯曲正应力相同的变化特性，对式中的转矩 T 乘以折算系数 α，即得危险截面处的强度条件

$$\sigma_e=\sqrt{\left(\frac{M}{W_z}\right)^2+4\left(\frac{T}{W_P}\right)^2}=\frac{\sqrt{M^2+(\alpha T)^2}}{W_z}\leqslant[\sigma_{-1b}] \tag{3-1-13}$$

式中 σ_e——当量应力（MPa）；

M——危险截面上的弯矩（N·m）；

T——危险截面上的转矩（N·m）；

α——考虑转矩和弯矩应力循环特性不同时的折算系数。

通常，对于转轴，弯矩所产生的弯曲应力是对称循环的变应力，而转矩所产生的扭转切应力常常不是对称循环的变应力，故在求折算弯矩时，必须考虑两者循环特性的差异。当扭转切应力为对称循环变应力时，两者相当，取 $\alpha=1$；当扭转切应力为脉动循环变应力时，其对强度的影响不如对称循环变应力强烈，取 $\alpha\approx 0.6$；当扭转切应力为静应力时，取 $\alpha\approx 0.3$。转轴一般取 $\alpha\approx 0.6$。

$[\sigma_{-1b}]$、$[\sigma_{0b}]$、$[\sigma_{+1b}]$ 为对称循环、脉动循环和静应力状态下的许用弯曲应力，见表3-7。应用式（3-1-13）同样可以解决三方面问题：强度校核、设计截面尺寸和确定许可载荷。

表3-7 轴的许用弯曲应力 （单位：MPa）

材料	R_m	$[\sigma_{+1b}]$	$[\sigma_{0b}]$	$[\sigma_{-1b}]$
碳素钢	400	130	70	40
	500	170	75	45

（续）

材料	R_m	$[\sigma_{+1b}]$	$[\sigma_{0b}]$	$[\sigma_{-1b}]$
碳素钢	600	200	95	55
	700	230	110	65
合金钢	800	270	130	75
	900	300	140	80
	1000	330	150	90
铸铁	400	100	50	30
	500	120	70	40

例 3-1-8　图 3-37 所示为带式输送机所用的单级斜齿圆柱齿轮减速器，从动轴所传递的功率 $P=5\text{kW}$，从动轴的转速 $n=140\text{r/min}$，轴上齿轮的参数为：$z=60$，$m_n=3.5\text{mm}$，$\beta=12°$，$\alpha_n=20°$，齿轮宽 $B=70\text{mm}$，载荷平稳，轴单向运转。试设计减速器的从动轴。

解：（1）选择轴的材料，确定许用应力　轴的材料选 45 钢，正火处理。查表 3-1，$R_m=600\text{MPa}$，$R_{eL}=300\text{MPa}$。查表 3-7，$[\sigma_{-1b}]=55\text{MPa}$。

（2）估算轴的最小直径　输出端与联轴器相配合的轴段轴径最小。查表 3-3，$C=110$，则由式（3-1-12）得

$$d \geqslant C\sqrt[3]{\frac{P}{n}}=110\times\sqrt[3]{\frac{5}{140}}\text{mm}=36.2\text{mm}$$

轴端有一个键槽，直径增大 3%，取 $d_{min}=38\text{mm}$。

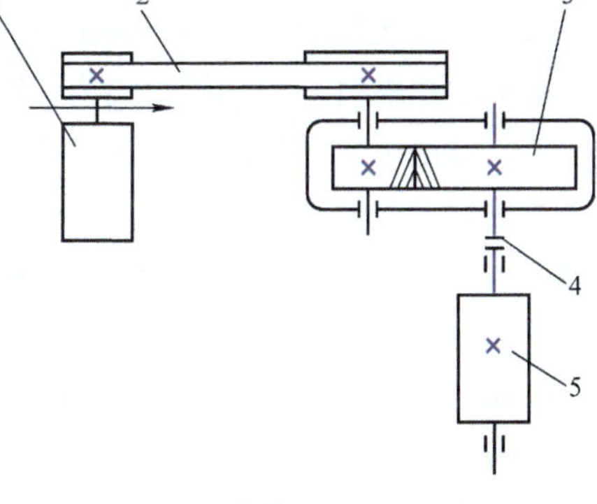

图 3-37　单级斜齿圆柱齿轮减速器
1—电动机　2—带传动　3—齿轮减速器　4—联轴器　5—卷筒

（3）计算齿轮受力

分度圆直径

$$d=\frac{m_n z}{\cos\beta}=\frac{3.5\times60}{\cos12°}\text{mm}=214.7\text{mm}$$

转矩

$$T=9.55\times10^6\times\frac{P}{n}=9.55\times10^6\times\frac{5}{140}\text{N}\cdot\text{mm}=341\text{N}\cdot\text{m}$$

圆周力　$$F_t=\frac{2T}{d}=\frac{2\times341\times10^3}{214.7}\text{N}=3176.5\text{N}$$

径向力　$$F_r=\frac{F_t\tan\alpha_n}{\cos\beta}=\frac{3176.5\times\tan20°}{\cos12°}\text{N}=1182.3\text{N}$$

轴向力　$$F_a=F_t\tan\beta=3176.5\times\tan12°=675.2\text{N}$$

（4）轴的结构设计

1）根据轴上零件的装配和定位方案，绘制轴系结构草图，如图 3-38 所示。

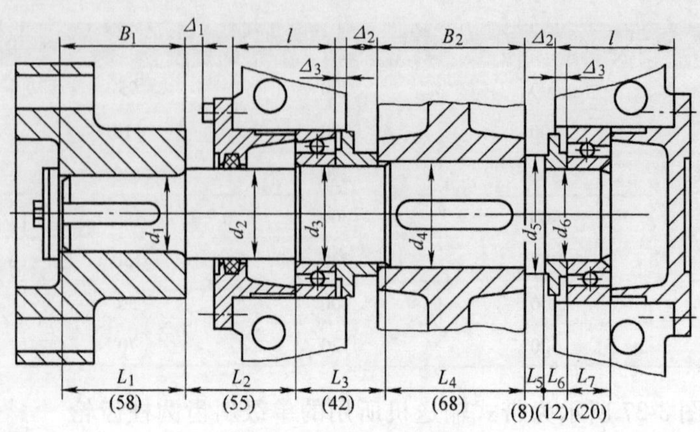

图 3-38　轴系结构草图

2）确定轴的各段直径。从左向右，第一段与联轴器配合，选择弹性柱销联轴器的规格为 HL3，联轴器 J 型轴孔的孔径为 38mm，孔长 60mm，所以确定 $d_1=38\text{mm}$；$d_2=38\text{mm}+2h=38\text{mm}+7\text{mm}=45\text{mm}$；$d_3$ 要符合轴承内径标准系列，选用角接触球轴承，代号 7210C，故 $d_3=50\text{mm}$；$d_4=50\text{mm}+2\text{mm}=52\text{mm}$；$d_5=52\text{mm}+2h=60\text{mm}$；$d_6=50\text{mm}$。

3）确定轴的各段长度。为使定位可靠，与传动零件（如齿轮、联轴器等）相配合的轴段长度应比传动零件的轮毂宽度略小 2mm 左右。$L_1=60\text{mm}-2\text{mm}=58\text{mm}$；第二段轴长考虑轴承盖螺钉至联轴器距离为 10～15mm，取 $L_2=55\text{mm}$。其余各段轴长与箱体的设计有关，可由齿轮开始向两端逐步确定。

齿轮端面与箱壁的距离 Δ_2 取 10～15mm，本题取 15mm；轴承端面与箱体内壁的距离与轴承的润滑有关，本题取 $\Delta_3=5\text{mm}$；轴承宽 20mm。$L_3=2\text{mm}+\Delta_2+\Delta_3+20\text{mm}=2\text{mm}+15\text{mm}+5\text{mm}+20\text{mm}=42\text{mm}$；$L_4=70\text{mm}-2\text{mm}=68\text{mm}$；轴环宽度 $L_5=8\text{mm}$；与轴承配合的轴段长 $L_6+L_7=32\text{mm}$。两支点间的跨距 $L=130\text{mm}$。

4）轴的结构细节设计（略）。

（5）轴的强度校核

1）绘制轴的受力简图（图 3-39a）。

2）分别计算水平面和垂直面支承反力。画水平面受力图（图 3-39b）和垂直面受力图（图 3-39d），分别求水平面和垂直面支反力。

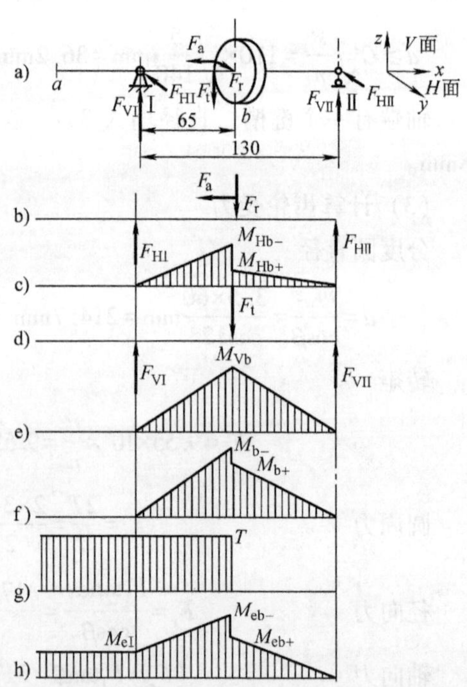

图 3-39　轴的受力分析及弯矩、转矩图

列水平面平衡方程　$\Sigma M_{\text{I}}=0, \Sigma F_y=0$

得　$130F_{\text{HII}}-65F_r+\dfrac{214.7}{2}F_a=0, F_{\text{HI}}+F_{\text{HII}}-F_r=0$

解得水平面支反力　$F_{\text{HII}}=34\text{N}, F_{\text{HI}}=1148.3\text{N}$

同理，可得垂直面支反力

$$F_{\mathrm{V\,I}}=F_{\mathrm{V\,II}}=\frac{1}{2}F_{\mathrm{t}}=1588.3\mathrm{N}$$

3）绘制水平面弯矩图、垂直面弯矩图及合成弯矩图（图3-39c、e、f）。

4）水平面弯矩　$M_{\mathrm{Hb-}}=65\mathrm{mm}\times F_{\mathrm{H\,I}}=65\times1148.3\mathrm{N\cdot mm}=74640\mathrm{N\cdot mm}$

$$M_{\mathrm{Hb+}}=65\mathrm{mm}\times F_{\mathrm{H\,II}}=65\times34\mathrm{N\cdot mm}=2210\mathrm{N\cdot mm}$$

垂直面弯矩　$M_{\mathrm{Vb}}=65F_{\mathrm{V\,I}}=65\times1588.3\mathrm{N\cdot mm}=103240\mathrm{N\cdot mm}$

合成弯矩　$M_{\mathrm{b-}}=\sqrt{(M_{\mathrm{Vb}})^2+(M_{\mathrm{Hb-}})^2}=\sqrt{103240^2+74640^2}\mathrm{N\cdot mm}=127396\mathrm{N\cdot mm}$

$$M_{\mathrm{b+}}=\sqrt{(M_{\mathrm{Vb}})^2+(M_{\mathrm{Hb+}})^2}=\sqrt{103240^2+2210^2}\mathrm{N\cdot mm}=103264\mathrm{N\cdot mm}$$

绘制转矩图（图3-39g）。

5）绘制当量弯矩图（图3-39h）。危险截面的当量弯矩为

$$M_{\mathrm{e}}=\sqrt{(M_{\mathrm{b-}})^2+(\alpha T)^2}=\sqrt{127396^2+(0.6\times341000)^2}\mathrm{N\cdot mm}=241021\mathrm{N\cdot m}$$

6）校核危险截面的直径

$$d\geqslant\sqrt[3]{\frac{M_{\mathrm{e}}}{0.1[\sigma_{-1\mathrm{b}}]}}=\sqrt[3]{\frac{241021}{0.1\times55}}\mathrm{mm}=35.3\mathrm{mm}，增大3\%为\ d\geqslant36.3\mathrm{mm}$$

因结构设计的轴径为52mm，故满足强度条件。

（6）绘制轴的零件工作图　如图3-40所示。

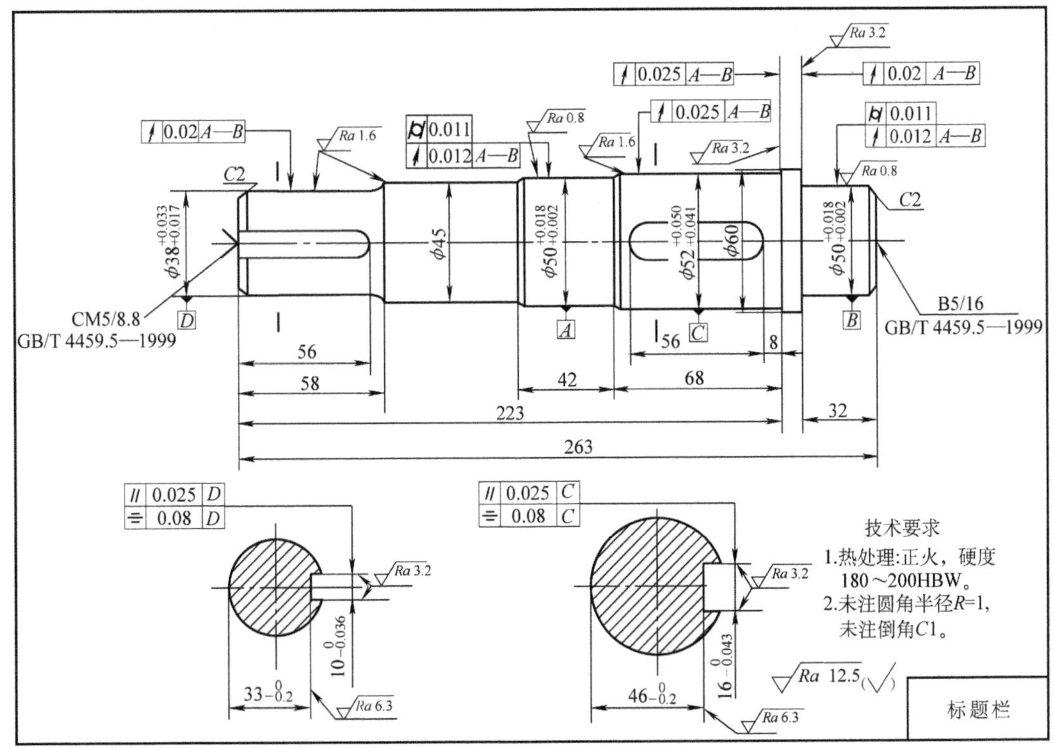

图3-40　轴的零件工作图

任务实施

设计压力机所用的减速器输出轴（图3-2）。工作参数：减速器输出轴功率为6.18kW，输出轴转速 $n=58\text{r/min}$。大齿轮轴端离合器轮毂宽为50mm，轴上斜齿轮的参数和尺寸与项目2中任务2.3的设计数据相同。

按照下面的步骤完成任务，并将过程和结果填写在表3-8中。

表3-8 轴的设计

序号	设计步骤	设计计算内容	结果
1	选择材料，确定许用应力		
2	估算轴的最小直径		
3	轴的结构设计	（1）确定轴上零件的装配和定位方案	
		（2）确定各轴段的直径	
		（3）确定各轴段的长度	
		（4）键槽、倒角等结构细节设计	

（续）

序号	设计步骤	设计计算内容	结果
4	轴的强度校核	（1）作轴的受力简图	
		（2）作轴的水平面受力简图，求水平面支反力	
		（3）作水平面弯矩图	
		（4）作轴的垂直面受力简图，求垂直面支反力	
		（5）作垂直面弯矩图	
		（6）将水平面和垂直面的弯矩合成，并画出合成弯矩图	
		（7）计算转矩，并画出转矩图	
		（8）计算当量弯矩	
		（9）校核轴的强度	

（续）

序号	设计步骤	设计计算内容	结果
5	画出轴的零件工作图	（1）标出轴的尺寸	
		（2）写出对轴的技术要求	
		（3）标出公差配合及表面粗糙度等要求	

实践中常见问题解析

1）进行轴的结构设计时要综合考虑零件的标准和安装空间要求。每一轴段的径向尺寸的设计既要考虑与其配合的零件的尺寸，也要考虑轴上零件的轴向定位要求，同时还要考虑与标准件的配合问题。若是齿轮轴，还要考虑齿轮轴加工的工艺性及轴的强度和刚度等。

2）因为轴在机器中不是孤立存在的，轴的结构设计还要结合轴承的润滑方式（如采用挡油环的方式）来完成。

3）轴的结构设计不要拘泥于固定的模式和尺寸，应从工作实际角度考虑。因为轴的设计是比较重要的设计，能激发学生的创新思维，本设计可聘用有设计经验的企业技术人员和具有丰富实践经验的高级技师作为学生的辅导教师。

小结

本学习任务分析了轴的常见类型和应用，讨论了轴的材料选用和轴的结构设计，分析了几种不同类型的轴的强度计算问题。学生在实际的设计工作中去掌握轴的设计的知识和技能，通过对轴设计过程的思考和实践，培养学生的创新思维能力。

1）轴的分类：传动轴、心轴和转轴。

2）传动轴的强度计算：轴上危险截面的最大切应力不超过材料的许用切应力，即

$$\tau_{max}=\frac{T}{W_P}\leqslant[\tau]$$

应用此式可以求解强度校核、截面设计和确定许可载荷三方面实际应用问题。

3）传动轴的刚度计算：限制轴的单位长度扭转角 θ，使 θ 不超过许用值 $[\theta]$，即

$$\theta=\frac{\varphi}{L}=\frac{T}{GI_P}\leqslant[\theta]$$

4）心轴的强度计算：危险截面的弯曲正应力不超过材料的许用应力，即

$$\sigma_{max}=\frac{M}{W_z}\leqslant[\sigma]$$

5）转轴的强度计算：危险截面处的当量应力不超过材料的许用应力，即

$$\sigma_e=\sqrt{\left(\frac{M}{W_z}\right)^2+4\left(\frac{T}{W_P}\right)^2}=\frac{\sqrt{M^2+(\alpha T)^2}}{W_z}\leqslant[\sigma_{-1b}]$$

6）轴的设计步骤：

① 选择轴的材料，确定许用应力。

② 按扭转强度估算轴的最小直径。

③ 轴的结构设计。具体包括以下几项内容：

a. 拟订轴上零件装配方案；

b. 确定轴上零件的位置和固定方式；

c. 确定各轴段的直径；

d. 确定各轴段的长度；

e. 结构细节设计，如键槽、倒角、圆角、退刀槽、砂轮越程槽等。

④ 按弯扭组合校核轴的强度。

⑤ 绘制轴的零件图。

7）轴的结构设计：

① 确定轴上零件的装配方案。

② 确定轴上零件的周向固定和轴向定位方式。

③ 轴的结构工艺性要好，体现在：

a. 轴上阶梯数尽可能少，以减少应力集中，轴上各段的键槽、圆角、倒角、中心孔等尺寸尽可能统一，以利于加工和检验；

b. 轴上需磨削的轴段应设计出砂轮越程槽，需车制螺纹的轴段应留有螺纹退刀槽；

c. 轴上有多处键槽时，应使各键槽位于轴的同一母线上；

d. 为便于零件的装配，轴端应有倒角。

④ 应采取必要的提高轴疲劳强度的措施。

• 思考与练习 •

一、单项选择题

3-1-1　工作时只受弯矩，不传递转矩的轴，称为____。

A. 心轴　　B. 转轴　　C. 传动轴　　D. 弯曲轴

3-1-2　工作时以传递转矩为主，不承受弯矩或弯矩很小的轴，称为____。

A. 心轴　　B. 转轴　　C. 传动轴　　D. 弯曲轴

3-1-3　自行车的前轮轴是____。

A. 心轴　　B. 转轴　　C. 传动轴　　D. 弯曲轴

3-1-4　铁路车辆的车轮轴是____。

A. 心轴　　B. 转轴　　C. 传动轴　　D. 弯曲轴

3-1-5　轴环的用途是____。

A. 作为轴加工时的定位面　　B. 提高轴的强度

C. 提高轴的刚度　　D. 使轴上零件获得轴向固定

3-1-6　增大轴在剖面过度处的圆角半径，其优点是____。

A. 使零件的轴向定位比较可靠　　B. 降低应力集中，提高轴的疲劳强度

C. 使轴的加工方便　　D. 使轴美观

3-1-7　作用在转轴上的各种载荷中，能产生对称循环弯曲应力的是____。

A. 轴向力　　B. 径向力

C. 由于不平衡质量所引起的离心力　　D. 转矩

3-1-8　按许用弯曲应力来计算转轴时，采用应力折合系数 α，是考虑到____。

A. 弯曲应力可能不是对称循环应力　　B. 转矩可能不是对称循环应力

C. 轴上有应力集中　　D. 所采用的强度理论与试验结果有偏差

3-1-9　与轴承配合的轴段是____。

A. 轴头　　B. 轴颈　　C. 轴身　　D. 以上均不是

3-1-10　为便于拆卸滚动轴承，与其定位的轴肩高度应____滚动轴承内圈厚度。

A. 大于　　B. 小于　　C. 等于　　D. 以上均不是

二、判断题

3-1-11　一般机械中的轴多采用阶梯轴，以便于零件的拆装、定位。

3-1-12　同一轴上各键槽、退刀槽、圆角半径、倒角、中心孔等，重复出现时，尺寸应尽量相同。

3-1-13　为使滚动轴承内圈轴向定位可靠，轴肩高度应大于轴承内圈高度。

3-1-14　工作时承受弯矩并传递转矩的轴，称为转轴。

3-1-15　自行车当中的后轮轴是心轴。

3-1-16　在轴的初步计算中，轴的最小直径是按弯曲强度来初步确定的。

3-1-17　汽车下部，由发动机、变速器、通过万向联轴器带动后轮差速器的轴，是传动轴。

3-1-18　当轴上安装的零件要承受轴向力时，采用弹性挡圈来进行轴向定位，所能承受的轴向力较大。

3-1-19　轴的表面强化处理，可以避免产生疲劳裂纹，提高轴的承载能力。

3-1-20　满足强度要求的轴，其刚度一定足够。

三、简答题

3-1-21　自行车的中轴和后轮轴是什么类型的轴？为什么？

3-1-22　什么是应力？什么是许用应力？应力与许用应力有什么关系？

3-1-23 试选择下列工作场合轴的材料：

①食品机械螺旋输送机的输送轴；

②普通机床齿轮箱中的转轴；

③机床主轴。

3-1-24 圆轴扭转时横截面上产生什么应力？怎样分布？如何计算？

3-1-25 什么是中性层？什么是中性轴？

3-1-26 只承受弯矩的圆轴，弯矩最大处是否一定是危险截面？为什么？

3-1-27 在转轴的强度计算中，为什么要在转矩 T 前乘以系数 α？

3-1-28 轴上零件常用的周向固定方式有哪些？

3-1-29 轴上零件常用的轴向固定方式有哪些？

3-1-30 轴的加工工艺性主要考虑哪几个方面？

四、训练题

3-1-31 如图3-41所示，传动轴转速 $n=250\mathrm{r/min}$，主动轮 B 输入功率为 $P_B=7\mathrm{kW}$，从动轮 A、C、D 分别输出的功率为 $P_A=3\mathrm{kW}$，$P_C=2.5\mathrm{kW}$，$P_D=1.5\mathrm{kW}$。试画轴的转矩图，并指出最大转矩 $T_{\max}$ 的值。

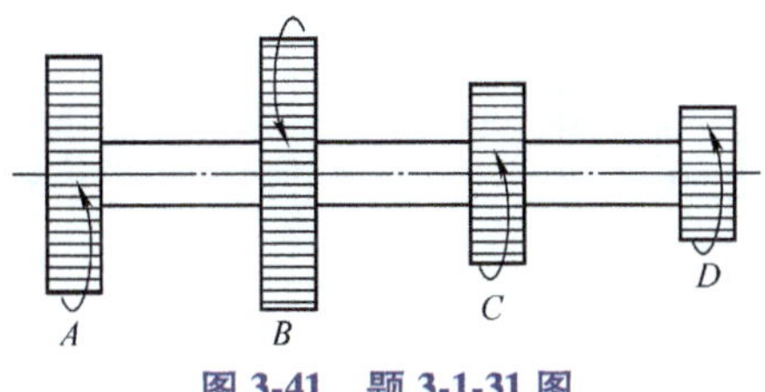

图3-41 题3-1-31图

3-1-32 如图3-42所示，实心轴和空心轴通过牙嵌离合器连接，已知轴的转速 $n=120\mathrm{r/min}$，传递的功率 $P=9.5\mathrm{kW}$，材料的许用切应力 $[\tau]=40\mathrm{MPa}$。

1）确定实心轴的直径 D_1。

2）确定空心轴的外径 D_2（空心轴内外直径之比为0.5）。

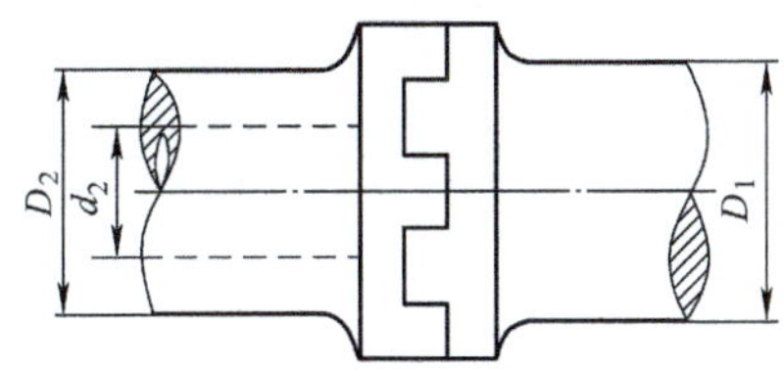

图3-42 题3-1-32图

3-1-33 如图3-43所示，轴 AB 长为400mm，画轴 AB 的弯矩图，并求出最大弯矩 $M_{\max}$ 的值。

3-1-34 如图3-44所示，实心光轴长 $l=3\mathrm{m}$，受均布载荷 $q=8\mathrm{kN/m}$，材料的许用应力 $[\sigma]=160\mathrm{MPa}$，$[\tau]=100\mathrm{MPa}$。试设计出轴的直径 d。

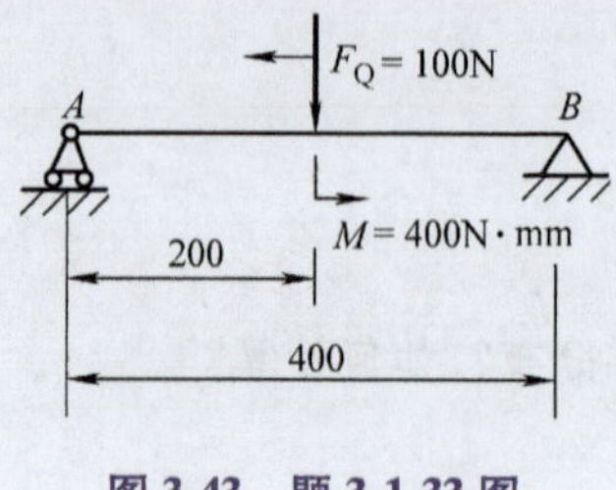

图 3-43 题 3-1-33 图

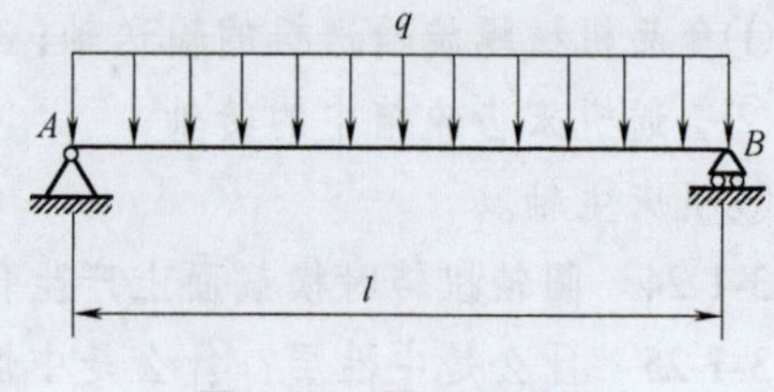

图 3-44 题 3-1-34 图

3-1-35 指出图 3-45 中轴的结构不合理的地方，并画出改正后的轴结构图。

3-1-36 图 3-46 所示为单级直齿圆柱齿轮减速器，已知电动机输入给主动轴的功率 $P = 4kW$，主动轴转速 $n_1 = 720r/min$，从动轴转速 $n_2 = 125r/min$，大齿轮宽度 $B = 90mm$，分度圆直径 $d_2 = 300mm$。主动轴采用 45 钢，调质处理；从动轴采用 45 钢，正火处理。设两支承处轴承选用 7210C 型，要求：

1）完成从动轴的结构设计。

2）校核从动轴的强度。

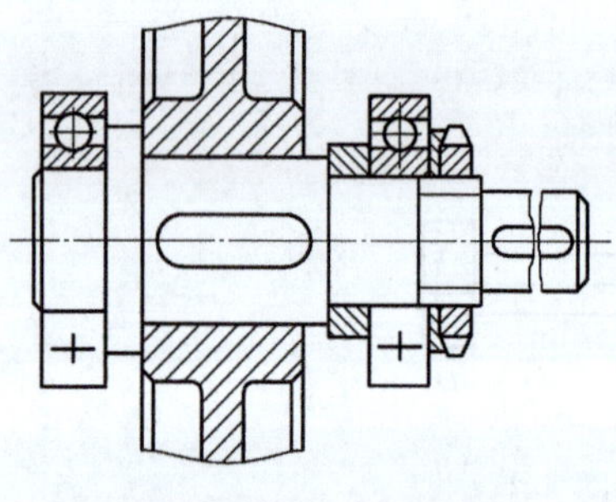

图 3-45 题 3-1-35 图

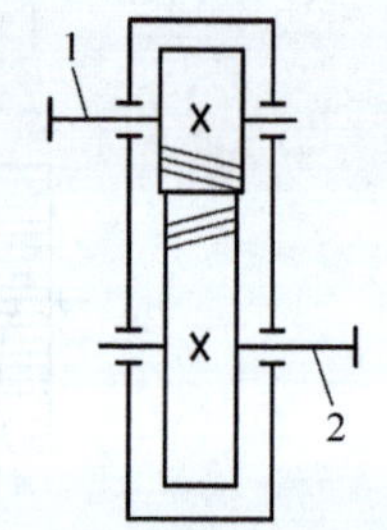

图 3-46 题 3-1-36 图

任务 3.2 滚动轴承的设计与选用

任务目标

1）能够正确分析滚动轴承的类型、应用和工作特性。

2）能够正确分析滚动轴承代号的含义。

3）能够根据实际工作条件选择和维护滚动轴承。

4）能够在完成任务过程中做到吃苦耐劳、精益求精。

5）培养严谨认真的工作态度和安全责任意识。

6）培养机械设计创新思维、团队合作意识和爱国主义精神。

任务描述

选择减速器输出轴的滚动轴承（图3-2）。工作参数：减速器输出轴（低速轴）功率为6.18kW，输出轴转速 $n=58\text{r/min}$。

任务分析

滚动轴承在压力机减速器中作为轴的支承，具有较高的回转精度。滚动轴承是轴承的一种类型，由于其摩擦阻力小，载荷、转速及工作温度的适用范围广，得到了广泛应用。通过滚动轴承的设计与选用，完成以下具体任务：

1）分析滚动轴承的类型、特性和应用。

2）分析滚动轴承代号的含义。

3）进行滚动轴承的类型选择和尺寸（型号）选择。

4）进行滚动轴承的组合设计。

相关知识

轴承发展状况

轴承是机器中的基础元件，广泛应用于各行业的机械产品中，被誉为机器的“关节”。中国是世界上最早发明滚动轴承的国家之一，在中国古籍中早有记载。跨湖桥文化遗址出土的木质陶轮底座（图3-47）就是轴承的原型。从发掘出的文物可以看出秦汉时期的“轴受”具备内腔结构，可以放置滚子，这种“轴受”被认为是人类制造的初代滚动轴承（图3-48）。

图3-47 陶轮底座

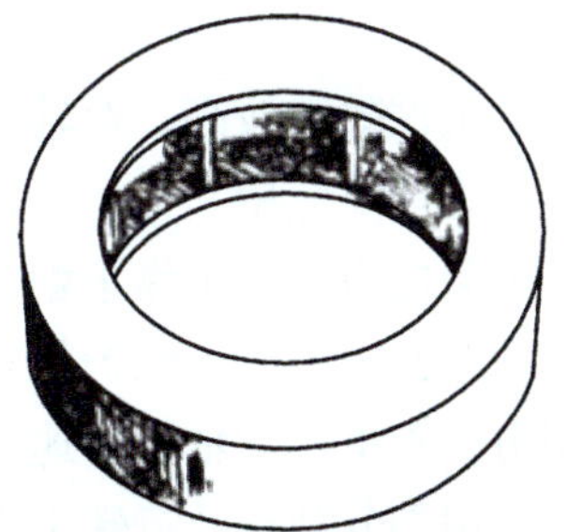

图3-48 秦汉时期的“轴受”

早期的滚动轴承有一个缺陷，就是滚子之间会发生碰撞，造成不必要的摩擦。而带有保持架的现代滚动轴承是1760年由英国钟表匠约翰·哈里森发明的。从17世纪到19世纪，现代轴承发展了两百年的时间，而轴承的工业化生产才刚刚起步。近几十年来，随着航空航天、核电工业、电子计算机、光电磁仪器、精密机械等高新技术的飞速发展，体现当代科学技术水平的世界轴承工业进入一个全面革新制造技术，迅速发展品种，大力提高性能、精度，日益成熟完善的历史新时期。

随着轴承业的快速发展，我国自主研发生产的轴承品种也越来越多，质量和技术水平也越来越高。以前国产轴承满足不了高铁时速要求，高铁轴承一直被高端轴承生产国所垄断。目前，洛阳轴承厂已完成时速250km、350km的高速铁路轴承产品设计、工艺研究及样品制造，中国高铁也迎来了关键部件的国产化，高铁高端轴承的攻克宣示着中国高精度轴承制造技术已达到全球领先水平，相信不久的将来，更多领域的高端轴承会实现国产化。图3-49所示为国产高端轴承，图3-50所示为中国高铁。

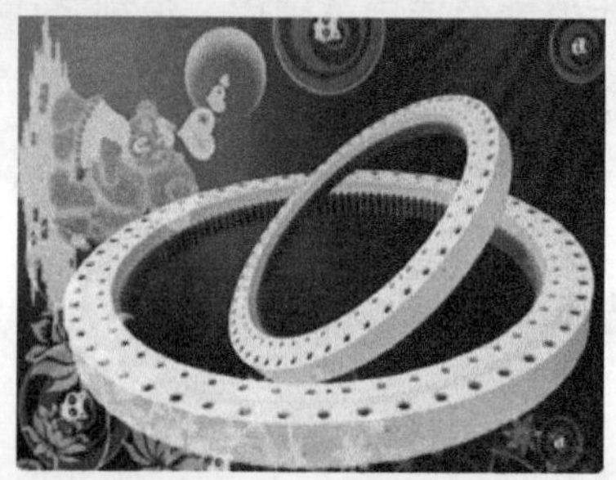

图3-49　国产高端轴承

图3-50　中国高铁

一、轴承的功用和分类

轴承是支承轴和轴上零件的部件。按支承处相对运动表面的摩擦性质不同，轴承可分为滑动轴承和滚动轴承；按轴承所承受的载荷不同，轴承可分为承受径向载荷的径向（向心）轴承和承受轴向载荷的推力轴承。

滚动轴承的摩擦阻力小，载荷、转速及工作温度的适用范围广，且为标准件，有专门厂家大批量生产，质量可靠，供应充足，润滑、维修方便，但径向尺寸较大，有振动和噪声。

由于滚动轴承的机械效率较高，对轴承的维护要求较低，因此在中、低转速以及精度要求较高的场合得到广泛应用。

滑动轴承具有承载能力强、工作平稳、噪声低、抗冲击、回转精度高、高速性能好等优点，但也有起动摩擦阻力大、维护较复杂等缺点。由于滑动轴承的独特优点，某些特殊场合必须采用滑动轴承，如轴的转速很高、旋转精度要求特别高、承受很大的冲击和振动载荷、必须采用剖分结构及特殊工作条件下的场合。目前，滑动轴承在金属切削机床、汽轮机、大型电机、铁路机车及车辆、雷达、卫星通信地面站等方面得到了广泛的应用。

二、滚动轴承的结构、基本类型和代号

1. 滚动轴承的构造

（1）滚动轴承的结构　如图3-51a所示，滚动轴承由外圈、内圈、滚动体和保持架

组成。通常内圈采用过盈配合装在轴颈上与轴一起转动，外圈装在轴承座孔内固定不转动。保持架的作用是将滚动体均匀地隔开，多采用低碳钢板制造，也可用有色金属或塑料等材料制造。常见的滚动体形状有球、圆柱滚子、圆锥滚子、鼓形滚子和滚针等（图 3-51b）。滚动轴承是标准件，由轴承厂批量生产，可根据需要直接选用。

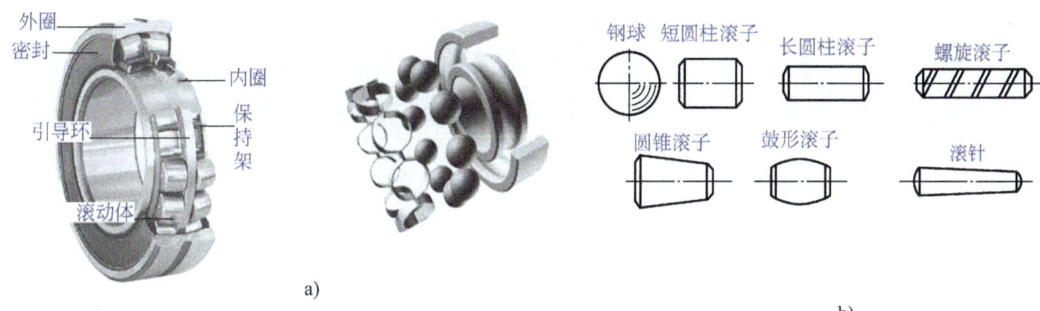

图 3-51　滚动轴承的构造

（2）滚动轴承的结构特性

1）公称接触角。公称接触角是指滚动体与套圈接触处的公法线与轴承径向平面之间的夹角，用 α 表示。公称接触角越大，轴承承受轴向载荷的能力就越强。各类轴承的公称接触角见表 3-9。

表 3-9　各类轴承的公称接触角

<table>
<tr><td rowspan="2">轴承类型</td><td colspan="2">向心轴承</td><td colspan="2">推力轴承</td></tr>
<tr><td>径向接触</td><td colspan="2">角接触</td><td>轴向接触</td></tr>
<tr><td>公称接触角</td><td>$\alpha=0°$</td><td>$0°<\alpha\leqslant45°$</td><td>$45°<\alpha<90°$</td><td>$\alpha=90°$</td></tr>
<tr><td>图例</td><td>n n</td><td>n α n</td><td>α n n</td><td>α n n</td></tr>
</table>

2）游隙。滚动体和内、外圈之间存在一定的间隙，因此内、外圈之间可以产生相对位移。其最大位移量称为游隙，分为轴向游隙和径向游隙。游隙的大小对轴承寿命、噪声、温升等有很大影响，应按使用要求进行游隙的选择或调整。

3）偏移角。轴承内、外圈轴线相对倾斜时所夹锐角，称为偏移角。能自动适应角偏移的轴承，称为调心轴承。

2. 滚动轴承的基本类型及选择

（1）按其所能承受载荷的方向或公称接触角的不同分　滚动轴承可分为向心轴承、推力轴承和角接触轴承三大类。公称接触角 $\alpha=0°$ 的轴承为向心轴承，主要承受径向载荷。公称接触角 $\alpha=90°$ 的轴承为推力轴承，只能承受轴向载荷。公称接触角 $0°<\alpha<90°$ 的轴承为角接触轴承（或称向心推力轴承），可同时承受径向载荷和轴向载荷。

（2）按滚动体的种类分　滚动轴承可分为球轴承和滚子轴承。在外廓尺寸相同的情况下，滚子轴承比球轴承的承载能力和抗冲击能力强。

（3）按游隙能否调整分　轴承可分为可调游隙轴承（如角接触球轴承、圆锥滚子轴承）和不可调游隙轴承（如深沟球轴承、圆柱滚子轴承）。

滚动轴承的常见类型和特性见表3-10。

表3-10　常见滚动轴承的类型和特性

轴承名称和类型代号	结构简图和承载方向	极限转速	允许角偏差	主要特性和应用
调心球轴承 1		中	2°~3°	主要承受径向载荷，也能同时承受较小的轴向载荷。因外圈滚道表面是以轴承中点为中心的球面，故能调心
调心滚子轴承 2		低	0.5°~2°	与1类似，但承载能力大
圆锥滚子轴承 3	α	中	2′	能同时承受较大的径向载荷和轴向载荷。因为系线接触，所以承载能力大。内、外圈可分离，装拆方便，成对使用
推力球轴承 5	a)单向 b)双向	低	不允许	只能承受轴向载荷。单向结构可承受单向载荷；双向结构可承受双向载荷。用于轴向载荷较大、转速较低的场合
深沟球轴承 6		高	8′~16′	主要承受径向载荷，也能同时承受较小的轴向载荷。因外圈滚道表面是以轴承中点为中心的球面，故能调心。当转速很高而轴向载荷不太大时，可代替推力球轴承承受纯轴向载荷

（续）

轴承名称和类型代号	结构简图和承载方向	极限转速	允许角偏差	主要特性和应用
角接触球轴承 7		较高	2′~10′	能同时承受较大的径向载荷和轴向载荷。公称接触角越大，轴向承载能力越大，通常成对使用
推力圆柱滚子轴承 8		低	不允许	能承受很大的轴向载荷
圆柱滚子轴承 N		较高	2′~4′	能承受较大的径向载荷，不能承受轴向载荷
滚针轴承 a）NA b）RNA	a) b)	低	不允许	只能承受径向载荷。径向尺寸小，承载能力大。一般无保持架，轴承极限转速低

（4）滚动轴承的选择　滚动轴承的选择包括类型选择、精度选择和型号（尺寸）选择。

1）类型选择。选择轴承类型应考虑以下几方面因素：承受载荷的大小、方向和性质；转速与工作环境；调心性能要求；经济性和其他特殊要求等。

① 载荷条件。载荷较大时应选用滚子轴承。主要承受径向载荷时应选用深沟球轴承；同时承受径向载荷和轴向载荷时应选用角接触轴承；只承受轴向载荷时应选用推力轴承；承受的轴向载荷比径向载荷大很多时，应选用推力轴承和深沟球轴承的组合结构。承受冲击载荷时应选用滚子轴承。

② 转速条件。转速较高且旋转精度要求较高时，应选用球轴承；转速较低，有冲击载荷时，应选用滚子轴承。

③ 调心性能。跨距较大，难以保证轴的刚度或安装精度时，应选用具有调心性能的调心轴承。

④ 装调性能。为便于安装、拆卸和调整轴承游隙，根据工作要求可选用内、外圈可分离的圆锥（或圆柱）滚子轴承。

⑤ 经济性。一般球轴承比滚子轴承的价格低，特殊结构的轴承比普通结构的轴承价格高。

2）精度选择。相同型号的轴承，精度越高，价格就越高。一般机械传动中的轴承应选用普通级（0 级）精度。

3）型号（尺寸）选择。根据轴颈直径，初步选择轴承的型号，然后根据后文第三部分内容进行轴承的寿命计算或静强度计算。

3. 滚动轴承的代号

滚动轴承代号是表示其结构、尺寸、公差等级和技术性能等特性的产品符号。按照 GB/T 272—2017 的规定，滚动轴承代号由基本代号、前置代号和后置代号组成。代号一般印刻在外圈端面上，其排列顺序如下：

前置代号　　基本代号　　后置代号

（1）基本代号　基本代号表示滚动轴承的基本类型、结构和尺寸。自右向左，代号由内径代号、尺寸系列代号和类型代号三部分组成。基本代号的组成和含义见表 3-11。

1）内径代号。表示轴承的内径尺寸，见表 3-11。

2）尺寸系列代号。由直径系列代号和宽度系列代号组成。直径系列表示内径相同，外径不同的系列，用右起第三位数字表示。宽度系列表示内、外径相同，宽度不同的系列，用右起第四位数字表示，当宽度系列代号为 0 时可省略，但对调心轴承和圆锥滚子轴承不可省略。尺寸系列代号的表示方法见表 3-12。

3）类型代号。用数字或大写拉丁字母表示，见表 3-10。

（2）前置代号　前置代号用字母表示，用来说明成套轴承部件特点的补充代号，可参阅 GB/T 272—2017。

表 3-11　基本代号的组成和含义

<table>
<tr><th rowspan="2">类型代号</th><th colspan="2">尺寸系列代号</th><th rowspan="2" colspan="5">内径代号</th></tr>
<tr><th>宽（高）度系列代号</th><th>直径系列代号</th></tr>
<tr><td rowspan="3">用一位数字或一至两个字母表示，见表 3-10</td><td>用一位数字表示。表示内径相同，宽（高）度不同的系列</td><td>用一位数字表示。表示内径相同，外径不同的系列</td><td colspan="5">通常用两位数字表示。内径 d=代号×5mm。
d>500mm、d<10mm 及 d=22mm、28mm、32mm 的内径代号查技术手册
10mm≤d<20mm 的内径代号如下：</td></tr>
<tr><td colspan="2" rowspan="2">尺寸系列代号连用，当宽（高）度系列代号为 0 时可省略</td><td>内径代号</td><td>00</td><td>01</td><td>02</td><td>03</td></tr>
<tr><td>内径/mm</td><td>10</td><td>12</td><td>15</td><td>17</td></tr>
</table>

表 3-12　尺寸系列代号

直径系列		向心轴承								推力轴承			
		宽度系列代号								高度系列代号			
		宽度尺寸依次递增								高度尺寸依次递增			
		8	0	1	2	3	4	5	6	7	9	1	2
外径尺寸依次递增	7	—	—	17	—	37	—	—	—	—	—	—	—
	8	—	08	18	28	38	48	58	68	—	—	—	—
	9	—	09	19	29	39	49	59	69	—	—	—	—
	0	—	00	10	20	30	40	50	60	70	90	10	—
	1	—	01	11	21	31	41	51	61	71	91	11	—
	2	82	02	12	22	32	42	52	62	72	92	12	22
	3	83	03	13	23	33	—	—	—	73	93	13	23
	4	—	04	—	24	—	—	—	—	74	94	14	24
	5	—	—	—	—	—	—	—	—	—	95	—	—

（3）后置代号　后置代号用字母（或字母加数字）表示，用来说明轴承在结构、公差和材料等方面的特殊要求。下面仅介绍内部结构代号和公差等级代号的含义。

微课 3-6

滚动轴承的代号

1）内部结构代号。以角接触球轴承的公称接触角变化为例，公称接触角为 15°时，代号为 C；公称接触角为 25°时，代号为 AC；公称接触角为 40°时，代号为 B。

2）公差等级代号。公差等级按精度由低到高代号依次为：/PN、/P6、/P6X、/P5、/P4、/P2。/PN 为普通级，可省略不标。

例 3-2-1　说明下列轴承代号的含义：62307、72211AC/P5、6210。

解：62307　轴承内径为 35mm，直径系列为 3，宽度系列为 2，公差等级为 PN 级，深沟球轴承。

72211AC/P5 轴承内径为 55mm，直径系列为 2，宽度系列为 2，公称接触角为 25°，公差等级为 P5 级，角接触球轴承。

6210 轴承内径为 50mm，直径系列为 2，宽度系列为 0（省略），公差等级为 PN 级，深沟球轴承。

三、滚动轴承的工作情况分析和选择计算

如图 3-52 所示，轴承承受径向载荷 F_r 时，各滚动体承受载荷的大小不同，最下方位置的滚动体承受的载荷最大。轴承内、外圈和滚动体承受的载荷呈周期性变化，各元件受交变接触应力作用。

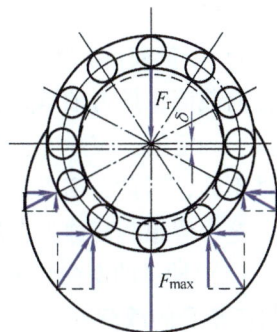

图 3-52　滚动轴承载荷分布

1. 滚动轴承的失效形式和设计准则

（1）失效形式

1）疲劳点蚀。在交变接触应力的作用下，滚动体和套

圈滚道表面会产生疲劳点蚀，疲劳点蚀是滚动轴承的主要失效形式。疲劳点蚀使轴承产生振动和噪声，运转精度降低，温度升高。为防止出现疲劳点蚀，需对轴承进行疲劳寿命计算。

2）塑性变形。在过大的静载荷或冲击载荷的作用下，滚动体和套圈滚道易产生塑性变形，表面出现凹坑，从而导致轴承的运动精度降低，产生冲击和振动。为避免塑性变形，需对轴承进行静强度计算。

3）磨损。轴承在多尘或密封不可靠、润滑不良的工作条件下，滚动体或套圈滚道易产生磨损。为防止和减轻磨损，应限制轴承的工作转速，并保证良好的润滑和密封条件。

（2）计算准则

1）一般转速的轴承，轴承的主要失效形式是疲劳点蚀，应以疲劳强度计算为依据进行轴承的寿命计算。

2）高速轴承，除疲劳点蚀外，工作表面的过热也是其主要的失效形式，应进行寿命计算并校核其极限转速。

3）低速轴承，主要失效形式为塑性变形，应进行以不发生塑性变形为准则的静强度计算。

2. 滚动轴承的寿命计算

（1）寿命计算中的基本概念

1）寿命。轴承的任一滚动体或内、外圈滚道上出现疲劳点蚀以前所经历的总转数，或在一定转速下所经历的小时数，称为轴承寿命。

2）基本额定寿命。一批类型、尺寸相同的轴承，由于材料、加工精度、热处理和装配质量等工艺过程差异的影响，在完全相同的条件下工作，各个轴承的寿命也不尽相同。基本额定寿命是指一批相同的轴承，在一定的工作条件下，90%的轴承未发生疲劳点蚀以前运转的总转数，或在一定转速下总的工作小时数，用 L(10^6r) 或 L_h(h) 表示。

3）额定动载荷。基本额定寿命为 10^6r 时轴承所能承受的载荷，称为额定动载荷，用 C 表示。轴承在额定动载荷作用下，不发生疲劳点蚀的可靠度是90%。各种类型和不同尺寸轴承的 C 值可查设计手册。

4）额定静载荷。轴承工作时，受载最大的滚动体与内、外圈滚道接触处的接触应力达到一定值（向心和推力球轴承为4200MPa，滚子轴承为4000MPa）时的静载荷，称为额定静载荷，用 C_0 表示，其值可查设计手册。

5）当量载荷。额定动、静载荷是向心轴承只承受径向载荷，推力轴承只承受轴向载荷的条件下，根据试验确定的。实际上，轴承承受的载荷往往与上述条件不同，因此，必须将实际载荷等效为一假想载荷，这个假想载荷称为当量动、静载荷，用 P 表示。

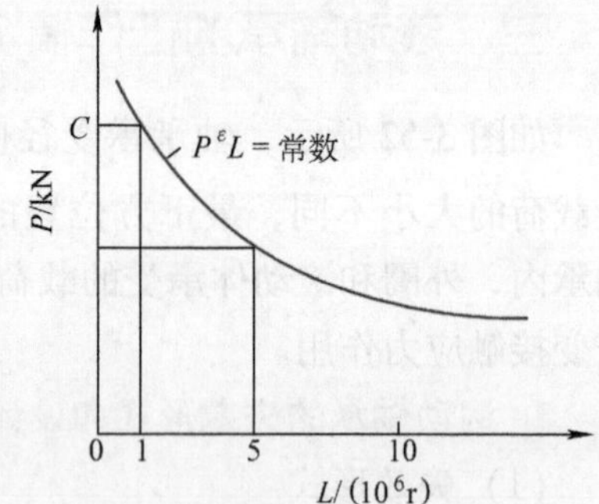

图 3-53　滚动轴承的载荷—寿命曲线

（2）轴承的寿命计算　滚动轴承的基本额定寿命 L 与所承受的载荷有关，图 3-53 所示为试验得出的载荷 P 与寿命 L 的关系曲线，曲线方程为

$$P^{\varepsilon}L=\text{常数}$$

基本额定寿命 $L=1(10^6\text{r})$ 时，轴承所能承受的载荷称为基本额定动载荷，用 C 表示。基本额定动载荷对于向心轴承是指径向额定动载荷 C_r；对于推力轴承是指轴向额定动载荷 C_a。将 $L=1(10^6\text{r})$ 代入上式得 $P^{\varepsilon}L=C^{\varepsilon}\cdot 1\times10^6\text{r}=$常数，即

$$L=\left(\frac{C}{P}\right)^{\varepsilon}(10^6\text{r}) \tag{3-2-1}$$

实际计算时常用工作小时数来表示寿命。由上式可得基本额定寿命 L_h 的计算式为

$$L_h=\frac{10^6}{60n}\left(\frac{f_T C}{P}\right)^{\varepsilon}(\text{h}) \tag{3-2-2}$$

式中　ε——轴承的寿命指数，球轴承 $\varepsilon=3$，滚子轴承 $\varepsilon=10/3$；

n——轴承的工作转速（r/min）；

C——基本额定动载荷（kN），C 值可从技术手册中查得；

f_T——温度系数，见表3-13；

P——当量动载荷（kN）。

表3-13　温度系数 f_T

轴承工作温度/℃	≤120	125	150	175	200	225	250	300
f_T	1	0.95	0.90	0.85	0.80	0.75	0.70	0.60

为使轴承不失效，应使 L_h 大于等于轴承预期寿命 L_h'。轴承预期寿命 L_h' 的推荐值见表3-14。

表3-14　轴承预期寿命 L_h' 的推荐值

机器类型		预期寿命 L_h'/h
不经常使用的仪器和设备		300~3000
间断使用的机器	中断使用不致引起严重后果的手动机械、农用机械	3000~8000
	中断使用会引起严重后果的机械，如升降机、运输机、吊车	8000~12000
每天工作8h的机器	利用率不太高的齿轮传动、电动机等	12000~25000
	利用率较高的印刷机、机床等	20000~30000
每天工作24h的机器	一般可靠性的矿山升降机、纺织机、泵等	40000~50000
	高可靠性的电站设备、给水装置等	≈100000

如果轴承当量动载荷 P 和转速 n 已知，预期寿命 L_h' 也已确定，则轴承的基本额定动载荷的计算值可由下式求得

$$C'=\sqrt[\varepsilon]{\frac{60nL_h'}{10^6}}\frac{P}{f_T} \tag{3-2-3}$$

选择轴承型号时，应使待选轴承的 C 大于等于 C'。

应用式（3-2-2）可以进行轴承的寿命校核，应用式（3-2-3）可以进行轴承型号的选择。

微课3-7

滚动轴承的寿命计算

（3）当量动载荷的计算　滚动轴承的基本额定动载荷是在一定

条件下确定的。对于向心轴承是指径向载荷，对于推力轴承是指轴向载荷。寿命计算时，轴承所承受的载荷往往与上述条件不一样，必须将实际载荷折算成等效的载荷。当量动载荷是一假想载荷，在此载荷的作用下，轴承的寿命与实际载荷作用下的寿命相同，这种折算后的假想载荷称为当量动载荷，用 P 表示。当量动载荷的计算公式为

$$P=K_P(XF_r+YF_a) \tag{3-2-4}$$

式中 K_P——载荷系数，查表3-15；

F_r——轴承所承受的径向载荷（N）；

F_a——轴承所承受的轴向载荷（N）；

X、Y——径向载荷系数和轴向载荷系数，查表3-16。

表3-15 载荷系数 K_P

载荷性质	K_P	举　例
无冲击或轻微冲击	1.0~1.2	电动机、汽轮机、水泵、通风机等
中等冲击	1.2~1.8	车辆、起重机、冶金机械、传动装置、机床等
强烈冲击	1.8~3.0	破碎机、轧钢机等

表3-16 径向载荷系数 X 和轴向载荷系数 Y

轴承类型（代号）		F_a/C_0	判别值 e	单列轴承				双列轴承（或成对安装单列轴承）			
				$F_a/F_r>e$		$F_a/F_r\leq e$		$F_a/F_r>e$		$F_a/F_r\leq e$	
				X	Y	X	Y	X	Y	X	Y
深沟球轴承（6类）		0.014	0.19	0.56	2.30	1	0	0.56	2.30	1	0
		0.028	0.22		1.99				1.99		
		0.056	0.26		1.71				1.71		
		0.084	0.28		1.55				1.55		
		0.11	0.30		1.45				1.45		
		0.17	0.34		1.31				1.31		
		0.28	0.38		1.15				1.15		
		0.42	0.42		1.04				1.04		
		0.56	0.44		1.00				1.00		
角接触球轴承（7类）	70000C	0.015	0.38	0.44	1.47	1	0	0.72	2.39	1	1.65
		0.029	0.40		1.40				2.28		1.57
		0.058	0.43		1.30				2.11		1.46
		0.087	0.46		1.02				2.00		1.38
		0.12	0.47		1.00				1.93		1.34
		0.17	0.50		1.23				1.82		1.26
		0.29	0.55		1.19				1.66		1.14
		0.44	0.56		1.12				1.63		1.12
		0.58	0.56		1.00				1.63		1.12
	70000AC	—	0.68	0.41	0.87	1	0	0.67	1.41	1	0.92
圆锥滚子轴承（3类）	—	—	1.5tanα	0.4	0.4cotα	1	0	0.67	0.67 cotα	1	0.4cotα

注：1. C_0 是轴承的基本额定静载荷，可由有关技术手册查得；α 为接触角。

2. e 是判别 F_a 对当量动载荷影响程度的参数。查表时，先按 F_a/C_0 的值查得对应的 e，再根据 $F_a/F_r>e$ 或 $F_a/F_r\leq e$ 来确定 X、Y 值。对于表中未列出的 F_a/C_0 值，可用线性插值法求出相应的 e、X、Y 值。

例 3-2-2 某齿轮减速器选用深沟球轴承，轴承承受的轴向力 $F_a=540\text{N}$，径向力

$F_r=2300N$，轴的转速 $n=2900r/min$，轴颈直径 $d=35mm$，载荷有轻微冲击，工作温度正常，要求轴承的预期寿命 $L'_h=5000h$，试选择轴承型号。

微课 3-8

滚动轴承当量动载荷的计算

解：（1）求当量动载荷 P　查表 3-15，$K_P=1.1$。载荷系数 X、Y 要根据 F_a/C_0 查取，C_0 是轴承的额定静载荷，未选轴承型号前暂不知道，因此用试算法计算。

由表 3-16，暂取 $F_a/C_0=0.028$，则 $e=0.22$。由 $F_a/F_r=540/2300=0.235>e$，查表 3-16，取 $X=0.56$、$Y=1.99$。

由式（3-2-4）得

$$P=K_P(XF_r+YF_a)=1.1\times(0.56\times2300+1.99\times540)N=2600N$$

（2）计算所需的径向额定动载荷　由式（3-2-3）得

$$C'=\sqrt[\varepsilon]{\frac{60nL'_h}{10^6}}\frac{P}{f_T}=\sqrt[3]{\frac{60\times2900\times5000}{10^6}}\times2600N=24821N$$

（3）选择轴承型号　查有关机械设计手册，根据轴颈直径 35mm，选取 6307 轴承，其 $C_r=33200N>24821N$，$C_0=19200N$。6307 轴承的 $F_a/C_0=0.0281$，与初定值相近，所以，选 6307 轴承合适。

（4）角接触轴承轴向载荷的计算

1）角接触轴承的内部轴向力。如图 3-54 所示，由于结构特点，角接触球轴承和圆锥滚子轴承承受径向载荷 F_r 时，每个滚动体上的法向力 F_i 均可分解成径向力 F_{ri} 和轴向力 F_{si}，各滚动体上所受轴向分力 F_{si} 合成为轴承的内部轴向力 F_s。F_s 的方向由外圈的宽边指向窄边，其值可按表 3-17 计算。

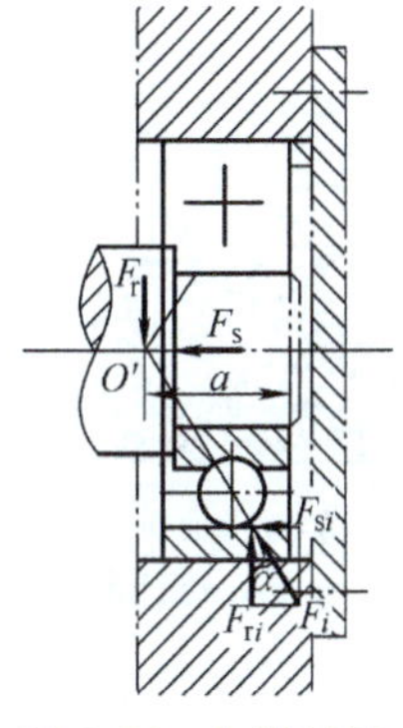

图 3-54　角接触轴承的内部轴向力

表 3-17　角接触轴承的内部轴向力

角接触球轴承			圆锥滚子轴承
70000C	70000AC	70000B	3 类
$F_s=eF_r$	$F_s=0.68F_r$	$F_s=1.14F_r$	$F_s=F_r/2Y$

注：e 为判别值，初算时 $e\approx0.4$。Y 为 $F_a/F_r>e$ 时的轴向载荷系数。

由于角接触轴承产生内部轴向力 F_s，所以通常成对使用。图 3-55 所示为成对使用角接触轴承的两种安装方式和轴向载荷分析。图 3-55a 所示为两轴承窄边相对，为正装（又称为“面对面”安装）；图 3-55b 所示为两轴承宽边相对，为反装（又称“背靠背”安装）。图中 O_1、O_2 分别为轴承的实际支承点（简化计算时可认为支承点在轴承宽度的中点处）。

2）角接触轴承的轴向载荷计算。F_A 为轴向外载荷，计算角接触轴承的轴向载荷 F_a 时，需将轴承的内部轴向力 F_{s1} 和 F_{s2} 考虑进去。下面以图 3-55a 的情况为例进行分析。

若 $F_A+F_{s2}>F_{s1}$ 时，轴将有向右移动的趋势，轴承 1 被“压紧”，压紧力由平衡条件为 $F_A+F_{s2}-F_{s1}$，压紧端的轴向力为外部压紧力与内部轴向力之和，则轴承 1 承受的轴向

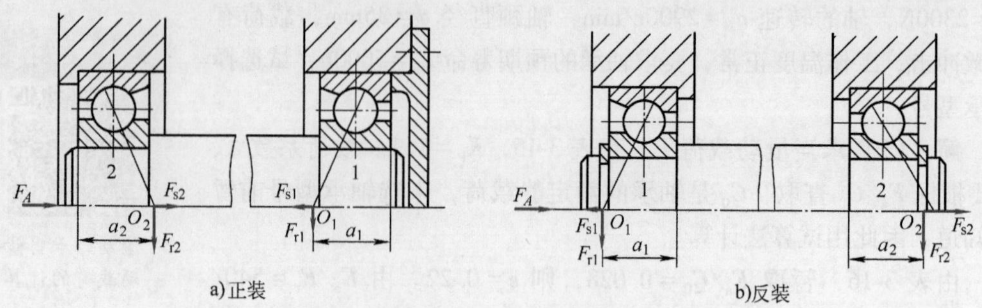

图 3-55　成对使用角接触轴承的两种安装方法及轴向载荷分析

力为 $F_{a1}=(F_A+F_{s2}-F_{s1})+F_{s1}=F_A+F_{s2}$；轴承 2 被“放松”，放松端只承受其内部轴向力作用，则轴承 2 承受的轴向力为 $F_{a2}=F_{s2}$。

若 $F_A+F_{s2}<F_{s1}$ 时，轴将有向左移动的趋势，轴承 2 被“压紧”，压紧力由平衡条件为 $F_{s1}-F_A-F_{s2}$，轴承 2 承受的轴向力为 $F_{a2}=(F_{s1}-F_A-F_{s2})+F_{s2}=F_{s1}-F_A$；轴承 1 被“放松”，轴承 1 只受内部轴向力作用，即 $F_{a1}=F_{s1}$。

由以上分析，角接触轴承轴向力的计算方法和步骤如下：

① 确定轴承内部轴向力的大小和方向。

② 根据 F_A、F_{s1}、F_{s2} 判定轴的移动趋势，从而确定轴承的“压紧”端和“放松”端。

③ 被“压紧”轴承的轴向力等于除其本身的内部轴向力以外的所有轴向力的代数和，被“放松”轴承的轴向力等于其本身的内部轴向力。

例 3-2-3　如图 3-55a 所示，两端轴承均为 7211AC，正安装。轴承所承受的径向载荷为 $F_{r1}=1000\text{N}$，$F_{r2}=2000\text{N}$，轴的转速 $n=960\text{r/min}$，工作温度正常，载荷有较大冲击，轴向外载荷 $F_A=900\text{N}$，轴承预期寿命 $L'_h=10000\text{h}$，试校验所选轴承能否满足寿命要求。

解：（1）求轴承的内部轴向力 F_{s1}、F_{s2}　由表 3-17 查得，7211AC 轴承的内部轴向力 $F_s=0.68F_r$。则 $F_{s1}=0.68F_{r1}=0.68\times1000\text{N}=680\text{N}$；$F_{s2}=0.68F_{r2}=0.68\times2000\text{N}=1360\text{N}$。$F_{s1}$、$F_{s2}$ 的方向如图所示。

（2）求轴承的轴向力 F_{a1}、F_{a2}　因为 $F_A+F_{s2}=900\text{N}+1360\text{N}=2260\text{N}>F_{s1}$，故左端轴承被“放松”，右端轴承被“压紧”，则 $F_{a1}=F_A+F_{s2}=900\text{N}+1360\text{N}=2260\text{N}$，$F_{a2}=F_{s2}=1360\text{N}$。

（3）求轴承的当量动载荷 P_1、P_2　由表 3-17 查得，$e=0.68$，因为 $F_{a1}/F_{r1}=2260/1000=2.26>e$，则 $X_1=0.41$、$Y_1=0.87$；$F_{a2}/F_{r2}=1360/2000=0.68=e$，则 $X_2=1$、$Y_2=0$。由表 3-15 查得，$K_P=2.3$。由式（3-2-4）得

$$P_1=K_P(X_1F_{r1}+Y_1F_{a1})=2.3\times(0.41\times1000+0.87\times2260)\text{N}=5465.26\text{N}$$

$$P_2=K_P(X_2F_{r2}+Y_2F_{a2})=2.3\times(1\times2000+0)\text{N}=4600\text{N}$$

（4）校验轴承寿命　查有关机械设计手册，7211AC 轴承的基本额定动载荷 $C=50500\text{N}$，则

$$L_h=\frac{10^6}{60n}\left(\frac{f_T C}{P}\right)^{\varepsilon}=\frac{10^6}{60\times960}\left(\frac{1\times50500}{5465.26}\right)^3 \text{h}=13697\text{h}>10000\text{h}$$

因所求轴承寿命大于预期寿命，所以轴承能满足寿命要求。

3. 滚动轴承的静强度计算

对于缓慢摆动或极低速转动的轴承，为避免产生过大的塑性变形，应进行轴承的静载荷计算，来选择轴承的尺寸。

（1）基本额定静载荷 C_0　轴承承载区内受载最大的滚动体与滚道的接触应力达到一定值，该应力所对应的载荷称为基本额定静载荷，用 C_0 表示。基本额定静载荷 C_0 对于向心轴承是指径向额定静载荷 C_{0r}；对于推力轴承是指轴向额定静载荷 C_{0a}，其值可从设计手册中查取。

（2）当量静载荷 P_0　轴承工作时，如果实际同时承受径向载荷和轴向载荷，则引起与实际载荷条件下相当的接触应力时的假想的载荷称为当量静载荷 P_0，其计算公式为

$$P_0=X_0F_r+Y_0F_a \tag{3-2-5}$$

式中　P_0——当量静载荷；

X_0、Y_0——静径向载荷系数和静轴向载荷系数，其值可查有关的机械设计手册。

（3）静强度计算　滚动轴承的静强度计算公式为

$$S_0P_0\leqslant C_0 \tag{3-2-6}$$

式中　S_0——静强度安全系数，其值可查有关的技术手册。

4. 滚动轴承的组合设计

为保证滚动轴承的正常工作，除应合理选择轴承的类型和尺寸外，还要综合考虑轴承的固定、装拆、配合、调整、润滑与密封等问题。

动画

轴承组合结构及调整

（1）滚动轴承的轴向固定　滚动轴承作为轴的支承，要求在外载荷的作用下，轴承应保证轴不产生轴向窜动，因此轴承必须在轴和轴承座上进行轴向固定。滚动轴承内圈常用的轴向固定方法见表3-18，外圈常用的固定方法见表3-19。

表3-18　滚动轴承内圈常用的轴向固定方法

名　称	图　例	说　明
轴肩单向固定		轴承内圈由轴肩实现单向固定，应用广泛
弹簧挡圈固定		轴承内圈由弹簧挡圈实现轴向定位，可承受不大的轴向载荷，结构尺寸小

（续）

名　称	图　例	说　明
轴端挡圈固定	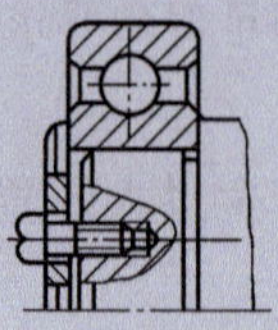	轴承内圈由轴端挡圈进行轴向固定，高速下可承受较大的轴向力
锁紧螺母固定	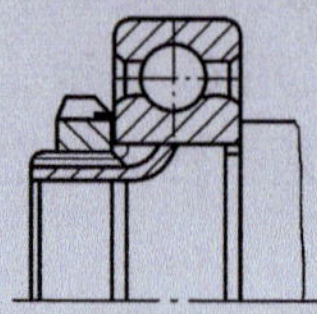	轴承内圈由锁紧螺母进行轴向固定，固定可靠，用于高速、重载的场合
紧定锥套固定	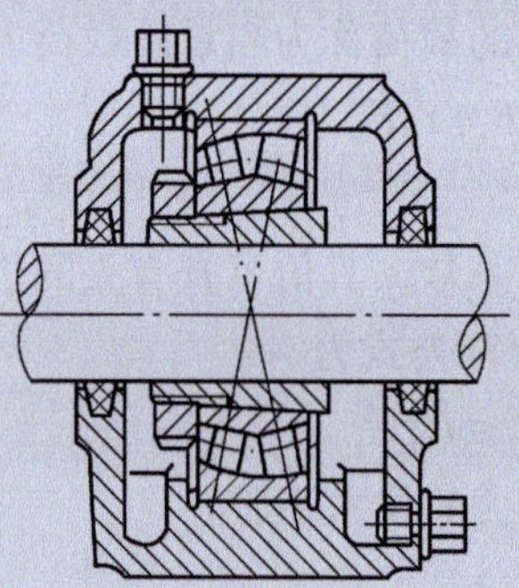	依靠紧定锥套径向压缩而夹紧在轴上来实现轴承内圈的轴向固定，用于光轴上、轴向力和转速不大、内圈为圆锥孔的轴承

表 3-19　滚动轴承外圈常用的轴向固定方法

名　称	图　例	说　明
弹簧挡圈与内孔凸肩固定	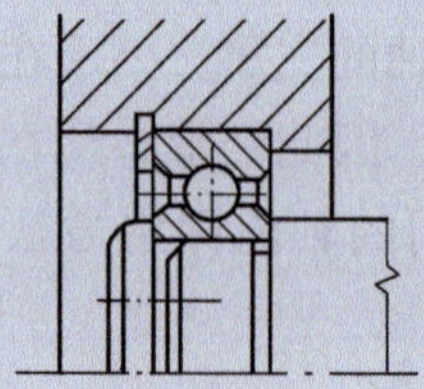	用嵌入外壳槽内的孔用弹簧挡圈固定，用于转速和轴向力较小且需减小尺寸的情况
止动卡环固定	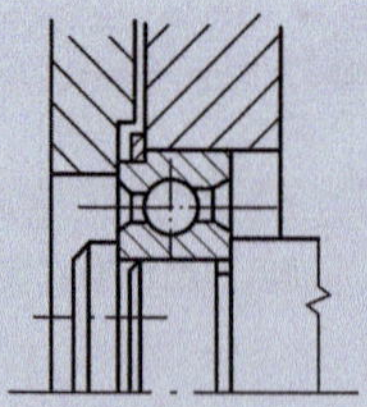	用止动卡环嵌入轴承外圈的止动槽内来实现固定，用于带有止动槽的深沟球轴承，适用于外壳不便于设凸肩且外壳为剖分式结构的情况
轴承端盖固定	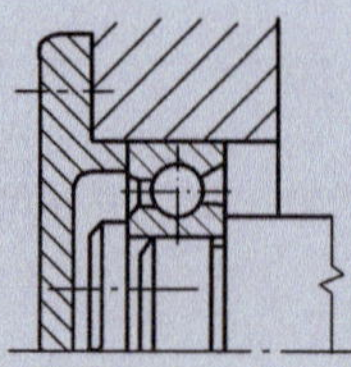	用轴承端盖固定，适用于高速和轴向力很大的情况

（续）

名　称	图　例	说　明
螺纹环固定	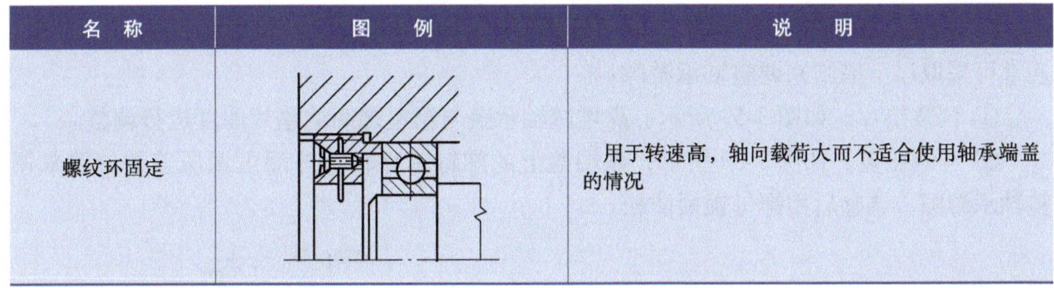	用于转速高，轴向载荷大而不适合使用轴承端盖的情况

（2）轴系的轴向固定　轴和轴上的回转零件构成的系统称为轴系。滚动轴承组成的支承结构必须满足轴系的轴向固定可靠，同时又应满足能够补偿轴的热伸长量的需求。轴系常用的轴向固定方式有以下三种。

1）两端单向固定支承。如图 3-56 所示，两端的支承均能限制轴系的一个方向的轴向移动，两个支承合起来就限制了轴的双向移动。考虑轴工作时会有一定的热伸长量，一般在轴承盖与轴承外圈间留有补偿间隙 c，一般 $c=0.25\sim0.4\text{mm}$。对于向心角接触轴承，应在安装时将间隙留在轴承内部。间隙的大小可通过调整垫片组的厚度实现。这种固定方式结构简单、便于安装、调整容易，适用于工作温度变化不大的短轴。

2）一端双向固定、一端游动支承。如图 3-57 所示，左端轴承限制轴的双向移动，右端轴承可做轴向游动。选用深沟球轴承作为游动支承时，应在轴承外圈与轴承盖间留有间隙；选用圆柱滚子轴承作为游动支承时，靠其本身内、外圈可分离的特性满足游动要求。一般将载荷小的一端做成游动，游动支承与轴承盖之间应留用足够大的间隙，$c=3\sim8\text{mm}$。这种固定方式适用于跨距较大或工作温度较高的轴。

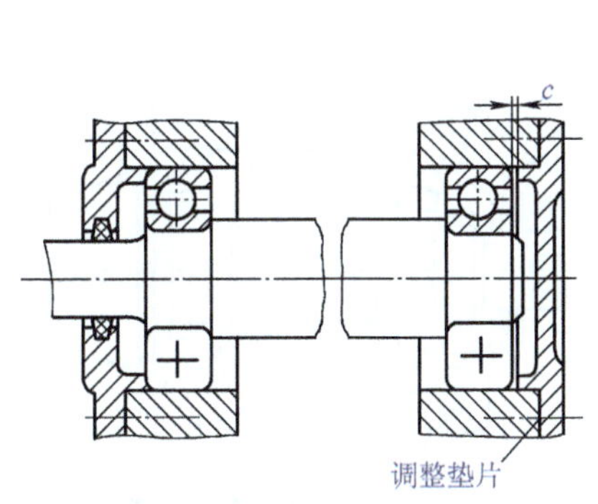

图 3-56　两端单向固定支承

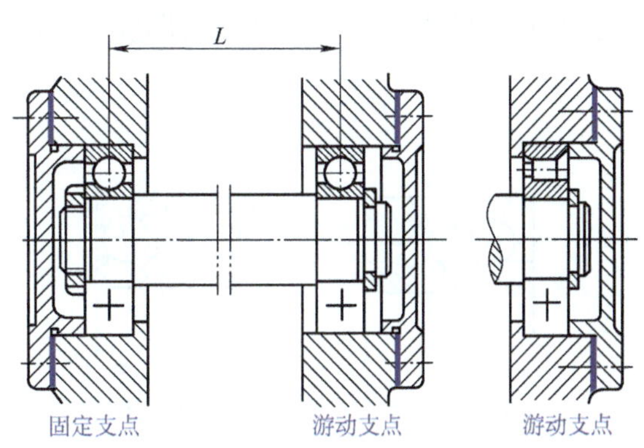

图 3-57　一端双向固定、一端游动支承

3）两端游动支承。如图 3-58 所示，两端的轴承均不限制轴的轴向移动。如人字齿轮轴，一根轴的轴向位置双向固定后，另一根轴应采用两端游动的支承结构，以满足人字齿轮的加工误差而引起的轴向窜动，使两轮轮齿能保持均匀接触。

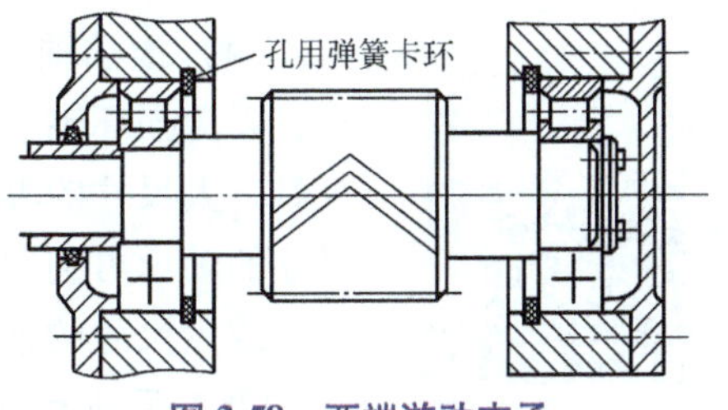

图 3-58　两端游动支承

（3）轴承组合结构的调整

1）轴承游隙的调整。为保证滚动轴承应有的轴向间隙，以保证轴承的正常工作，通常可采取以下措施来调整轴承游隙：

① 调整垫片。如图3-59所示，靠增减轴承盖与箱座之间的垫片厚度进行调整。

② 可调压盖。如图3-60所示，靠端盖上的螺钉调整轴承外圈可调压盖的位置来调整轴承游隙，调整后用螺母锁紧防松。

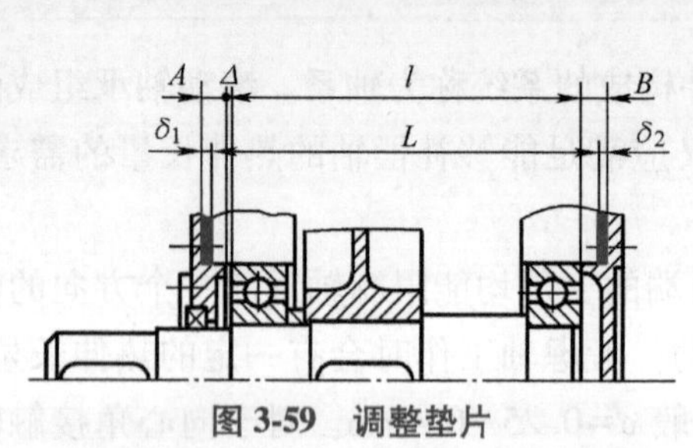

图3-59 调整垫片

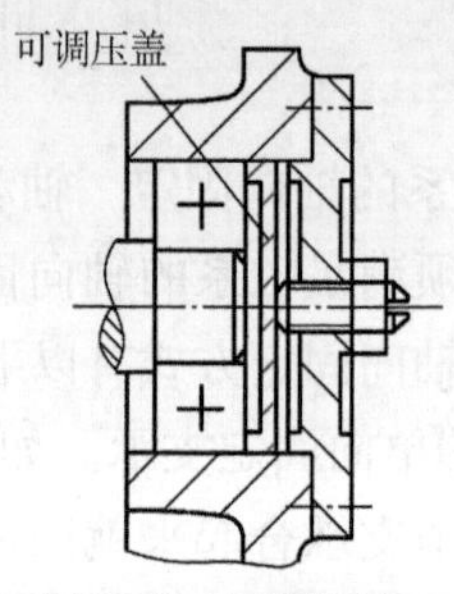

图3-60 可调压盖

2）轴承的预紧。对于内部游隙可调的轴承，为提高轴承的刚度和旋转精度，在安装轴承时使其受到一定的轴向力，消除轴承的游隙并使滚动体和内、外圈接触处产生微小弹性变形，这种方法称为轴承的预紧。常用的预紧方法有：在套圈间加垫片并加预紧力、磨窄外圈并加预紧力等方法，如图3-61所示。

3）轴系位置的调整。对于某些要求轴上零件具有准确工作位置的场合，必须对轴系的位置进行调整。如锥齿轮传动要求两轮的节锥顶点相重合。图3-62所示为锥齿轮轴承组合位置的调整方式，可增减套杯与箱体间垫片的厚度使套杯做轴向移动，来调整锥齿轮的轴向位置。增减垫片2的厚度可调整轴承游隙。

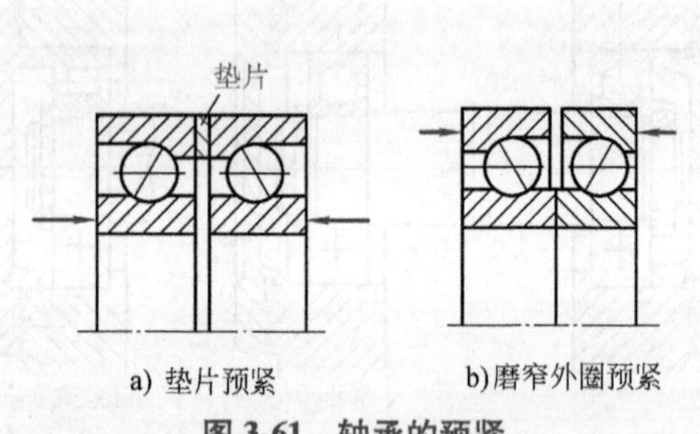

图3-61 轴承的预紧

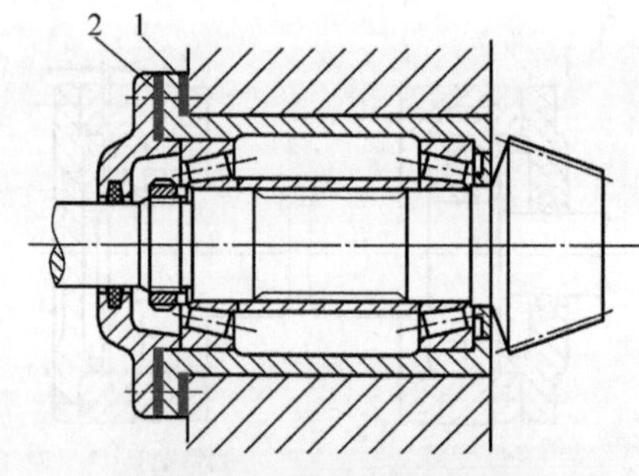

图3-62 轴系位置的调整
1—调整轴向位置垫片 2—调整轴承游隙垫片

（4）滚动轴承的装拆 滚动轴承的组合结构应有利于轴承的装拆，以免损坏轴承或其他零部件。安装过盈配合的轴承应采用专门工具，大尺寸的轴承可用压力机在内圈加压装配（图3-63a），中小尺寸的轴承可利用套筒用锤子加力进行装配（图3-63b）；对于批量安装或大尺寸的轴承还可采用热套法安装，即将轴承在油中加热至80~120℃后进行安装。

拆卸轴承前，应先擦净油污。轴承的拆卸须用拆卸器进行，如图 3-64 所示。

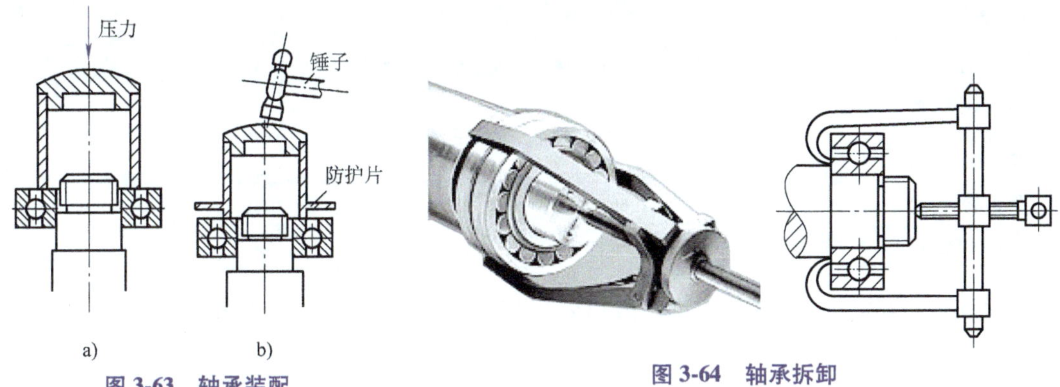

图 3-63　轴承装配

图 3-64　轴承拆卸

（5）角接触球轴承和圆锥滚子轴承的排列方式　角接触球轴承和圆锥滚子轴承一般成对使用，根据调整、安装以及使用场合的不同，有如下两种排列方式。

1）正装（外圈窄端面相对）。两角接触球轴承或圆锥滚子轴承的压力中心距离 $\overline{O_1O_2}$ 小于两个轴承中点跨距时，称为正装（图 3-55a）。该方式的轴系，结构简单，装拆、调整方便，但轴的受热伸长会减小轴承的轴向游隙，甚至会卡死。

2）反装（外圈宽端面相对）。两角接触球轴承或圆锥滚子轴承的压力中心距离 $\overline{O_1O_2}$ 大于两个轴承中点的跨距时，称为反装（图 3-55b），显然，轴的热膨胀会增大轴承的轴向游隙。另外，反装的结构较复杂，装拆、调整不便。

3）正、反装的刚度分析。当传动零件悬臂安装时，反装的轴系刚度比正装的轴系高，这是因为反装的轴承压力中心距离较大，使轴承的反力、变形及轴的最大弯矩和变形均小于正装。当传动零件介于两轴承中间时，正装使轴承压力中心距离减小而有助于提高轴的刚度，反装则相反。

5. 滚动轴承的润滑和密封

轴承润滑的作用是减少摩擦和磨损，散热、防蚀和吸振，延长轴承使用寿命。

润滑的介质称为润滑剂。常用的润滑剂主要有润滑油、润滑脂和固体润滑剂。

（1）滚动轴承的润滑　滚动轴承的润滑剂主要是润滑油和润滑脂。一般可按轴承内径与转速的乘积 dn 值选取，见表 3-20。

表 3-20　滚动轴承润滑方式的选择

轴承类型	dn/(mm · r/min)				
	脂润滑	浸油润滑 飞溅润滑	滴油润滑	喷油润滑	油雾润滑
深沟球轴承 角接触球轴承 圆柱滚子轴承	$\leqslant(2\sim3)\times10^5$	2.5×10^5	4×10^5	6×10^5	6×10^5
圆锥滚子轴承		1.6×10^5	2.3×10^5	3×10^5	—
推力球轴承		0.6×10^5	1.2×10^5	1.5×10^5	—

润滑油的特点是摩擦阻力小、散热效果好等。油润滑适用于 dn 值较高或具备润滑油源装置的场合。

润滑脂的特点是不易流失，便于密封和维护。润滑脂填充量一般不超过轴承空隙的1/3~1/2。

（2）滚动轴承的密封　轴承密封的目的是防止水分、灰尘和其他杂质进入轴承，并阻止润滑剂流失。滚动轴承的密封分为接触式密封、非接触式密封和组合式密封等。各种密封装置的结构、适用场合见表3-21。

表 3-21　常用滚动轴承的密封装置的结构、适用场合

密封类型	图　例	适用类型	说　明
接触式密封	毛毡圈密封 毛毡圈	脂润滑。轴的圆周速度不大于4m/s，工作温度不超过90℃	毛毡圈装在轴承盖的梯形槽内，毛毡圈压紧在轴上起到密封作用
接触式密封	唇形密封圈密封 a)　b)	脂或油润滑。轴的圆周速度小于7m/s，工作温度范围为-40~100℃	密封圈的材料是具有弹性的皮革、塑料或耐油橡胶。图a为密封唇向里，可以防油渗出；图b为密封唇向外，可以防止外界灰尘、杂质进入
非接触式密封	间隙密封 δ	脂润滑。适用于干燥、清洁的环境	在轴与轴承盖间的细小环形槽内填充润滑脂来密封。间隙为0.1~0.3mm
非接触式密封	迷宫式密封 δ　δ a)　b)	脂或油润滑。工作温度不高于密封用脂的滴点	旋转件和静止件间做成迷宫（曲路）形式，在曲路中填充润滑脂或润滑油。图a为径向曲路，间隙不大于0.1mm；图b为轴向曲路，因轴受热后会伸长，间隙应取大些，为1.5~2mm

（续）

密封类型	图 例	适用类型	说 明
组合密封	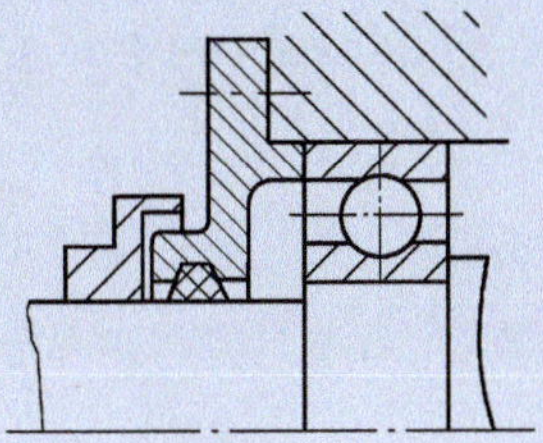 毛毡加迷宫密封	脂润滑或油润滑	毛毡圈和迷宫构成组合式密封，可增强密封效果

任务实施

选择减速器输出轴的滚动轴承（图3-2）。工作参数：减速器输出轴（低速轴）功率为6.18kW，输出轴转速$n=58\text{r/min}$，轴承预期寿命为6000h。

按照下面的步骤设计，并将设计内容和结果填写在表3-22中。

表3-22 滚动轴承的设计选用

序号	设计步骤	设计计算内容	结果
1	选择轴承类型		
2	求当量动载荷 *P*		
3	求所需的基本额定动载荷		

（续）

序号	设计步骤	设计计算内容	结果
4	选择轴承型号		

实践中常见问题解析

1）在选择滚动轴承的外径系列代号时，应初选中系列，若寿命不足或太大了，均可方便地改选其他系列。

2）轴承作为轴的支承，不是孤立存在的，轴承内圈直径的选择还要和所装配的轴径联系起来，才能确定。

3）选择滚动轴承时，应先选择类型，再确定型号（尺寸），一般采用试算法来确定型号。

4）不论间隙可调整或间隙不可调的滚动轴承，在装配时都要调整好轴向间隙（但有些间隙不可调的轴承不必留轴向间隙），以补偿轴在温度升高时的热伸长，从而保证滚动体的正常运转。若轴向间隙过小时，会造成轴承转动困难、发热，甚至使滚动体卡死或破损；若轴向间隙过大，则会导致运转中产生异声，甚至会造成严重振动或使保持架破坏。

小结

本学习任务分析了滚动轴承的常见类型、代号、特性和应用，分析了滚动轴承的选用和寿命计算方法，分析了滚动轴承的组合设计和轴承的润滑密封方法。通过本任务的学习，学生能够掌握有关滚动轴承的基本知识和选用方法及维护技能，通过对滚动轴承选择过程的思考和实践，培养学生对轴系的整体分析和维护能力。

1）滚动轴承的基本类型和特性。

2）滚动轴承的选择：包括类型选择、精度选择和型号（尺寸）选择。①类型选择应考虑以下几方面因素：承受载荷的大小、方向和性质；转速与工作环境；调心性能要求；经济性和其他特殊要求等；②精度选择：相同型号的轴承，精度越高，价格就越高。一般机械传动中的轴承应选用普通级（0级）精度；③型号（尺寸）选择：根据轴颈直径，初步选择轴承的型号，进行轴承的寿命计算或静强度计算。

3）滚动轴承的寿命计算

① 基本额定寿命 L_h 的计算：$L_h=\frac{10^6}{60n}\left(\frac{f_T C}{P}\right)^{\varepsilon}$

此式可用于校核轴承的寿命。

② 轴承的基本额定动载荷的计算：$C'=\sqrt[\varepsilon]{\frac{60nL_h'}{10^6}}\frac{P}{f_T}$

此式可用于选择轴承型号，选择轴承型号时，应使待选轴承的 C 大于或等于计算值 C'。

4）滚动轴承的组合设计：要综合考虑轴承的固定、装拆、配合、调整、润滑与密封等问题。

① 滚动轴承的轴向固定。

② 轴系的轴向固定：a. 两端单向固定式；b. 一端双向固定、一端游动式；c. 两端游动式。

③ 轴承组合的调整：a. 轴承游隙的调整；b. 轴承的预紧；c. 轴系位置的调整。

④ 滚动轴承的装拆。

5）滚动轴承的润滑和密封：轴承润滑的作用是减少摩擦和磨损，散热、防蚀和吸振，延长轴承使用寿命。轴承密封的目的是防止水分、灰尘和其他杂质进入轴承，并阻止润滑剂流失。滚动轴承的密封分为接触式密封、非接触式密封和组合式密封等。

6）轴承的维护和修理：设备运行时，若出现①工作条件未变，轴承突然温度升高，且超过允许范围；②工作条件未变，轴承运转不灵活，有沉重感，转速严重滞后；③设备工作精度显著下降，达不到标准；④滚动轴承产生噪声或振动等异常状态，应停机检查。检查供油是否正常，再检查装配是否正确，有无游隙过紧、过松情况，然后检查零件有无损坏。

• 思考与练习 •

一、单项选择题

3-2-1　向心推力轴承承受轴向载荷的能力与____有关。

A. 轴承宽度　　B. 滚动体数目　　C. 轴承的载荷角　　D. 轴承的接触角

3-2-2　滚动轴承都有不同的直径系列（如：轻、中、重等）。当两向心轴承代号中仅直径系列不同时，这两轴承的区别在于____。

A. 内、外径都相同，滚动体数目不同　　B. 内径相同，外径不同

C. 内、外径都相同，滚动体大小不同　　D. 外径相同，内径不同

3-2-3　轴承配合的基本尺寸是____。

A. 轴承的内径和宽度　　B. 轴承的外径和宽度

C. 轴承的内径和外径　　D. 轴承的宽度

3-2-4　滚动轴承的额定寿命是指一批同规格的轴承在规定的试验条件下运转，其中____轴承发生破坏时所达到的寿命（运转转数或工作小时数）。

A. 1%　　B. 5%　　C. 10%　　D. 20%

3-2-5　一根转轴采用一对滚动轴承支承，其承受载荷为径向力和较大的轴向力，并且有冲击、振动较大，因此宜选择____。

A. 深沟球轴承　B. 角接触球轴承　C. 圆锥滚子轴承　D. 推力球轴承

3-2-6　直齿圆柱齿轮减速器，当载荷平稳、转速较高时，宜选择____。

A. 深沟球轴承　B. 角接触轴承　C. 圆锥滚子轴承　D. 推力球轴承

3-2-7　只能承受轴向力的滚动轴承是____。

A. 深沟球轴承　B. 角接触轴承　C. 圆锥滚子轴承　D. 推力球轴承

3-2-8　从经济性考虑，在同时满足使用要求时，就应优先选用____。

A. 圆柱滚子轴承　B. 圆锥滚子轴承　C. 深沟球轴承　D. 滚针轴承

3-2-9　滚动轴承进行寿命计算是为了防止轴承发生____；静载荷计算是为了防止轴承发生____。

A. 疲劳点蚀　B. 塑性变形　C. 磨损　D. 变形

3-2-10　润滑油的黏度随着油温的升高____。

A. 增大　B. 减小　C. 不变　D. 为零

二、判断题

3-2-11　滚动轴承的外圈与箱体孔的配合采用基轴制。

3-2-12　滚动轴承的当量动载荷是指轴承所受径向力与轴向力的代数和。

3-2-13　滚动轴承的直径系列代号用以区别轴承内径相同而外径尺寸不同。

3-2-14　滚动轴承一般由外圈、内圈、滚动体和保持架四个基本元件组成。其中缺少任意两个元件，则不成为滚动轴承了。

3-2-15　角接触轴承的接触角越大，其轴向承载能力越强。

3-2-16　滚动轴承的基本额定寿命是指同一批轴承在寿命实验中，破坏率达到80%时所对应的寿命。

3-2-17　通常在选择滚动轴承型号时，既要进行寿命计算，又要进行静强度计算。

3-2-18　选择滚动轴承润滑方式的主要依据是 dn 值。

3-2-19　角接触轴承的公称接触角为15°时，代号为AC。

3-2-20　黏度大的润滑油适合低速重载的轴承润滑。

三、简答题

3-2-21　下列场合的轴中，哪些适合选用滑动轴承？哪些适合选用滚动轴承？

1）普通机床齿轮箱中的转轴。

2）大型发电机的转子轴。

3）水泥搅拌机的转子轴。

4）机密机床的主轴。

3-2-22　说明下列滚动轴承代号的含义：6310、6211/P5、7215AC、32210。

3-2-23　选择滚动轴承类型时要考虑哪些因素？

3-2-24　滚动轴承的主要失效形式有哪些？

3-2-25　滚动轴承常用的密封装置有哪些？各适用于什么场合？

3-2-26　为什么要调整滚动轴承的间隙？如何调整？

3-2-27　轴系的固定方式有几种？各有什么特点？适用于什么场合？

3-2-28　装、拆滚动轴承时，应注意哪些问题？

3-2-29　什么是滚动轴承的额定寿命、额定动载荷和当量动载荷？

3-2-30　如何计算滚动轴承的当量动载荷？

3-2-31　滚动轴承的组合设计包括哪些方面？

3-2-32　滚动轴承的内、外圈如何实现轴向和周向固定？

3-2-33　轴承润滑和密封的目的各是什么？

四、训练题

3-2-34　如图 3-65 所示，一对 7211AC 角接触球轴承所受径向力 $F_{r1}=7000N$，$F_{r2}=5000N$，轴向外载荷 $F_A=1500N$，求各轴承的内部轴向力和轴向载荷 F_a。

3-2-35　齿轮减速器高速轴的两端各采用一个深沟球轴承，轴的转速 $n=1250r/min$，轴颈直径 $d=40mm$，每个轴承承受的径向载荷 $F_r=2000N$，载荷平稳，工作温度一般，轴承的预期寿命 $L_h'=12000h$，试选择轴承的型号。

3-2-36　某传动装置，如图 3-66 所示，轴上装有一对 6309 轴承，两轴承上的径向载荷分别为 $F_{r1}=5600N$，$F_{r2}=2500N$，$F_a=1800N$，轴的转速 $n=1450r/min$，预期寿命为 $L_h'=2500h$，工作温度不超过 100℃，但有中等冲击。试校核轴承的工作能力。若工作能力不满足要求，如何改进？

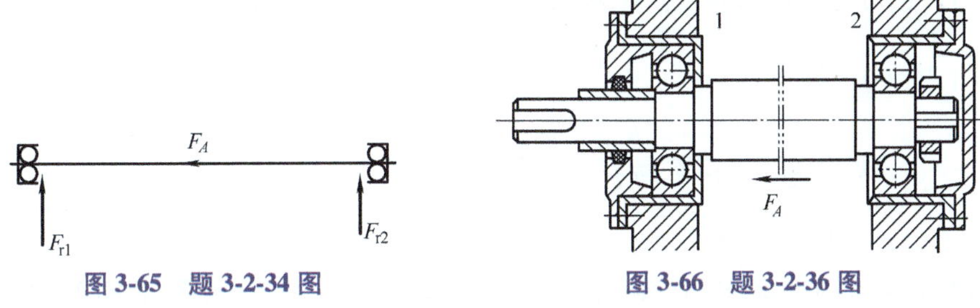

图 3-65　题 3-2-34 图　　图 3-66　题 3-2-36 图

任务 3.3　滑动轴承的设计与选用

任务目标

1）能够正确分析滑动轴承的类型、应用和工作特性。

2）能够根据实际工作条件正确选择滑动轴承的材料。

3）能够进行滑动轴承的校核计算，维护和保养滑动轴承。

4）能够在完成任务过程中做到吃苦耐劳、精益求精。

5）培养严谨认真的工作态度和安全责任意识。

6）培养机械设计创新思维、团队合作意识和爱国主义精神。

任务描述

选择压力机曲轴轴颈与箱体配合处的滑动轴承（图3-67）。工作参数：曲轴输入功率为6.18kW，曲轴转速 $n=58\text{r/min}$。

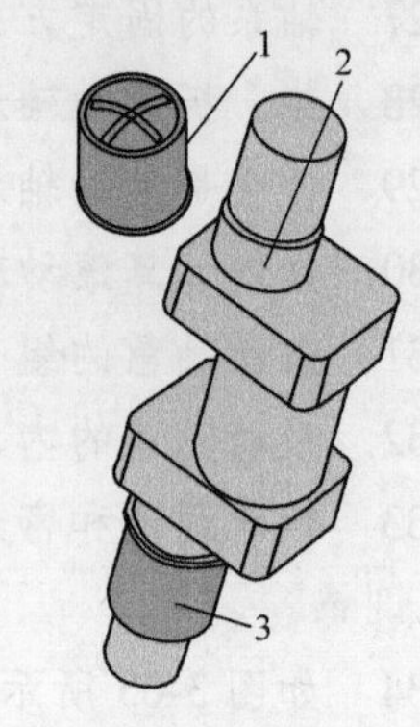

图3-67　压力机曲轴上的滑动轴承

1、3—轴端整体式滑动轴承　2—曲轴

任务分析

在曲柄压力机中，曲轴与箱体配合处采用了滑动轴承，在满足压力机使用要求和装配方便的前提下，一般采用整体式或剖分式（对开式）结构。通过滑动轴承的设计与选用，完成以下具体任务：

1）分析滑动轴承的类型、结构和应用。

2）选择轴瓦、轴承衬的材料和结构。

3）进行滑动轴承的校核计算。

相关知识

一、滑动轴承的润滑状态和类型

1. 滑动摩擦和润滑状态

滑动轴承相对运动工作表面之间存在滑动摩擦，由于润滑条件不同，摩擦可分为以下四种状态。

（1）干摩擦　两摩擦表面之间无任何润滑剂，摩擦表面直接接触（图3-68a）。干摩擦的摩擦因数较大，约为0.1~1.5，磨损和发热严重。滑动轴承不允许出现干摩擦。

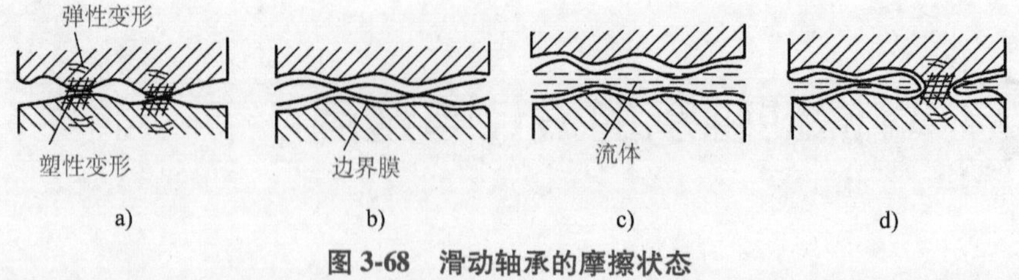

图3-68　滑动轴承的摩擦状态

（2）边界摩擦　两摩擦表面之间存在少量润滑油，形成一层极薄的润滑油膜（边界膜），边界膜的厚度一般比较小。在载荷的作用下，摩擦表面凸峰处的压力很大，当两摩擦表面相对滑动时，凸峰处的油膜破裂，导致凸峰处两表面直接接触，产生磨损（图3-68b）。边界摩擦的摩擦因数比干摩擦小，约为0.08~0.15，使用中要对压力、温度和运动速度加以限制。

（3）流体摩擦　两摩擦表面被润滑油完全隔开，摩擦因数很小，约为 0.001~0.01。流体摩擦不会发生两表面的磨损，是理想的摩擦状态（图 3-68c）。

（4）混合摩擦　混合摩擦是边界摩擦和局部流体摩擦共存的摩擦状态，存在凸峰处的直接接触和磨损，但摩擦因数比边界摩擦的摩擦因数小很多（图 3-68d）。

2. 滑动轴承的类型

滑动轴承按承受载荷的方向，可分为径向滑动轴承和推力滑动轴承；按轴系和轴承装拆的需要，可分为整体式和剖分式；按轴颈和轴瓦间的摩擦状态，可分为流体摩擦滑动轴承和非流体摩擦滑动轴承。

流体摩擦滑动轴承用于高速、精度要求较高或低速、重载的场合。对于轴承工作性能要求不高，转速较低，难于维护等条件下工作的轴承，一般采用非流体摩擦滑动轴承，一般机械设备中使用的滑动轴承大多属于此类。

二、滑动轴承的结构和材料

1. 滑动轴承的结构

（1）径向滑动轴承

1）整体式径向滑动轴承。整体式径向滑动轴承的结构由轴承座 1、轴套 2 和润滑装置等部分组成，如图 3-69 所示。这种轴承结构简单、成本低，但装拆时轴或轴承需做轴向移动，且轴承磨损后间隙无法调整。整体式径向滑动轴承多用于间歇工作、低速轻载的机械中。

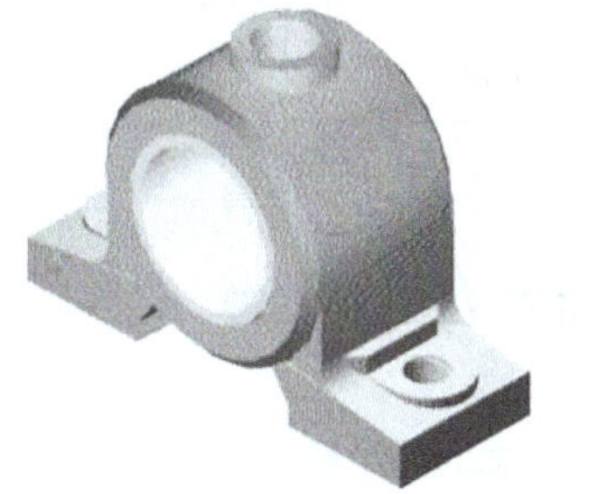

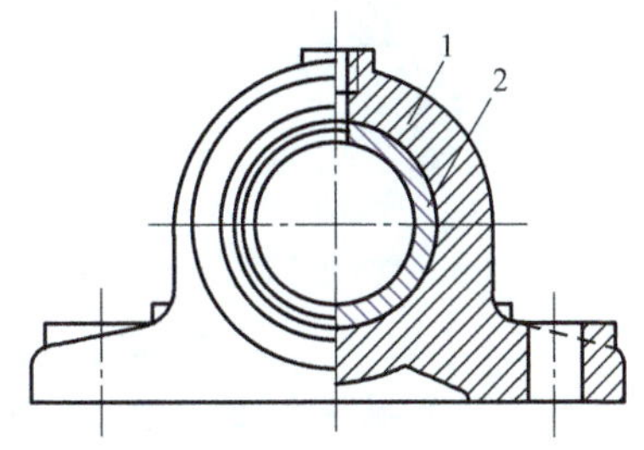

图 3-69　整体式径向滑动轴承
1—轴承座　2—轴套

2）剖分式径向滑动轴承。剖分式径向滑动轴承的结构由轴承座 3、轴承盖 2、轴瓦 4 和 5 及双头螺柱等组成，如图 3-70 所示。在轴承座和轴承盖的剖分面上制有阶梯形定位止口，以便于安装时对心。剖分式径向滑动轴承装拆方便，轴瓦磨损后，可通过适当减薄剖分面间的垫片并进行刮瓦，来调整轴颈与轴瓦间的间隙，因此这种轴承得到了广泛的应用。

剖分式滑动轴承磨损后可通过刮瓦进行间隙修复，刮瓦形式如图 3-71 所示。

（2）推力滑动轴承　推力滑动轴承的结构由轴承座 1、衬套 2、轴瓦 3 和推力轴瓦 4 组成，如图 3-72 所示。推力轴瓦底部为球面，这就使轴瓦工作表面受力均匀。

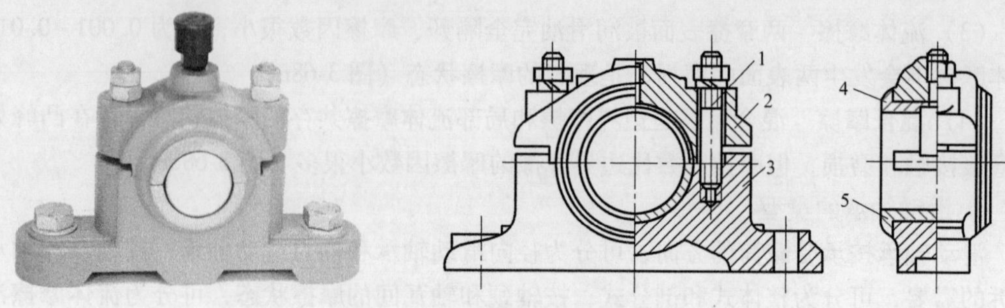

图 3-70 剖分式径向滑动轴承

1—螺栓 2—轴承盖 3—轴承座 4、5—轴瓦

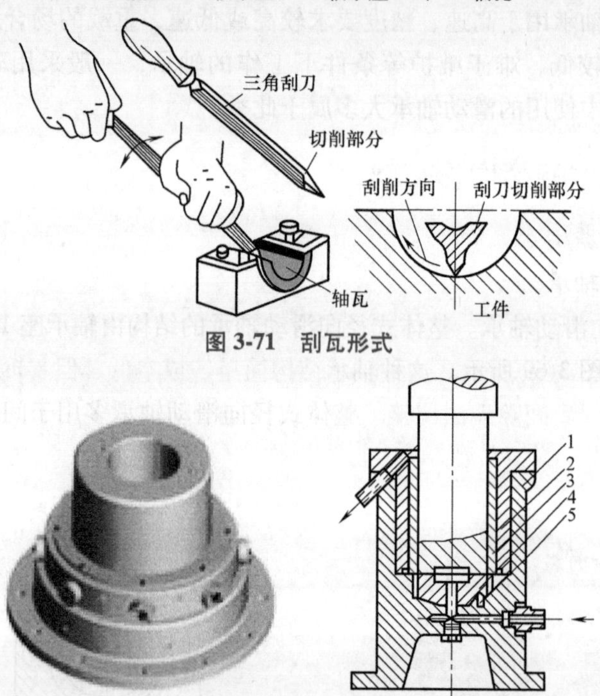

图 3-71 刮瓦形式

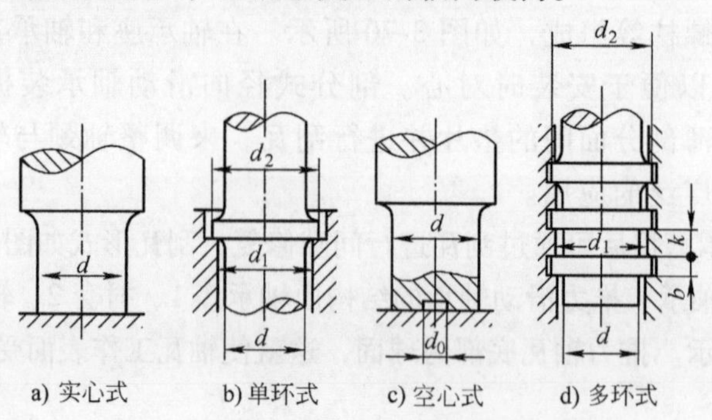

图 3-72 推力滑动轴承

1—轴承座 2—衬套 3—轴瓦 4—推力轴瓦 5—销钉

推力滑动轴承按支承面的形式不同，可分为实心式、单环式、空心式和多环式四种（图 3-73）。实心式结构简单，但工作面上压力分布不均匀，一般多采用后几种结构形式。其中，多环式承载能力较大，且能承受双向轴向载荷。

a) 实心式 b) 单环式 c) 空心式 d) 多环式

图 3-73 推力滑动轴承轴颈的结构形式

（3）轴瓦和轴承衬的结构

1）轴瓦。轴瓦是滑动轴承中直接与轴颈相接触的零件。工作时，轴瓦和轴颈的工作表面之间存在一定的相对滑动速度，因此从摩擦、磨损、润滑和导热等方面都对轴瓦的结构和材料提出了要求。常用的轴瓦结构有整体式和剖分式，整体式轴瓦又称轴套。轴瓦用于剖分式轴承，轴套用于整体式轴承。轴瓦（轴套）如图3-74a所示。

2）轴承衬。为了改善轴瓦表面的摩擦性能，提高承载能力，对重要的轴承，常在轴瓦内表面上浇注一层很薄的减摩材料，称为轴承衬。轴承衬的厚度一般为0.5~6mm。为使轴承衬牢固黏附在轴瓦上，常在轴瓦内表面制出沟槽，如图3-74b所示。

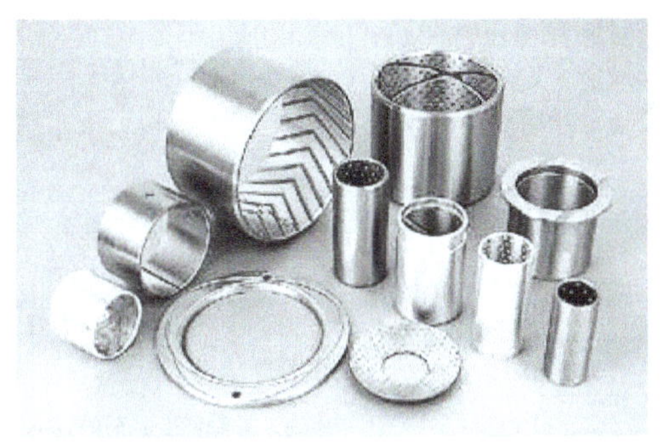

a)

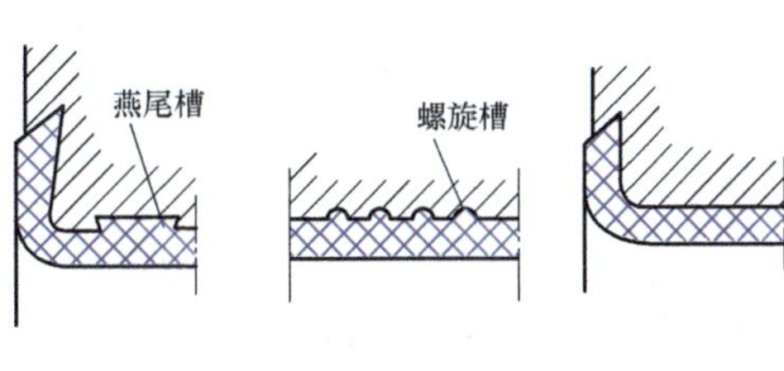

b)

图3-74　轴瓦（轴套）和轴承衬的结合形式

为使润滑油均匀分布于轴瓦工作表面上，在轴瓦的非承载区开有油孔和油沟，常用的油孔和油沟形式如图3-75所示。

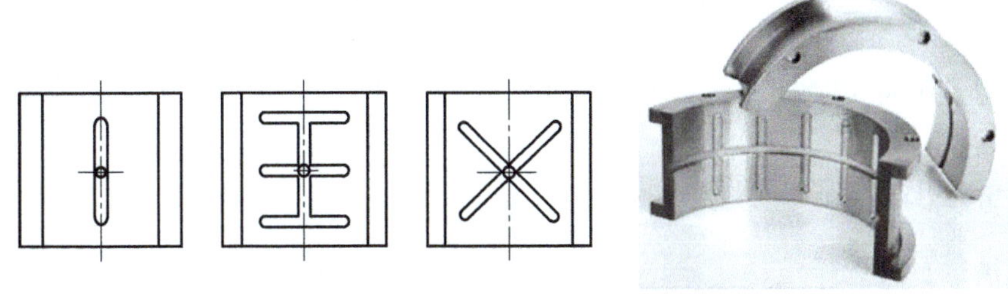

图3-75　常用的油孔和油沟形式

2. 滑动轴承的材料

滑动轴承材料是指与轴颈直接接触的轴瓦和轴承衬的材料，轴瓦和轴承衬的材料应具有如下性能：①具有良好的减摩性、耐磨性和磨合性；②具有良好的顺应性和嵌藏性；③良好的导热性、工艺性和耐蚀性；④具有足够的抗冲击、抗压和抗疲劳强度。

常用的轴瓦和轴承衬材料有：

（1）轴承合金　主要有锡锑轴承合金和铅锑轴承合金两大类。轴承合金的减摩性、耐磨性、顺应性、导热性和嵌藏性好，但价格较高、强度较低，常用作轴承衬材料。

（2）青铜　主要有锡青铜、铝青铜和铅青铜等。青铜的摩擦因数小、耐磨性和导热性好、机械强度高、承载能力大，一般用于重载、中速中载的场合。

（3）其他材料　粉末冶金具有多孔组织，使用前将轴承浸入润滑油中，使润滑油充分渗入多孔组织。运转时，轴瓦温度升高，油的热膨胀使油自动进入滑动表面润滑轴承。轴承一次浸油后可使用较长时间，常用于不便加油的场合。

灰铸铁和球墨铸铁价格低廉，常用于低速、轻载的场合。

非金属轴承材料主要有塑料、硬木、橡胶和石墨等，其中塑料应用最多。塑料的摩擦因数小、耐腐蚀、抗冲击，但导热性差、易变形，常用于低速、轻载和不宜使用油润滑的场合。常用轴瓦和轴承衬的材料及性能见表3-23。

表3-23　常用轴瓦和轴承衬的材料及性能

材料	牌号	$[p]$ /MPa	$[v]$ /(m/s)	$[pv]$ /(MPa·m/s)	应　用
锡锑轴承合金	ZSnSb11Cu6	25	80	20	用于高速、重载的重要轴承
	ZSnSb8Cu4	20	60	15	
铅锑轴承合金	ZPbSb16Sn16Cu2	15	12	10	用于中速、中载的轴承，不宜承受冲击载荷
	ZCuSn5Pb5Zn5	5	6	5	
锡青铜	ZCuSn10Zn2	15	10	15	用于中速、重载和变载荷的轴承
	ZCuSn10Pb1	5	3	10	用于中速、中载的轴承
铅青铜	ZCuPb30	25	12	30	用于高速、重载的重要轴承，可承受变载荷和冲击载荷
铝青铜	ZCuAl10Fe3	15	4	12	用于润滑充分的低速、重载轴承
黄铜	ZCuZn16Si4	12	2	10	用于低速、中载的轴承
	ZCuZn38Mn2Pb2	10	1	10	
铸铁	HT150~HT250	2~4	0.5~1	1~4	用于低速、轻载的不重要轴承

三、滑动轴承的润滑

1. 润滑剂及其选择

滑动轴承常用的润滑剂有润滑油和润滑脂两类。黏度是选择润滑油品种的主要性能指标。润滑脂主要用于非流体摩擦滑动轴承中使用要求不高，低速或有冲击的场合。滑动轴承润滑油和润滑脂的选择参见表3-24和表3-25。

表3-24　滑动轴承润滑油的选择（工作温度10~60℃）

轴径圆周速度 v/(m/s)	轻载 $p<3$MPa		中载 $p=3\sim7.5$MPa		重载 $p>7.5\sim30$MPa	
	运动粘度 ν_{40} /(mm²/s)	润滑油黏度牌号	运动粘度 ν_{40} /(mm²/s)	润滑油黏度牌号	运动粘度 ν_{40} /(mm²/s)	润滑油黏度牌号
<0.1	85~150	L-AN100 L-AN150	140~220	L-AN150 L-CKD220	470~1000	L-CKD460 L-CKD680 L-CKD1000

（续）

轴径圆周速度 v/(m/s)	轻载 p<3MPa		中载 p=3~7.5MPa		重载 p>7.5~30MPa	
	运动粘度 ν_{40} /(mm^2/s)	润滑油黏度牌号	运动粘度 ν_{40} /(mm^2/s)	润滑油黏度牌号	运动粘度 ν_{40} /(mm^2/s)	润滑油黏度牌号
0.1~0.3	65~125	L-AN68 L-AN100	120~170	L-AN100 L-AN150	250~600	L-CKD220 L-CKD320 L-CKD460
0.3~1.0	45~70	L-AN46 L-AN68	100~125	L-AN100	90~350	L-AN100 L-AN150 L-CKD220 L-CKD320

表 3-25　滑动轴承润滑脂的选择

轴颈圆周速度 v/(m/s)	压强 p/MPa	工作温度 t/℃	适用润滑脂
<1	1~6.5	<55~75	2 号钙基脂 3 号钙基脂
0.5~5	1~6.5	<110~120	2 号钠基脂 1 号钙钠基脂
0.5~5	1~6.5	-20~120	2 号锂基脂

2. 润滑方法和润滑装置

轴承的润滑靠相应的润滑方法和润滑装置来实现。常用的润滑方法和润滑装置见表 3-26。

表 3-26　常用的润滑方法和润滑装置

$\sqrt{pv^3}$ 值	润滑剂	润滑装置	润滑方法	适用场合
≤2	润滑脂	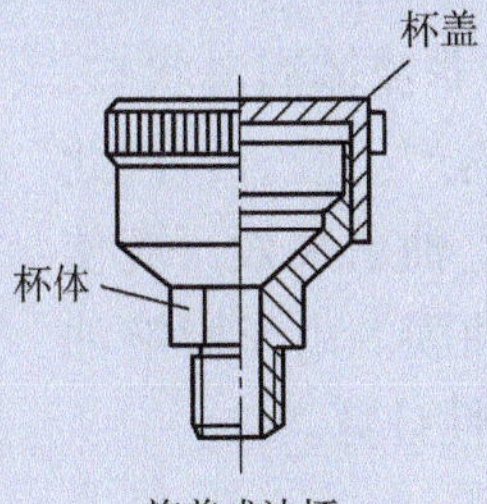 杯盖 杯体 旋盖式油杯	油杯润滑。油杯中填充润滑脂，旋转杯盖可使润滑脂挤入轴承内	低速、轻载及不重要的轴承
>2~16	润滑油	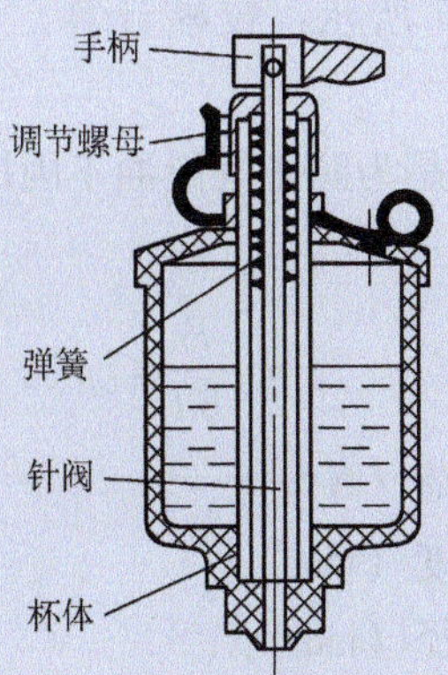 手柄 调节螺母 弹簧 针阀 杯体 针阀式注油油杯	针阀式注油油杯润滑。通过改变手柄位置可控制下端油孔的开闭。手柄如图示位置时，针阀堵住底部油孔；手柄直立时，针阀上提，底部油孔打开。调节螺母可调节油孔开口大小来控制流量	中低速、轻中载的轴承

（续）

$\sqrt{pv^3}$ 值	润滑剂	润滑装置	润滑方法	适用场合
>16~32	润滑油	轴颈 油环 油环润滑	油环润滑。轴颈上的油环下部浸入油池中，轴颈旋转时带动油环旋转，把油带入轴承	用于水平、连续旋转的轴颈。常用于大型电动机的滑动轴承
>32	润滑油	油送往润滑点 回油 压力循环润滑系统	压力循环润滑。通过油泵使循环系统的润滑油达到一定压力后输送到润滑部位	高速、重载、精密的重要设备的轴承

四、非液体摩擦滑动轴承的计算

实际工作中，大多数滑动轴承都处在非流体润滑状态，故摩擦、磨损较大，严重时还会引起过热产生胶合，因此其主要失效形式是磨损和胶合。为了防止轴承失效，应使轴颈和轴瓦的接触表面能保持一层润滑油膜。由于影响油膜存在的因素很多，目前还只能采用条件性计算。

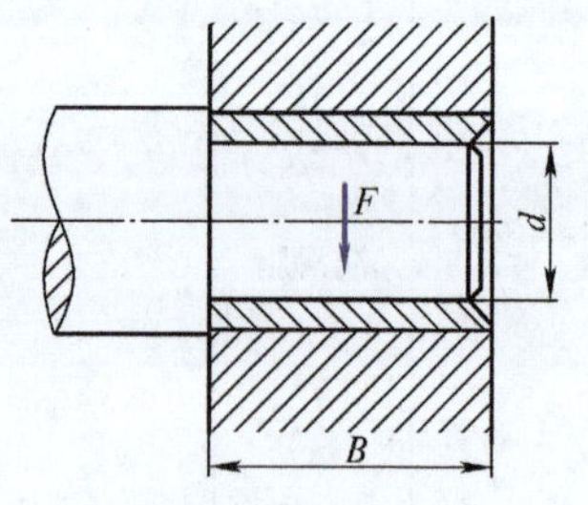

图 3-76　向心滑动轴承的受力情况

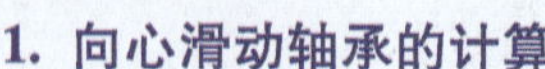
1. 向心滑动轴承的计算

向心滑动轴承的受力情况如图 3-76 所示，校核计算如下。

（1）校核压强 p　校核压强 p 的目的是为防止润滑油不因压力过大而被挤出。压强 p 的计算公式为

$$p=\frac{F}{Bd}\leqslant[p] \tag{3-3-1}$$

式中　F——径向载荷（N）；

B——轴承宽度（mm）；

d——轴径直径（mm）；

$[p]$——轴瓦材料的许用压强（MPa），见表 3-23。

微课 3-12

滑动轴承的材料和润滑

（2）校核滑动速度 v　轴颈与轴瓦间滑动速度过高，会加速磨损。滑动速度 v 的计算公式为

$$v=\frac{n\pi d}{60\times1000}\leqslant[v] \tag{3-3-2}$$

式中　v——轴颈的圆周速度（m/s）；

n——轴的转速（r/min）；

$[v]$——滑动速度的许用值（m/s），见表3-23。

（3）校核 pv 值　轴承的发热量与单位面积上表征功率损耗的 fpv 成正比，摩擦因数 f 是常量，校核 pv 值的目的是为了防止工作时产生过高的热量而导致胶合。pv 值的计算公式为

$$pv=\frac{n\pi dF}{60\times1000Bd}\leqslant[pv] \tag{3-3-3}$$

式中　$[pv]$——pv 的许用值（MPa · m/s），见表3-23。

2. 推力滑动轴承的计算

（1）校核压强 p

$$p=\frac{F}{\frac{\pi}{4}(d_2^2-d_1^2)z}\leqslant[p] \tag{3-3-4}$$

式中　z——轴环数；

d_2——轴环外径（mm）；

d_1——环状支撑面内径（mm）。

（2）校核轴环的平均速度 v_m

$$v_m=\frac{n\pi d_m}{60\times1000}\leqslant[v_m] \tag{3-3-5}$$

式中，$d_m=(d_1+d_2)/2$。

（3）校核 pv_m 值

$$pv_m\leqslant[pv_m] \tag{3-3-6}$$

推力轴承的［p］、［pv］值见表3-23。对于多环推力滑动轴承，考虑到各止推面载荷不均匀，应将表3-23中的［p］、［pv］值降低20%～40%。

微课3-13

非流体摩擦滑动轴承的计算

任务实施

选择压力机曲轴轴颈与箱体配合处的滑动轴承（图3-67）。工作参数：曲轴输入功率为6.18kW，曲轴转速 n=58r/min，轴瓦内径为90mm，轴瓦的工作长度 L=100mm。

按照下面的步骤设计，并将设计内容和结果填写在表3-27中。

表 3-27　滑动轴承的设计选用

序号	设计步骤	设计计算过程	结果
1	选择轴瓦或轴承衬的材料		
2	进行滑动轴承的校核计算		

实践中常见问题解析

1）滑动轴承的装配要求是：轴与轴承配合表面的接触黏度应达到规定标准；配合间隙要求在工作条件下不致发热烧坏轴或轴承；润滑油通道的位置要正确、畅通，保证充分润滑；滑动轴承装配时，应保证现场清洁，没有灰尘；安装滑动轴承后，应给滑动轴承装填润滑剂，检查滑动轴承配置是否运转正常。

2）轴承在机器运转时应尽量控制其温度稳定，一般情况下轴承的温度应该控制在60℃以下，温度过高则会给机器带来不好的影响。造成轴承运转时温度过高的原因有以下几点：①轴承轴瓦过紧；②润滑状态不理想（润滑油不足或润滑油路堵塞）；③轴承刮得不平。解决方法：①调节轴承轴瓦的压紧度；②选择好润滑油，增加润滑油量，清理润滑油路；③确定轴承安装正确并刮平轴承。

3）不要过分冷却滑动轴承，以避免冷凝水分可能导致的滑动轴承及其配合面的锈蚀。

小　结

本学习任务分析了滑动轴承的结构、材料和选择计算，通过本任务的学习，学生能够掌握有关滑动轴承的基本知识和选用方法，通过对滑动轴承选择过程的思考和实践，培养学生对轴系的整体分析和设计能力。

1）滑动轴承的摩擦状态：①干摩擦；②边界摩擦；③流体摩擦；④混合摩擦。

2）滑动轴承的特点：具有承载能力强、工作平稳、噪声低、抗冲击、回转精度高、高速性能好等优点，但也有起动摩擦阻力大、维护较复杂等缺点。

3）轴瓦和轴承衬的材料应具有如下性能：①具有良好的减摩性、耐磨性和磨合性；②具有良好的顺应性和嵌藏性；③良好的导热性、工艺性和耐蚀性；④具有足够的抗冲击、抗压和抗疲劳强度。常用的轴瓦和轴承衬材料有：轴承合金、青铜、其他材料。

4）推力滑动轴承的计算

①校核压强 p 　　$p=\dfrac{F}{\dfrac{\pi}{4}(d_2^2-d_1^2)z}\leqslant[p]$

②校核轴环的平均速度 v_m 　　$v_m=\dfrac{n\pi d_m}{60\times1000}\leqslant[v_m]$

③校核 pv_m 值 　　$pv_m\leqslant[pv_m]$

• 拓展实训 •

减速器拆装及其轴系的结构分析

一、实训目的

1）掌握减速器工作原理、结构和拆装工艺方法，熟悉各零件的名称、用途及各零件之间的装配关系。

2）掌握减速器拆装技能，正确应用工量具对机器零部件按照技术要求进行拆装、保养和维护。

3）通过对减速器中某轴系部件的测绘，了解轴上零件的定位方式、轴系与箱体的定位和调整方式等。

二、实训原理

通过减速器拆装及其轴系的结构分析实训，全面细致地观察齿轮减速器的整体结构及零部件的结构特点（图 3-77），增强对减速器各个零部件的直观认识，了解输出、输入轴与箱体间的密封装置及轴承工作间隙调整方法及结构等，掌握各零部件的结构意义、加工工艺和安装方法，以达到理论联系实际，加深对减速器结构的认识，为机械设计打下良好基础。

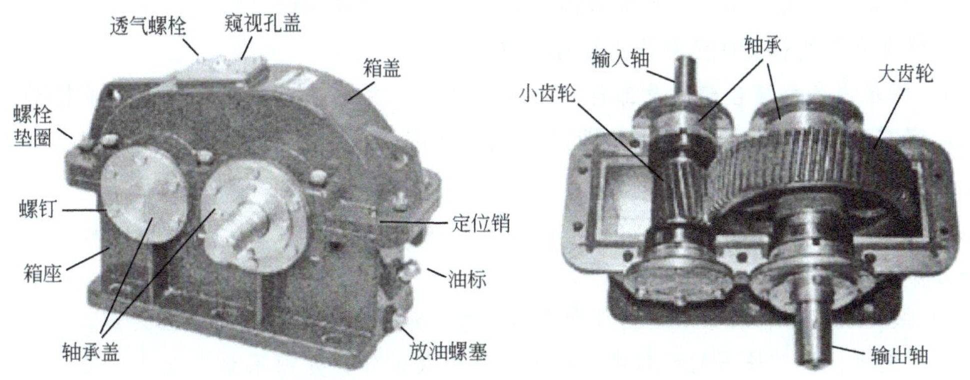

图 3-77　减速器的整体结构及零部件

三、实训设备和工具

1）拆装用减速器若干台套。

2）锤子、活动扳手、铜棒、钢直尺（或三角板）、游标卡尺、铅丝、轴承拆卸器、百分表及表架。

四、实训步骤

1. 减速器拆卸

拆卸减速器之前，先清除表面的尘土及污垢，然后按拆卸的顺序给所有零部件编号，并登记名称和数量，然后分类、分组保管，避免产生混乱和丢失；拆卸时避免随意敲打造成破坏，并防止碰伤、变形等，以使再装配时仍能保证减速器正常运转。

拆卸顺序：①拆卸观察孔盖；②拆卸箱体与箱盖连接螺栓，起出定位销，然后拧动起盖螺钉，卸下箱盖；③拆卸各轴两边的轴承端盖；④一边转动轴一边顺着轴旋转方向将高速轴轴系拆下，再用橡胶锤子轻敲轴将低、中速轴系拆卸下来；⑤最后拆卸其他附件，如油标、油塞等。

2. 减速器测量

1）测量和计算减速器的主要参数，并绘制传动示意图。

2）测量减速器传动副的接触精度和齿侧间隙；测量并调整轴承轴向间隙。

3）选择轴和齿轮等关键零件，绘制其零件工作图，并通过实测，标注全部尺寸，推测配合处的配合制和配合精度等级与公差，从功能角度考虑，选择合理的几何公差和表面粗糙度。

4）测量箱座上、下凸缘的宽度和厚度、箱壁厚度。

5）测量齿轮端面与箱体内壁的距离；大齿轮的顶圆与箱体内壁之间的距离；轴承内端面到箱体内壁之间的距离。

3. 减速器装配

按照先拆后装的原则将拆卸下来的零件按编好的顺序装配。

1）在装配之前，检查箱体内有无零件及其他杂物留在其中，接着擦净箱体内部并用防侵蚀的涂料涂在箱体内壁。再用柴油清洗轴承、轴以及齿轮（齿轮如无粘有油污或铁屑，一般擦净即可），然后将各传动轴部件装入箱体内。

2）将嵌入式端盖装入轴承压槽内，并用调整垫圈调整好轴承的工作间隙。齿轮安装后，保证需要的齿侧间隙和齿面接触斑点。

3）将箱内各个接合部位及部件，用棉纱擦净，并涂上机油防锈。再用手转动高速轴，观察有无零件干涉。经检查和调整无误后（可按以下方法），装上轴承端盖，再合上箱盖。

4）松开起盖螺钉，装上定位销，并拧紧。装上螺栓、螺母用手逐一拧紧后，再用扳手分多次均匀拧紧。

5）装好视孔盖，观察所有附件是否都装好，最后用棉纱擦净减速器外部。

密封要求：在减速器的运转中，所有连接面及轴外伸处都不允许漏油，箱体接合面应涂密封胶或水玻璃，但不允许放任何垫片。轴外伸处的密封圈应严格按图样所示的位置安装，并涂上润滑油或润滑脂。

润滑要求：润滑剂具有在机器运转过程中散热、冷却、减少摩擦和磨损的作用，对传动性能有很大的影响。在技术要求中要标出传动件及轴承所用的润滑剂牌号、用量、补充及更换时间。

4. 过程记录，结果分析

填写“减速器拆装及其轴系的结构分析”实训记录单（表 3-28），分析减速器的整体结构及零部件的结构特点。

表 3-28　“减速器拆装及其轴系的结构分析”实训记录单

<table>
<tr><td>实训名称</td><td colspan="2"></td><td>班级</td><td></td><td>日期</td><td></td></tr>
<tr><td>组别</td><td></td><td>姓名</td><td colspan="2"></td><td>学号</td><td></td></tr>
<tr><td colspan="7">1. 减速器的主要参数</td></tr>
<tr><td>减速器名称</td><td colspan="6"></td></tr>
<tr><td rowspan="5">齿数及旋向</td><td rowspan="2">z_1</td><td rowspan="2"></td><td rowspan="2" colspan="2">中心距</td><td>a_1</td><td></td></tr>
<tr><td>a_2</td><td></td></tr>
<tr><td>z_2</td><td></td><td colspan="2">中心高</td><td>H</td><td></td></tr>
<tr><td>z_3</td><td></td><td colspan="2">外廓尺寸</td><td>长×宽×高</td><td></td></tr>
<tr><td>z_4</td><td></td><td colspan="2">地脚螺栓孔距</td><td>长×宽</td><td></td></tr>
<tr><td rowspan="3">传动比</td><td>i_1</td><td></td><td colspan="4">轴承代号及数量</td></tr>
<tr><td>i_2</td><td></td><td colspan="4"></td></tr>
<tr><td>i</td><td></td><td colspan="4"></td></tr>
<tr><td rowspan="2">润滑方式</td><td>齿轮（蜗杆、蜗轮）</td><td colspan="5"></td></tr>
<tr><td>轴承</td><td colspan="5"></td></tr>
<tr><td rowspan="2">密封方式</td><td colspan="2">有相对运动的部位</td><td colspan="4"></td></tr>
<tr><td colspan="2">无相对运动的部位</td><td colspan="4"></td></tr>
<tr><td rowspan="2">模数</td><td colspan="2">高速级</td><td colspan="4"></td></tr>
<tr><td colspan="2">低速级</td><td colspan="4"></td></tr>
<tr><td>锥齿轮的锥顶角</td><td colspan="6">$\delta_1=$　　　　　　$\delta_2=$</td></tr>
<tr><td>蜗杆参数</td><td colspan="6">$q=$　　　　$z_1=$　　　　$\beta=$　　　　$\gamma=$</td></tr>
<tr><td colspan="7">2. 绘制减速器装配图的俯视图（草图）</td></tr>
</table>

思考与练习

一、单项选择题

3-3-1　非流体摩擦滑动轴承的主要失效形式是____。

A. 点蚀　　B. 断裂　　C. 磨损和胶合　　D. 裂纹

3-3-2　滑动轴承轴承衬常用材料为____。

A. 铜合金　　B. 轴承合金　　C. 合金钢　　D. 铸铁

3-3-3　润滑油的黏度随着油温的升高____。

A. 增大　　B. 减小　　C. 不变　　D. 以上都不是

3-3-4　间歇供油适用的工作情况为____。

A. 低速轻载　　B. 高速重载

C. 工作环境恶劣且转速高　　D. 加油困难或要求清洁的场合

3-3-5　对于____推力轴承，由于其距支承面中心越远处滑动速度越大，边缘部分磨损较快，使轴颈和轴瓦之间压力分布很不均匀。

A. 实心式　　B. 空心式　　C. 环形式　　D. 多环式

二、判断题

3-3-6　推力滑动轴承能承受径向载荷。

3-3-7　与滚动轴承相比，滑动轴承承载能力高，抗振性好，噪声低。

3-3-8　滑动轴承工作面的摩擦性质是滑动摩擦，因此与滚动轴承相比，滑动轴承只能用于低速运转。

3-3-9　滑动轴承的油沟应开在承载区内，这样润滑油进入轴承时，立即起到润滑作用。

3-3-10　非流体摩擦滑动轴承的 pv 值是影响轴承温升的一个重要因素，在一般情况下，pv 值越大，轴承温升就越大。

三、简答题

3-3-11　滑动轴承的摩擦状态有哪几种？各有什么特点？

3-3-12　轴承润滑和密封的目的各是什么？

3-3-13　对轴瓦和轴承衬的材料有哪些基本要求？

四、训练题

3-3-14　有一滑动轴承，轴转速 $n=650\text{r/min}$，轴颈直径 $d=120\text{mm}$，轴承上受径向载荷 $F=5000\text{N}$，轴瓦宽度 $B=150\text{mm}$，试选择轴承材料，并按非流体润滑滑动轴承校核。

项目4 ▶ 常用连接件的设计与选用

项目导入

机械中广泛使用连接。所谓连接，就是指利用连接件将两个或两个以上零件相对固定起来，起到连接的作用，具有结构简单、拆装方便和连接可靠等优点。连接的类型有下列两种情况：1）按组成连接件在工作中相对位置是否变动，分为静连接和动连接；2）按拆开有无损伤，分为可拆连接和不可拆连接。设计中选用何种连接，主要取决于使用要求和经济性要求。

图4-1所示为减速器实物图，减速器是由很多零件用不同的连接方式组装在一起来实现其功能的。有箱体与箱盖螺栓连接、轴承旁螺栓连接、定位销、键连接等。

本项目主要讨论机器中的常用可拆连接中的螺纹连接、键连接、销连接和联轴器、离合器等。本项目要完成压力机中常用连接件的设计与选用，所需设备（工具）和材料有：压力机及其使用说明书、计算器、多媒体等。通过完成螺纹连接、键连接和联轴器的设计与选用等任务，使学生掌握机器中常用连接件的设计和选用方法，培养学生机械设计创新能力。

图4-1 减速器实物图

1—定位销 2—键 3—箱体与箱盖螺栓连接

4—轴承旁螺栓连接 5—端盖螺栓连接

任务 4.1 螺纹连接的设计与选用

任务目标

1）能够正确分析螺纹连接的特点和应用。
2）能够正确选择螺纹连接的主要参数，进行螺纹连接强度计算。
3）能够正确进行螺栓组连接的结构设计。
4）能够在完成任务过程中做到吃苦耐劳、精益求精。
5）培养严谨认真的工作态度和安全责任意识。
6）培养机械设计创新思维、团队合作意识和爱国主义精神。

任务描述

选择压力机减速器中连接箱体与箱盖的螺纹连接。工作条件：减速器输入功率为 7.28kW，输入转速 $n=720\text{r/min}$，减速器自重为 50kN。减速器中箱体与箱盖的螺纹连接如图 4-2 所示。

图 4-2 减速器箱体与箱盖的螺纹连接

任务分析

压力机减速器箱体和箱盖之间采用了螺纹连接，如图 4-2 所示。利用螺纹连接件将箱体和箱盖连成一体，便于减速器的制造、安装、运输及维修。通过螺纹连接的分析选用，完成以下具体任务：

1）分析常用连接的类型、特点和应用。
2）选螺纹连接的类型，确定螺纹规格尺寸。
3）进行螺纹连接的强度计算、螺栓组连接的结构设计。

相关知识

小故事：防松螺母

高速行驶的列车和铁轨不断接触，形成的振动非常大，所以列车离不开精密细致的零件设备，防松螺母对于列车来说至关重要，需要螺栓和螺母丝丝入扣，具有很强的防松性能，高速列车才能安全行驶。我国很早就研发出了国产的“永不松动”紧固件，早在 2002 年青藏铁路建设中（图 4-3），要求轨道经过青藏高原的无人区时，压在钢轨弹条扣件上的紧固件应做到常年免维护。在经过反复研究和试验之后，中国自主研发了一种新的防松紧固件，成功地解决了这一难题。

图 4-4 所示为国产的自锁螺母，可以凭借运动产生的摩擦力，实现自我加固，使用的时间越长，产生的摩擦力越大，螺母锁得越紧密，这种自锁螺母已经用于我国的高铁上。

图 4-3　青藏铁路

图 4-4　自锁螺母

一、螺纹的类型和主要参数

1. 螺纹的类型

常用螺纹的类型主要有三角形螺纹、矩形螺纹、梯形螺纹和锯齿形螺纹，其牙型如图 4-5 所示。三角形螺纹用于连接，矩形螺纹、梯形螺纹和锯齿形螺纹用于传动。三角形螺纹中最常用的有普通螺纹和管螺纹。除矩形螺纹外，其他螺纹都已标准化。

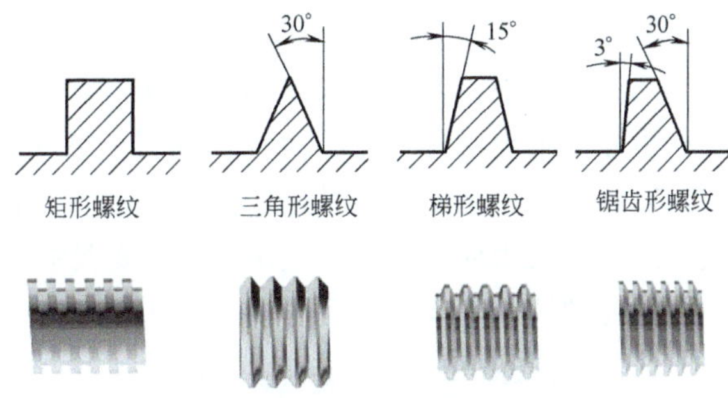

图 4-5　常用螺纹的牙型

螺纹按螺旋线的绕行方向，可分为右旋螺纹和左旋螺纹，如图 4-6 所示。螺纹按螺旋线的数目，还可分为单线螺纹和多线螺纹，如图 4-7 所示。由于加工制造的原因，多线螺纹的线数一般不超过 4。

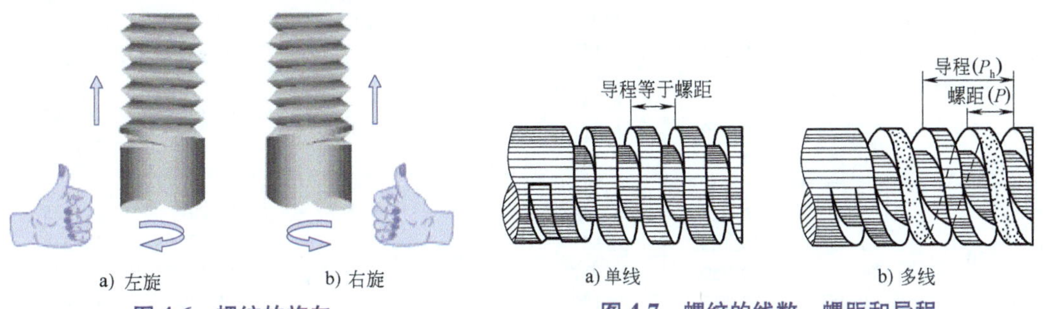

a) 左旋　b) 右旋

图 4-6　螺纹的旋向

a) 单线　b) 多线

图 4-7　螺纹的线数、螺距和导程

2. 螺纹的参数

螺纹的主要参数如图 4-8 所示。

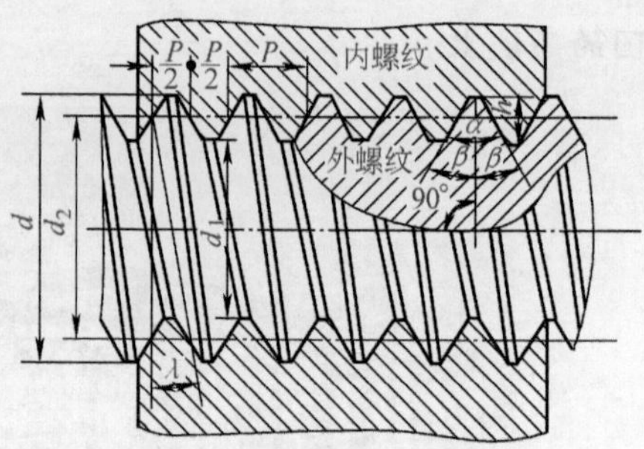

图 4-8　螺纹的主要参数

（1）大径（d、D）　螺纹的最大直径，标准中规定为螺纹的公称直径。外螺纹记为 d，内螺纹记为 D。

（2）小径（d_1、D_1）　螺纹的最小直径，螺杆强度计算时的危险剖面的直径，外螺纹记为 d_1，内螺纹记为 D_1。

（3）中径（d_2、D_2）　它是一个假想圆柱的直径，该圆柱母线上的螺纹牙厚等于牙间宽。外螺纹记为 d_2，内螺纹记为 D_2。

（4）螺距 P　相邻两牙在中径线上对应两点间的轴向距离。

（5）线数 n　螺纹线数。

（6）导程 P_h　同一条螺旋线上相邻两牙在中径线上对应点之间的轴向距离。导程、螺距和线数的关系为：$P_h = nP$。

（7）螺旋升角 λ　在中径圆柱上，螺旋线的切线与垂直于螺纹轴线的平面的夹角，用来表示螺旋线倾斜的程度。

微课 4-1
螺纹的主要参数
和螺纹连接类型

（8）牙型角 α　在轴向剖面内螺纹牙型两侧边的夹角。牙型侧边与轴线的垂线间的夹角 β，称为牙侧角。三角形螺纹的牙型角 $\alpha = 60°$。

几种牙型中，普通螺纹多用于连接，其余多用于传动。普通螺纹分粗牙和细牙两种，公称直径相同时，细牙螺纹的螺距小、升角小、自锁性好，适用于受冲击、振动及薄壁零件的连接，但细牙螺纹易滑扣，故粗牙螺纹广泛应用于生产实践中。

普通螺纹的基本尺寸列于表 4-1 中。

表 4-1　普通螺纹的基本尺寸　（单位：mm）

公称直径（大径）D、d	螺距 P	中径 D_2、d_2	小径 D_1、d_1	公称直径（大径）D、d	螺距 P	中径 D_2、d_2	小径 D_1、d_1
6	1 0.75	5.350 5.513	4.917 5.188	11	1.5 1 0.75	10.026 10.350 10.513	9.376 9.917 10.188
7	1 0.75	6.350 6.513	5.917 6.188	12	1.75 1.5 1.25 1	10.863 11.026 11.188 11.350	10.106 10.376 10.647 10.917
8	1.25 1 0.75	7.188 7.350 7.513	6.647 6.917 7.188				
10	1.5 1.25 1 0.75	9.026 9.188 9.350 9.513	8.376 8.647 8.917 9.188	14	2 1.5 1.25 1	12.701 13.026 13.188 13.350	11.835 12.376 12.647 12.917

（续）

公称直径（大径）D、d	螺距 P	中径 D_2、d_2	小径 D_1、d_1
15	1.5 1	14.026 14.350	13.376 13.917
16	2 1.5 1	14.701 15.026 15.350	13.835 14.376 14.917
17	1.5 1	16.026 16.350	15.376 15.917
18	2.5 2 1.5 1	16.376 16.701 17.026 17.350	15.294 15.835 16.376 16.917
20	2.5 2 1.5 1	18.376 18.701 19.025 19.350	17.294 17.835 18.376 18.917
22	2.5 2 1.5 1	20.376 20.701 21.026 21.350	19.294 19.835 20.376 20.917
24	3 2 1.5 1	22.051 22.701 23.026 23.350	20.752 21.835 22.376 22.917

注：本表摘自 GB/T 196—2003。

二、螺纹连接的基本类型和螺纹连接件

1. 螺纹连接的基本类型

螺纹连接有四种基本类型：螺栓连接、双头螺柱连接、螺钉连接、紧定螺钉连接。它们的结构尺寸、特点和应用见表 4-2。

表 4-2　螺纹连接的基本类型、特点和应用

类型	构　造	主要尺寸关系	特点、应用
螺栓连接	普通螺栓连接	螺纹余留长度 l_1： 普通螺栓连接 静载荷 $l_1 \geqslant (0.3\sim0.5)d$ 变载荷 $l_1 \geqslant 0.75d$ 螺纹伸出长度 l_2： $l_2 \approx (0.2\sim0.3)d$ 螺栓轴线到被连接件边缘的距离 $e=d+(3\sim6)$ mm 铰制孔用螺栓连接 l_1 尽可能小	被连接件无须切制螺纹，使用不受被连接件材料的限制。结构简单，装拆方便，成本低应用广泛。用于通孔，能从被连接件两边进行装配的场合
	铰制孔螺栓连接		螺杆与孔之间紧密配合。用螺杆承受横向载荷或固定被连接件的相互位置。工作时，螺栓一般受剪切力，故也常称为受剪螺栓连接
双头螺柱连接		拧入深度 l_3，当螺孔材料为 钢或青铜　$l_3 \approx d$ 铸铁　$l_3=(1.25\sim1.5)d$ 铝合金　$l_3=(1.5\sim2.5)d$ 螺纹孔深度　$l_4 \approx l_3+(2\sim2.5)P$ 钻孔深度　$l_5 \approx l_4+(0.5\sim1)d$ l_1、l_2、e 同上	双头螺柱的两端都有螺纹，其中一端紧旋在一被连接件的螺纹孔之内；另一端则穿过另一被连接件的孔，与螺母旋合而将两被连接件连接。常用于被连接件之一太厚、结构要求紧凑或经常拆卸的地方

（续）

类型	构　造	主要尺寸关系	特点、应用
螺钉连接	e, l_1, l_3, l_4, l_5, d	l_1、l_2、l_4、l_5、e 同上	不用螺母，而且能有光整的外露表面。应用与双头螺柱相似，但不宜用于经常拆卸的连接，以免损坏被连接件的螺孔
紧定螺钉连接	d, d_g	$d\approx(0.2\sim0.3)d_g$ 转矩大时取大值	旋入被连接件之一的螺纹孔中，其末端顶住另一被连接件的表面或顶入相应的坑中，以固定两个零件的相互位置，并可传递不大的力或转矩

2. 螺纹连接件

常用的螺纹连接件有螺栓、双头螺柱、螺钉、紧定螺钉、螺母、垫圈等，这些零件的结构和尺寸都已标准化了，设计时可根据标准选用。螺纹连接件的结构特点及应用见表4-3。

表 4-3　螺纹连接件的结构特点及应用

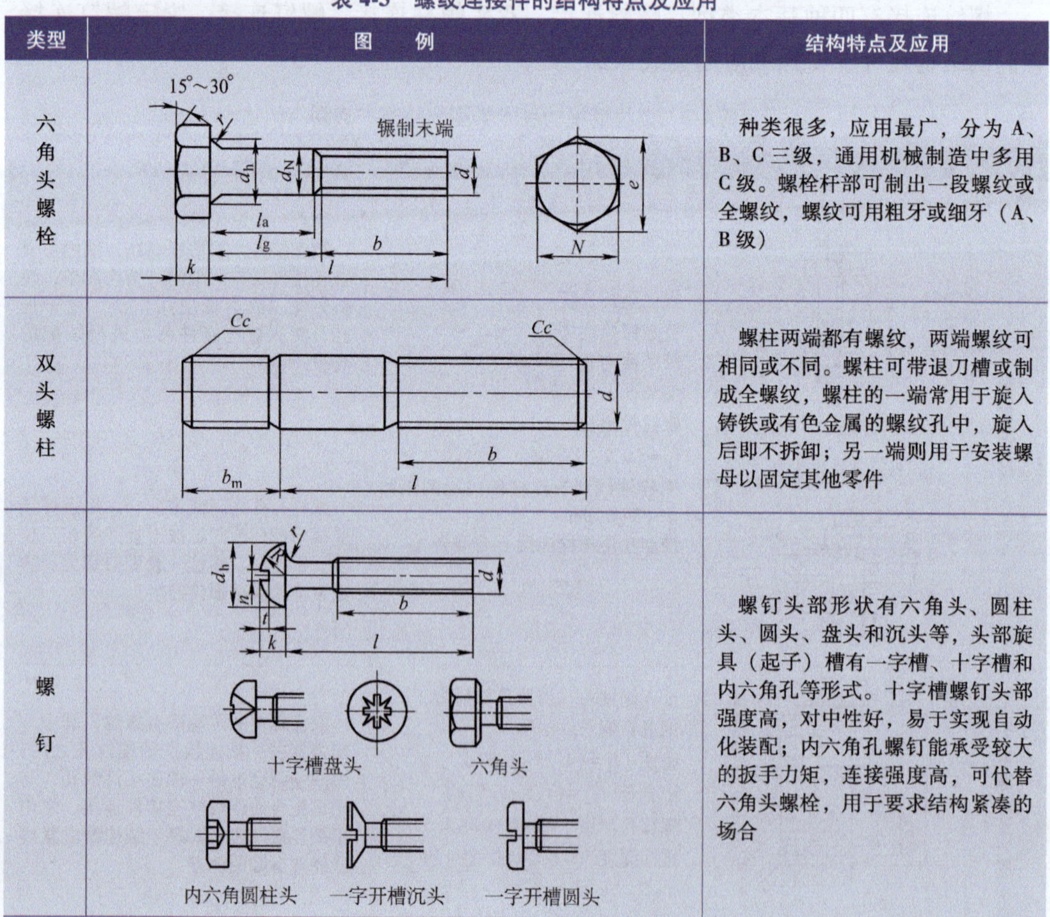

类型	图　例	结构特点及应用
六角头螺栓	15°～30°, r, 辗制末端, d_h, d_N, d, l_a, l_g, b, k, l, e, N	种类很多，应用最广，分为A、B、C三级，通用机械制造中多用C级。螺栓杆部可制出一段螺纹或全螺纹，螺纹可用粗牙或细牙（A、B级）
双头螺柱	Cc, Cc, d, b, b_m, l	螺柱两端都有螺纹，两端螺纹可相同或不同。螺柱可带退刀槽或制成全螺纹，螺柱的一端常用于旋入铸铁或有色金属的螺纹孔中，旋入后即不拆卸；另一端则用于安装螺母以固定其他零件
螺钉	r, d_h, n, t, k, d, b, l 十字槽盘头　六角头 内六角圆柱头　一字开槽沉头　一字开槽圆头	螺钉头部形状有六角头、圆柱头、圆头、盘头和沉头等，头部旋具（起子）槽有一字槽、十字槽和内六角孔等形式。十字槽螺钉头部强度高，对中性好，易于实现自动化装配；内六角孔螺钉能承受较大的扳手力矩，连接强度高，可代替六角头螺栓，用于要求结构紧凑的场合

（续）

类型	图　例	结构特点及应用
紧定螺钉	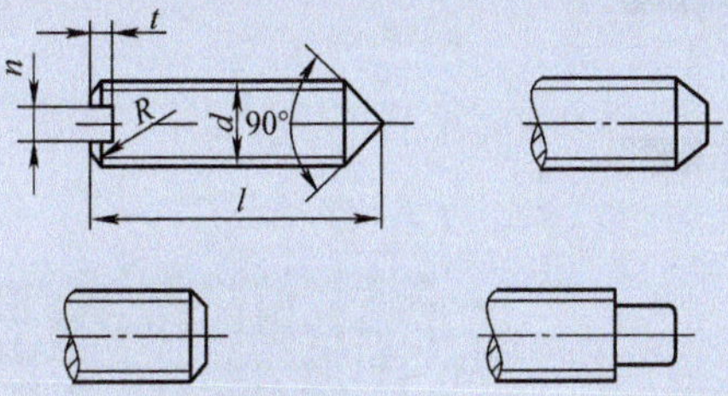	紧定螺钉的末端形状，常用的有锥端、平端和圆柱端。锥端适用于被顶紧零件的表面硬度较低或不经常拆卸的场合；平端接触面积大，不伤零件表面，常用于顶紧硬度较大的平面或经常拆卸的场合；圆柱端压入轴上的零件位置
六角头螺母	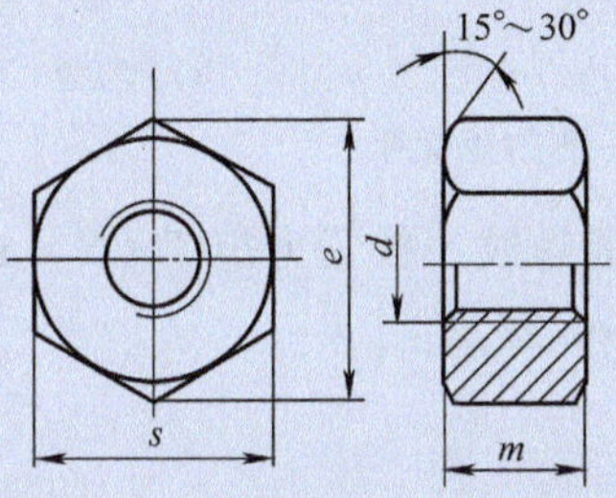	根据六角头螺母厚度的不同，分为标准、厚、薄三种。六角螺母的制造精度和螺栓相同，分为 A、B、C 三级，分别与相同级别的螺栓配用
圆螺母	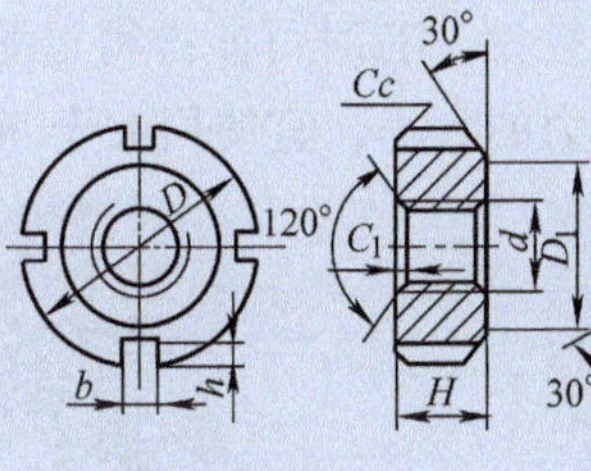 圆螺母 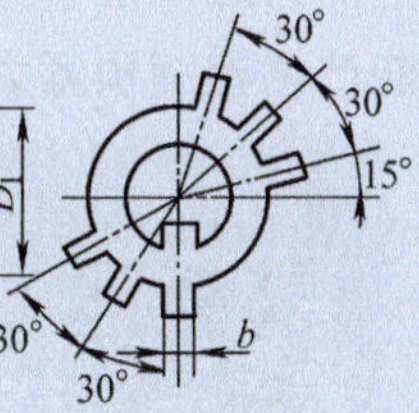　止动垫圈	圆螺母常与止动垫圈配用，装配时将垫圈内舌插入轴上的槽内，而将垫圈的外舌嵌入圆螺母的槽内，螺母即被锁紧。常用于轴上零件的轴向固定用
垫圈	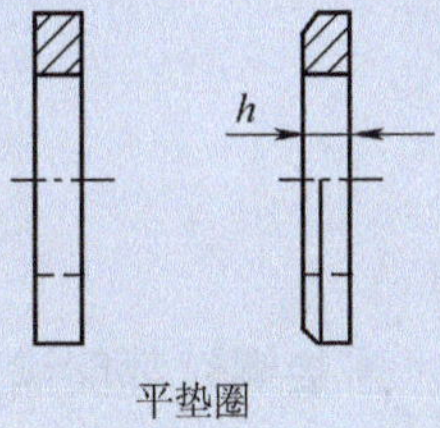 平垫圈 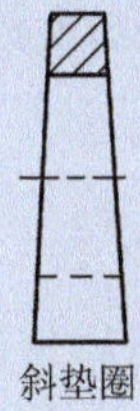　斜垫圈	垫圈是螺纹连接中不可缺少的零件，常放置在螺母和被连接件之间，起保护支承面等作用。平垫圈按加工精度分为 A 级和 C 级两种。用于同一螺纹直径的垫圈又分为特大、大、普通和小四种规格，特大垫圈主要在铁木结构上使用，斜垫圈又用于倾斜的支承面上

三、螺纹连接的预紧和防松

1. 螺纹连接的预紧

生产实际中，大多数螺纹连接在安装时都需要拧紧，通常称为预紧。预紧的目的在于增强连接的可靠性、紧密性和提高防松能力。

对有气密性要求的管路、压力容器等连接，预紧可使被连接件的接合面在工作载荷的作用下，仍具有足够的紧密性，避免泄漏。对承受横向载荷的螺栓连接，预紧力在被连接件的接合面间产生所需的正压力，使接合面间产生的总摩擦力足以平衡外载荷。由此可见，预紧在螺栓连接中起着重要的作用。

连接在工作前因预紧所受到的力，称为预紧力，用 F_0 表示。

一般螺纹连接可凭经验控制预紧力大小，对重要螺纹连接，通常借助测力矩扳手

（图 4-9）或定力矩扳手来控制。

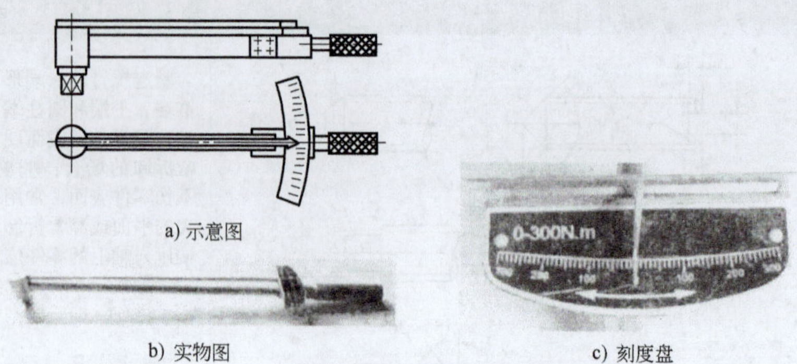

a) 示意图　b) 实物图　c) 刻度盘

图 4-9　测力矩扳手

对于常用的钢制 M10～M68 的粗牙普通螺纹，拧紧力矩 T（N · mm）的经验公式为

$$T \approx 0.2F_0 d \tag{4-1-1}$$

式中　F_0——预紧力（N）；

d——螺纹公称直径（mm）。

由于摩擦力不稳定和加在扳手上的力难以准确控制，有时可能拧得过紧而使螺杆被拧断，因此在重要的连接中如果不能严格控制预紧力的大小，宜使用大于 M12 的螺栓。

2. 螺纹连接的防松

防松的根本问题是防止螺母和螺栓的相对转动。连接螺纹都能满足自锁条件，且螺母和螺栓头部支承面处的摩擦也能起到防松作用，故在静载荷作用下，螺栓不会自动松脱。但如果连接是在冲击、振动、变载荷作用下或工作温度变化很大时，连接就有可能松开，影响连接的牢固性和紧密性，甚至发生严重事故。因此，在设计螺纹连接时必须考虑防松措施。防松的实质就是防止螺纹副的相对转动。常用的防松方法见表 4-4。

表 4-4　螺纹连接常用的防松方法

防松方法		结构形式	特点和应用
摩擦力防松	对顶螺母	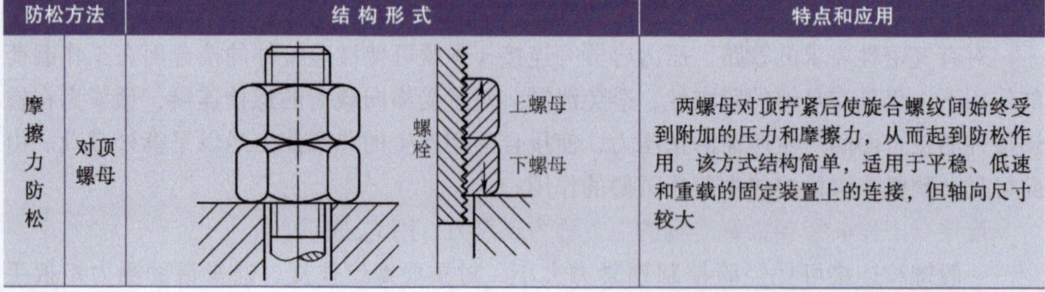	两螺母对顶拧紧后使旋合螺纹间始终受到附加的压力和摩擦力，从而起到防松作用。该方式结构简单，适用于平稳、低速和重载的固定装置上的连接，但轴向尺寸较大

（续）

防松方法		结构形式	特点和应用
摩擦力防松	弹簧垫圈	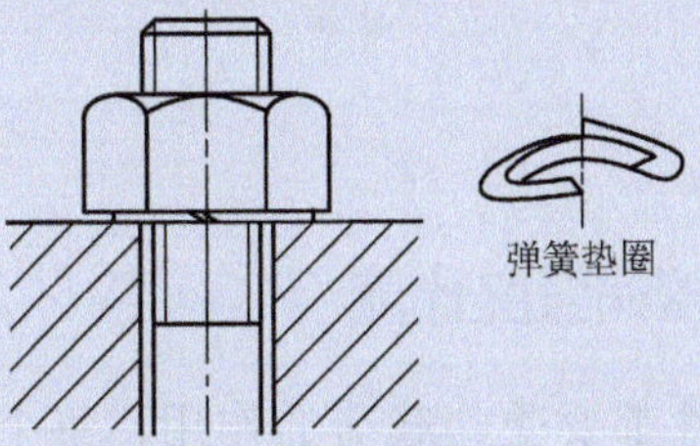 弹簧垫圈	螺母拧紧后，靠弹簧垫圈压平而产生的弹性反力使旋合螺纹间压紧，同时垫圈外口的尖端抵住螺母与被连接件的支承面也有防松作用。该方式结构简单，使用方便。但在冲击振动的工作条件下，其防松效果较差，一般用于不是很重要的连接
	自锁螺母	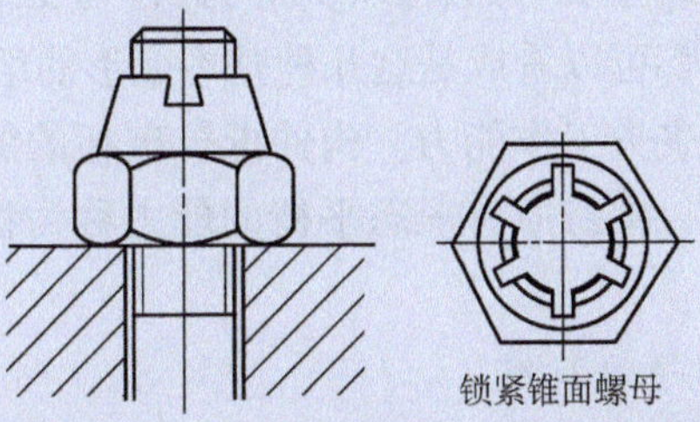 锁紧锥面螺母	螺母一端制成非圆形收口或开缝后径向收口。当螺母拧紧后收口胀开，利用收口的弹力使旋合螺纹压紧。该方式结构简单、防松可靠，可多次装拆而不降低防松能力
机械防松	开口销与六角槽螺母防松	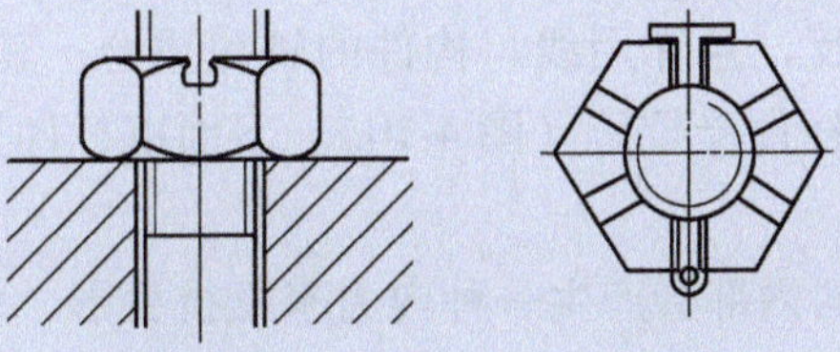	将开口销穿入螺栓尾部小孔和螺母槽内，并将开口销尾部掰开与螺母侧面贴紧，靠开口销阻止螺栓与螺母相对转动以防松。该方式适用于冲击和振动较大的高速机械中
	带翅垫圈	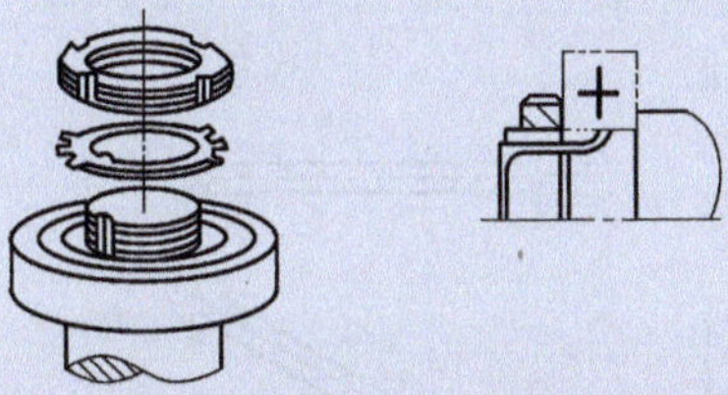	带翅垫圈具有几个外翅和一个内翅，将内翅嵌入螺栓（或轴）的轴向槽内，旋紧螺母，将一个外翅弯入螺母的槽内，螺母即被锁住。该方式结构简单、使用方便、防松可靠
	串联钢丝	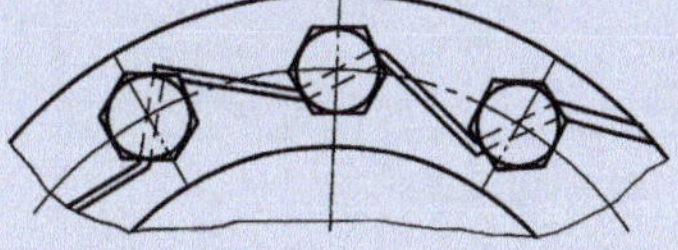	用低碳钢丝穿入各螺钉头部的孔内，将各螺钉串联起来使其相互制约，使用时必须注意钢丝的穿入方向。该方式适用于螺钉组连接，其防松可靠，但装拆不方便
其他方法防松	黏合剂	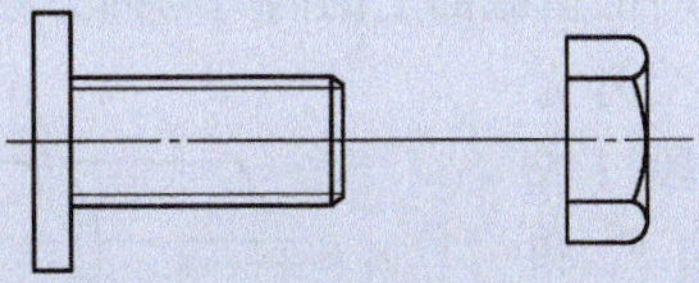	用黏合剂涂于螺纹旋合表面，拧紧螺母后黏合剂能自行固化，防松效果良好，但不便拆卸
	冲点	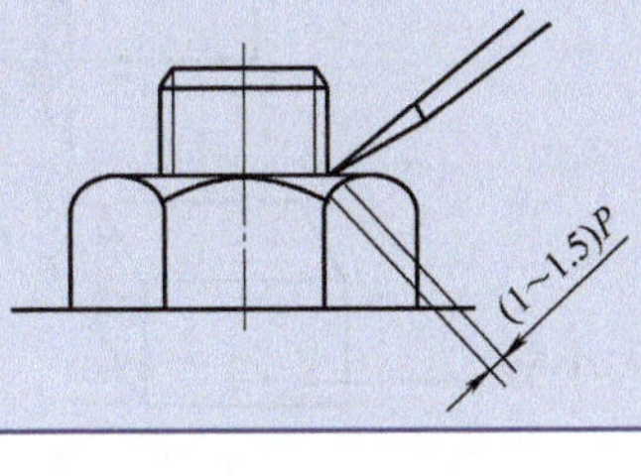 (1~1.5)P	在螺纹件旋合好后，用冲头在旋合缝处或在端面冲点防松。这种防松效果很好，但此时螺纹连接成了不可拆卸连接

四、螺栓连接的强度计算

• 知识链接一 •

拉伸与压缩强度计算

在工程实际中，各种机器设备的构件都要受到载荷的作用，每个构件在力的作用下，都会产生变形。构件变形的基本形式主要有四种：①轴向拉伸与压缩；②剪切与挤压；③扭转；④弯曲。其他复杂的变形都可以看成是这几种基本变形的组合。

零件受载后变形过大会发生破坏，丧失工作能力。构件抵抗破坏的能力称为构件的强度，抵抗变形的能力称为构件的刚度，维持原有形态平衡的能力称为稳定性。材料的这几种能力决定了零件的承载能力。

1. 构件受轴向拉伸或压缩时的内力与内力图

在工程中，有很多构件在工作时是承受拉伸或压缩的。这类构件的受力特点是：作用于构件端的两力大小相等，方向相反，且作用线与构件的轴线重合；其变形特点是：构件产生轴向伸长或缩短。如吊架中杆件受拉压（图4-10）。下面以杆件为例说明构件受轴向拉伸或压缩时强度计算问题。

零件受外力作用发生变形时，材料内部会产生一种内力来抵抗变形，内力的大小随外力增加而加大，当加到极限时，零件就会破坏。

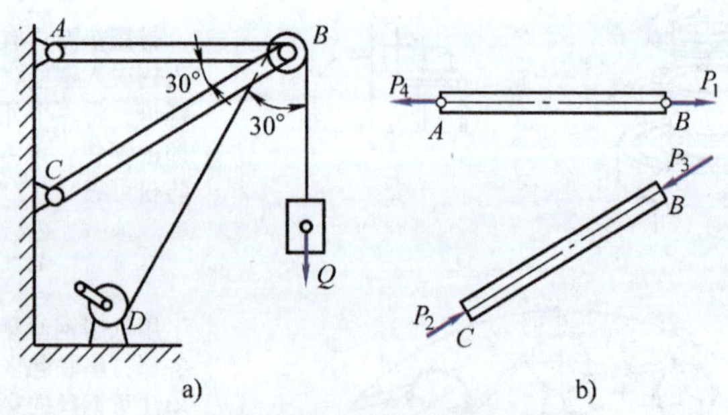

图4-10 杆件受拉压

用截面法分析各类杆件发生基本变形时的横截面上的内力与内力图。

（1）截面法 如图4-11所示，杆件受外力 F_P 作用，用假想截面将杆件截开，取右段（或左段）研究，画出分离体的受力图，外力 F_P 和内力 F_N。

列平衡方程：$\sum F_x=0$

可得 $F_N-F_P=0$

则 $F_N=F_P$

该截面的内力是一个与杆轴线重合、大小等于外力的轴向力。

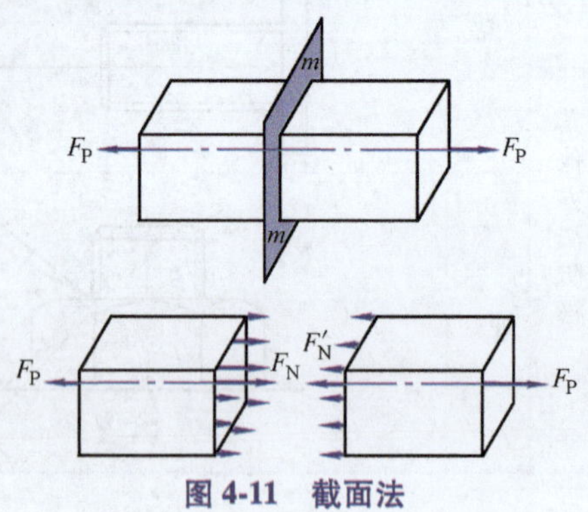

图4-11 截面法

由此可见，杆件受拉或受压时，横截面上内力的数值等于截面任意一侧所有外力的代数和。

（2）轴力与轴力图　由于零件受拉、压时外力的作用线与杆轴线重合，与外力平衡的内力也与轴线重合，因此称为轴力。轴力的正负号规定为：轴力的方向与所在截面的外法线方向一致时，轴力为正，反之为负。则可得出：拉力为正，压力为负。

若杆件所受拉（压）力多于两个时，则在不同的截面轴力可能不同，为了直观地反映出轴力随截面位置变化的情况，常用轴力图来表示轴力随横截面位置的变化规律。

轴力图：在坐标系中，对应截面轴力的大小描绘出的轴力沿轴线方向变化的图线。

轴力图画法：横坐标表示截面位置，纵坐标表示轴力大小，如图 4-12 所示。正轴力画在 x 轴的上方，负轴力画在 x 轴的下方。轴力图不仅表示了轴力随截面变化的情况，还表示了杆件各段是受拉还是受压。

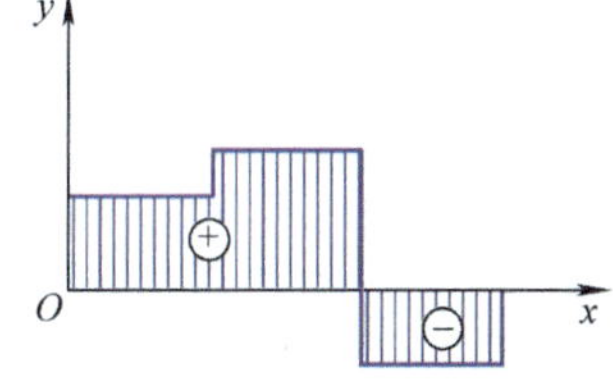

图 4-12　轴力图

2. 拉伸和压缩时的应力

仅知道拉（压）杆的轴力还不能判断杆件的强度是否足够。例如：两根不同截面积的杆，在相同拉力的作用下，它们的内力是相同的，但随着拉力的增大，较细杆会先被拉断。因此，杆件受破坏往往起因于危险截面上的应力，即单位面积上的内力，用 σ 表示，单位为帕斯卡（Pa），工程上常用单位为兆帕（MPa）。$1\text{Pa}=1\text{N/m}^2$，$1\text{MPa}=10^6\text{Pa}$。

通过试验可知，杆件在变形过程中横截面始终保持为平面。材料沿轴向产生的伸长量相同，由于材料是均匀连续的，所以各点所受拉力也相同。由此得到，轴力在横截面上是均匀分布的，且方向垂直于横截面。即拉（压）杆横截面上只有正应力，且正应力在横截面上均匀分布，其计算公式为

$$\sigma=\frac{F_N}{A} \tag{4-1-2}$$

式中　F_N——所求截面上的轴力（N）；

　　A——所求截面的横截面积（mm^2）。

3. 拉压时的变形

实验表明，轴向拉伸或压缩的杆件，当应力不超过某一限度时，轴线变形 Δl 与轴向载荷 F_N 及杆长 l 成正比，与杆的横截面积成反比。这一关系称为胡克定律，即

$$\Delta l=\frac{F_N l}{EA} \tag{4-1-3}$$

式中　E——比例系数，称为材料的抗拉（压）弹性模量（GPa），其值随材料不同而异，可通过试验来测定。

由于绝对变形 Δl 与杆件的原有尺寸有关，为消除原尺寸的影响，通常用单位长度的变形来表示杆件变形的程度，称为轴向线应变，以 ε 表示，即 $\varepsilon=\Delta l/l$。则可得胡克定律的另一表达形式

$$\sigma = E\varepsilon \tag{4-1-4}$$

因此，胡克定律可表述为：当应力不超过某一极限时，应力与应变成正比。该极限值称为比例延伸强度。

4. 构件受拉伸与压缩时的强度计算

（1）极限应力　在应力作用下，构件的变形和破坏与材料的力学性能有关。力学性能是指材料在外力作用下表现出来的变形和破坏的特性。例如：当应力达到抗拉强度 R_m（或抗压强度 R_{mc}）时，则构件就会发生断裂；当塑性材料的应力达到下屈服强度 R_{eL} 时，则构件就会产生显著的塑性变形。构件断裂时显然是丧失了工作能力，而过大的变形也会影响构件的正常工作，因此断裂和屈服都属于破坏现象。

金属材料在拉伸和压缩时的力学性能通常由拉伸试验测定。根据拉伸和压缩过程中试样承受的应力 R 和产生的应变 ε 之间的关系，可以绘出该金属的 $R—\varepsilon$ 曲线，如图 4-13 所示。

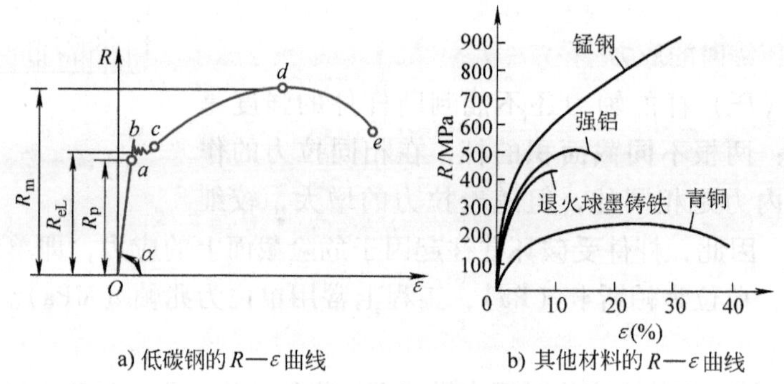

a) 低碳钢的 $R—\varepsilon$ 曲线　　b) 其他材料的 $R—\varepsilon$ 曲线

图 4-13　拉伸试验曲线

通过对低碳钢的 $R—\varepsilon$ 曲线分析可知，试样在拉伸过程中经历了弹性变形（Oab 段）、塑性变形（$bcde$ 段）和断裂（e 点）三个阶段。

在弹性变形阶段，试样的变形与应力始终呈线性关系，去除应力，试样的变形随即消失。应力 R_p 称为比例延伸强度，当零件实际应力低于比例延伸强度时，应力与应变成正比，即符合胡克定律。图中直线 Oa 的斜率就是材料的弹性模量 E。

在塑性变形阶段，试样产生的变形是不可恢复的永久变形。根据变形发生的特点，该阶段又分为三个阶段：bc 段为屈服阶段，b 点为屈服点，对应的应力值称为下屈服强度 R_{eL}，在此阶段材料抵抗变形的能力暂时消失，塑性变形迅速增加；cd 段为强化阶段，材料又恢复了抵抗变形的能力，试样内的应力又逐渐增加，直至 d 点，对应的应力 R_m 称为抗拉强度，当零件实际应力达到抗拉强度值时，将会出现破坏；de 段为颈缩阶段，到 e 点，试样断裂。

上述比例延伸强度 R_p、下屈服强度 R_{eL} 和抗拉强度 R_m 分别是材料处于弹性变形、塑性变形和断裂前能承受的最大应力，称为极限应力。不同材料的极限应力值可从有关手册中查得。

（2）许用应力　零件由于变形和破坏而失去正常工作的能力，称为失效。零件在失效前，允许材料承受的最大应力称为许用应力，常用［σ］表示。为了保证构件能安全工作，还须将其工作应力限制在比极限应力更低的范围内，为此用极限应力除以一个安全系数 n，作为材料的许用应力 $[\sigma]$。

对于塑性材料，其下屈服强度 R_{eL} 为极限应力，其许用应力为

$$[\sigma]=\frac{R_{eL}}{n_s} \tag{4-1-5}$$

对于脆性材料，其抗拉强度 R_m 为极限应力，其许用应力为

$$[\sigma]=\frac{R_m}{n_b} \tag{4-1-6}$$

式中 n_s、n_b——对应于屈服强度和抗拉强度的安全系数。

从构件的安全程度来看，由于断裂比屈服更为危险，所以 n_b 比 n_s 要大些。例如：在静载荷作用下的一般零部件，轧件和锻件的安全系数取 $n_s=1.2\sim2.2$，铸件取 $n_s=1.6\sim2.5$；钢材取 $n_b=2.0\sim2.5$，铸件取 $n_b=4$；对脆性材料，取 $n_b=2.0\sim3.5$。

（3）强度条件 为了保证零件有足够的强度，必须使其最大工作应力不超过材料的许用应力。轴向拉伸和压缩时的强度条件为

$$\sigma=\frac{F_N}{A}\leqslant[\sigma] \tag{4-1-7}$$

式中 σ——构件横截面上的工作应力（MPa）；

F_N——横截面上的轴力（N）；

A——横截面面积（mm^2）；

$[\sigma]$——材料的许用应力（MPa）。对于等截面杆，如果其上同时作用几个轴向外力，应选择最大轴力 F_{Nmax} 所在的横截面来计算；在轴力相同而横截面有变化时，则应计算截面面积最小处的强度。

根据强度条件计算公式，可以解决下面三类实际应用问题：

1）校核强度。已知构件的材料、截面尺寸和所承受的载荷，校核构件是否满足上述强度条件。若能满足，说明构件的强度足够；否则，说明构件不安全。

2）设计截面。根据构件所承受的载荷和材料的许用应力，确定构件的横截面面积和相应的尺寸。这时横截面面积应为

$$A\geqslant\frac{F_N}{[\sigma]}$$

由此式算出需要的横截面面积，然后确定截面尺寸。

3）确定许用载荷。根据构件的截面尺寸和许用应力，确定构件或整个结构所能承担的最大载荷。构件所允许的轴力为

$$F_N\leqslant A[\sigma]$$

得出轴力后，进一步确定构件的许用载荷。

• 知识链接二 •

剪切与挤压强度计算

小故事：泰坦尼克号游轮沉没事故的启示

1912年4月14日晚，泰坦尼克号游轮撞上了一座巨大的冰山而沉没于大海（图4-14）。除了船速太快以外，这艘船的铆钉质量太差可能是导致这场海难的主要原因。冰山的尖角与船壳钢板相擦，在船壳受到冰山挤压时，壳体钢板间的铆钉承受了极大的切应力，终因铆钉材料强度不够而造成惨剧发生。

图4-14　泰坦尼克号游轮沉没于大海

由于安全意识的缺失，泰坦尼克号游轮从造船到航行，到事故来临之后的应急处置等各个环节，都违背了安全规范，最终发生了不该发生的沉船事故，这一人类航海史上血写的灾难性事件带给我们深刻的启示，告诫后人一定要建立安全意识，切勿麻痹大意！

在各种连接件中，当受到大小相等，方向相反，彼此相距很近的一对平行力的作用（图4-15a）时，介于作用力中间部分的截面，将沿着力的方向发生相对错动，构件的这种变形称为剪切变形。两平行力之间发生相对错动的截面，称为受剪面。

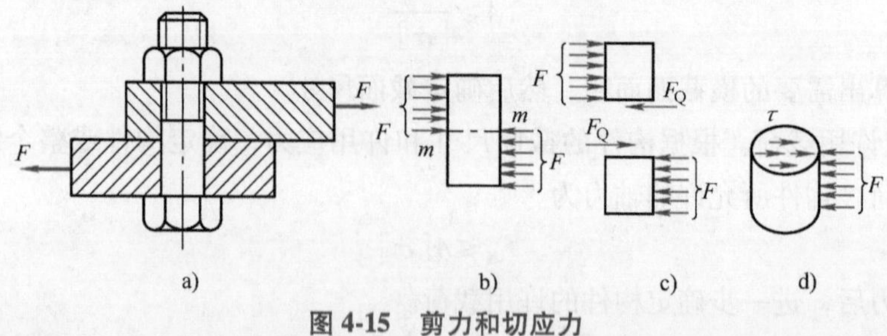

图4-15　剪力和切应力

构件在受剪时，伴随着发生挤压作用。当两构件接触而传递压力时，接触面相互挤压，从而使较软构件的接触表面产生塑性变形，这种现象称为挤压变形。构件受压的接触面称为挤压面。

1. 剪切内力和切应力

图4-15所示为螺栓连接，取螺栓为研究对象画其受力图，F 为剪切外力。假想将螺栓从 m-m 截面截开，分为上、下两部分（图4-15b）。任取一部分为研究对象，为了保持平衡，在剪切面内必然有与外力 F 大小相等、方向相反的内力存在，这个内力称为剪力，用 F_Q 表示（图4-15c）。它是剪切面上分布内力的合力，其值大小可以由平衡方程求得

$$F_Q = F \tag{4-1-8}$$

剪切面上内力分布的集度称为切应力，用 τ 表示（图4-15d）。在剪切面上，因切应力的实际分布规律比较复杂，很难确定，工程上通常采用建立在实验基础上的假定计算方法，即假设切应力在剪切面上是均匀分布的，则切应力的计算公式为

$$\tau = \frac{F_Q}{A} \tag{4-1-9}$$

式中　F_Q——剪切面上的剪力（N）；

A——剪切面面积（mm^2）。

2. 挤压力和挤压应力

如图4-16所示，两物体接触表面传递压力时，接触面相互挤压，作用于接触面上的压力，称为挤压力，用 F_{jy} 表示，其数值等于接触面所受外力大小。

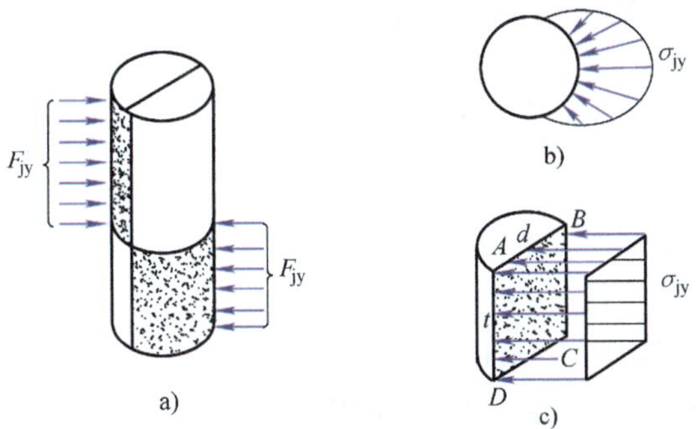

图4-16　挤压力和挤压应力

在挤压面上，由挤压力引起的应力称为挤压应力，用 σ_{jy} 表示。挤压应力在挤压面上的分布规律比较复杂，工程上采用假定计算，认为挤压应力在挤压面上是均匀分布的。故挤压应力为

$$\sigma_{jy} = \frac{F_{jy}}{A_{jy}} \tag{4-1-10}$$

式中　F_{jy}——挤压面上的挤压力（N）；

A_{jy}——挤压面面积（mm^2）。

3. 剪切与挤压强度条件

剪切强度条件为

$$\tau = \frac{F_Q}{A} \leqslant [\tau] \tag{4-1-11}$$

挤压强度条件为

$$\sigma_{jy}=\frac{F_{jy}}{A_{jy}}\leqslant[\sigma_{jy}] \tag{4-1-12}$$

式中 $[\tau]$——许用剪切应力（MPa）；

$[\sigma_{jy}]$——许用挤压应力（MPa）。

应用剪切强度条件和挤压强度条件同样可以解决三方面实际应用问题：①校核强度；②设计截面；③确定许用载荷。

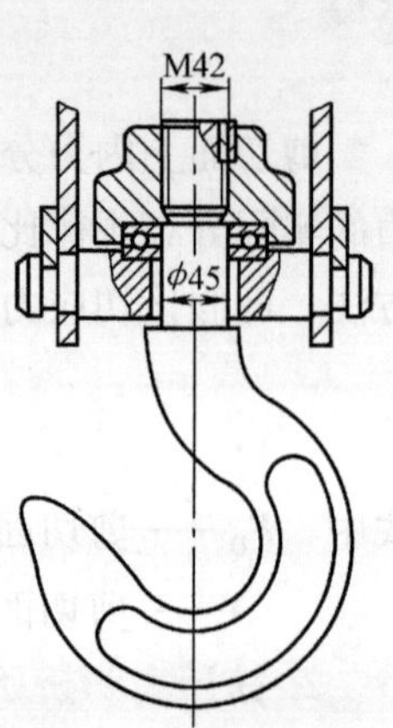

图 4-17　起重机吊钩

螺栓连接的强度计算主要是确定或验算最危险截面的尺寸（一般是螺纹小径 d_1），其他尺寸按标准选择。与螺栓相配的螺母、垫圈等的结构尺寸可直接按螺栓的公称尺寸由标准选取。

确定螺栓直径时，需要先通过受力分析，找出螺栓组中受力最大的螺栓，然后按单个螺栓进行强度计算。

螺栓连接按螺栓在装配时是否预紧分为松螺栓连接和紧螺栓连接。

1. 松螺栓连接

松螺栓连接在装配时螺母不需要拧紧，螺栓只在工作时才受到拉力的作用。如拉杆、起重机吊钩等的螺栓连接，如图 4-17 所示，这类螺栓工作时受轴向力 F 的作用。

松螺栓连接强度条件为

$$\sigma=\frac{F}{A}=\frac{F}{\frac{\pi d_1^2}{4}}=\frac{4F}{\pi d_1^2}\leqslant[\sigma] \tag{4-1-13}$$

式中 σ——螺栓杆危险截面上的应力（MPa）；

d_1——螺栓杆螺纹小径（mm）；

F——螺栓杆所受轴向力（N）；

$[\sigma]$——螺栓杆所能承受的许用应力（MPa）。

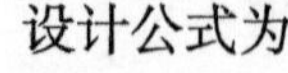

设计公式为

$$d_1\geqslant\sqrt{\frac{4F}{\pi[\sigma]}} \tag{4-1-14}$$

求出 d_1 后，再由表 4-1 查出螺栓的公称直径。

2. 紧螺栓连接

（1）仅受预紧力的紧螺栓连接　紧螺栓连接就是在承受工作载荷之前必须把螺母拧紧。拧紧螺母时，螺栓一方面受到拉伸，轴向力称为预紧力，另一方面又因螺纹中阻力矩的作用而受到扭转，因而，危险截面上既有拉应力 σ，又有扭转产生的切应力 τ。在计算时，可以只按拉伸强度来计算，并将所受的拉力增大 30%来考虑扭转剪力的影响。即

$$F=1.3F_0 \tag{4-1-15}$$

式中 F_0——预紧力（N）；

F——计算载荷（N）。

强度条件为

$$\sigma=\frac{1.3F_0}{\frac{\pi d_1^2}{4}}=\frac{5.2F_0}{\pi d_1^2}\leqslant[\sigma] \tag{4-1-16}$$

设计公式为

$$d_1\geqslant\sqrt{\frac{5.2F_0}{\pi[\sigma]}} \tag{4-1-17}$$

式中　$[\sigma]$——紧螺栓连接的许用应力（MPa），其值可按式（4-1-23）计算。

（2）受预紧力和工作拉力的紧螺栓连接　这种受力形式常见于压力容器端盖螺栓连接、气缸中的凸缘连接等。

在轴向载荷 F 作用前，先要拧紧螺母，使螺栓和被连接件都受到预紧力 F_0 的作用，螺栓受拉伸，被连接件受压缩。当螺栓受到容器内液体或气体的压力作用，承受轴向载荷 F 时，使螺栓伸长，预紧力也由 F_0 减少到 F'，F'称为残余预紧力，所以，工作时单个螺栓受到的总轴向力 F_Σ 为：$F_\Sigma=F+F'$。为了保证连接的紧密性，残余预紧力 F'必须保持一定的数值。F'的取值范围是：静载时，$F'=(0.2\sim0.6)F$；动载时，$F'=(0.6\sim1.0)F$；紧密压力容器，如气缸、油缸等，$F'=(1.5\sim1.8)F$。

强度条件为

$$\sigma=\frac{1.3F_\Sigma}{\frac{\pi d_1^2}{4}}=\frac{5.2F_\Sigma}{\pi d_1^2}\leqslant[\sigma] \tag{4-1-18}$$

式中　F_Σ——单个螺栓受到的总轴向力，其值为轴向载荷 F 与残余预紧力 F'之和，即 $F_\Sigma=F+F'$。

设计公式为

$$d_1\geqslant\sqrt{\frac{5.2F_\Sigma}{\pi[\sigma]}} \tag{4-1-19}$$

3. 受剪螺栓的强度计算

螺栓连接受横向载荷时，当选用普通螺栓连接时，螺栓只受预紧力 F_0，靠接合面间的摩擦来传递载荷。当 $f=0.2$，$n=1$，$z=1$，$K=1.2$ 时，由式（4-1-26）得出 $F_0=6F_R$，即连接所需的预紧力是横向载荷的 6 倍，因此所需螺栓的尺寸较大。为了避免这一缺点，可采用铰制孔螺栓连接，即受剪螺栓连接，如图 4-18 所示。在这种连接中，横向载荷 F_R 靠螺栓的剪切和挤压作用来平衡。因此，对于受剪螺栓连接来说，应按剪切和挤压强度进行计算。

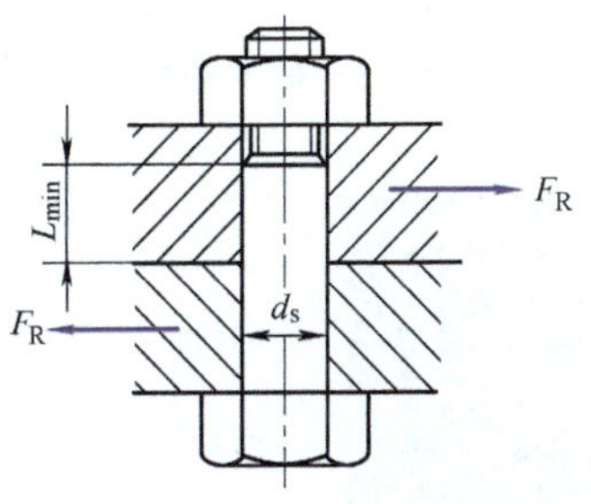

图 4-18　受剪螺栓连接

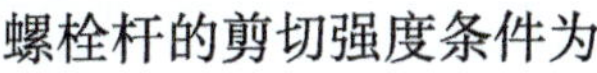

螺栓杆的剪切强度条件为

$$\tau=\frac{F_R}{n\frac{\pi d_s^2}{4}}\leqslant[\tau] \quad (4\text{-}1\text{-}20)$$

设计公式为

$$d_s\geqslant\sqrt{\frac{4F_R}{n\pi[\tau]}} \quad (4\text{-}1\text{-}21)$$

螺栓杆与孔壁接触面的挤压强度条件为

$$\sigma_p=\frac{F_R}{nd_sL_{min}}\leqslant[\sigma_p] \quad (4\text{-}1\text{-}22)$$

式中 F_R——单个螺栓所承受的横向载荷（N）；
d_s——螺栓杆直径（mm）；
$[\tau]$——许用切应力（MPa），见表4-7；
$[\sigma_p]$——许用挤压应力（MPa），见表4-7；
L_{min}——螺栓杆与孔壁接触面的最小长度，设计时应取 $L_{min}=1.25d_s$；
n——受剪面数目。

4. 螺纹连接件常用材料及许用应力

（1）螺纹连接件常用材料　螺纹连接件的常用材料为Q215、Q235、35和45钢；对于重要或特殊用途的螺纹连接件，可采用15Cr、40Cr、15MnVB等合金钢。螺纹连接件常用材料的力学性能见表4-5。

表4-5　螺纹连接件常用材料的力学性能　（单位：MPa）

钢号	抗拉强度 R_m	下屈服强度 R_{eL}	疲劳极限	
			弯曲 σ_{-1}	抗拉 $\sigma_{-1\tau}$
Q215	340~420	220		
Q235	410~470	240	170~220	120~160
35	540	320	220~300	170~220
45	610	360	250~340	190~250
40Cr	750~1000	650~900	320~440	240~340

（2）螺纹连接许用应力　螺纹连接许用应力与连接是否拧紧、是否控制预紧力、受力性质（静载荷、动载荷）和材料等因素有关。

紧螺栓连接的许用应力

$$[\sigma]=R_{eL}/S \quad (4\text{-}1\text{-}23)$$

式中 R_{eL}——下屈服强度（MPa），见表4-5；
S——安全系数，见表4-6。

表4-6　受拉紧螺栓连接的安全系数 S

控制预紧力	1.2~1.5					
不控制预紧力	材料	静载荷			动载荷	
		M6~M16	M16~M30	M30~M60	M6~M16	M16~M30
	碳素钢	4~3	3~2	2~1.3	10~6.5	6.5
	合金钢	5~4	4~2.5	2.5	7.5~5	5

受剪螺栓的许用应力由被连接件的材料决定，其值见表 4-7。

表 4-7　受剪螺栓的许用应力

载荷类型	被连接件材料	剪切		挤压	
		许用应力	S	许用应力	S
静载荷	钢	$[\tau]=R_{eL}/S$	2.5	$[\sigma_p]=R_{eL}/S$	1.25
	铸铁			$[\sigma_p]=R_m/S$	2~2.5
动载荷	钢、铸铁	$[\tau]=R_{eL}/S$	3.5~5	$[\sigma_p]$ 按静载荷取值的 70%~80%计算	

五、螺栓组连接的结构设计

机器设备中螺栓连接一般都是成组使用的，在结构设计时，应考虑以下几方面的问题。

1）在连接的接合面上，合理地布置螺栓。螺栓组的布置应尽可能对称，以使接合面受力比较均匀。一般都将接合面设计成对称的简单几何形状，并使螺栓组的对称中心与接合面的几何形心重合。为了便于划线钻孔，螺栓应布置在同一圆周上，并取易于等分圆周的螺栓个数，如 3、4、6、8、12 等，如图 4-19 所示。

2）当普通螺栓连接受到较大的横向载荷时，可用套筒、键、销等零件来分担横向载荷，以减小螺栓的预紧力和结构尺寸，如图 4-20 所示。

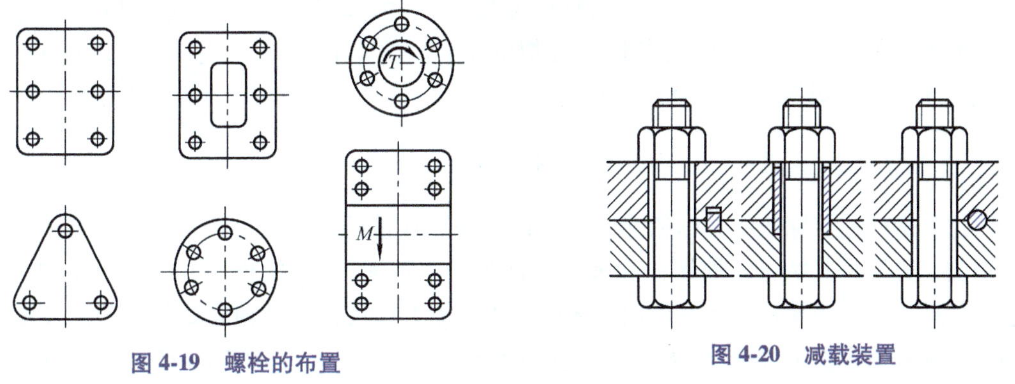

图 4-19　螺栓的布置

图 4-20　减载装置

3）在一般情况下，为了安装方便，同一组螺栓中不论其受力大小，均采用同样的材料和尺寸。

4）螺栓布置要有合理的距离。在布置螺栓时，螺栓中心线与机体壁之间、螺栓相互之间的距离，要根据扳手活动所需的空间大小来决定，如图 4-21 所示。扳手空间的尺寸可查有关手册。

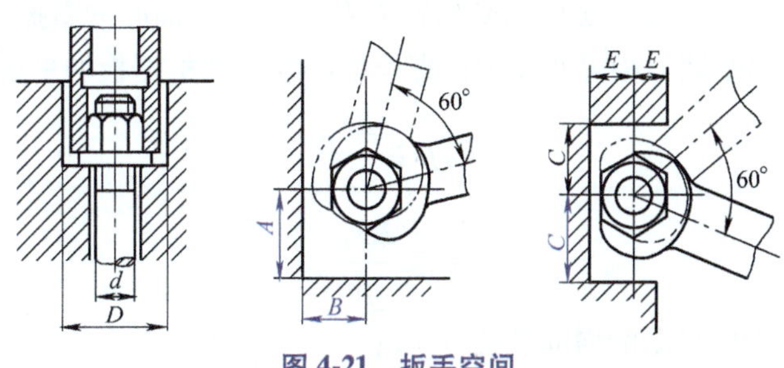

图 4-21　扳手空间

5）避免螺栓承受附加弯曲应力。支承面应为加工面，为了减少加工面，常将支承面做成凸台、凹坑。为了适应特殊的支承面（倾斜的支承面、球面等），可采用斜垫圈、球面垫圈等，如图4-22所示。

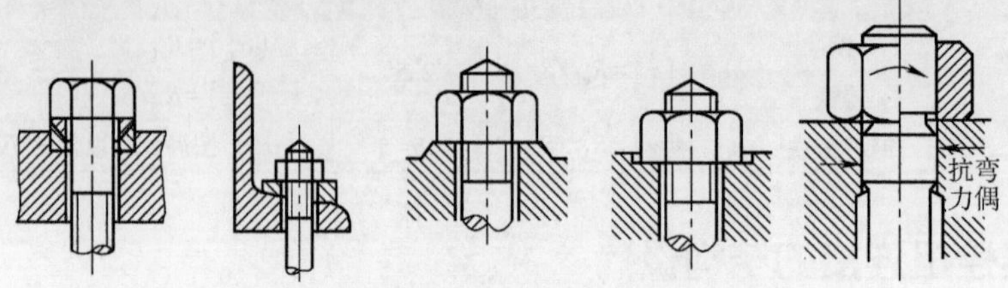

图4-22 避免螺栓承受附加弯曲应力措施

六、螺栓组连接的受力分析

螺栓组连接受力分析是求出连接中各螺栓受力的大小，特别是其中受力最大的螺栓及其载荷。分析时，通常作以下假设：① 被连接件为刚体；②各螺栓的拉伸刚度或剪切刚度（即各螺栓的材料、直径和长度）及预紧力都相同；③螺栓的应变没有超出弹性范围。

1. 受轴向载荷 F_Q 的螺栓组连接

如图4-23所示的压力容器端盖螺栓连接，其载荷通过螺栓组形心，因此各螺栓分担的工作载荷 F 相同。设螺栓数目为 z，则

$$F=\frac{F_Q}{z} \tag{4-1-24}$$

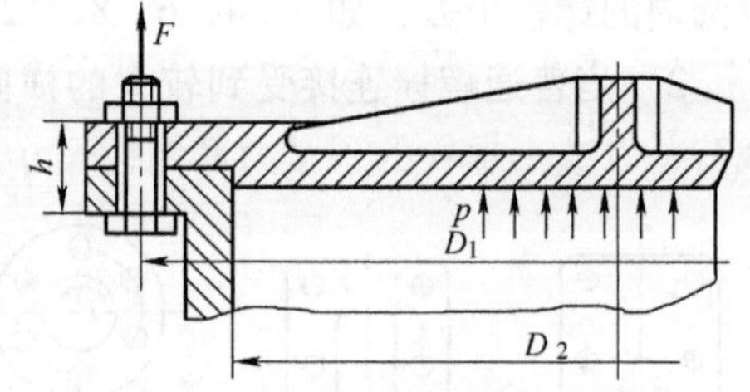

图4-23 受轴向力的螺栓组连接

这类螺栓连接除应有足够的强度外，还应保证连接的紧密性。因此，在轴向载荷 F 作用前，先要拧紧螺母，使螺栓和被连接件都受到预紧力 F_0 的作用，螺栓受拉伸，被连接件受压缩。当螺栓受到容器内液体或气体的压力作用，承受轴向载荷 F 时，使螺栓伸长，预紧力也由 F_0 减少到 F'，称 F' 为残余预紧力，所以，工作时单个螺栓受到的总拉力 F_Σ 为

$$F_\Sigma=F+F' \tag{4-1-25}$$

2. 受横向载荷 F_R 的螺栓组连接

图4-24所示为板件连接，螺栓沿载荷方向布置。承受载荷可以有两种不同的连接方式：图4-24a所示为采用普通螺栓连接，图4-24b所示为采用铰制孔螺栓连接。

（1）采用普通螺栓连接　螺栓只受预紧力 F_0，靠接合面间的摩擦来传递载荷。假设各螺栓连接接合面的摩擦力相等并集中在螺栓中心处，则根据板的平衡条件得

$$F_0 fn \geqslant \frac{KF_R}{z}$$

得

$$F_0 \geqslant \frac{KF_R}{zfn} \tag{4-1-26}$$

式中　F_R——螺栓组所承受的横向载荷（N）；

F_0——单个螺栓的预紧力（N）；

f——被连接件接合面的摩擦系数，通常取 $f=0.15\sim0.2$；

n——接合面数；

K——可靠性系数，通常取 $K=1.1\sim1.3$；

z——螺栓组中螺栓数目。

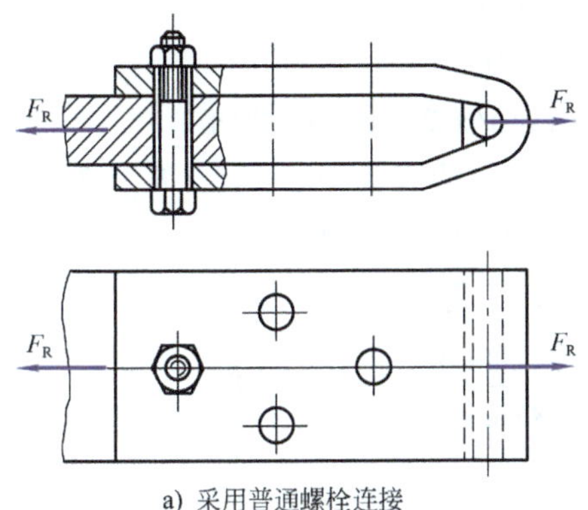

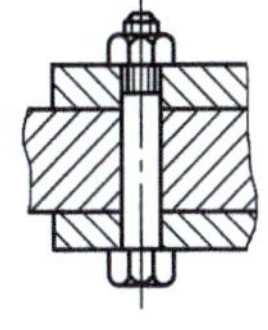

a) 采用普通螺栓连接　　b) 采用铰制孔螺栓连接

图 4-24　受横向载荷的螺栓组连接

（2）采用铰制孔螺栓连接（受剪螺栓连接）　靠螺栓受剪和螺栓与被连接件相互挤压时的变形来传递载荷。由于拧紧，连接中有预紧力和摩擦力，但一般忽略不计，假设各螺栓所受的工作载荷均为 F，则

$$F=\frac{F_{\Sigma}}{z} \tag{4-1-27}$$

受横向载荷时，用普通螺栓连接时的螺栓直径比用铰制孔螺栓连接时的螺栓直径大，因此，受横向载荷的螺栓连接应尽量采用铰制孔螺栓连接。

例 4-1-1　图 4-25 所示的凸缘联轴器，传递的最大转矩 $T=1.5\text{kN}\cdot\text{m}$，载荷平稳，用 4 个材料为 Q235 钢的 M16 螺栓连接，螺栓均匀分布在直径 $D_0=155\text{mm}$ 的圆周上，联轴器材料为 HT300，凸缘厚 $h=23\text{mm}$。试分别校核采用普通螺栓连接和铰制孔螺栓连接时螺栓的强度。

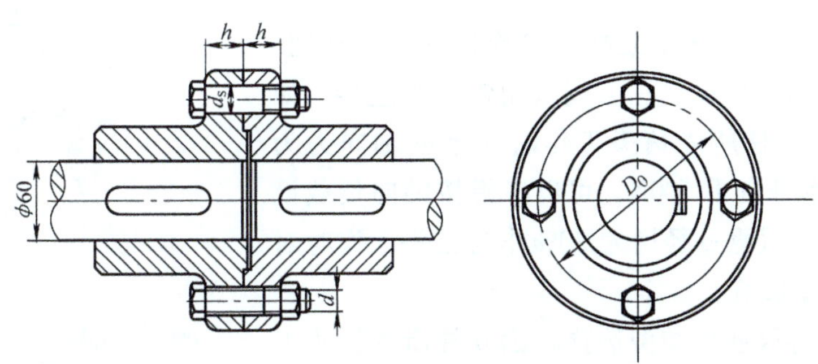

图 4-25　凸缘联轴器

解：(1) 采用普通螺栓连接　螺栓与孔壁间有间隙，必须拧紧螺母，使两接触面间产生足够的摩擦力来传递转矩。当联轴器传递转矩 T 时，每个螺栓受到的横向载荷为

$$T=4F\frac{D_0}{2}$$

$$F=\frac{T}{2D_0}=\frac{1.5\times10^6}{2\times155}\text{N}=4840\text{N}$$

取 $K=1.2$，$f=0.2$，$n=1$，则预紧力 F_0 为

$$F_0=KF/fn=1.2\times4840/0.2\times1\text{N}=29000\text{N}$$

查表4-5、表4-6，当螺栓材料为Q235钢，直径为16mm时，$R_{eL}=240\text{MPa}$，$S=3$。则

$$[\sigma]=R_{eL}/S=240\text{MPa}/3=80\text{MPa}$$

查表4-1，M16螺栓的小径 $d_1=13.84\text{mm}$，螺栓的拉应力为

$$\sigma=\frac{1.3F_0}{\frac{\pi d_1^2}{4}}=\frac{5.2F_0}{\pi d_1^2}=\frac{5.2\times29000}{3.14\times13.84^2}\text{MPa}=250\text{MPa}>[\sigma]$$

结果表明，当采用普通螺栓连接时，M16螺栓的强度不足。

(2) 采用铰制孔螺栓连接　由手册查得M16铰制孔螺栓的 $d_s=17\text{mm}$，查表4-5、表4-7得：Q235钢的 $R_{eL}=240\text{MPa}$，$S=2.5$；HT300的 $S=2.5$。则

$$[\tau]=R_{eL}/S=240\text{MPa}/2.5=96\text{MPa}$$

$$[\sigma_p]=R_m/S=250\text{MPa}/2.5=100\text{MPa}$$

当每个螺栓受到的横向载荷为4840N时，螺栓的切应力为

$$\tau=\frac{4F}{\pi d_s^2}=\frac{4\times4840}{\pi\times17^2}\text{MPa}=21.3\ \text{MPa}<[\tau]$$

联轴器的挤压应力为

$$[\sigma_p]=\frac{F}{d_s h}=\frac{4840}{17\times23}\text{MPa}=12.4\text{MPa}<[\sigma_p]$$

计算结果表明，采用铰制孔螺栓连接时，剪切强度和挤压强度都足够。

由此可见，螺栓连接受横向载荷时，采用铰制孔螺栓连接可以大大减小螺栓连接的尺寸或使联轴器传递更大的转矩。

例4-1-2　完成钻床中立柱螺纹连接的设计选用。已知工作条件和参数：立柱下端采用螺栓组连接，如图4-26所示，立柱所受钻头工作时向下的轴向力为4000N，立柱本身自重500N。可以考虑按轴向负载设计螺栓直径，然后将直径增大20%作为钻头工作时对立柱产生的弯矩影响。

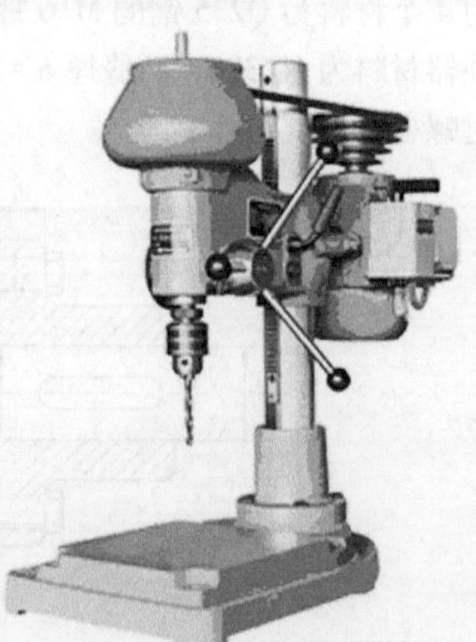

图4-26　立式钻床

解：(1) 螺纹连接类型选择　因立柱所受钻头工作时向下的轴向力，所以选择普通螺栓连接。

(2) 螺栓组连接受的总轴向力

$$F_Q = 4000\text{N} + 500\text{N} = 4500\text{N}$$

（3）单个螺栓受轴向力 F　采用螺栓数目为 4，则

$$F = \frac{F_Q}{z} = 1125\text{N}$$

（4）工作时单个螺栓受到的总拉力 F_Σ　单个螺栓受到的总拉力 F_Σ 等于轴向力 F 与残余预紧力 F' 之和，当 F 有变化时，F' 可取（0.6～1.0）F，本题 F' 取 0.8F。

$$F_\Sigma = F + F' = F + 0.8F = 1.8F = 2025\text{N}$$

（5）螺栓许用应力　螺栓材料选为 Q235，当螺栓直径未知时，安全系数不能确定，因此采用试算法，假设螺栓直径为 M6～M16，查表 4-5、表 4-6，得 $R_{eL} = 240\text{MPa}$，$S = 3$。则螺栓许用应力为

$$[\sigma] = R_{eL}/S = 240\text{MPa}/3 = 80\text{MPa}$$

（6）螺栓直径

$$d_1 \geqslant \sqrt{\frac{4 \times 1.3 F_\Sigma}{\pi[\sigma]}} = \sqrt{\frac{4 \times 1.3 \times 2025}{3.14 \times 80}}\text{mm} = 6.48\text{mm}$$

查设计手册，螺栓公称直径为 M8，与假设螺栓直径为 M6～M16 相符。

故选择 4 个 M8 的普通螺栓连接。

知识拓展

螺旋传动

一、螺旋传动的工作原理

由螺旋副连接相邻构件而成的用来传递运动和动力的机构称为螺旋传动机构。常用的螺旋机构除螺旋副外还有转动副和移动副。

如图 4-27a 所示，B 处螺纹导程为 P_{hB}，当螺杆 1 转过角 φ 时，螺母 2 的位移 s 为

$$s = P_{hB}\frac{\varphi}{2\pi}$$

如图 4-27b 所示，螺旋机构的两个螺旋方向相同，当螺杆 1 转过角 φ 时，螺母 2 的位移 s 为两个螺旋副移动量之差，即

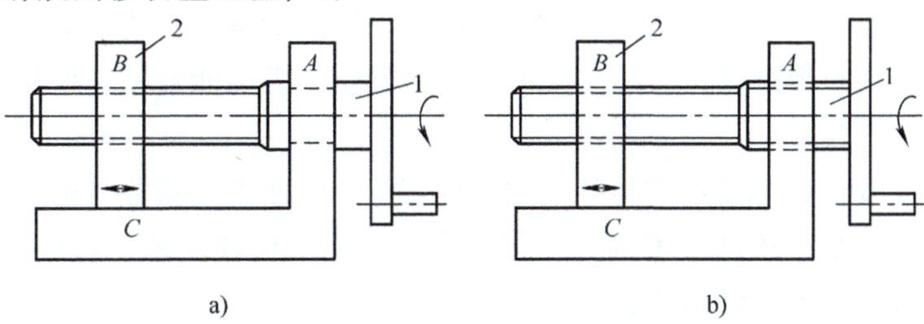

图 4-27　螺旋传动

1—螺杆　2—螺母

$$s=(P_{hA}-P_{hB})\frac{\varphi}{2\pi}$$

若 P_{hA} 和 P_{hB} 近于相等时，则位移 s 可以极小，这种螺旋机构通常称为差动螺旋。

如果图 4-27b 所示螺旋机构的两个螺旋方向相反，那么，螺母 2 的位移为

$$s=(P_{hA}+P_{hB})\frac{\varphi}{2\pi}$$

由上式可知，这种螺旋机构可以使螺母 2 产生快速移动，称为复式螺旋。

二、螺旋传动的分类

1. 按螺旋传动用途分

（1）传力螺旋　以传递动力为主，一般要求用较小的转矩产生较大的轴向力。传力螺旋多用在工作时间短、速度较慢的场合，通常需要有自锁能力。如螺旋千斤顶、螺旋压力机等，如图 4-28 所示。

（2）传导螺旋　以传递运动为主，要求较高的传动精度，如车床的进给螺旋（丝杠）等。

（3）调整螺旋　主要用于调整、固定零件的位置，如图 4-29 所示千分尺中的螺旋机构。

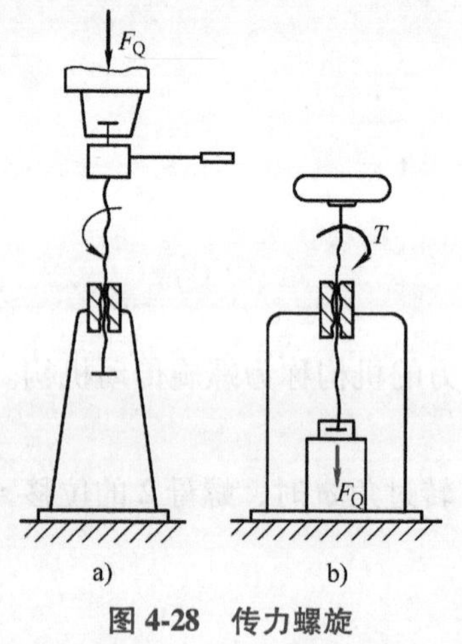

图 4-28　传力螺旋

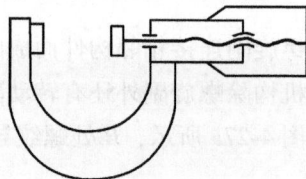

图 4-29　千分尺

2. 按螺旋传动螺旋副的摩擦状态分

（1）滑动螺旋　螺旋副做相对运动时产生滑动摩擦的螺旋称为滑动螺旋。这种螺旋副常用梯形螺纹或矩形螺纹，其结构简单，加工方便，机构能自锁，但传动效率低，易磨损。

（2）静压螺旋　向螺旋副注入压力油，使螺纹工作面被油膜分开的螺旋称为静压螺旋。这种螺旋损失小，传动效率高，工作寿命长。但结构较复杂，需要一套供油装置，仅用于高效率或特殊要求的场合。

（3）滚动螺旋　螺旋副做相对运动时产生滚动摩擦的螺旋称为滚动螺旋。其结构特点是在螺杆和螺母之间设有封闭循环滚道，滚道间充以钢球，当螺杆回转时，钢球沿螺

旋滚道滚动并带动螺母做直线运动，按钢球循环方式可分为两种：一种是外循环，即钢球在回路过程中离开螺旋表面，另一种是内循环，即钢球在整个循环过程中始终不脱离螺旋表面。滚动螺旋的摩擦阻力小，传动效率高，运动灵敏度高，磨损小，精度易保持，但结构复杂，成本高，不能自锁，故滚动螺旋传动主要用于对传动精度要求较高的场合，如精密机床中的进给机构等。

三、螺旋传动的特点和应用

螺旋机构结构简单、制造方便，它能将回转运动变换为直线运动，运动准确性高，降速比大，可传递很大的轴向力，工作平稳、无噪声，有自锁作用，但效率低，需有反向机构才能反向传动。

螺旋机构在机械工业、仪器仪表、工装、测量工具等方面得到广泛应用，如螺旋压力机、千斤顶、车床刀架和工作台的丝杠、台钳、车厢连接器、千分尺等。

任务实施

选择压力机减速器中连接箱体与箱盖的螺纹连接。工作条件：减速器自重为30kN，减速器输入功率7.28kW，输入转速720r/min。

按照下面的步骤完成任务，并将过程和结果填写在表4-8中。

表4-8　螺纹连接设计选用

序号	设计步骤	设计计算内容	结果
1	螺纹连接类型选择		
2	计算螺栓组连接受的总轴向力		
3	计算单个螺栓所受轴向力 F		
4	计算单个螺栓受到的总拉力 F_Σ	$F_\Sigma = F+F'$	

（续）

序号	设计步骤	设计计算内容	结果
5	确定螺栓许用应力［σ］		
6	计算螺栓小径	$d_1 \geqslant \sqrt{\dfrac{4\times1.3F_{\Sigma}}{\pi[\sigma]}}$	
7	确定螺栓公称直径		

实践中常见问题解析

1）螺栓连接多为成组使用，设计时，常根据被连接件的结构和连接的载荷来确定连接的传力方式、螺栓的数目和布置。

2）螺栓连接的选用。因选用前还不知道螺栓的直径，因此无法查取安全系数 S，故采用试算法，可根据工作经验和载荷大小先假设螺栓的直径范围，然后查取安全系数 S，确定许用应力，计算出螺栓的直径。若螺栓的直径在假设螺栓直径的范围内，则所选螺栓合适；若螺栓的直径不在假设螺栓直径的范围内，则必须重新假设螺栓的直径范围，再进行选择。

小 结

本学习任务介绍了螺纹连接的类型、特点和应用，螺栓的主要参数、螺栓连接的强度计算、螺栓组连接的结构设计、螺旋传动。通过本任务的学习，学生能够具有分析和选用螺纹连接的能力，通过对螺纹连接设计选用过程的思考和实践，培养学生的团结协作和分析问题、解决问题的能力及创新思维能力。

1）螺纹的类型和应用：类型有三角形螺纹、矩形螺纹、梯形螺纹和锯齿形螺纹；三角形螺纹用于连接，矩形螺纹、梯形螺纹、锯齿形螺纹用于传动。

2）螺纹的主要参数：大径、小径、中径、螺距、螺纹线数、导程、螺旋升角、牙型角。

3）螺纹连接的基本类型：螺栓连接、双头螺柱连接、螺钉连接、紧定螺钉连接。

4）螺栓连接的强度计算：

① 松螺栓连接
$$\sigma=\frac{F}{A}=\frac{F}{\dfrac{\pi d_1^2}{4}}=\frac{4F}{\pi d_1^2}\leqslant[\sigma]$$

② 紧螺栓连接

a. 仅受预紧力的紧螺栓连接　$\sigma=\dfrac{1.3F_0}{\dfrac{\pi d_1^2}{4}}=\dfrac{5.2F_0}{\pi d_1^2}\leqslant[\sigma]$

b. 受预紧力和工作拉力的紧螺栓连接 $\sigma=\dfrac{1.3F_\Sigma}{\dfrac{\pi d_1^2}{4}}=\dfrac{5.2F_\Sigma}{\pi d_1^2}\leqslant[\sigma]$

c. 受剪螺栓连接　$\tau=\dfrac{F_R}{n\dfrac{\pi d_s^2}{4}}\leqslant[\tau]$

$$\sigma_p=\frac{F_R}{nd_sL_{min}}\leqslant[\sigma_p]$$

5）螺栓组连接的结构设计：①螺栓组的布置应尽可能对称，以使接合面受力比较均匀；②当普通螺栓连接受到较大的横向载荷时，可采用套筒、键、销等减载装置；③为了安装方便，同一组螺栓一般均采用同样的材料和尺寸；④螺栓布置要有合理的距离；⑤避免螺栓承受附加弯曲应力。

• 思考与练习 •

一、单项选择题

4-1-1　螺栓连接是一种________。

A. 可拆连接

B. 不可拆连接

C. 具有防松装置的为不可拆连接，否则为可拆连接

D. 具有自锁性能的为不可拆连接，否则为可拆连接

4-1-2　螺纹的公称直径（管螺纹除外）是指它的________。

A. 内径 d_1　　B. 中径 d_2　　C. 外径 d　　D. 平均直径

4-1-3　细牙螺纹多用于________。

A. 强度要求较高的薄壁零件或受变载、冲击及振动的连接中

B. 强度要求不高的厚壁零件或载荷平稳的连接中

C. 强度要求较高的厚壁零件或载荷平稳的连接中

D. 强度要求较高的厚壁零件或受变载、冲击及振动的连接中

4-1-4　调节机构中，采用单线细牙螺纹，螺距为 3mm，为使螺母沿轴向移动 9mm，螺杆应转________圈。

A. 3　　B. 4　　C. 5　　D. 6

4-1-5　螺纹标记 M24×2 表示________。

A. 普通螺纹，公称直径为 24mm，螺距 2mm

B. 细牙螺纹，公称直径 24mm，螺距 2mm

C. 普通螺纹，公称直径为24mm，螺距2mm，3级精度

D. 普通螺纹，公称直径为24mm，2级精度

4-1-6　用于薄壁零件连接的螺纹，应采用________。

A. 三角细牙螺纹　　B. 梯形螺纹

C. 锯齿形螺纹　　D. 多线的三角粗牙螺纹

4-1-7　采用螺纹连接时，在被连接件总厚度较大，且材料较软，强度较低，需要经常拆装的情况下，一般宜采用________。

A. 螺栓连接　　B. 双头螺柱连接　　C. 螺钉连接　　D. 紧定螺钉连接

4-1-8　紧连接螺栓按拉伸强度计算时，考虑到拉伸和扭转的复合作用，应将拉伸载荷增大至原来的________倍。

A. 1.1　　B. 1.3　　C. 1.5　　D. 1.7

4-1-9　螺纹连接预紧的目的是________。

A. 增加连接的刚度、紧密性和提高防松能力

B. 增加连接的强度、紧密性和提高防松能力

C. 增加连接的强度

D. 提高防松能力

4-1-10　螺栓组连接结构设计时，应考虑________问题。

A. 螺栓组可随意布置

B. 螺栓组的布置应尽可能对称

C. 分布在同一圆周上的螺栓数，可以取3、4、5、6、7等数目

D. 同一组螺栓中，可以采用不同的材料和尺寸

二、判断题

4-1-11　最常用的普通螺纹，牙型角为60°。

4-1-12　普通螺纹根据螺距不同分为粗牙螺纹和细牙螺纹。

4-1-13　双线螺纹的导程长度是其螺距长度的两倍。

4-1-14　螺纹的旋向一般都采用左旋，只有特殊需要情况才选用右旋。

4-1-15　快动夹具的双螺旋机构中，两处螺旋副的螺纹旋向相同，以快速夹紧工件。

4-1-16　螺纹的自锁条件是螺纹升角不大于其当量摩擦角。

4-1-17　螺纹连接中，预紧力越大越好。

4-1-18　细牙螺纹多用于强度要求较高的薄壁零件或受变载、冲击及振动的连接中。

4-1-19　按组成连接件的相对位置是否变动，连接可分为静连接和动连接。

4-1-20　结构设计时，螺栓布置要有合理的距离。

三、简答题

4-1-21　螺栓连接、双头螺柱连接、螺钉连接、紧定螺钉连接四种连接的结构特点有什么不同？各用于什么场合？

4-1-22　在实际应用中，绝大多数螺纹连接都要预紧，预紧的目的是什么？

4-1-23　螺纹连接为什么要考虑防松？画出三种常用的防松实例，并做简要说明。

4-1-24　在受轴向载荷的紧螺栓连接的强度计算中，为什么要将螺栓所受的轴向总

载荷增加30%?

四、训练题

4-1-25 图4-30所示为一拉杆螺纹连接，已知拉杆所受载荷为 $F=23\text{kN}$（工作中要经常转动螺母，以调节拉杆长度），拉杆材料为Q235，试设计拉杆螺纹直径。

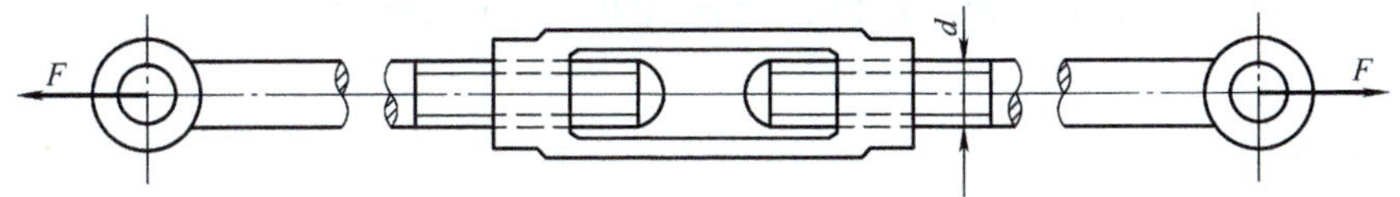

图4-30 题4-1-25图

4-1-26 图4-31所示为压力容器，气缸盖与气缸体的凸缘厚度 $h=30\text{mm}$，采用普通螺栓连接。已知气体的压强 $p=1.4\text{MPa}$，气缸内径 $D_2=220\text{mm}$，缸体与缸盖用12个普通螺栓连接，安装时控制预紧力。试确定螺栓的公称直径。

4-1-27 图4-32所示为一刚性联轴器，由铸铁HT200制成。传递的转矩 $T=800\text{N}\cdot\text{m}$，载荷平稳，用8个普通螺栓连接，均布在直径 $D_1=180\text{mm}$ 的圆周上，螺栓材料为Q235。凸缘厚度 $\delta=23\text{mm}$，摩擦因数取0.15。计算螺纹直径并选择螺栓、螺母。

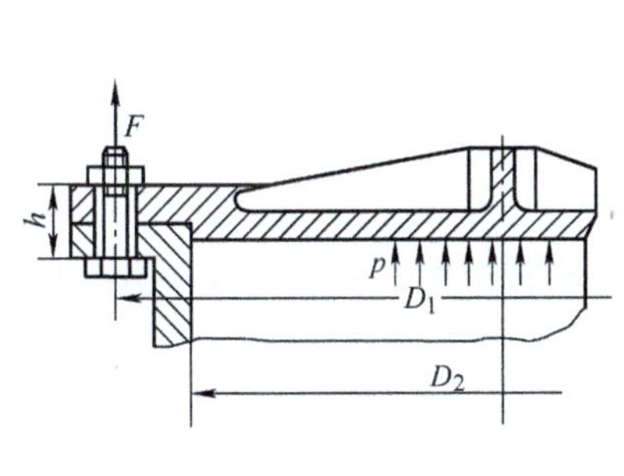

图4-31 题4-1-26图

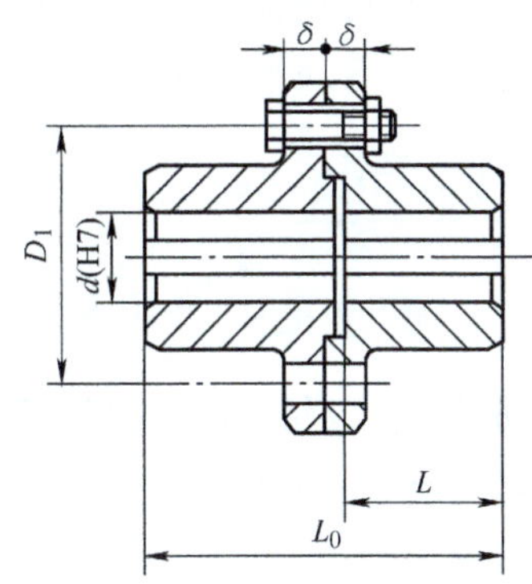

图4-32 题4-1-27图

任务4.2 键连接的设计与选用

任务目标

1）能够正确分析键连接的类型、应用和工作特性。

2）能够根据实际工作条件正确选择键连接的类型和尺寸。

3）能够正确进行键连接的强度校核计算。

4）能够在完成任务过程中做到吃苦耐劳、精益求精。

5）培养严谨认真的工作态度和安全责任意识。

6）培养机械设计创新思维、团队合作意识和爱国主义精神。

任务描述

选择压力机减速器低速轴与齿轮之间的键连接（图4-33）。工作参数：减速器低速轴功率为6.77kW，低速轴转速为232r/min。

任务分析

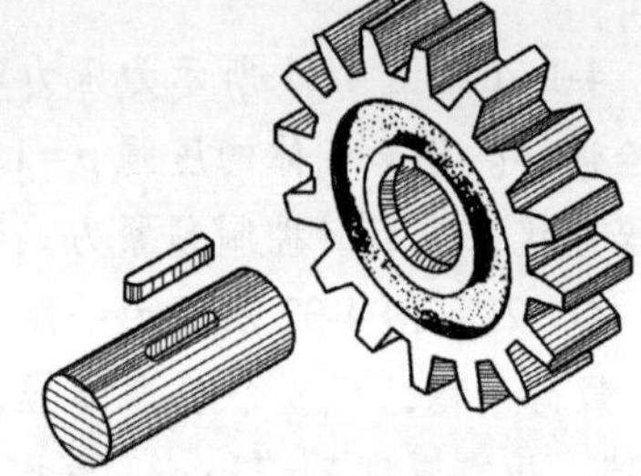

图4-33　低速轴与齿轮的键连接

回转零件与轴之间主要靠键连接来达到传递运动和转矩的目的。压力机减速器低速轴与齿轮之间采用了键连接，如图4-33所示。通过键连接的分析选用，完成以下具体任务：

1）分析键连接的类型、特点和应用。

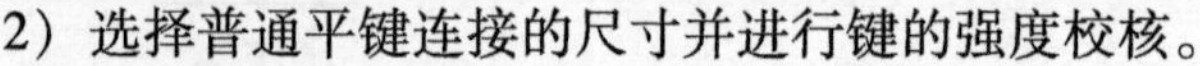

2）选择普通平键连接的尺寸并进行键的强度校核。

相关知识

一、键连接的类型和特点

回转零件与轴之间主要靠键连接，达到传递运动和转矩的目的。键连接分为松键连接和紧键连接两大类。

1. 松键连接

松键连接包含平键、半圆键连接两种形式。

（1）平键连接　平键连接具有结构简单、装拆方便、对中性好等优点，故应用最广。平键又可分为普通平键、导向平键和滑键。

1）普通平键。图4-34所示为普通平键连接的结构形式，键的两侧面为工作面，工作时靠键与键槽侧面的挤压传递运动和转矩。键的顶面为非工作面，与轮毂键槽表面间留有间隙。

普通平键用于静连接，按键的端部形状可分为A型（圆头平键）、B型（平头平键）、C型（单圆头平键）三类，如图4-35所示。平键连接尺寸标准参见表4-9。

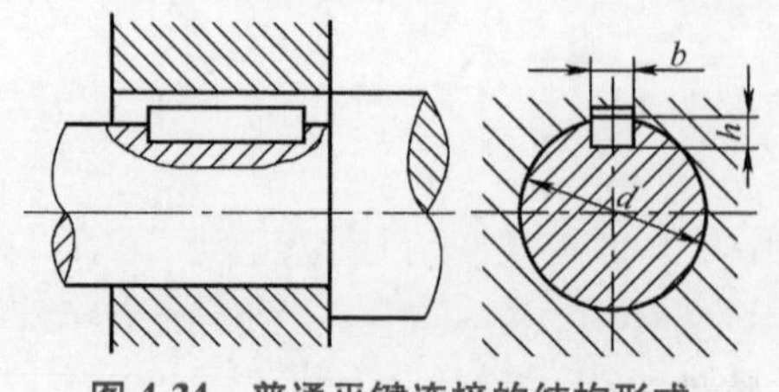

图4-34　普通平键连接的结构形式

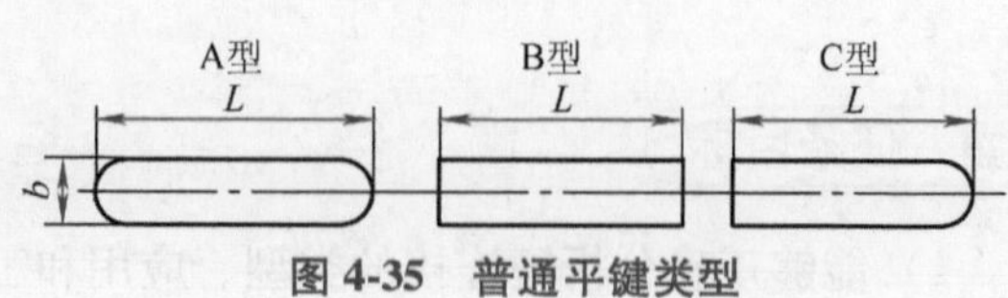

图4-35　普通平键类型

使用A型普通平键或C型普通平键时，轴上的键槽是用指形铣刀加工的（图4-36a），键放置于与之形状相同的键槽中，因此键的轴向固定好、应用最广泛，但键槽会对轴引起较大的应力集中。

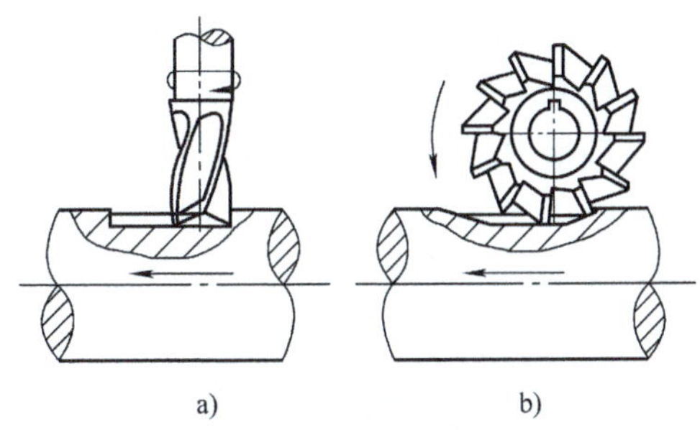

图4-36　键槽的铣刀加工

使用B型普通平键时，轴上键槽用盘状铣刀加工（图4-36b），应力集中较小，但键在键槽中的固定不好，常用螺钉紧定。C型普通平键常用于轴端与轴上零件的连接。不论采用哪类键连接，由于轮毂上的键槽是用插刀或拉刀加工的，因此都是开通的。

表4-9　平键连接尺寸标准（摘自GB/T 1096—2003）　（单位：mm）

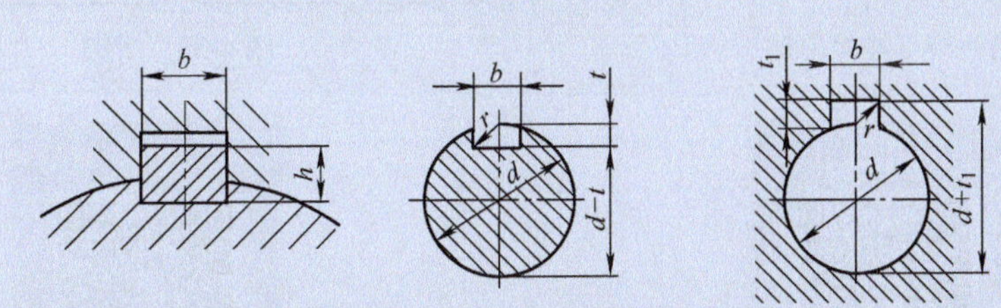

轴的直径 d	键		键　槽		
	b	h	t	t_1	半径 r
6~8	2	2	1.2	1	
>8~10	3	3	1.8	1.4	0.08~0.16
>10~12	4	4	2.5	1.8	
>12~17	5	5	3.0	2.3	
>17~22	6	6	3.5	2.8	0.16~0.25
>22~30	8	7	4.0	3.3	
>30~38	10	8	5.0	3.3	
>38~44	12	8	5.0	3.3	
>44~50	14	9	5.5	3.8	0.25~0.4
>50~58	16	10	6.0	4.3	
>58~65	18	11	7.0	4.4	

（续）

轴的直径 d	键		键　槽		
	b	h	t	t_1	半径 r
>65~75	20	12	7.5	4.9	0.4~0.6
>75~85	22	14	9.0	5.4	
键的长度系列	6，8，10，12，14，16，18，20，22，25，28，32，36，40，45，50，56，63，70，80，90，100，110，125，140，160，180，200，220，250，280，320，360				

注：在工作图样中，轴槽深用 $d-t$ 或 t 标注，毂深用 $d+t_1$ 标注。

2）导向平键和滑键。导向平键和滑键用于动连接，当轮毂与轴之间有轴向相对移动时，可采用导向平键或滑键。导向平键是一种较长的平键，如图 4-37 所示，需用螺钉固定在轴槽中，轮毂可沿键做轴向移动。当轴上零件要做较大的轴向移动时，宜采用滑键，如图 4-38 所示，滑键固定在轮毂上，轮毂带动滑键在轴槽中做轴向移动，因而需要在轴上加工长的键槽。

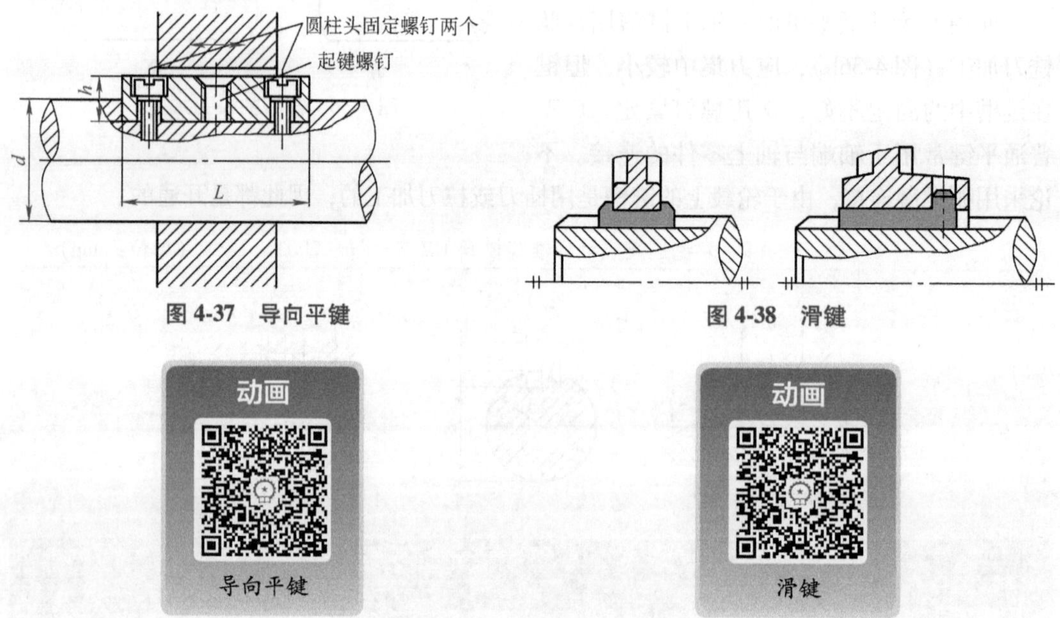

图 4-37　导向平键

图 4-38　滑键

（2）半圆键连接　如图 4-39 所示，半圆键用于静连接，键的侧面为工作面。这种连接的优点是工艺性较好，装配方便，缺点是轴上键槽较深，对轴的强度削弱较大，故主要用于轻载荷和锥形轴端的连接。半圆键轴上键槽用半径与键相同的盘状铣刀铣出，因而键在槽中能摆动以适应轮毂键槽的斜度。

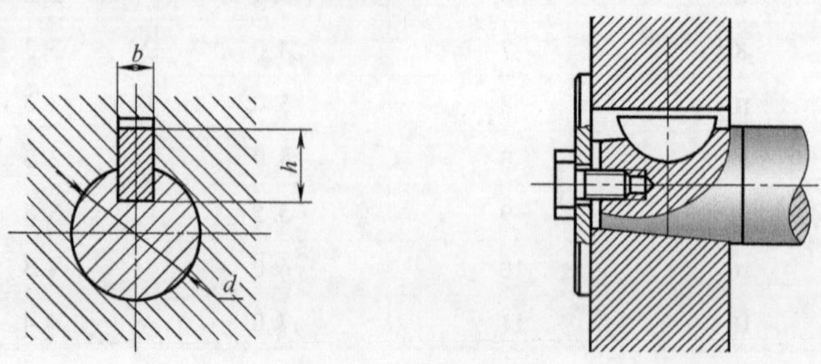

图 4-39　半圆键连接

2. 紧键连接

紧键连接有楔键连接和切向键连接两种。

（1）楔键连接　楔键连接用于静连接，图 4-40 所示为楔键连接的结构形式，楔键的上表面和轮毂键槽的底面均有 1∶100 的斜度。装配后，键的上、下表面与轮毂和轴的键槽底面压紧，因此键的上、下表面为工作面。工作时，靠键、轴、轮毂之间产生的摩擦力传递转矩，并可以承受单方向的轴向力。这类键由于装配楔紧时破坏了轴与轮毂的对中性，因此主要用于定心精度要求不高、载荷平稳、速度较低的场合。

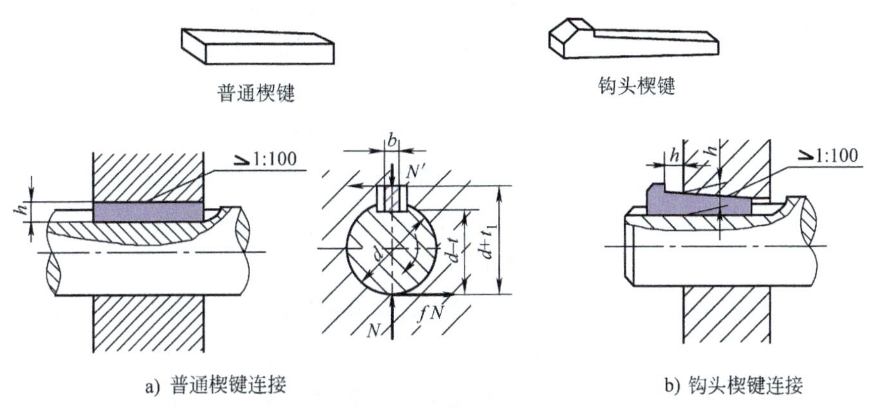

a) 普通楔键连接　　b) 钩头楔键连接

图 4-40　楔键连接的结构形式

楔键分为普通楔键和钩头楔键两种，普通楔键又分圆头普通楔键和平头普通楔键两类。钩头楔键便于拆装，如果用在轴端，为了安全，应加防护罩。

（2）切向键连接　切向键连接用于静连接。切向键的连接结构如图 4-41 所示，是由两个斜度为 1∶100 的普通楔键组成。装配时，把一对楔键从轮毂的两端打入，其斜面相互贴紧，共同楔紧在轴毂之间。切向键的上下两面为工作面，工作时，靠工作面的挤压和轴毂间的摩擦力传递运动和转矩。用一组切向键时，只能传递单向转矩，当要传递双向转矩时，则需用两组切向键，并互成 120°～130° 布置，如图 4-41 所示。

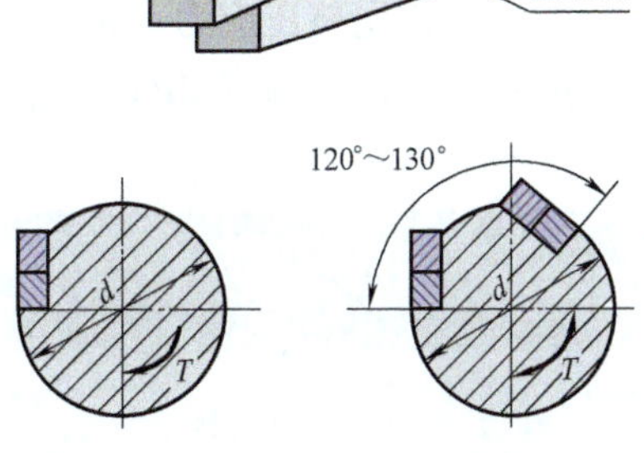

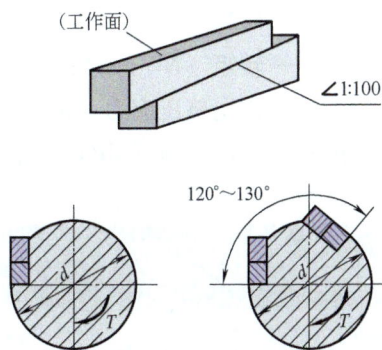

图 4-41　切向键连接结构

切向键连接对轴的削弱较大，轴与轮毂的对中性不好，故主要用于轴径大于100mm、对中性要求不高、载荷较大的重型机械，如矿山用大型绞车的卷筒、齿轮与轴的连接等。

二、平键连接的尺寸选择和强度校核

1. 平键连接的选择

平键属于标准件，在进行平键连接选择时，先选择键的类型和尺寸，然后进行强度校核。

（1）键的类型选择　选择平键的类型应考虑以下一些因素：对中性的要求；传递转矩的大小；轮毂是否需要沿轴向移动及移动的距离大小；键的位置在轴的中部或端部等。

（2）键的尺寸选择　先根据轴的直径从标准（表4-9）中查出键的剖面尺寸（$b\times h$），键的长度 L 根据轮毂的宽度确定，一般键长 L 略短于轮毂宽度5~10mm，并符合键的长度系列。

2. 平键的强度计算

平键连接工作时的受力情况如图4-42所示，当轴传递转矩 T 时，键的两个侧面是工作面，截面 a-a 受剪切，同时键的侧面受到轴上键槽、轮毂键槽的挤压。因此，键连接的失效形式有压溃、磨损和剪断。一般键的剪切强度足够，用于静连接的普通平键主要失效形式是工作面的压溃，应校核连接的挤压强度；对于滑键、导向平键的动连接，主要失效形式是工作面的磨损，应校核连接的最大压强。强度条件为

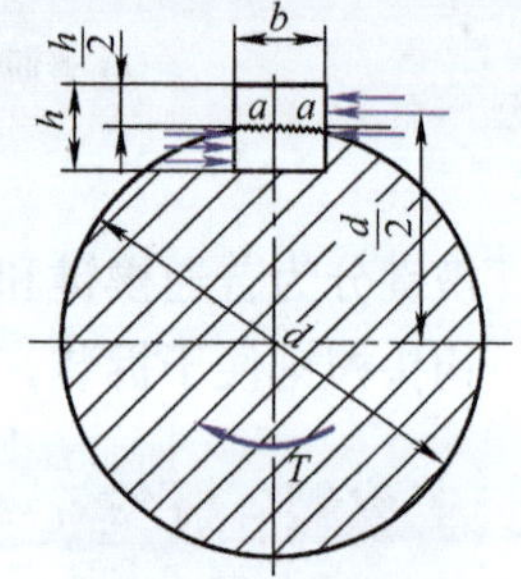

图4-42　平键受力分析

静连接
$$\sigma_p=\frac{4T}{dhl}\leqslant[\sigma_p] \tag{4-2-1}$$

动连接
$$p=\frac{4T}{dhl}\leqslant[p] \tag{4-2-2}$$

式中　d——轴的直径（mm）；

h——键的高度（mm）；

l——键的工作长度（mm）；对于A型键：$l=L-b$；B型键：$l=L$；C型键：$l=L-b/2$。

T——转矩（N·mm）；

$[\sigma_p]$——许用挤压应力（MPa），见表4-10。

$[p]$——许用压强（MPa），见表4-10。

表4-10　键连接的许用应力　（单位：MPa）

许用值	连接方式	连接中薄弱零件的材料	载荷性质		
			静载荷	轻微载荷	冲击
$[\sigma_p]$	静连接	铸铁	70~80	50~60	30~45
		钢	125~150	100~120	60~90
$[p]$	动连接	钢	50	40	30

如果键连接计算不能满足强度要求，可采用以下措施来解决：①适当增加轮毂及键的长度；②采用相距 180°的双键连接。由于双键连接载荷分布不均匀，强度计算时，应按 1.5 个键计算；③可与过盈连接配合使用。

微课 4-5

普通平键连接的尺寸选择和强度计算

例 4-2-1　选择图 4-43 所示的减速器输出轴与齿轮间的平键连接。已知传递的转矩 $T=600\text{N}\cdot\text{m}$，齿轮的材料为铸钢，载荷有轻微冲击。

解：（1）键的类型与尺寸选择　齿轮传动要求齿轮与轴对中性好，以避免啮合不良，故连接选用 A 型普通平键。

根据轴的直径 $d=75\text{mm}$ 及轮毂宽度 80mm，查表 4-9 得：键宽 $b=20\text{mm}$，键高 $h=12\text{mm}$，键长 $L=80\text{mm}-(5\sim10)\text{mm}=75\sim70\text{mm}$，取 $L=70\text{mm}$，标记为：键 20×70　GB/T 1096—2003。

（2）强度校核　查表 4-10，$[\sigma_p]=100\text{MPa}$，键的工作长度 $l=70\text{mm}-20\text{mm}=50\text{mm}$，则

$$\sigma=\frac{4T}{dhl}=\frac{4\times600\times10^3}{75\times12\times50}\text{MPa}=53.3\text{MPa}<[\sigma_p]$$

故所选平键连接满足强度要求。

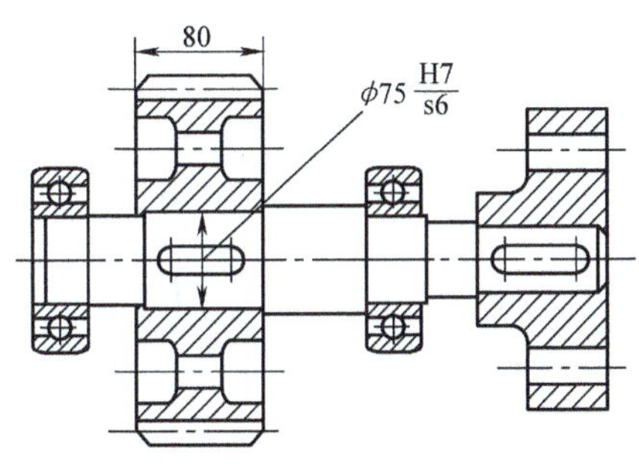

图 4-43　输出轴与齿轮间的平键连接

三、花键连接

1. 特点

花键连接的工作面为花键齿的侧面，靠外花键与内花健的齿侧面的挤压传递转矩，如图 4-44 所示。由于多键传递载荷，所以它比平键连接的承载能力高，对中性和导向性好；由于键槽浅，齿根应力集中小，故对轴的强度削弱小。

2. 类型

花键连接按其齿形分为矩形花键连接和渐开线花键连接两类，如图 4-45 所示。

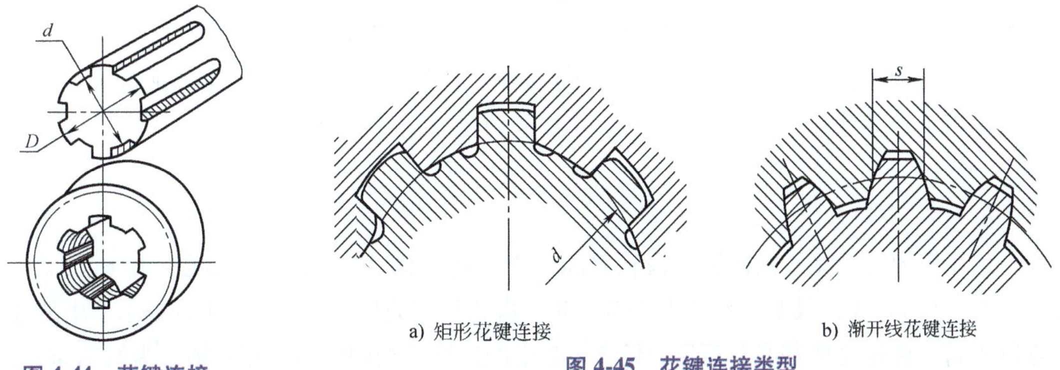

图 4-44　花键连接

a) 矩形花键连接　　b) 渐开线花键连接

图 4-45　花键连接类型

矩形花键连接如图 4-45a 所示，键的剖面形状为矩形，加工方便，外花键和内花键的小径为配合面。它的定心精度高，稳定性好，因此应用广泛。

渐开线花键的齿廓为渐开线，如图 4-45b 所示。与矩形花键相比，渐开线花键的根部较厚，应力集中小，承载能力大；渐开线花键的定心方式为齿形定心，它具有自动对中作用，并有利于各键的均匀受力；但加工精度要求高，成本较高。因此，它适用于载荷较大、定心精度要求较高和尺寸较大的连接。

四、销连接

销连接主要用来固定零件间的相互位置，构成可拆连接，也可用于轴与轮毂或其他零件的连接，以传递较小的载荷，有时还用作安全装置中的过载剪切元件。

销是标准件，其基本形式有圆柱销、圆锥销和异形销等，如图 4-46 所示。销的材料多为 35 钢和 45 钢。

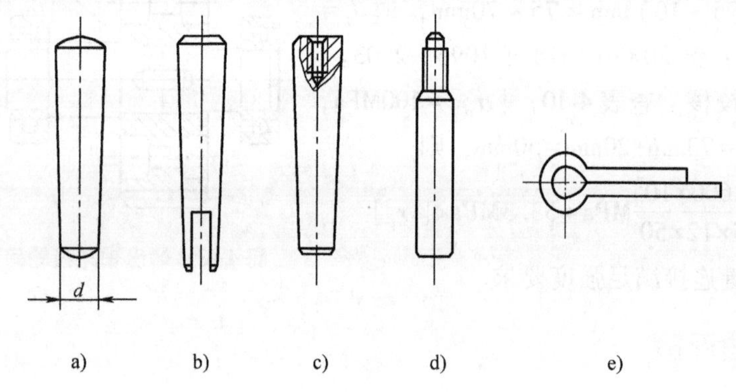

图 4-46 圆锥销和开口销

圆柱销靠微量的过盈固定在孔中，它不宜经常拆装，以免降低定位精度和连接的紧固性，只能传递较小的载荷。圆锥销具有 1∶50 的锥度，小头直径为标准值。圆锥销安装方便，定位精度高，可多次装拆而不影响定位精度，应用较广。为确保销安装后不致松脱，圆锥销的尾端可制成开口的，如图 4-46b 所示的开尾圆锥销。为方便销的拆卸，圆锥销的上端也可做成带内、外螺纹的，如图 4-46c、d 所示。

异形销种类很多，开口销就是其中的一种，它常用半圆形低碳钢丝制成，工作可靠，多用于与其他结构一起构成连接，主要起防松作用，如图 4-46e 所示。

任务实施

选择压力机减速器低速轴与齿轮之间的键连接（图 4-33）。工作参数：减速器低速轴功率为 6.77kW，低速轴转速为 232r/min，齿轮传动的传动比与项目 1 任务 1.1 中的计算值相同，齿轮轮毂宽度与项目 2 任务 2.2 中的计算值相同，齿轮相对轴承为对称布置，单向运转。键连接处轴的直径与项目 3 任务 3.1 中的计算值相同。

按照下面的步骤完成任务，并将过程和结果填写在表 4-11 中。

表 4-11 键连接的设计与选用

序号	设计步骤	设计计算内容	结果
1	键的类型选择	根据键连接的工作情况和在轴上的位置，选择键的类型	
2	键的尺寸选择	根据轴的直径及轮毂宽度，查取键连接标准表，确定键的尺寸	
3	键连接的强度校核计算		

实践中常见问题解析

1）键的选择包括类型选择和尺寸选择两个方面。键的类型应根据键连接的结构特点、使用要求和工作条件来选择；键的尺寸则按符合标准规格和强度要求来取定。

2）键的主要尺寸为其截面尺寸和长度。键的长度一般可按轮毂宽度而定，一般键长略短于或等于轮毂的宽度；导向平键则按轮毂及其滑动的距离而定。

小 结

本学习任务分析了键连接的类型、特点和应用，平键连接的尺寸选择和强度校核。通过本任务的学习，学生能够掌握键连接的基本知识，具有分析和选用键连接的能力，通过对键连接设计选用过程的思考和实践，培养学生的团结协作和分析问题、解决问题的能力及创新思维能力。

1）键连接类型和应用：①平键连接，分为普通平键、导向平键和滑键，普通平键可分为A型（圆头）、B型（平头）、C型（单圆头）三类，导向平键和滑键用于动连接；②半圆键连接，用于轻载荷和锥形轴端的连接；③楔键连接，用于定心精度要求不高、载荷平稳、速度较低的场合；④切向键连接，用于轴径大于100mm、对中性要求不高、载荷较大的重型机械；⑤花键连接，适用于载荷较大、定心精度要求较高和尺寸较大的连接。

2）平键连接选择步骤：①键的类型选择；②键的尺寸选择；③键的强度校核计算。平键连接强度条件为

静连接
$$\sigma_p=\frac{4T}{dhl}\leqslant[\sigma_p]$$

动连接
$$p=\frac{4T}{dhl}\leqslant[p]$$

• 思考与练习 •

一、单项选择题

4-2-1　键连接的主要作用是使轴与轮毂之间________。

A. 沿轴向固定并传递轴向力　　B. 沿轴向可做相对滑动并具有导向作用

C. 沿周向固定并传递转矩　　D. 安装与拆卸方便

4-2-2　设计键连接的几项主要内容是________。

A. 按轮毂长度选择键的长度　　B. 按使用要求选择键的适当类型

C. 按轴的直径选择键的剖面尺寸　　D. 对键进行必要的强度校核。

在具体设计时，一般顺序是________。

A. b→a→c→d　　B. b→c→a→d　　C. a→c→b→d　　D. c→d→b→a

4-2-3　键的剖面尺寸通常是根据________，按标准选择。

A. 传递转矩的大小　　B. 传递功率的大小

C. 轮毂的长度　　D. 轴的直径

4-2-4　键的长度主要是根据________来选择。

A. 传递转矩的大小　B. 传递功率的大小　C. 轮毂的长度　D. 轴的直径

4-2-5　平键标记：键 B20×80　GB/T 1096—2003 中，20×80 表示 ________。

A. 键宽×轴径　B. 键高×轴径　C. 键宽×键长　D. 键高×键长

4-2-6　平键连接如不满足强度条件，可在轴上安装一对平键，使它们沿圆周相隔________。

A. 90°　B. 120°　C. 135°　D. 180°

4-2-7　键是连接件，用以连接轴与齿轮等轮毂，并传递转矩。其中________应用最为广泛。

A. 普通平键　B. 半圆键　C. 导向平键　D. 花键

4-2-8　普通平键的工作面是________。

A. 上面　B. 下面　C. 上、下两面　D. 两侧面

二、判断题

4-2-9　平键连接是靠键承受剪切和挤压能力来传递转矩的。

4-2-10　导向平键在工作中可随轮毂件沿轴向一起移动。

4-2-11　花键具有承载能力强、受力均匀、导向性好的特点。

4-2-12　普通平键用于轮毂与轴之间无相对移动的连接。

4-2-13　导向平键和滑键用于轮毂和轴之间有轴向相对移动的连接。

三、简答题

4-2-14　说明键连接的类型、特点及应用场合。

4-2-15　如果普通平键连接经校核强度不够，可采用哪些措施来解决？

4-2-16　半圆键连接用于什么场合？

4-2-17　楔键连接用于什么场合？

4-2-18　永久性连接有哪些？

四、训练题

4-2-19　试选择某车床中电动机与带轮间的平键连接。已知电动机的功率为7.5kW，转速为1450r/min，轴的直径为50mm，铸铁带轮轮毂宽度为85mm，载荷有轻微冲击。

任务4.3　联轴器的设计与选用

任务目标

1）能够正确分析联轴器的类型和应用。

2）能够正确分析联轴器和离合器工作特性的区别。

3）能够根据实际工作条件正确选择联轴器的型号。

4）能够在完成任务过程中做到吃苦耐劳、精益求精。

5）培养严谨认真的工作态度和安全责任意识。

6）培养机械设计创新思维、团队合作意识和爱国主义精神。

任务描述

选择压力机中电动机轴和小带轮轴之间的联轴器（图4-47）。工作条件：电动机功率$P=7.5\text{kW}$，电动机转速$n_1=750\text{r/min}$。连接处主动轴的直径$d_1=28\text{mm}$，从动轴的直径$d_2=30\text{mm}$。

图4-47　联轴器

任务分析

联轴器为轴间连接件，是机械传动中的重要部件，其作用是连接两根轴，将一根轴的运动和动力传递给另一根轴。通过联轴器的分析选用，完成以下具体任务：

1）分析联轴器的类型、特点和应用。

2）根据工作条件选择联轴器。

相关知识

一、联轴器的常用类型

联轴器分为刚性联轴器和弹性联轴器两大类。

刚性联轴器由刚性传力件组成，可分为固定式刚性联轴器和可移式刚性联轴器两大类。固定式刚性联轴器不能补偿两轴的相对偏移，可移式刚性联轴器能补偿两轴的相对偏移。

弹性联轴器包含有弹性元件，能补偿两轴的相对偏移，并具有吸收振动和缓和冲击的能力。

1. 固定式刚性联轴器

（1）凸缘联轴器　固定式刚性联轴器中应用最广的是凸缘联轴器，如图4-48所示，它是利用两半联轴器来实现对两轴的连接。两半联轴器端面有对中止口，以保证两轴对中。

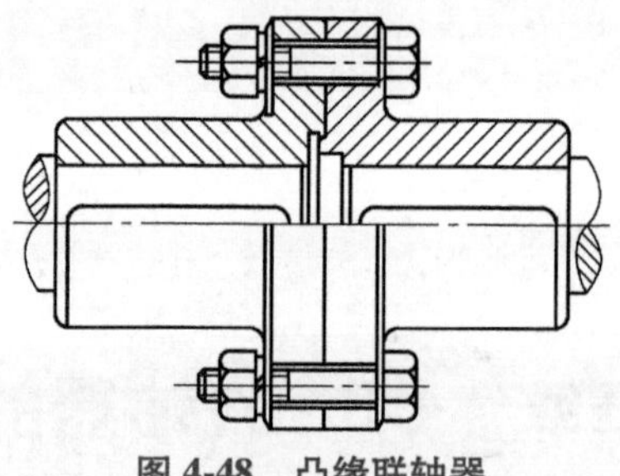

图4-48　凸缘联轴器

（2）套筒联轴器　套筒联轴器结构简单、径向尺寸小、成本低，适用于两轴直径小、同轴度较高、轻载低速、载荷平稳场合。套筒联轴器如图4-49所示。

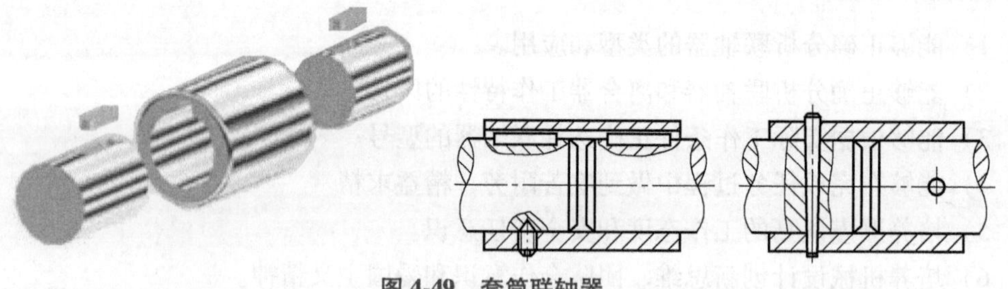

图4-49　套筒联轴器

固定式刚性联轴器全部零件都是刚性的，所以在传递载荷时，不能缓冲和吸收振动，但它具有结构简单、价格低廉、使用方便等优点，可传递较大转矩，常用于载荷平稳且两轴严格对中的连接。

2. 可移式刚性联轴器

由于制造、安装误差和工作时零件变形等原因，不易保证两轴对中，常有偏移现象，两轴间的偏移如图4-50所示。可移式刚性联轴器能补偿两轴相对轴向偏移Δx、径向偏移Δy、角偏移$\Delta\alpha$和综合偏移。可移式刚性联轴器有齿式联轴器、滑块联轴器和万向联轴器。

（1）齿式联轴器　如图4-51所示，它利用内、外齿啮合实现两轴偏移的补偿。外齿径向有间隙，可补偿两轴径向偏移；外齿顶部制成球面，球心在轴线上，可补偿两轴之间的角偏移。两内齿凸缘利用螺栓连接。齿式联轴器能传递很大的转矩，又有较大的补偿偏移的能力，常用于重型机械，但结构笨重、造价高。

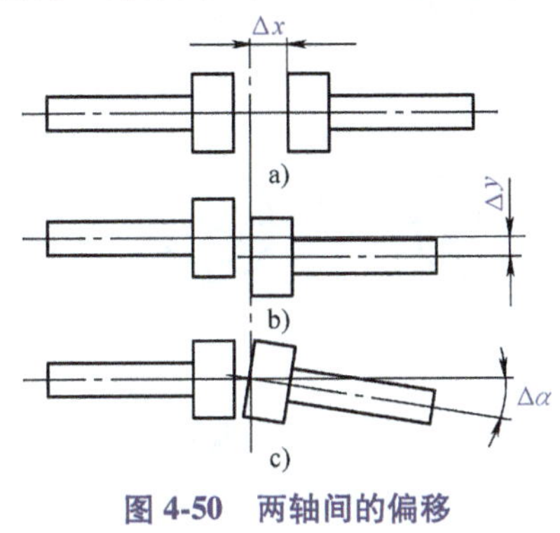

图 4-50　两轴间的偏移

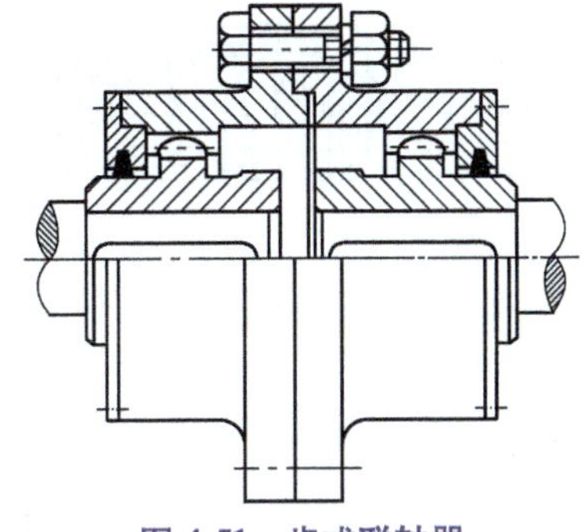

图 4-51　齿式联轴器

（2）滑块联轴器　如图 4-52 所示，它利用中间滑块 2 与两半联轴器 1、3 端面的径向槽配合以实现两轴连接。滑块沿径向滑动可补偿径向偏移 Δy，还能补偿角偏移 $\Delta\alpha$。滑块联轴器具有结构简单、制造方便的特点，但由于滑块偏心，工作时会产生较大的离心力，故只用于低速环境中。

（3）万向联轴器　如图 4-53 所示，它利用中间连接件十字轴 3 连接两边的半联轴器。两轴线间夹角 α 可达 40°～50°，单个十字轴万向联轴器的主动轴 1 做等角速转动时，其从动轴 2 做变角速转动。为避免这种现象，可采用两个万向联轴器，使两次角速度变动的影响相互抵消，从而使主动轴 1 与从动轴 2 同步转动，但各轴相互位置必须满足：主动轴 1、从动轴 2 与中间轴之间的夹角应相等，即 $\alpha_1=\alpha_2$；中间轴两端叉面必须位于同一平面内。图 4-54 所示为双十字轴式万向联轴器。

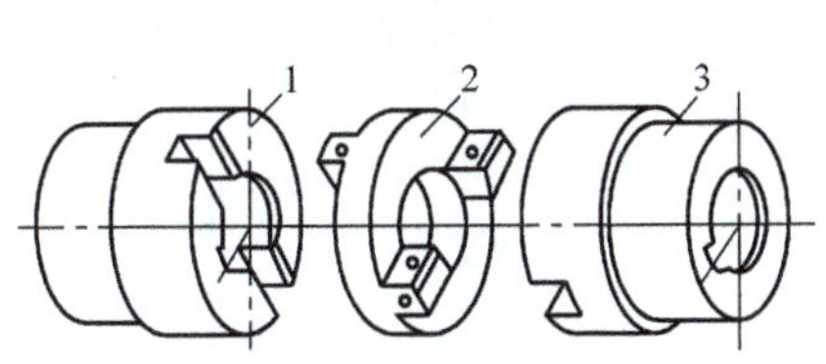

图 4-52　滑块联轴器

1、3—半联轴器　2—中间滑块

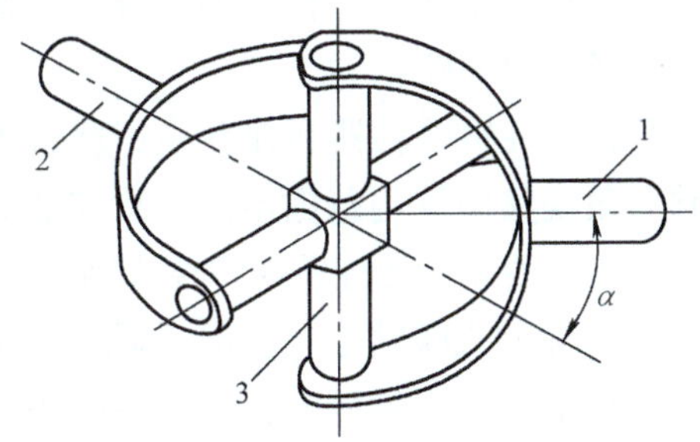

图 4-53　万向联轴器

1—主动轴　2—从动轴　3—十字轴

3. 弹性联轴器

弹性联轴器利用弹性连接件的弹性变形来补偿两轴的相对偏移，从而可缓和冲击和吸收振动。常用的类型有弹性套柱销联轴器、弹性柱销联轴器和轮胎式联轴器等。

（1）弹性套柱销联轴器　弹性套柱销联轴器的结构和凸缘联轴器很近似，但是两个半联轴器的连接不是用螺栓而是用带橡胶或皮革套的柱销，如图 4-55 所示。为了更换胶

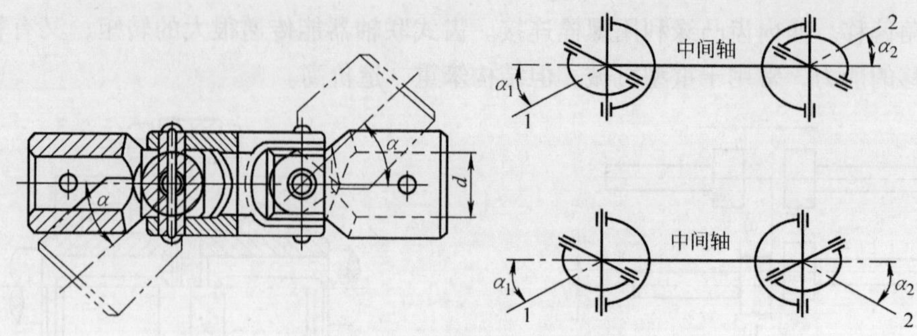

图 4-54　双十字轴式万向联轴器

套时简便而又不必拆卸机器，设计时应注意留出距离；为了补偿轴向偏移，安装时应注意留出相应大小的间隙。弹性套柱销联轴器在高速轴上应用十分广泛。

（2）弹性柱销联轴器　如图 4-56 所示，弹性柱销联轴器利用非金属材料制成的柱销置于两个半联轴器凸缘的孔中，以实现两轴的连接。柱销通常用尼龙制成，而尼龙具有一定的弹性。

图 4-55　弹性套柱销联轴器

图 4-56　弹性柱销联轴器

弹性柱销联轴器结构简单，更换柱销方便。为了防止柱销滑出，在柱销两端配置挡圈。装配时应注意留出间隙。

弹性套柱销联轴器和弹性柱销联轴器的径向偏移和角偏移的许用范围不大，故安装时需注意两轴对中，否则会使柱销或弹性套迅速磨损。

（3）轮胎式联轴器　轮胎式联轴器如图 4-57 所示，利用轮胎式橡胶制品 2 作为中间连接件，将半联轴器 1 与 3 连接在一起。这种联轴器结构简单可靠，能补偿较大的综合偏移，可用于潮湿多尘的场合，其径向尺寸大，而轴向尺寸比较紧凑。

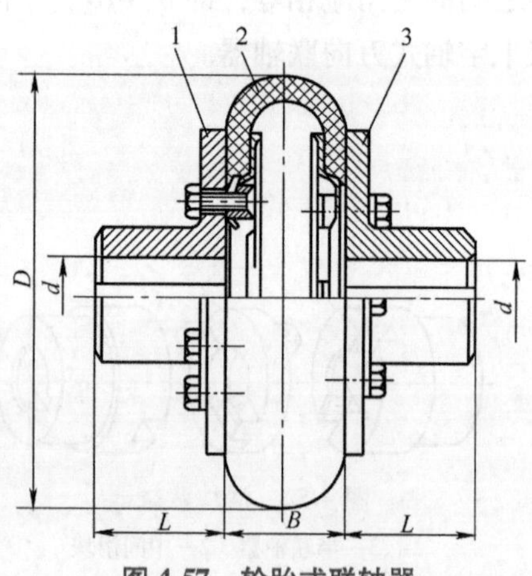

图 4-57　轮胎式联轴器

1、3—半联轴器　2—轮胎式橡胶制品

二、联轴器的选择

联轴器多已标准化，其主要性能参数有：额定转矩 T_n、许用转速［n］、位移补偿量和被连接轴的直径范围等。选用联轴器时，通常先根据使用要求和工作条件选择合适的类型，再根据转矩、轴径和转速选择联轴器的型号，必要时应校核其薄弱件的承载能力。

考虑工作机械起动、制动、变速时的惯性力和冲击载荷等因素，应按计算转矩 T_c 选择联轴器。计算转矩 T_c 和工作转矩 T 之间的关系为

$$T_c=KT \tag{4-3-1}$$

式中　K——工况系数，见表 4-12。

所选型号联轴器必须同时满足：

$$T_c \leqslant T_n \tag{4-3-2}$$

$$n \leqslant [n] \tag{4-3-3}$$

表 4-12　联轴器工况系数 K

工作机械	载荷特性	原动机		
		电动机	多缸内燃机	单缸内燃机
均匀加料的运输机和加料机、轻型卷扬机、发电机、机床辅助传动	均匀、轻微冲击	1.3~1.7	1.5~2.0	2.2~2.4
不均匀加料的运输机和加料机、重型卷扬机、球磨机、机床主传动	中等冲击	1.7~2.1	1.9~2.4	2.6~2.8
压力机、钻床、轧床、破碎机、挖掘机、起重机	大的冲击	2.3~3.1	2.5~3.6	3.2~4.0

例 4-3-1　功率 $P=11\text{kW}$，转速 $n=970\text{r/min}$ 的电动起重机中，联轴器连接直径 $d=42\text{mm}$ 的主、从动轴，试选择联轴器的型号。

微课 4-7
联轴器的选择

解：（1）选择联轴器类型　起重机中，为缓和振动和冲击，选择弹性套柱销联轴器。

（2）选择联轴器型号

1）计算转矩。由表 4-12 查取 $K=3.1$，则

$$T_c=KT=K\times 9550\frac{P}{n}=3.1\times 9550\times\frac{11}{970}\text{N}\cdot\text{m}=336\text{N}\cdot\text{m}$$

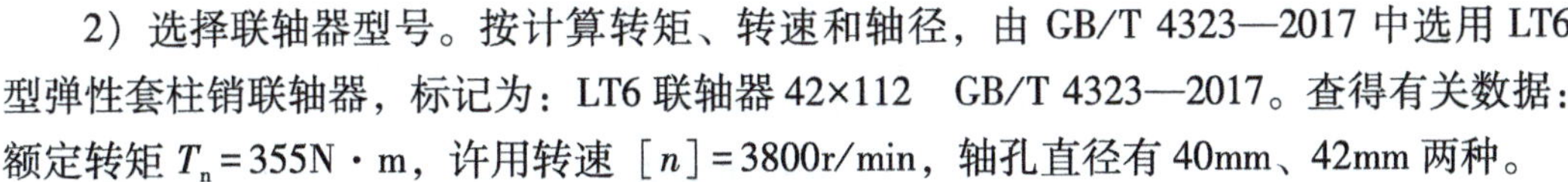

2）选择联轴器型号。按计算转矩、转速和轴径，由 GB/T 4323—2017 中选用 LT6 型弹性套柱销联轴器，标记为：LT6 联轴器 42×112　GB/T 4323—2017。查得有关数据：额定转矩 $T_n=355\text{N}\cdot\text{m}$，许用转速 $[n]=3800\text{r/min}$，轴孔直径有 40mm、42mm 两种。

满足 $T_c \leqslant T_n$、$n \leqslant [n]$，且轴径符合轴孔要求，故所选联轴器合适。

三、离合器

由于离合器是在两轴工作过程中进行离合的，所以对离合器的基本要求为：工作可靠，接合、分离迅速而平稳；操纵灵活，调节和修理方便；结构简单，自重轻，尺寸小；有良好的散热能力和耐磨性。常用的离合器有牙嵌离合器、圆盘摩擦离合器和定向离合器。

（1）牙嵌离合器　牙嵌离合器由两个端面带牙的套筒所组成（见图 4-58），其中套

筒 1 紧固于轴上，而套筒 2 可以沿导向平键 3 在另一根轴上移动。利用操纵杆移动滑环 4 可使两个套筒接合或分离。为使两轴对中，在套筒 1 中装有对中环 5，从动轴在对中环内可自由转动。

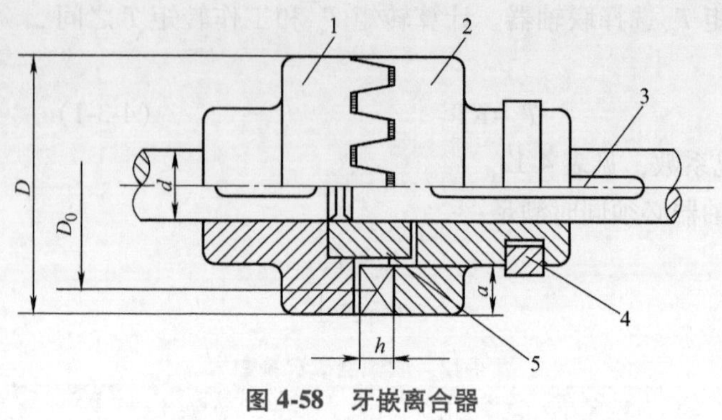

图 4-58　牙嵌离合器

1、2—套筒　3—导向平键　4—滑环　5—对中环

（2）圆盘摩擦离合器　圆盘摩擦离合器利用接合元件的工作表面的摩擦力来传递转矩，其主要特点是：接合平稳，可在任何转速下离合；但不能保持主、从动轴严格同步，接合时会产生摩擦热和磨损。圆盘摩擦离合器可分为单片式摩擦离合器和多片式摩擦离合器等。

1）单片式圆盘摩擦离合器。单片式圆盘摩擦离合器（也称单盘摩擦离合器）如图 4-59 所示，利用两圆盘面 1、2 压紧或松开，使摩擦力产生或消失，以实现两轴的连接或分离。

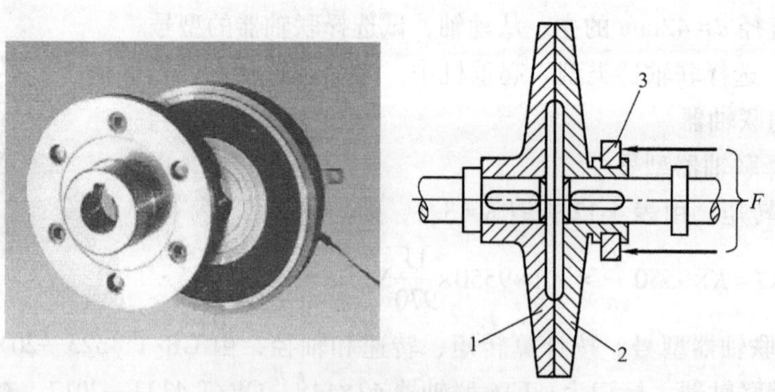

图 4-59　单片式圆盘摩擦离合器

1、2—圆盘面　3—滑块

动画

单片式圆盘摩擦离合器

操纵滑块 3，使从动盘 2 左移，以压力 F 压在主动盘 1 上，从而使两圆盘结合；反向操纵滑块 3，使从动盘 2 右移，则两圆盘分离。单片式圆盘摩擦离合器结构简单，但径向尺寸大，而且只能传递不大的转矩，常用在轻型机械中。

2）多片式圆盘摩擦离合器　多片式圆盘摩擦离合器（也称多盘摩擦离合器）如图 4-60 所示，主动轴 1、外壳 2 与一组外摩擦片 4 组成主动部分，外摩擦片可沿外壳 2 的槽移动。从动轴 10、套筒

9 与一组内摩擦片 5 组成从动部分，内摩擦片可沿套筒 9 上的槽滑动。滑环 7 向左移动，使杠杆 8 绕支点顺时针转，通过压板 3 将两组摩擦片压紧，于是主动轴带动从动轴转动。滑环 7 向右移动，杠杆 8 下面的弹簧靠弹力将杠杆 8 绕支点反转，两组摩擦片松开，于是主动轴与从动轴分开。双螺母 6 用来调节摩擦片的间距，从而调整摩擦面间的压力。

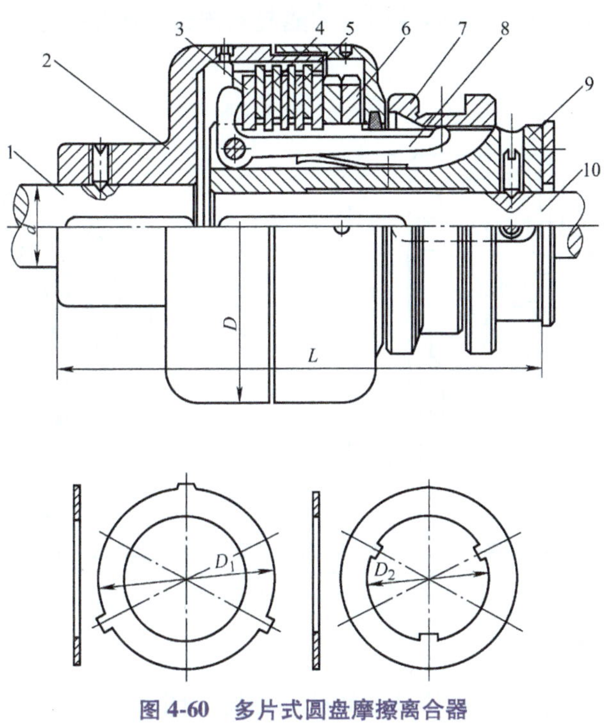

图 4-60　多片式圆盘摩擦离合器

1—主动轴　2—外壳　3—压板　4、5—内外摩擦片
6—双螺母　7—滑环　8—杠杆　9—套筒　10—从动轴

多片式圆盘摩擦离合器由于摩擦面的增多，传递转矩的能力显著增大，径向尺寸相对减小，但结构复杂。

利用电磁力操纵的离合器称为电磁摩擦离合器，其中常用的是多片式电磁摩擦离合器（图 4-61），摩擦片部分的工作原理与前述相同。电磁摩擦离合器可以在电路上实现改善离合器功能的要求。例如：利用快速励磁电路实现快速接合；利用缓冲励磁电路可实现缓慢接合，以避免起动时的冲击。

与牙嵌离合器相比，摩擦式离合器的优点有：在任何转速下都可接合；过载时摩擦面打滑，可保护其他零件；接合平稳，冲击和振动小。缺点是接合过程中因相对滑动引起发热与磨损，故功耗明显。

（3）定向离合器　定向离合器（超越离合器）是利用机器本身转速、转向的变化，来控制两轴离合的离合器。如图 4-62 所示，星轮 1 和外环 2 分别装在主动件和从动件上。星轮与外环间有楔形空腔，内装滚柱 3。每个滚柱都被弹簧推杆 4 以适当的推力推入楔形空腔的小端，且处于临界状态（即稍加外力便可楔紧或松开的状态）。星轮和外环都可做主动件。按图示结构，外环与主动件逆时针回转，摩擦力带动滚柱进入楔形空间的小端，使楔紧内、外接触面，外环空转。由于传动具有确定的转向，故称为定向离合器。

星轮和外环都做顺时针回转时，根据相对运动的关系，如外环转速小于星轮转速，则滚柱楔紧内、外接触面，外环与星轮接合；反之，滚柱与内、外接触面松开，外环与星轮分开。可见只有当超过外环转速时，才能起到传递转速并一起回转的作用，故又称为超越离合器。

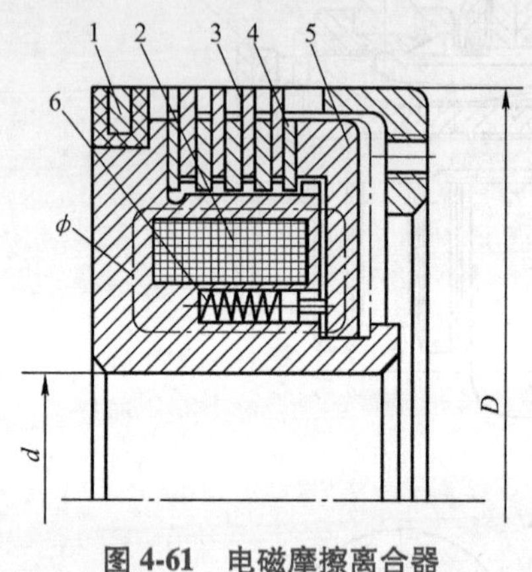

图 4-61　电磁摩擦离合器

1—接触面　2—励磁线圈　3、4—摩擦片　5—衔铁　6—复位弹簧

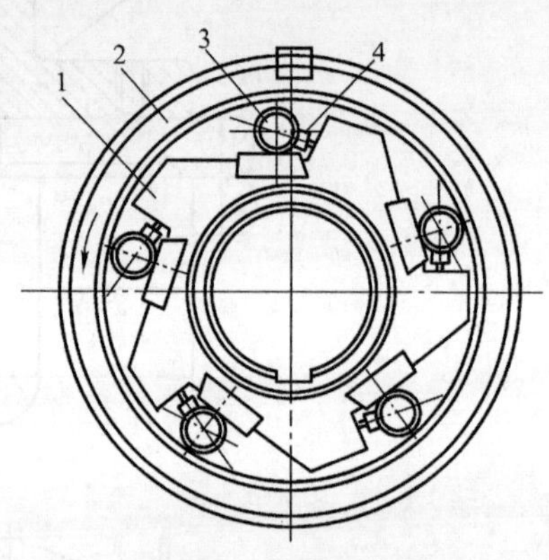

图 4-62　定向离合器

1—星轮　2—外环　3—滚柱　4—弹簧推杆

任务实施

选择压力机电动机轴和小带轮轴之间的联轴器（图 4-47）。工作条件：电动机功率 $P=7.5\text{kW}$，电动机转速 $n_1=750\text{r/min}$。连接处主动轴的直径 $d_1=28\text{mm}$，从动轴的直径 $d_2=30\text{mm}$。

按照下面的步骤完成任务，并将过程和结果填写在表 4-13 中。

表 4-13　联轴器的设计选用

序号	设计步骤	设计计算内容	结果
1	选择联轴器类型	根据工作时载荷情况，选择联轴器类型	

（续）

序号	设计步骤	设计计算内容	结果
2	选择联轴器型号	（1）确定计算转矩	
		（2）按计算转矩、转速和轴径，查取联轴器标准，选用联轴器型号	
3	联轴器型号校核	所选联轴器应满足 $T_c \leqslant T_n$、$n \leqslant [n]$，且轴径符合轴孔直径要求	

实践中常见问题解析

1）联轴器选择时，应先根据工作条件选择联轴器的类型，再选择联轴器的型号（尺寸）。

2）联轴器选择时，应保证联轴器孔径范围与轴径的匹配。

3）联轴器的选用，所选联轴器的型号应满足 $T_c \leqslant T_n$、$n \leqslant [n]$，且满足轴径的要求，才能确定所选联轴器合适。

小　结

本学习任务分析了联轴器的类型、特点和应用，给出了联轴器的尺寸选择和强度校核方法。通过本任务的学习，学生能够掌握联轴器的基本知识，具有分析和选用联轴器的能力；通过对联轴器设计选用过程的思考和实践，培养学生的团结协作和分析问题、解决问题的能力及创新思维能力。

1）联轴器类型和应用：①刚性联轴器分为固定式刚性联轴器和可移式刚性联轴器，固定式刚性联轴器不能补偿两轴的相对偏移，可移式刚性联轴器能补偿两轴的相对偏移；②弹性联轴器能补偿两轴的相对偏移，并具有吸收振动和缓和冲击的能力。

2）联轴器选择步骤：①根据使用要求和工作条件选择合适的类型：②根据转矩、轴径和转速选择联轴器的型号，必要时应校核其薄弱件的承载能力。所选型号联轴器必须同时满足：$T_c \leqslant T_n$、$n \leqslant [n]$。

拓展实训

机械零部件的认知

一、实训目的

1）掌握“机械设计基础”（机械设计与应用）课程所研究的各种常用机械零件的结构、类型、特点及应用。

2）掌握各种标准件的结构形式及相关的国家标准。

3）掌握常见传动的特点及应用。

4）增强对各种零部件的结构及机器的感性认识。

二、实训原理

机器是由各种零部件组成的，包括连接零部件、传动零部件、轴系零部件、弹簧等，通过观察机械零件示教陈列柜中所展示的零件，分析机械零件的工作特性。

（一）连接零部件

1. 螺纹连接

螺纹连接是利用螺纹零件工作的，主要用作紧固零件，保证连接强度及连接可靠性。

（1）螺纹的种类　常用的螺纹主要有普通螺纹、梯形螺纹、矩形螺纹和锯齿形螺纹。前者主要用于连接，后三种主要用于传动。

（2）螺纹连接的基本类型　常用的有普通螺栓连接，双头螺柱连接、螺钉连接及紧定螺钉连接。

（3）螺纹连接的防松　常见的摩擦防松方法有对顶螺母，弹簧垫圈及自锁螺母等；机械防松方法有开口销、六角开槽螺母、止动垫圈及串联钢丝等；铆冲防松主要是将螺母拧紧后把螺栓末端伸出部分铆死，或利用冲头在螺栓末端与螺母的旋合处打冲，利用冲点防松。

螺纹连接件主要有：

(1) 螺栓 螺栓一般是与螺母配合使用以连接被连接零件，无须在被连接的零件上加工螺纹，其连接结构简单，装拆方便，种类较多，应用最广泛。

(2) 螺钉 螺钉连接不用螺母，而是紧定在被连接件之一的螺纹孔中，其结构与螺栓相同，但头部形状较多以适应不同装配要求。常用于结构紧凑场合。

(3) 螺母 螺母形式很多，按形状可分为六角螺母、四方螺母及圆螺母；按连接用途可分为普通螺母、锁紧螺母及悬置螺母等。应用最广泛的是六角螺母及普通螺母。

(4) 垫圈 垫圈种类有平垫圈、弹簧垫圈及锁紧垫圈等。平垫圈主要用于保护被连接件的支承面，弹簧垫圈及锁紧垫圈主要用于摩擦和机械防松场合。

(5) 挡圈 常用固定轴端零件。

2. 键、花键及销连接

(1) 键连接 键是一种标准零件，通常用来实现轴与轮毂之间的周向固定以传递转矩，有的还能实现轴上零件的轴向固定或轴向滑动的导向。其主要类型有平键连接、楔键连接和切向键连接。

(2) 花键连接 花键是由外花键和内花键组成，可用于静连接或动连接。

(3) 销连接 销有多种类型，如圆锥销、槽销、销轴和开口销等，均已标准化。销用于固定零件之间的相对位置时，称为定位销，是组合加工和装配时的重要辅助零件；用于连接时，称为连接销，可传递较小的载荷；作为安全装置中的过载剪断元件时，称为安全销。

3. 联轴器与离合器

联轴器与离合器的主要作用是连接两轴并传递运动和转矩。联轴器功能：用来把两轴连接在一起，机器运转时两轴不能分离，只有机器停车并将连接拆开后两轴才能分离。离合器的功能：用来把两轴连接在一起，机器运转时就能使两轴分离或接合。

(二) 传动零部件

常用机械传动有螺旋传动、带传动、链传动、齿轮传动及蜗杆传动等。

(1) 螺旋传动 螺旋传动是利用螺纹零件工作的，作为传动件要求保证螺旋副的传动精度、效率和磨损寿命等。其螺纹种类有矩形螺纹、梯形螺纹、锯齿形螺纹等。按其用途可分传力螺旋、传导螺旋及调整螺旋三种；按摩擦性质不同可分为滑动螺旋、滚动螺旋及静压螺旋等。

(2) 带传动 带传动是带被张紧（预紧力）而压在两个带轮上，主动轮带轮通过摩擦带动带以后，再通过摩擦带动从动带轮转动。它具有传动中心距大、结构简单、超载打滑（减速）等特点。常用的带传动有平带传动、V带传动，多楔带及同步带传动等。

(3) 链传动 链传动是由主动链轮带动链以后，又通过链带动从动链轮，属于带有中间挠性件的啮合传动。与属于摩擦传动的带传动相比，链传动无弹性滑动和打滑现象，能保持准确的平均传动比，传动效率高。链传动按用途不同可分为传动链传动、输送链传动和起重链传动。输送链和起重链主要用在运输和起重机械中，而在一般的机械传动中，常用传动链。

(4) 齿轮传动　齿轮传动是机械传动中最重要的传动之一，形式多、应用广泛。其主要特点是效率高、结构紧凑、工作可靠、传动稳定等。常用的渐开线齿轮传动有直齿圆柱齿轮传动、斜齿圆柱齿轮传动和锥齿轮传动等。齿轮传动啮合方式有内啮合、外啮合、齿轮与齿条啮合等。

(5) 蜗杆传动　蜗杆传动是在空间交错的两轴间传递运动和动力的一种传动机构，两轴线交错的夹角可为任意角，常用的为90°。根据蜗杆形状不同，分为圆柱蜗杆传动，环面蜗杆传动和锥面蜗杆传动。

(三) 轴系零部件

(1) 轴　轴是组成机器的主要零件之一，一切做回转运动的传动零件（如齿轮、蜗轮等），都必须安装在轴上才能进行运动及动力的传递。轴的主要功用是支承回转零件及传递运动和动力。

(2) 轴承　轴承是现代机器中广泛应用的部件之一。根据摩擦性质不同，轴承分为滚动轴承和滑动轴承两大类。滚动轴承由于摩擦因数小、起动阻力小，而且它已标准化，选用、润滑、维护都很方便，因此在一般机器中应用较广。滑动轴承按其承受载荷方向的不同分为径向滑动轴承和止推轴承；按润滑表面状态不同又可分为流体润滑轴承、不完全流体润滑轴承及无润滑轴承（指工作时不加润滑剂）；根据流体润滑承载机理不同，又可分为流体动力润滑轴承（简称流体动压轴承）和流体静压润滑轴承（简称流体静压轴承）。

(四) 弹簧

弹簧是一种弹性元件，它可以在载荷作用下产生较大的弹性变形，在各类机械中应用十分广泛，如控制机构的运动、减振和缓冲、储存及输出能量、测量力的大小等。弹簧的种类比较多，按承受的载荷不同可分为拉伸弹簧、压缩弹簧、扭转弹簧及弯曲弹簧；按形状不同可分为螺旋弹簧、环形弹簧、碟形弹簧、板簧和平面盘簧等。

(五) 密封

机器在运转过程中及气动、液压传动中需要润滑、冷却以及传力保压等，在零件的接合面、轴的伸出端等处容易产生油、脂、水、气等渗漏。为了防止渗漏，需要采用密封措施。密封方法和类型很多，如填料密封、机械密封、O形圈密封、迷宫式密封、离心密封、螺旋密封等。这些密封广泛应用在泵、水轮机、阀、压气机、轴承、活塞等部件中。

三、实训设备和工具

机械零件示教陈列柜。

四、实训步骤

1) 观察常用机械零件，分清原动机、传动系统、工作机和控制系统等组成部分。

2) 观察常用机械零件，找出机器中所使用的典型零部件的名称及编号。

3) 通过目测，绘制典型零部件的结构草图。

4) 过程记录，结果分析

填写“机械零部件的认知”实训记录单（表4-14），分析机械零部件的类型及应用。

表 4-14 “机械零部件的认知”实训记录单

<table>
<tr><td>实训名称</td><td colspan="2"></td><td>班级</td><td></td><td>日期</td><td></td></tr>
<tr><td>组别</td><td></td><td>姓名</td><td colspan="2"></td><td>学号</td><td></td></tr>
<tr><td colspan="7">通过观察分析常用机械零部件，回答以下问题：
1）螺纹连接件有（　　　　）、（　　　　）、（　　　　）。
2）螺纹连接防松的方式举例：（　　　　）、（　　　　）、（　　　　）、（　　　　）、（　　　　）。
3）键连接的类型有（　　　　）、（　　　　）、（　　　　）、（　　　　）。
4）联轴器的类型举例：（　　　　）、（　　　　）、（　　　　）、（　　　　）、（　　　　）、（　　　　）。
5）常用的传动类型有（　　　　）、（　　　　）、（　　　　）、（　　　　）。
6）齿轮传动的类型举例：（　　　　）、（　　　　）、（　　　　）、（　　　　）、（　　　　）、（　　　　）。
7）滚动轴承的类型举例：（　　　　）、（　　　　）、（　　　　）、（　　　　）、（　　　　）、（　　　　）。
8）滑动轴承的结构有（　　　　）、（　　　　）（　　　　）。
9）密封的方式举例：（　　　　）、（　　　　）、（　　　　）、（　　　　）、（　　　　）、（　　　　）</td></tr>
</table>

• 思考与练习 •

一、单项选择题

4-3-1 联轴器和离合器的作用都是________。

A. 连接两根不同机器上的轴，传递运动和转矩　　B. 缓和冲击和振动

C. 补偿两轴的综合偏移　　D. 防止机器发生过载

4-3-2 若两轴刚性较好，且安装时能精确对中，可选用________。

A. 凸缘联轴器　　B. 齿式联轴器

C. 弹性柱销联轴器　　D. 轮胎式联轴器

4-3-3 下列情况中，适于选用弹性联轴器的是________。

A. 工作平稳，两轴线严格对中

B. 工作中有冲击和振动，两轴线不能严格对中

C. 工作平稳，两轴线对中性差

D. 单向工作，两轴线严格

4-3-4 齿式联轴器的特点是________。

A. 可补偿两轴的径向偏移和角偏移　　B. 可补偿两轴的径向偏移

C. 可补偿两轴的角偏移　　D. 可吸收振动

4-3-5 下面的联轴器中，可允许两轴线有较大夹角的是________。

A. 凸缘联轴器　　B. 齿式联轴器

C. 弹性柱销联轴器　　D. 万向联轴器

二、判断题

4-3-6 牙嵌离合器必须在低速或停车时方可啮合。

4-3-7 联轴器与离合器的区别是：联轴器靠啮合传动，离合器靠摩擦传动。

4-3-8　工作中有冲击、振动，两轴不能严格对中时，宜选用弹性联轴器。

4-3-9　刚性联轴器不具有缓冲性和补偿两轴线相对位移的能力，要求两轴安装严格对中。

4-3-10　对于多盘摩擦离合器，当压紧力和摩擦片直径一定时，摩擦片越多，传递转矩的能力越大。

三、简答题

4-3-11　试述联轴器与离合器的主要功用及特点。

4-3-12　联轴器有几大类型？各有何特点？常用的离合器有哪些主要类型？它们的结构性能如何？

4-3-13　摩擦离合器与牙嵌离合器的工作原理有何不同？各有何优缺点？

参 考 文 献

[1] 胡家秀．机械设计基础［M］.3 版．北京：机械工业出版社，2017.

[2] 蒋永彪，李杨．机械设计基础［M］．北京：机械工业出版社，2020.

[3] 孙开元，张丽杰．机构设计及应用图例［M］.3 版．北京：化学工业出版社，2018.

[4] 李梅，卢铁钢．机械设计分析与实践［M］．北京：清华大学出版社，2013.

[5] 李敏．机械设计基础［M］．北京：机械工业出版社，2018.

[6] 冯仁余，张丽杰．机械设计典型应用图例［M］．北京：化学工业出版社，2016.

[7] 陈智文．机械设计基础［M］．武汉：华中科技大学出版社，2018.

[8] 杨可桢，程光蕴，李仲生．机械设计基础［M］.6 版．北京：高等教育出版社，2010.

[9] 孙桓，陈作模．机械原理［M］.7 版．北京：高等教育出版社，2013.

[10] 闻邦椿．机械设计手册［M］.6 版．北京：机械工业出版社，2018.

[11] 段志坚．机械设计基础习题集［M］．北京：机械工业出版社，2019.

[12] 邹积德．机械制造基础［M］．北京：机械工业出版社，2012.

[13] 王增荣．机械设计基础［M］．北京：机械工业出版社，2012.

[14] 柴鹏飞．机械设计基础［M］.2 版．北京：机械工业出版社，2012.

[15] 王志平．机械创新设计［M］．北京：机械工业出版社，2013.

[16] 胡家秀．简明机械零件设计实用手册［M］.2 版．北京：机械工业出版社，2012.

[17] 金清肃．机械设计课程设计［M］.2 版．武汉：华中科技大学出版社，2011.

[18] 德国联邦职业教育研究所．借助学习任务进行职业教育：学习任务设计指导手册［M］．刘邦祥，译．北京：机械工业出版社，2010.